ENTRAÎNEMENT **CARDIO**
ports d'endurance et performance

GUY THIBAULT
PRÉFACE D'ALEX HARVEY

ENTRAÎNEMENT CARDIO
sports d'endurance et performance

Directeur de collection : Pierre Hamel
Direction artistique : Patrice Francœur
Révision et correction : Karen Dorion-Coupal

© Vélo Québec Éditions, 2009
TOUS DROITS RÉSERVÉS
Dépôt légal – Bibliothèque et Archives nationales du Québec, 2009
ISBN 978-2-922072-50-1

Catalogage avant publication de Bibliothèque et Archives nationales du Québec et Bibliothèque et Archives Canada
Thibault, Guy, 1956-

    Entraînement cardio, sports d'endurance et performance
    (Collection Géo Plein Air)
    Comprend des réf. bibliogr.

    ISBN 978-2-922072-50-1

    1. Exercices aérobies 2. Exercice. 3. Performance. 4. Sports d'endurance
I. Titre. II. Collection : Collection Géo Plein Air.

RA781.15.T44 2009   613.7'1   C2009-942084-8

REMERCIEMENTS

Je remercie ma conjointe **Annie Gagnon**, complice en tout, qui a notamment le don de mettre le doigt sur les éléments de mon texte qui n'ont pas été suffisamment retravaillés. Les rédacteurs en chef des magazines dans lesquels j'ai une chronique sur l'entraînement m'ont prodigué de précieux conseils chaque fois que je leur ai préparé un article. Ils méritent ma reconnaissance, notamment parce qu'ils m'auront amené à parfaire mon style et à enrichir au fil des mois le matériel sur lequel repose ce livre. Je pense particulièrement à **Gilles Goetghebuer** (*Sport et Vie* et *Zatopek*, Bruxelles), **Stéphane Guitard** (*Top Vélo*, Paris), **Ken Kontor** (*Performance Conditioning Cycling*, Lincoln, Nebraska, États-Unis), le regretté **Ramin Minovi** et le docteur **Mark Wilcox** (*Journal of Cycle Coaching*, Birmingham, Royaume-Uni), **Nathalie Schneider** et **Pierre Hamel** (*Géo Plein Air*, Montréal) et **Jacques Sennéchael** (*Vélo Mag*, Montréal).

Je remercie également les nombreux coauteurs de mes articles de vulgarisation scientifique, qui sont tous de sincères amis : **Alfredo Calligaris**, médecin sportif italien ; **Pierre Harvey**, ingénieur et olympien d'hiver et d'été ; **Pierre Hutsebaut**, entraîneur et propriétaire du laboratoire privé *Peak Performance Montréal* ; **Alain Marion**, mon ex-étudiant, artisan des programmes canadiens de formation des entraîneurs ; **Iñigo Mujika**, physiologiste de l'exercice basque, ex-conseiller scientifique de l'équipe cycliste professionnelle Euskaltel Euskadi ; **Xavier Nési**, physiologiste de l'exercice français ; **Francis Paradis**, ex-entraîneur national en sports cyclistes ; **François Péronnet**, professeur émérite, Université de Montréal, mon maître à penser pour toujours ; **Denis Roux**, ex-entraîneur de l'équipe cycliste professionnelle Crédit Agricole ; **Éric Van den Eynde**, entraîneur des équipes canadiennes de cyclisme sur route et sur piste ; **Laurent Vicente**, psychanalyste français et coureur de fond chevronné ; enfin, **Pierre Zwiebel**, psychiatre et Ironman. Le docteur Zwiebel m'a généreusement fait profiter de ses précieux conseils tout au long de la rédaction de ce livre et particulièrement dans les parties traitant de l'anorexie et de la santé mentale ; je l'en remercie chaleureusement.

Je remercie les personnes suivantes qui ont lu une version préliminaire de mon projet de texte et m'ont fait des commentaires dont je me suis inspiré pour produire la version finale de ce livre : **Kathryn Adel**, kinésiologue et coureuse de demi-fond ; **Bernard Bilodeau**, physiologiste de l'exercice spécialiste du ski de fond ; **Gilbert Carrez**, directeur adjoint de l'École nationale de ski nordique (France) ; **Martin Cléroult**, ex-nageur de haut niveau et entraîneur de natation ; **Jacques Cullier**, entraîneur français d'athlétisme ; **Gabriel Filippi**, conférencier qui a gravi l'Everest et qui le gravira encore ; **Evelyne French**, kinésiologue ; **Michel Lessard**, ingénieur ; **Éric McNeil**, ingénieur ; **Mireille Robin**, entraîneure française de vélo de montagne et championne du monde *master* UCI (cross-country) en 2008 ; enfin, **Benoît-Hugo St-Pierre**, entraîneur de triathlon.

Merci aussi aux lecteurs de mes chroniques sur l'entraînement. Ils ont toujours été ma principale source de motivation comme auteur. C'est surtout pour eux que je m'applique (avec plaisir !) à traduire les nouvelles connaissances scientifiques en mesures concrètes, applicables sur le terrain.

— *Practice does not make perfect. Only perfect practice makes perfect.*
«L'entraînement ne rend pas parfait ; seul l'entraînement parfait rend parfait.» (traduction libre)

Vince Lombardi

— *Winning isn't everything, but it sure beats anything that comes in second.*
«Il n'y a pas que la victoire qui compte, mais elle vaut mieux que tout ce qui vient derrière.» (traduction libre)

Paul (Bear) Bryant

— *Eighty percent of success is showing up.*
«Quatre-vingt pour cent du succès, c'est d'être présent.» (traduction libre)

Woody Allen

PRÉFACE

À bien y penser, je me passionne non seulement pour le ski de fond, mais aussi pour l'entraînement cardio en général. Et avec les passions, vous savez… On est avide de connaissances. On veut comprendre pourquoi on fait ceci ou réussit cela. On veut savoir si notre entraînement est approprié, s'il n'y aurait pas moyen de faire plus… Ou mieux. Et on veut surtout voir comment l'entraînement change notre corps, comment on peut arriver à « faire un » avec cette pure merveille d'adaptation et de possibilités, capable de performances extraordinaires quand on sait l'apprivoiser. Tout ça est fascinant.

J'ai souvent eu l'occasion de constater en Coupe du monde à quel point athlètes et entraîneurs s'efforcent de suivre l'évolution des connaissances en sciences du sport. Nous sommes nombreux à partager cet intérêt.

Aussi, disons-le sans détour, voici un ouvrage bien fait qui tombe à point. J'y ai trouvé une concentration inégalée de renseignements fiables, complets et pertinents en plus d'être présentés de façon éloquente pour différents sports, en fonction de la condition physique et des besoins d'entraînement de chacun.

Il y a des secrets qu'on aimerait garder jalousement, mais j'aime bien l'idée que tous aient accès à un entraînement de qualité. Le défi n'en devient que plus grand !

Les personnes qui bougent pour le plaisir et la santé puiseront dans ce nouvel ouvrage de Guy Thibault beaucoup d'idées pour tirer profit de leurs séances d'entraînement, tout comme les athlètes de pointe s'en inspireront pour aller chercher ce qui leur manquait pour se démarquer.

Bonne lecture !

Alex H

ALEX HARVEY
FONDEUR D'ÉLITE

AVANT-PROPOS
UN SUJET QUI NE MANQUE PAS D'AIR

« L'entraînement cardio ». C'est comme ça qu'on appelle communément l'entraînement qui améliore l'aptitude à effectuer des efforts prolongés. Autrement dit, l'entraînement au cours duquel on fait travailler ses poumons, son cœur, ses muscles...

On dit aussi entraînement aérobie, cardiovasculaire, cardiorespiratoire, d'endurance, etc. Qu'importe, on sait qu'il s'agit d'activités comme le vélo, la course à pied, le ski de fond, la natation, le patin à roues alignées, la marche rapide ou en montagne (le trekking), le kayak, etc., faits avec assez de vigueur pour ressentir un certain degré d'essoufflement, voire un essoufflement franchement marqué.

Que vous soyez une personne qui désire entreprendre un programme d'entraînement cardio, un sportif du dimanche, un adepte sérieux et assidu de l'aérobie, un compétiteur engagé ou un athlète excellant dans un sport d'endurance, ce livre s'adresse à vous si vous voulez profiter au maximum de chaque séance d'entraînement pour améliorer votre condition physique et votre performance.

Ce livre s'adresse également à vous si vous êtes entraîneur, car bien qu'il soit écrit comme s'il s'adressait aux athlètes davantage qu'à leurs conseillers, il rassemble de l'information complémentaire à celle fournie dans les programmes de formation d'entraîneurs, de préparateurs physiques et de kinésiologues[1].

Vous y trouverez des renseignements sur tous les aspects pertinents de l'entraînement cardio et de la compétition dans les sports d'endurance les plus pratiqués. Plusieurs concepts présentés dans ce livre s'appliquent également à la préparation physique dans des sports où l'aptitude aérobie est l'un des déterminants de la performance, mais pas forcément le plus important : sports collectifs, de raquette, de combat, etc.

Le livre contient un glossaire (p. 236) des principaux termes et expressions propres à l'entraînement cardio et à la physiologie de l'exercice, une centaine d'exemples de séances d'entraînement suggérant d'innombrables variantes (p. 116) et 25 plans d'entraînement (p. 132). Il n'est pas nécessaire de lire les chapitres dans l'ordre. Quelle que soit votre façon d'entreprendre votre lecture, vous en profiterez davantage si vous examinez le glossaire sans tarder.

Il ne sera pratiquement pas question ici d'équipement sportif, ni d'alimentation. Sur ce dernier sujet, je vous invite à lire *Nutrition, sport et performance,* également publié aux éditions Géo Plein Air, sous la plume de Marielle Ledoux, Natalie Lacombe et Geneviève Saint-Martin.

Utilisant le vocabulaire québécois davantage que l'européen, j'ai préféré « vélo de montagne » à « VTT », « le VO_2 » et « le VO_2max » à « la VO_2 » et à « la VO_2max », « puissance aérobie maximale » (PAM) à « puissance maximale aérobie » (PMA), et « vitesse aérobie maximale » (VAM) et « vitesse à VO_2max » (vVO_2max) à « vitesse maximale aérobie » (VMA). J'ai également pris la liberté d'écrire « *home trainer* » plutôt que « cyclo-entraîneur », et « *leg press* » et « *leg extension* » plutôt que « presse à jambes » et « extension de la jambe ».

---

1. Au Québec, mais pas en France, les kinésiologues sont des professionnels de la santé spécialisés en sciences des activités physiques et sportives, qui utilisent l'exercice physique à des fins de prévention, de traitement et d'amélioration de la performance humaine. En France, ce sont généralement les diplômés en sciences et techniques des activités physiques et sportives (STAPS) qui font ce travail.

Pour s'améliorer

Le principe fondamental de l'entraînement sportif est très simple : pour s'améliorer, il faut exercer chacun des éléments physiologiques, moteurs et mentaux de la performance au cours de séances d'entraînement et de compétitions, entrecoupées de périodes de récupération. Bref, il faut perturber un processus pour l'améliorer.

J'entends par « sports d'endurance » les sports où la performance dépend surtout de l'aptitude aérobie, c'est-à-dire de la capacité de consommer une grande quantité d'oxygène tout au long d'un effort relativement long (de quelques minutes à plusieurs heures). Enfin, j'entends par « athlète » un sportif qui évolue dans n'importe quel sport, non pas seulement l'athlétisme.

S'ENTRAÎNER, C'EST S'AMÉLIORER

– « Dis-moi, Guy, pourquoi est-ce qu'on s'entraîne ? »

Il n'a pas dit ça sur le ton de l'adolescent qui en a marre de pédaler, mais sur celui du jeune curieux qui ne tient rien pour acquis. Il faisait ses premières sorties avec un club cycliste dont j'étais devenu pratiquement le vétéran à 18 ans. Trop surpris par sa question, je ne lui ai sans doute pas bien répondu. Aujourd'hui, avec le recul du physiologiste de l'exercice que je suis devenu et avec la sagesse de l'âge, je lui répondrais qu'on s'entraîne d'abord et avant tout parce qu'on aime ça, mais aussi parce que c'est encore la meilleure manière de s'améliorer !

En effet, pour améliorer vos performances, vous devez vous imposer fréquemment et régulièrement un stress physiologique en effectuant des séances d'entraînement suffisamment longues et intenses, entrecoupées de périodes de récupération. L'adaptation de l'organisme au stimulus de l'entraînement dépend de la charge d'entraînement, qui elle-même dépend surtout de la durée et du degré de difficulté de chaque séance.

Chaque séance d'entraînement perturbe l'homéostasie, c'est-à-dire l'équilibre interne de l'organisme, et oblige donc à mettre en branle des processus de restauration de cet équilibre. Toutes les fonctions physiologiques touchées – respiration, circulation sanguine, contraction musculaire, etc. – s'améliorent, à condition que la charge d'entraînement ne soit ni trop petite ni trop grande et que la récupération entre les séances d'entraînement soit suffisante.

TOUTE PERSONNE PEUT S'AMÉLIORER

Il y a des athlètes qui courent le marathon à une vitesse que bien des gens ne peuvent même pas tenir sur un kilomètre... même à vélo ! Certes, l'inaptitude physique de certains et l'extraordinaire performance des autres s'expliquent en partie par leur héritage génétique. Il reste que toute personne peut s'améliorer. Il s'agit de s'entraîner de manière appropriée. Même les chevronnés de l'entraînement dont la forme physique a plafonné peuvent s'améliorer à nouveau s'ils passent à un programme d'entraînement mieux structuré.

Pour bien comprendre ce qui caractérise un bon programme d'entraînement, il faut d'abord savoir quels sont les déterminants physiologiques de la performance, sujet du premier chapitre.

PREMIER CHAPITRE
LES DÉTERMINANTS DE LA PERFORMANCE

Si certaines personnes sont meilleures que d'autres dans les activités prolongées comme les sports cyclistes, la course à pied, le ski de fond, la natation ou le triathlon, ce n'est pas seulement parce qu'elles sont bien motivées. C'est surtout parce qu'elles profitent d'un niveau plus élevé de développement de certaines qualités physiques. Dans les sports d'endurance, les déterminants physiologiques de la performance sont essentiellement la consommation maximale d'oxygène, l'efficacité de la gestuelle (du pédalage, de la foulée, etc.), l'endurance (aussi appelée « endurance aérobie ») et, dans certains cas, la capacité anaérobie. Le glossaire présenté à la page 236 donne la définition de ces déterminants. Examinons comment la performance dans les sports d'endurance dépend de chacune de ces qualités.

LA PAM ET LA VAM

De tous les déterminants de la performance dans les sports d'endurance, la PAM (ou la VAM) est le plus important... et de loin! Voyons cela de plus près.

La PAM

Dans les activités aérobies où l'athlète peut avoir une rétroaction en temps réel sur la puissance de l'exercice, on mesure l'aptitude aérobie en établissant la PAM. C'est le cas notamment dans les sports cyclistes où la puissance de pédalage est affichée à un petit écran posé sur le guidon et qui tire son information du pédalier (SRM ou Ergomo), du moyeu arrière (PowerTap) ou d'un *home trainer* « intelligent » (CompuTrainer, CycleOps, Tacx). C'est également le cas si on s'entraîne sur un appareil à ramer comme le Concept2.

Votre PAM est la puissance (au sens physique du terme) que vous développez lorsque vous faites un exercice d'une intensité tout juste assez élevée pour que votre consommation d'oxygène (VO_2) atteigne la plus haute valeur possible pour votre système cardiorespiratoire (cœur, poumons, réseau sanguin, muscles, etc.), c'est-à-dire votre consommation *maximale* d'oxygène (VO_2max). Bref, votre PAM est la puissance que vous développez en faisant un exercice où votre VO_2 devient tout juste égal à votre VO_2max. On exprime généralement la PAM en watts.

La VAM

Dans les activités aérobies où l'on ne peut avoir une rétroaction en temps réel sur la puissance développée (course à pied, natation, etc.), on évalue l'aptitude aérobie en établissant la vitesse aérobie maximale (VAM) ou la vitesse à VO_2max (vVO_2max), plutôt que la PAM. À l'instar de la PAM, votre VAM est la vitesse à laquelle vous vous déplacez en faisant un exercice où votre VO_2 devient tout juste égal à votre VO_2max. On exprime généralement la VAM et la vVO_2max en km/h.

Ne pas confondre PAM (ou VAM) et VO_2max

La PAM et la VAM dépendent non seulement du VO_2max, mais également de l'efficacité de la gestuelle. Si vous avez le même VO_2max que votre camarade d'entraînement, votre PAM et votre VAM seront plus élevées que les siennes si votre style est plus efficace.

L'efficacité de pédalage des cyclistes chevronnés n'est généralement pas beaucoup plus grande que celle des cyclistes de niveau moyen. En revanche, l'efficacité varie sensiblement parmi les coureurs de fond, beaucoup parmi les skieurs de fond et énormément parmi les nageurs.

La figure 1.1 présente les résultats d'évaluation de la PAM et du VO_2max de deux cyclistes – appelons-les messieurs Bleu et Rouge – qui ont la même PAM, mais pas le même VO_2max. Le coup de pédale de Bleu est moins efficace que celui de Rouge. En effet, Bleu consomme toujours plus d'oxygène que Rouge pour pédaler à une intensité donnée. Leur VO_2 augmente avec leur effort, mais entre 310 et 340 watts, la consommation d'oxygène de Bleu plafonne à 69 mL/kg/min alors que celle de Rouge plafonne à 65 mL/kg/min. Le VO_2max de Bleu est donc supérieur à celui de Rouge, bien que les deux athlètes aient la même PAM (340 watts).

Test d'évaluation du VO$_2$max, de la PAM, de la VAM

Pour connaître votre VO$_2$max, votre PAM, votre VAM et l'efficacité de votre gestuelle, vous devez vous rendre dans un laboratoire de physiologie de l'exercice et effectuer un test d'aptitude aérobie *progressif* et *maximal*. Après quelques minutes d'échauffement, on vous fait faire un exercice (courir, pédaler, ramer, nager, etc.) à une intensité d'abord très faible qu'on augmente par la suite selon un schéma « en escalier » ou « en pente » jusqu'à ce que vous ne soyez plus capable de produire la puissance requise. Tout au long du test, on mesure votre consommation d'oxygène à partir de la composition de l'air que vous expirez. En reportant sur un graphique le VO$_2$ mesuré tout au long du test (à intervalles d'une minute), on voit qu'à partir d'une certaine puissance ou vitesse, il n'augmente plus : votre système cardiorespiratoire est saturé et ne peut pas consommer une plus grande quantité d'O$_2$. La première puissance atteinte au moment où la courbe de VO$_2$ atteint ce plateau est votre PAM (figure 1.1). De la même manière, la première vitesse atteinte au moment où la courbe de VO$_2$ atteint ce plateau est votre VAM.

Figure 1.1
Résultats du test d'évaluation de l'aptitude aérobie de deux cyclistes de même puissance, mais inégalement efficaces dans leur gestuelle

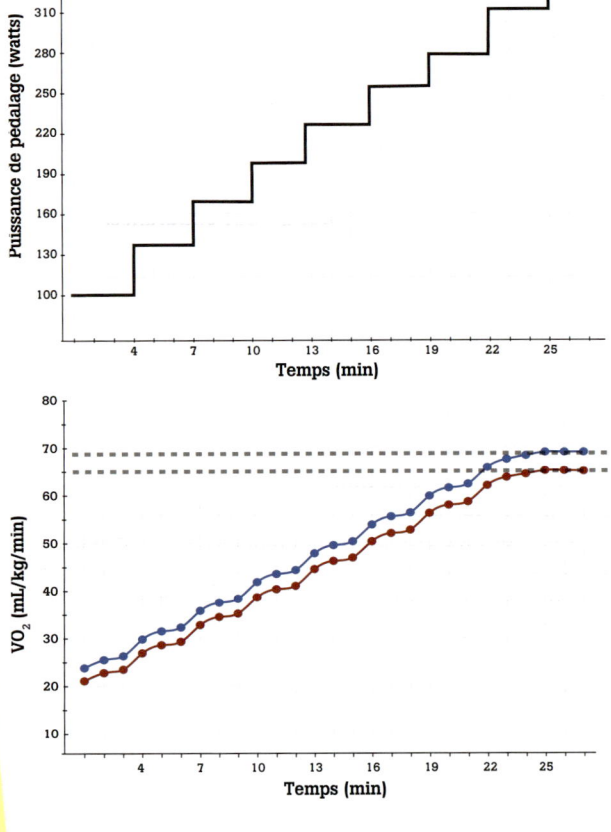

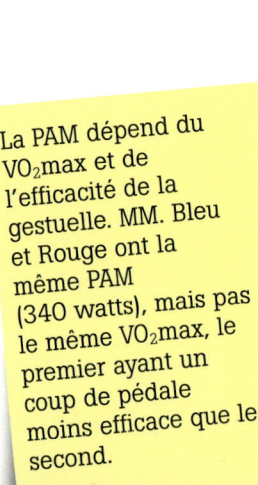

La PAM dépend du VO$_2$max et de l'efficacité de la gestuelle. MM. Bleu et Rouge ont la même PAM (340 watts), mais pas le même VO$_2$max, le premier ayant un coup de pédale moins efficace que le second.

Mesurer sa PAM simplement

Sans vous rendre en laboratoire, vous pouvez mesurer votre PAM à l'aide d'un ergomètre à pédaler ou à ramer, à condition qu'il affiche en temps réel votre puissance (en watts). Vous pouvez faire ce test au moyen d'un *home trainer* CompuTrainer, CycleOps ou Tacx (greffé à votre propre vélo), ou d'un ergomètre à ramer comme le Concept2. Vous commencez l'exercice à une intensité très faible, puis vous l'augmentez « en escalier », par exemple de 10 watts à intervalles d'une minute, jusqu'à ce que vous ne puissiez plus pédaler à la puissance requise. Votre puissance au dernier palier complété est votre PAM. En effet, on peut tenir pour acquis que votre VO_2 plafonne alors à sa valeur maximale.

À l'aide d'un bon programme d'entraînement suivi assidûment, un sportif de niveau moyen parvient généralement à augmenter sa PAM d'environ 20 à 40 watts en une saison, selon son entraînabilité (voir p. 27). Alors que la PAM à vélo de monsieur, madame Tout-le-monde dépasse rarement 150 watts, celle des sportifs qui s'entraînent peut atteindre 200 ou 300 watts. Loin devant, celle des grands champions atteint parfois 550 watts.

Parmi les athlètes qui ont un VO_2max, une PAM ou une VAM semblables, les plus performants seront ceux ayant la plus grande endurance.

L'ENDURANCE

Nul besoin d'être docteur en physiologie de l'exercice pour savoir que l'endurance est un déterminant fondamental de la performance dans les sports dits… d'endurance ! Par définition, un bon athlète est capable de maintenir un effort intense pendant plusieurs heures. On assimile d'ailleurs communément le concept d'endurance à cette aptitude à « endurer » le travail intense.

Mais quelle est la définition précise de l'endurance ? Quelle est son importance relative par rapport aux autres déterminants de la performance ?

Vous vous doutez bien que l'endurance a une composante psychologique : les personnes qui n'ont aucune envie de « se pousser » ne réalisent évidemment pas de grandes prouesses. Dans un peloton de sportifs aux aptitudes physiques, techniques et tactiques semblables, ce sont certainement les plus motivés qui sortiront du lot. On dira qu'ils sont durs à la douleur, qu'ils ont… de l'endurance. Mais les athlètes d'endurance, particulièrement ceux de l'élite, sont généralement si motivés que c'est finalement la composante physiologique de l'endurance qui est déterminante.

Définition classique

L'endurance est habituellement définie comme suit : « l'aptitude à maintenir le plus longtemps possible une puissance relative donnée » ou encore « <u>l'aptitude à maintenir un haut pourcentage du VO_2max pendant un laps de temps donné</u> » (ce qui revient au même).

Pour « goûter » l'intensité où le VO_2 est égal au VO_2max

Peut-être aimeriez-vous avoir une idée de l'intensité d'exercice qui correspond à votre VO_2max, à votre PAM ou à votre VAM ? C'est possible : vous n'avez qu'à effectuer un test maximal d'une durée de 5 minutes. En effet, on peut tenir 100 % de son VO_2max pendant environ 5 minutes ; 1 ou 2 minutes de plus si on est du genre à se défoncer, 1 ou 2 minutes de moins si on manque de motivation.

En course à pied, cela représente un test de moins de 1000 m si votre aptitude aérobie est faible ou moyenne, et un test de plus de 1600 m si vous êtes un athlète aguerri (voir p. 43).

À vélo, sur le plat, un test maximal de 5 minutes correspond à une course de 2 à 4 km, selon l'aptitude aérobie.

Utilité des tests d'évaluation

Effectuez un test d'évaluation de votre VO_2max et de votre PAM en laboratoire pour vous comparer objectivement avec d'autres athlètes, cibler les intensités d'entraînement pertinentes et suivre votre amélioration. Lance Armstrong a déjà eu un VO_2max de 81,2 mL/kg/min et Miguel Indurain une PAM de 572 watts.

Figure 1.2
Aperçu du VO_2max de la population générale et des athlètes d'endurance de l'élite mondiale, selon l'âge

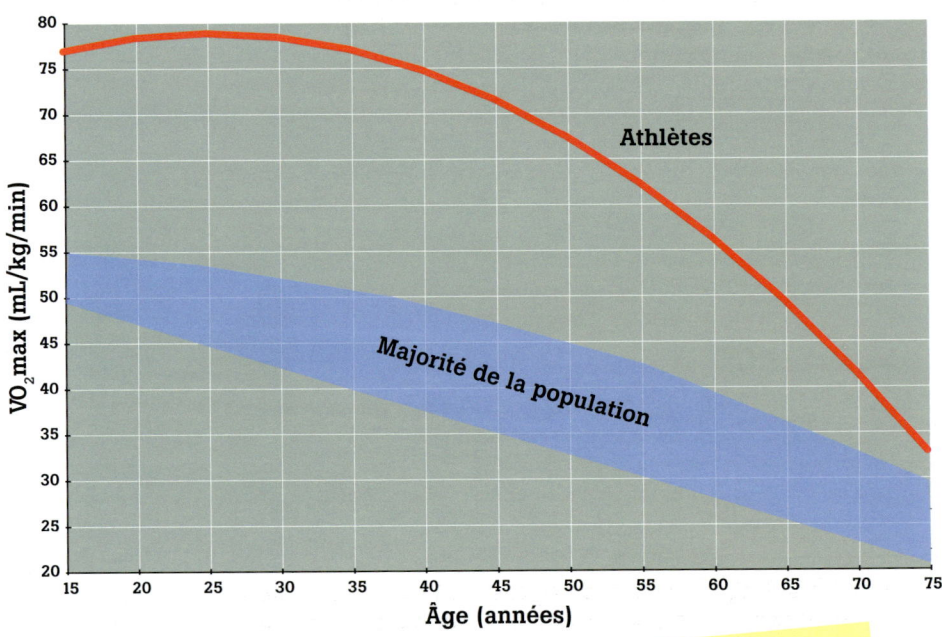

Alors que la majorité des jeunes adultes ont un VO_2max inférieur à 50 mL/kg/min, celui des athlètes d'élite peut dépasser 75 mL/kg/min. La plage de VO_2max en bleu correspond à des rangs centiles de 15 à 85.

Dans le premier cas, l'indicateur d'endurance est le temps, dans le second, l'intensité.

Ainsi, pour mesurer votre endurance, on établit d'abord votre consommation maximale d'oxygène (VO_2max), puis, après un ou deux jours de repos, on vous demande de maintenir le plus longtemps possible un pourcentage donné de votre VO_2max (p. ex. 90 ou 95 % du VO_2max). Autre possibilité : on vous demande de fournir l'effort le plus intense possible pendant un certain temps, par exemple 30, 60 ou 90 minutes. On notera l'intensité que vous aurez maintenue, en pourcentage de votre VO_2max, de votre PAM ou de votre VAM. Dans les deux cas, douleurs et souffrance seront au rendez-vous !

En guise d'exemple, le tableau 1.1 présente l'endurance de deux coureurs de fond, évaluée selon ces deux méthodes.

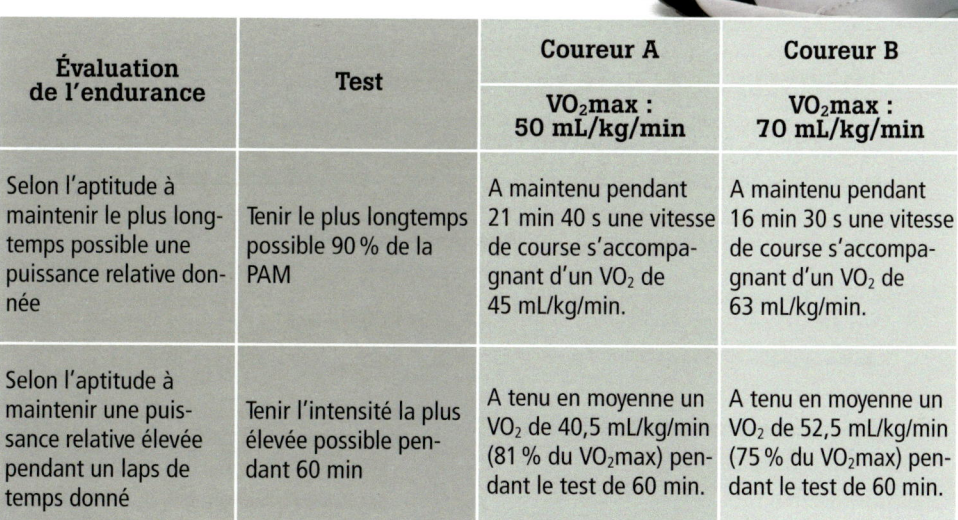

Tableau 1.1
Évaluation de l'endurance de deux coureurs de fond selon deux méthodes classiques

Évaluation de l'endurance	Test	Coureur A VO_2max : 50 mL/kg/min	Coureur B VO_2max : 70 mL/kg/min
Selon l'aptitude à maintenir le plus longtemps possible une puissance relative donnée	Tenir le plus longtemps possible 90 % de la PAM	A maintenu pendant 21 min 40 s une vitesse de course s'accompagnant d'un VO_2 de 45 mL/kg/min.	A maintenu pendant 16 min 30 s une vitesse de course s'accompagnant d'un VO_2 de 63 mL/kg/min.
Selon l'aptitude à maintenir une puissance relative élevée pendant un laps de temps donné	Tenir l'intensité la plus élevée possible pendant 60 min	A tenu en moyenne un VO_2 de 40,5 mL/kg/min (81 % du VO_2max) pendant le test de 60 min.	A tenu en moyenne un VO_2 de 52,5 mL/kg/min (75 % du VO_2max) pendant le test de 60 min.

Par rapport à A, B a une PAM plus élevée, mais moins d'endurance.

Endurance et VO₂max estimés de quelques coureurs de demi-fond, d'hier et d'aujourd'hui

	Endurance	VO_2max
William Kiplagat	-4,43	78,9
Jacqueline Gareau	-4,54	67,6
Dionisio Castro	-4,65	79,9
Paula Radcliffe	-4,85	74,6
Émilie Mondor	-5,33	72,1
Felix Limo	-5,75	82,3
Emil Zátopek	-5,82	77,9
Domingos Castro	-5,85	82,0
Paul Tergat	-5,98	84,3
John Treacy	-6,12	81,9
Henry Rono	-6,14	83,0
Haile Gebrselassie	-6,15	85,3
Bekele Kenenisa	-6,85	85,3
Steve Prefontaine	-6,97	81,7
Saïd Aouita	-7,15	84,3
Benjamin Limo	-7,43	84,1
Ron Clarke	-7,56	82,1

Définition moderne

Au cours de nos recherches à l'Université de Montréal, le professeur François Péronnet et moi avons proposé une mesure plus appropriée de l'endurance : « *le taux de diminution de l'intensité relative de l'exercice au fur et à mesure qu'augmente la durée des épreuves* ». En langage mathématique, l'endurance correspond à « *la pente de la relation entre l'intensité moyenne tenue en compétition et le logarithme naturel du temps de performance* ».

Pour bien saisir cette nouvelle mesure de l'endurance, il faut se rappeler une évidence. Plus une épreuve est longue, plus l'intensité moyenne de l'effort maintenu est basse. Tous les coureurs de fond courent plus vite sur 5 km que sur 10 km, et ils courent plus vite sur 10 km qu'au marathon. Cependant, le taux de diminution de l'intensité suivant la durée des compétitions n'est pas le même chez tous les athlètes. En effet, la vitesse de course diminuera de manière prononcée chez les personnes qui ont peu d'endurance, alors qu'elle diminuera légèrement chez celles qui en ont beaucoup.

Comme l'indique la figure 1.3, la relation entre l'intensité et la durée des épreuves (Tlim) forme une droite lorsque la durée est exprimée selon une échelle logarithmique. La pente de cette droite est l'indice d'endurance (unité : % $VO_2max/ln[Tlim]$).

D'après nos observations auprès de 2464 athlètes, l'endurance moyenne correspond, dans la figure 1.3, à la courbe rouge. Environ 15 % des athlètes ont une endurance supérieure à celle représentée en vert et 15 %, une endurance inférieure à celle représentée en bleu.

L'endurance n'est ni le VO₂max ni la PAM

On a tendance à confondre l'endurance et le VO_2max, de même que l'endurance et la PAM. Cela s'explique par le fait que les athlètes qui excellent dans les sports d'endurance ont forcément un VO_2max élevé. Toutefois, l'endurance est une qualité physique indépendante du VO_2max.

L'étude normative que nous avons menée auprès de 2464 athlètes a révélé qu'il n'y a pratiquement pas de corrélation entre l'endurance et le VO_2max. C'est ce qu'indique la figure 1.4. Chacun des 2464 points du graphique correspond à l'endurance et au VO_2max d'un de nos sujets. Constat : quel que soit le VO_2max, certains athlètes ont peu d'endurance, d'autres en ont beaucoup.

Importance relative de la PAM et de l'endurance

Comme l'indique le tableau 1.2, l'endurance est un déterminant dont l'importance grandit avec la distance ou la durée des épreuves. Toutefois, même lorsque l'épreuve est très longue, l'endurance demeure un déterminant beaucoup moins important que le VO_2max.

Figure 1.3
Relation entre l'intensité et la durée des compétitions de course à pied : coureurs de fond dont l'endurance est faible, moyenne ou élevée

Figure 1.4
VO₂max et endurance de coureurs de fond de divers niveaux

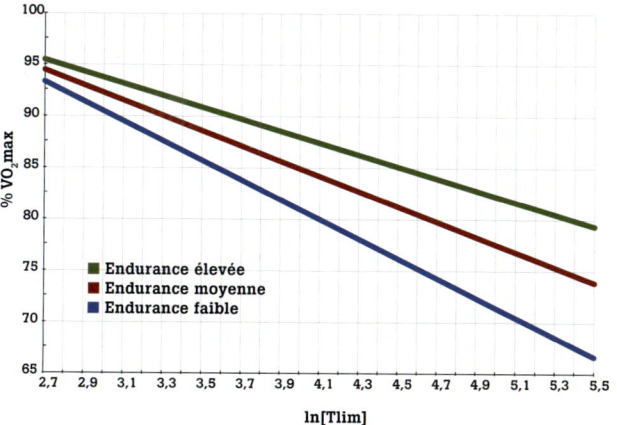

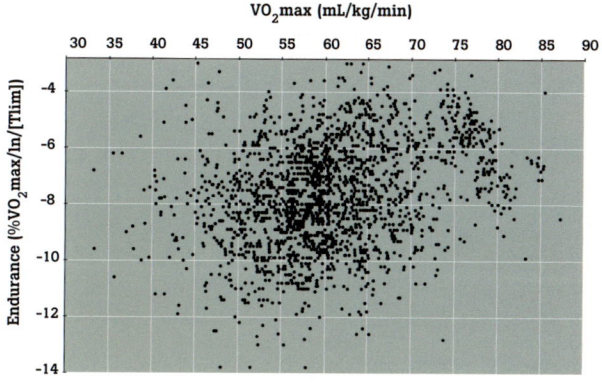

L'intensité relative de la course diminue de façon linéaire avec le logarithme naturel de la durée des épreuves. La pente de cette relation (toujours négative, par définition) est la mesure de l'endurance.

L'endurance varie énormément parmi les athlètes qui ont le même VO₂max et vice versa.

Tableau 1.2
Importance relative du VO_2max et de l'endurance comme déterminants de la performance dans des épreuves d'endurance de diverses durées

Durée totale de la course	Importance relative		
	VO_2max (%)	Endurance (%)	Capacité anaérobie et autres déterminants (%)
10 min	96	0	4
30 min	92	3	5
60 min	87	6	7
240 min	72	17	11

> Même dans les longues épreuves dites « d'endurance », l'endurance demeure un déterminant de la performance moins important que le VO_2max.

Bien sûr, dans un groupe de sportifs de même VO$_2$max, les meilleurs se démarqueront par l'endurance. Dans tous les autres cas, le VO$_2$max demeure de loin le déterminant le plus important de la performance aérobie. Ainsi, les grands marathoniens, skieurs de fond et cyclistes n'ont pas forcément une endurance élevée. En revanche, ils ont tous un VO$_2$max, une PAM et une VAM très élevés.

Pour mieux saisir l'importance relative de l'endurance et du VO$_2$max, examinons le tableau 1.3. On y constate qu'un changement donné du VO$_2$max a un effet plus marqué qu'un changement de même importance de l'endurance, tant au marathon qu'au 10 km. Ainsi, un athlète qui a couru 10 km et le marathon en respectivement 38 min 25 s et 3 h 5 min 37 s afficherait une bien meilleure performance dans les deux épreuves en améliorant son VO$_2$max qu'en améliorant son endurance.

Tableau 1.3
Effet du VO$_2$max et de l'endurance sur la performance d'un coureur au 10 km et au marathon, selon les données normatives obtenues auprès de 2464 coureurs de fond

	Endurance moyenne **moins un écart type** (-9,31 % VO$_2$max/ln[Tlim])	Endurance **moyenne** (-7,55 % VO$_2$max/ln[Tlim])	Endurance moyenne **plus un écart type** (-5,79 % VO$_2$max/ln[Tlim])
VO$_2$max moyen **plus** un écart type (70 mL/kg/min)	**34:07**/10 km	**33:02**/10 km	**32:04**/10 km
	2:49:45/marathon	**2:37:21**/marathon	**2:27:09**/marathon
VO$_2$max **moyen** (61 mL/kg/min)	**39:49**/10 km	**38:25**/10 km	**37:08**/10 km
	3:21:44/marathon	**3:05:37**/marathon	**2:52:31**/marathon
VO$_2$max moyen **moins** un écart type (53 mL/kg/min)	**46:37**/10 km	**44:46**/10 km	**43:07**/10 km
	4:00:19/marathon	**3:39:17**/marathon	**3:22:37**/marathon

Au 10 km et même au marathon, une amélioration du VO$_2$max s'accompagne d'un plus grand changement de la performance qu'une amélioration similaire de l'endurance.

Évaluation souvent négligée

Alors que les entraîneurs sérieux soumettent régulièrement leurs athlètes à des tests d'évaluation du VO₂max et de la PAM (ou de la VAM), rares sont ceux qui font une évaluation rigoureuse de l'endurance. On néglige généralement l'évaluation de l'endurance parce que ce déterminant de la performance aérobie est relativement moins important que la PAM. Outre le fait que les tests d'évaluation de l'endurance sont une véritable torture physique et mentale, on ne peut, de plus, être certain de leur validité sans être convaincu que l'athlète était motivé à 100 %.

Il demeure que vous aurez une assez bonne appréciation de votre endurance en comparant vos performances avec celles des autres, sur distances courtes et longues. Si vous avez plus de facilité à suivre vos camarades d'entraînement lorsque la sortie est longue et que vous peinez dans les brèves séances endiablées, votre endurance est probablement supérieure à la moyenne et vice versa.

En annexe, vous trouverez une table des performances en course à pied selon l'endurance et la vitesse aérobie maximale (VAM, telle qu'elle est estimée à partir du test de piste de l'Université de Montréal, TPUM). Cette table en trois parties est fondée sur les normes établies à partir de notre étude menée auprès de 2464 coureurs de fond. Selon que vos performances en course de fond sont « alignées » sur la première, la deuxième ou la troisième des trois parties de cette table, vous saurez que votre endurance est faible, moyenne ou élevée.

Endurance et endurance

Il faut préciser les deux acceptions du terme « endurance ». On entend communément par « endurance » l'aptitude à poursuivre une activité physique pendant longtemps, alors que les scientifiques la décrivent comme l'aptitude à maintenir un effort d'une intensité relative donnée pendant longtemps. Bien qu'elles soient semblables, ces définitions diffèrent sur le plan technique. Pensons par exemple à un cycliste qui serait capable de maintenir une intensité aussi élevée que 90 % de son VO₂max pendant plus de 20 min, mais qui peinerait à terminer une épreuve de plus de 4 h, quelle qu'en soit la vitesse. Les spécialistes diront que ce cycliste a une endurance élevée ; en revanche, monsieur ou madame Tout-le-monde pensera le contraire.

Nous nous intéressons surtout ici à l'endurance définie par les scientifiques (appelée « endurance aérobie » [EA] dans les séances d'entraînement proposées dans le cinquième chapitre), car elle est difficile à améliorer, alors que l'aptitude à faire de longues séances (appelée « endurance de base » [EB] dans les séances d'entraînement proposées dans le cinquième chapitre) s'améliore assez facilement. Il suffit pour cela de suivre un programme d'entraînement dont la durée des sorties augmente de semaine en semaine. Cette progression doit être lente (pour laisser le temps à l'organisme de s'adapter) et se faire sur une longue période (quelques mois). Au besoin, on peut faire un compromis sur l'intensité. Par exemple, les skieurs de fond parviennent à faire des sorties de plus de 3 h en skiant à une intensité globalement moins élevée que celle qu'ils adoptent spontanément pendant des entraînements de moins de 2 h.

Parmi les athlètes qui ont un VO₂max, une PAM, une VAM et une endurance semblables, les plus performants seront ceux ayant la plus grande capacité anaérobie.

LA CAPACITÉ ANAÉROBIE

Votre capacité anaérobie est la quantité totale d'énergie que vous pouvez fournir à l'aide des voies métaboliques anaérobies, c'est-à-dire celles qui n'utilisent pas d'oxygène pour libérer cette énergie. Ce sont les spécialistes des épreuves d'une durée d'environ 30 s à 2 min qui présentent la plus grande capacité anaérobie, par exemple les coureurs de sprint long et de demi-fond court en athlétisme (400 et 800 m), les champions cyclistes du kilomètre sur piste et les nageurs spécialistes des épreuves de 50 à 200 m.

Dans les épreuves d'endurance où l'intensité de l'effort est très variable, comme les courses cyclistes sur route, les courses de cross-country de vélo de montagne et les courses de ski de fond, la capacité anaérobie est rudement sollicitée dans les moments hautement stratégiques, par exemple dans les départs rapides, les attaques fougueuses, les montées brèves particulièrement abruptes et les sprints finaux.

On verra plus loin quelques méthodes d'entraînement éprouvées pour améliorer les déterminants de la performance dans les sports d'endurance. Mais examinons d'abord la question du potentiel d'amélioration.

VOTRE POTENTIEL D'AMÉLIORATION

Tôt ou tard, ces questions surgissent dans votre esprit : ai-je du talent ? si je m'entraînais intensivement et régulièrement, quel niveau pourrais-je un jour atteindre ? champion olympique ou rien de mieux que champion du quartier ?

Comme on l'a vu, l'amélioration de votre performance cardio passe par l'amélioration de ses déterminants : consommation maximale d'oxygène (VO$_2$max), efficacité de votre gestuelle, endurance et capacité anaérobie. Avec l'entraînement, ces qualités s'amélioreront rapidement au début, mais plus lentement par la suite, comme si elles tendaient inexorablement vers un plateau.

Comme votre potentiel d'amélioration sera d'autant plus grand que vos qualités physiques n'ont pas atteint leur plein développement, vous maximiserez votre amélioration en concentrant votre entraînement sur les déterminants de la performance que vous avez négligés jusqu'à maintenant.

En corollaire, si votre programme ne respectait pas certains principes de base ou si vous l'avez suivi de façon chaotique, vous aurez plus de chances de vous améliorer, à condition de suivre un programme mieux conçu. Vous découvrirez plus loin comment concevoir un bon plan d'entraînement et, à la p. 99, une liste à cocher permettant d'évaluer sommairement le plan d'entraînement que vous avez suivi jusqu'à maintenant ou celui que vous comptez adopter.

Votre entraînabilité

On sait maintenant que l'entraînabilité – c'est-à-dire le degré d'amélioration des qualités physiques et donc des performances en réponse à un entraînement donné – varie considé-

Figure 1.5
Évolution type d'un déterminant de la performance avec l'entraînement

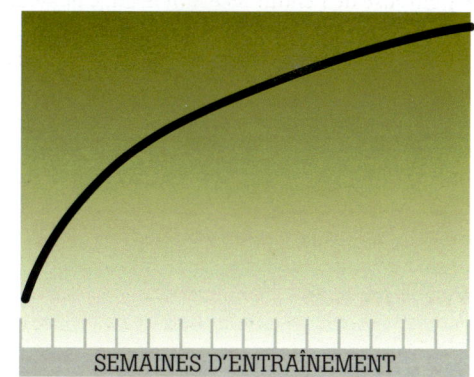

Chacun des déterminants de la performance sollicités à l'entraînement a tendance à s'améliorer de moins en moins au fil du temps, d'où l'intérêt de suivre un entraînement ciblé.

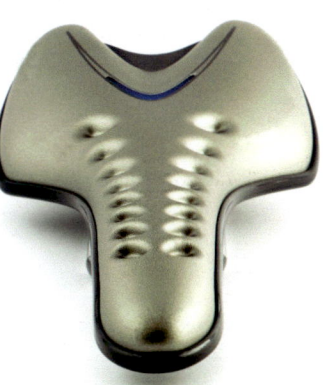

Tableau 1.4
Potentiel d'amélioration (échelle arbitraire de 0 à 100) des déterminants de la performance aérobie selon la qualité de l'entraînement cardio antérieur et futur et l'entraînabilité

> Quelles que soient votre entraînabilité et la qualité de l'entraînement effectué jusqu'à maintenant, vous pouvez vous améliorer en suivant dorénavant un bon programme.

Entraînabilité	Qualité de l'entraînement			
	antérieur	futur		
		Semblable	Plus élevée	Beaucoup plus élevée
Élevée	Faible	45	75	90
	Moyenne	30	50	60
	Élevée	15	25	30
Moyenne	Faible	36	60	72
	Moyenne	24	40	48
	Élevée	12	20	24
Faible	Faible	18	30	36
	Moyenne	12	20	24
	Élevée	6	10	12

rablement parmi les sportifs. Certaines personnes s'entraîneront de façon acharnée sans jamais atteindre les résultats de certaines autres pour qui gravir les échelons semble facile. La nature est bien injuste lorsqu'elle distribue les gènes !

Au cours d'une étude menée auprès de jumeaux identiques, l'équipe du professeur Claude Bouchard, célèbre généticien québécois de l'activité physique, a observé qu'en réponse à un programme type d'entraînement cardio, environ 5 % des sujets voient leur VO_2max augmenter de moins de 5 %, alors qu'à peu près le même pourcentage profite d'une augmentation de plus de 60 % de son VO_2max ! Tout dépend du bagage génétique : certains ont simplement la possibilité de s'améliorer davantage que d'autres.

Il semble qu'à la naissance trois éléments de la performance cardio soient déjà fixés :
- l'aptitude aérobie « de base » : celle que l'on aurait si l'on ne s'entraînait pas ;
- l'aptitude aérobie « ultime » : celle que l'on pourrait atteindre si l'on suivait le meilleur programme d'entraînement imaginable ;
- le taux d'augmentation de l'aptitude aérobie dans le temps, en réponse à un entraînement donné.

Le hic, c'est qu'il n'existe pas, pour l'instant, de moyen de « lire » les gènes et d'en déduire l'entraînabilité. À défaut, on peut tout de même apprécier l'entraînabilité générale d'une personne de deux façons :
- en examinant les performances des dernières années : si elles augmentent presque autant qu'au début (malgré un entraînement similaire d'une année à l'autre), l'entraînabilité de la personne est sans doute élevée ;
- en comparant l'amélioration des performances d'une personne avec celle de ses camarades d'entraînement qui ont un profil comparable et qui font sensiblement le même entraînement : si la personne tend à progresser davantage au fil des mois, son entraînabilité est probablement meilleure que la leur.

Ainsi, les personnes qui ont du talent sont celles qui, nonobstant leur niveau de performance actuel, seront en mesure de l'augmenter davantage que les autres, en réponse à un entraînement donné. Les champions sont ceux qui sont nés avec un bagage génétique favorable... et qui l'ont exploité par un entraînement approprié. À ce sujet, Per-Olof Åstrand, précurseur suédois de la recherche en physiologie de l'exercice, écrivait : « Pour devenir champion olympique ou du monde, il faut bien choisir ses parents ! »

Le tableau 1.4 donne une idée du potentiel d'amélioration, selon l'entraînabilité, la qualité de l'entraînement effectué jusqu'à maintenant et celle de l'entraînement envisagé.

Vous êtes peut-être tenté de vous accorder une entraînabilité « moyenne » (votre progression vous semble meilleure que celle de votre beau-frère, mais moins bonne que celle de votre idole depuis le début de sa carrière). De même, vous êtes peut-être assez satisfait de votre entraînement antérieur (vous y mettez du cœur, tout en vous sentant un peu coupable de ne pas en faire plus). Vos perspectives sont donc peu réjouissantes : les améliorations promises ne sont pas à la hauteur de vos aspirations !

Consolez-vous : en règle générale, on a tendance à sous-estimer son potentiel d'amélioration, parce que les programmes d'entraînement qui ont l'effet le plus prononcé sur la performance sont passablement différents de ceux que l'on a tendance à faire spontanément. Il y a donc place à l'amélioration pour les sportifs qui ne sont pas réfractaires à l'idée de modifier leur programme d'entraînement. Il s'agit de tenir compte de principes bien étayés.

Nous aborderons les principes de l'entraînement cardio plus loin. Mais voyons d'abord comment planifier une séance d'entraînement.

DEUXIÈME CHAPITRE
COMMENT PLANIFIER UNE SÉANCE D'ENTRAÎNEMENT

Sachant que la performance dans les sports d'endurance dépend du degré de développement du VO_2max, de l'efficacité de la gestuelle, de l'endurance et de la capacité anaérobie, vous souhaitez sans doute développer ces qualités. Examinons donc les éléments d'une séance d'entraînement : les méthodes d'entraînement cardio, l'échelle des intensités d'entraînement, les méthodes de suivi de l'intensité, les formules modernes d'entraînement intermittent, l'échauffement et le second souffle.

LES PRINCIPALES MÉTHODES D'ENTRAÎNEMENT CARDIO

L'amélioration des déterminants de votre performance a pour secret des séances d'entraînement régulières et efficaces. Le tableau 2.1 expose les principales méthodes d'entraînement cardio, leur intérêt, leurs avantages… et leurs défauts. Chacune d'elles est définie de façon concise dans le glossaire et vous en trouverez de nombreux exemples à partir de la p. 116.

Le procès de l'entraînement continu lent et du LSD

Certes, l'entraînement continu lent est la formule idéale de séance de repos actif. Cela dit, si l'on est ouvert à des séances d'entraînement plus exigeantes, vaut-il mieux mettre l'accent sur le volume ou sur l'intensité ?

Après des années d'affrontement entre les tenants de l'entraînement long à faible intensité (LSD) et ceux de l'entraînement par intervalles (EPI), la supériorité de ce dernier est aujourd'hui généralement reconnue. Il existe encore quelques convaincus du « faire plus, c'est toujours mieux ». Leurs justifications, parfois saugrenues, tiennent toutefois davantage du mystique que du scientifique.

Le mauvais exemple de l'élite

Les athlètes de haut niveau s'astreignent généralement à un volume d'entraînement très élevé. Certains cyclistes professionnels roulent plus de 25 h par semaine, parfois 40 en période précompétitive, ce qui représente plus de 1000 km. Et certains marathoniens d'élite courent plus de 180 km par semaine !

L'argument du volume est fréquemment invoqué pour valoriser tous azimuts l'entraînement continu. C'est ainsi que des sportifs moins chevronnés mais aussi ambitieux que leurs idoles cherchent à les imiter et deviennent des adeptes du LSD. Cette « drogue » peut cependant avoir des effets secondaires fâcheux, surtout chez ceux qui n'ont pas suivi une progression convenable : blessures d'usure, perte d'entrain, maladies infectieuses… et reproches des collègues, des amis et des parents pour des absences trop prolongées !

N'oublions pas que les champions se situent dans une classe à part. Grâce à leurs acquis d'entraînement et à leur talent, fruit d'un héritage génétique favorable, les athlètes de haut niveau peuvent se livrer à des séances axées à la fois sur le volume et la qualité : ils sont capables de ponctuer leurs longues et très longues sorties de nombreuses périodes de grande ou très grande intensité. S'inspirer de leur exemple mène inexorablement à en faire trop. Pour le sportif moyen, le fait de s'entraîner une dizaine d'heures par semaine représente en valeur relative une charge d'entraînement à peu près aussi grande que s'entraîner une trentaine d'heures par semaine pour un pro. Lorsqu'on se fixe d'ambitieux objectifs de volume d'entraînement, on doit faire un compromis sur le plan de l'intensité, d'où une amélioration moins importante.

En fait, pour optimiser la performance dans les sports d'endurance, il faut maximiser le temps d'entraînement dans une fourchette d'intensités qui se situent franchement au-dessus de celle qu'on adopte spontanément pour effectuer une sortie à une intensité à peu près constante.

En général, comme l'indique la figure 2.1, nous effectuons nos sorties de 1 ou 2 h à une intensité correspondant à environ 50 à 60 % du VO_2max.

Tableau 2.1
Analyse critique des principales méthodes d'entraînement cardio

> Les diverses formules d'entraînement intermittent présentent de nombreux avantages, contrairement aux formules d'entraînement continu.

ENTRAÎNEMENT CONTINU

Méthode d'entraînement cardio	Intérêt et avantages	Défauts
Entraînement continu « lent »	Est à la fois facile à prescrire et à exécuter. Constitue la forme idéale de séance de récupération active entre les séances plus ardues. S'accompagne d'une certaine dépense d'énergie, sans nécessiter beaucoup d'effort.	A un effet sur le développement de l'aptitude aérobie relativement faible, voire nul si l'intensité est inférieure à 50 % du VO_2max. N'améliore pas et peut même réduire la capacité anaérobie, de même que la puissance musculaire. La majorité des sportifs ont tendance à en abuser.
LSD (de l'anglais *long slow distance training*)	S'accompagne d'une très grande dépense d'énergie. Prépare physiquement et mentalement à l'exécution de longues séances intensives. Améliore l'aptitude à réaliser de longues épreuves.	S'accompagne d'un risque très élevé de blessure d'usure, de surentraînement et de maladie infectieuse. Requiert énormément de temps, une motivation extrême, une solide préparation physique générale, un système ostéoarticulaire et un système musculotendineux parfaits, de même qu'une gestuelle irréprochable. N'est donc pas à la portée de tous. Exige en tout temps une gestion minutieuse de l'apport hydrique et alimentaire. A un effet relativement faible sur le développement de l'aptitude aérobie. Réduit la capacité anaérobie et la puissance musculaire. **(Voir ci-après Le procès de l'entraînement continu lent et du LSD.)**
Entraînement continu « rapide »	Occasionne une charge d'entraînement relativement grande, pour le temps qui y est consacré. Améliore l'aptitude à tenir une intensité inconfortable. Prépare mentalement à l'effort solitaire (course cycliste contre la montre, course de fond, course de ski de fond avec départs individuels, etc.).	S'accompagne d'un faible effet d'entraînement compte tenu de l'effort physique et mental requis. Prive de l'énergie dont on aurait besoin pour effectuer une séance intensive d'EPI. Plusieurs sportifs ont tendance à en abuser. **(Voir ci-après Le procès de l'entraînement continu « rapide ».)**

ENTRAÎNEMENT INTERMITTENT

Méthode d'entraînement cardio	Intérêt et avantages	Défauts
Fartlek et sorties non structurées	Permet d'y aller selon son envie, sans s'obliger à suivre un plan. Ne requiert ni chronomètre, ni piste, ni instrument de rétroaction sur la puissance développée. Peut, dans certains cas, s'accompagner d'un volume appréciable d'effort dans des zones d'intensité propices au développement et à l'entretien de l'aptitude aérobie et de la capacité anaérobie, voire même de la vitesse de pointe.	S'accompagne généralement d'un volume total d'exercice à l'intensité cible moins élevé que des formes structurées d'entraînement intermittent. **(Voir ci-après Le procès du fartlek et des sorties non structurées.)**
EPI classique	Maximise le volume d'exercice à effectuer dans des plages d'intensité propices au développement des principaux déterminants de la performance dans les sports d'endurance. Permet de s'exercer à l'intensité ciblée, si l'on sait bien se servir du schéma de l'EPI (voir p. 60). Développe et entretient l'aptitude à répéter des efforts intenses.	Certains peuvent trouver monotone de faire des fractions d'effort de même durée et à la même intensité, surtout si les séances de ce type se répètent souvent pendant la saison.
Entraînement par intervalles courts (EPIC)	Possède les mêmes avantages que l'EPI classique. Maximise plus que toute autre méthode d'entraînement le volume d'exercice à effectuer dans la plage d'intensités propices au développement du VO_2max. Améliore davantage le VO_2max que bien d'autres formes d'EPI ; améliore aussi la capacité anaérobie. Facilite l'adoption d'une gestuelle appropriée à chaque répétition : on peut se préparer mentalement pendant chaque période de récupération et demeurer concentré pendant les fractions d'effort, car elles sont très courtes. Développe et entretient l'aptitude à répéter des efforts brefs et très intenses. S'accompagne souvent d'une légère euphorie, sans doute en raison de la possibilité de s'exercer à très haute intensité sans grande détresse respiratoire.	S'accompagne d'un risque plus élevé de blessure d'usure chez les athlètes qui n'auront pas suivi une progression suffisamment lente et longue du volume d'exercice à intensité très élevée.
Entraînement fractionné	Maximise plus que toute autre méthode d'entraînement le volume d'exercice à effectuer à l'intensité à laquelle on souhaite faire une compétition imminente. Met précisément en jeu les processus énergétiques qu'il faut développer pour s'améliorer dans le type particulier de compétition pour laquelle on se prépare. Apprend à trouver facilement l'intensité à adopter tout au long de la compétition.	Ne surcharge pas forcément chacun des déterminants de la performance ciblés autant que les méthodes centrées sur un seul de ces déterminants. Ne stimule pas parfaitement le développement des qualités physiques complémentaires.
Entraînement par intervalles complexe	Peut avoir les avantages de l'EPI classique ou de l'EPIC, tout en entretenant la motivation durant chaque séance. Permet souvent de développer des qualités physiques et mentales pertinentes, davantage que les formules moins complexes (p. ex. aptitude à faire un effort dans une situation de récupération incomplète, aptitude à doser l'intensité de l'effort selon les durées d'effort et de récupération).	Nécessite de mémoriser des formules complexes d'organisation de la séance. Certaines conditions météorologiques et de parcours (vents, côtes, etc.) ne s'y prêtent pas.

Figure 2.1
Intensité spontanément adoptée, selon le contexte

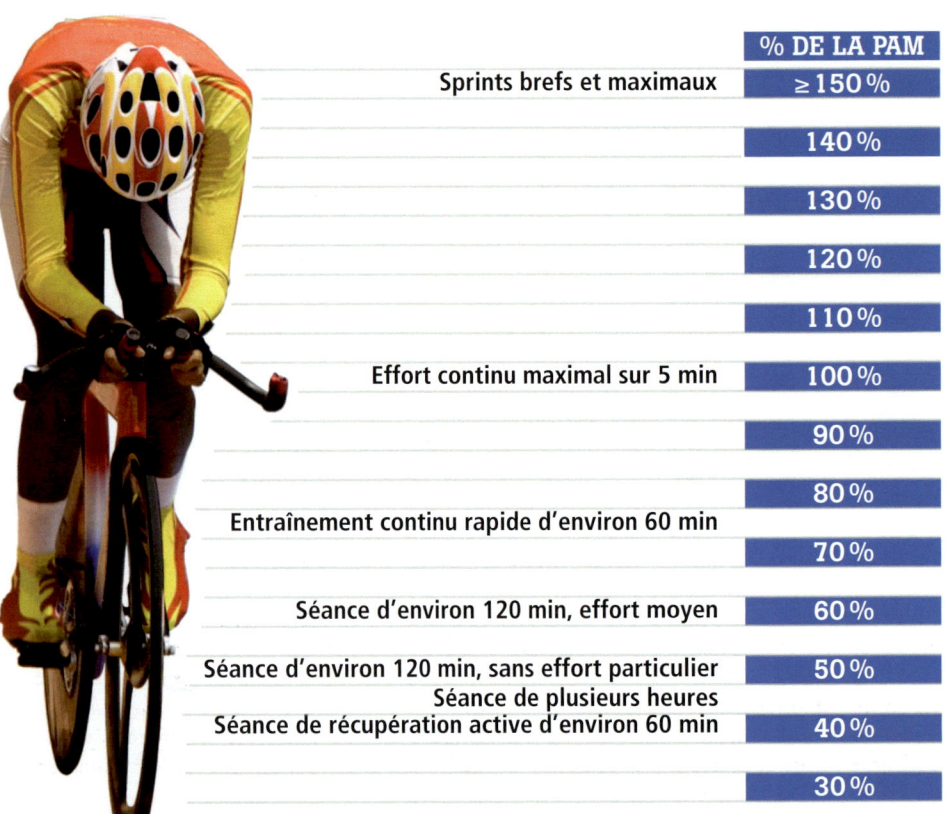

	% DE LA PAM
Sprints brefs et maximaux	≥ 150 %
	140 %
	130 %
	120 %
	110 %
Effort continu maximal sur 5 min	100 %
	90 %
	80 %
Entraînement continu rapide d'environ 60 min	70 %
Séance d'environ 120 min, effort moyen	60 %
Séance d'environ 120 min, sans effort particulier	50 %
Séance de plusieurs heures	
Séance de récupération active d'environ 60 min	40 %
	30 %

> L'intensité à laquelle on a tendance à s'entraîner en continu est généralement comprise entre 40 et 75 % de la PAM.

En fait, l'intensité sera un peu moins grande, soit environ 45 à 50 % du VO₂max, si l'on n'a pas trop envie de se faire mal ou si l'on est fatigué. En y mettant toute la gomme, on arrivera peut-être à faire la sortie à une intensité sensiblement plus élevée, soit environ 60 à 70 % du VO₂max, ou 75 % si l'on est franchement masochiste. Mais si la sortie est très longue, qu'elle dure par exemple de 3 à 6 h, l'intensité sera indubitablement plus petite. Même les plus motivés ne maintiendront guère plus de 50 à 55 % du VO₂max, alors que c'est à des intensités d'exercice de plus de 75 % du VO₂max que l'on obtient les meilleures améliorations des déterminants physiologiques de la performance.

Figure 2.2
Distribution du temps d'entraînement selon l'intensité relative de ce dernier

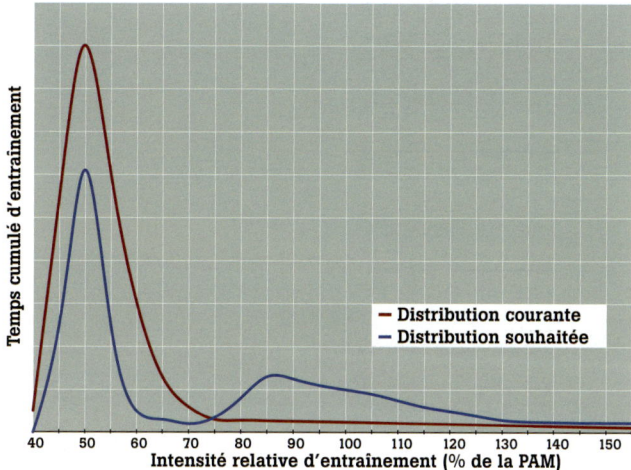

> Un bon plan d'entraînement maximise le temps passé aux intensités réputées pour avoir le plus d'effet sur le développement et l'entretien des déterminants de la performance dans les sports d'endurance.

Diversifier son « portefeuille » d'intensités d'entraînement

On peut apprécier l'intérêt des différentes plages d'intensités cibles en faisant une analogie avec la finance. Cumuler à chaque séance d'EPI quelques minutes d'exercice à environ 100 % de la PAM, c'est comme investir une petite somme d'argent dans un compte bancaire offrant un taux d'intérêt élevé. En revanche, cumuler à chaque séance un plus grand nombre de minutes d'entraînement à moins de 75 % de la PAM, c'est comme investir une plus grande somme d'argent dans un compte bancaire à intérêt moins élevé. De toute manière, que vous fassiez un très grand volume d'entraînement à intensité moyenne ou un plus petit volume à intensité élevée, vous stimulerez le développement de vos qualités physiques.

Tout comme les financiers diversifient leurs portefeuilles, les athlètes ont avantage à s'entraîner dans une large gamme d'intensités. L'erreur à ne pas commettre serait de ne miser que sur l'entraînement à intensité faible ou moyenne ; cela vous priverait des effets bénéfiques d'entraînements intensifs qui peuvent requérir moins de temps.

Ainsi, l'approche moderne en matière d'entraînement consiste à prévoir, dans le plan annuel, des périodes à fort volume et d'autres périodes où l'on met l'accent sur la qualité. L'idéal est « d'avoir déjà fait du LSD », d'entretenir son aptitude à faire de longues sorties, sans nécessairement s'y plier toutes les semaines, et de miser davantage sur l'entraînement intermittent.

Le procès de l'entraînement continu « rapide »

En principe, plus on s'entraîne intensivement, plus on s'améliore. Mais cela ne veut pas dire qu'il faut s'entraîner à fond du début à la fin de chaque sortie. Voyons pourquoi.

La formule *je me pousse à fond sans répit* comporte plusieurs défauts. Le principal, c'est qu'elle s'accompagne d'un

« La prochaine fois qu'un camarade se vantera d'avoir fait son parcours à une vitesse impressionnante, rappelez-lui que les sorties continues à intensité élevée offrent un mauvais rapport "amélioration/effort" ! »

mauvais rapport « amélioration/effort ». Comparativement aux sorties d'intensité confortable, les séances continues « rapides » développent un peu plus l'aptitude aérobie, mais au prix d'un effort beaucoup plus important.

Comme on l'a vu, seuls les franchement masochistes pourront s'astreindre à des séances d'entraînement continu de plus de 2 h à plus de 75 % de leur PAM. Certes, un entraînement à cette intensité permet de développer davantage l'aptitude aérobie qu'un entraînement à 50 % de la PAM. Le hic, c'est que le gain de performance paraît relativement mince compte tenu du surplus d'effort à consentir. Les adeptes du continu « rapide » obtiennent donc un « faible rendement ». S'entraîner en continu rapide, c'est un peu comme payer beaucoup plus cher un équipement sportif qui ne serait guère plus performant.

Faire toutes ses séances comme des contre-la-montre a au moins un autre défaut : l'intensité déployée peut mener à une panne sévère d'énergie. En effet, chacune des séances aboutit à une importante réduction des réserves de glycogène musculaires, le supercarburant du muscle. Plus on pédale fort, plus l'énergie nécessaire à la contraction musculaire vient des réserves glucidiques (en quantité limitée dans l'organisme) plutôt que des réserves lipidiques (en quantité abondante dans l'organisme). Et après une sortie à un train d'enfer, il n'est pas toujours possible de restaurer ses réserves de glycogène musculaires avant la séance suivante, surtout si elle a lieu le lendemain. Tôt ou tard, on risque donc la panne d'énergie.

Il y a mieux que de se pousser au max à chaque sortie. La formule optimale consiste à mettre l'accent sur l'entraînement par intervalles (EPI) de difficulté moyenne ou élevée et de s'allouer des séances de récupération active, effectuées en continu, à intensité faible ou moyenne. On attendra d'avoir suivi un tel schéma pendant quelques semaines avant de faire des séances continues rapides.

Le procès du fartlek et des sorties non structurées
Se méfier du fartlek

Plusieurs athlètes commencent leurs séances de fartlek par des pointes d'effort à intensité élevée, puis les poursuivent en s'allouant des périodes de récupération plus longues au fur et à mesure que progresse la sortie. Leurs premières pointes d'effort leur donnent peut-être l'impression de faire ce qu'il faut pour s'améliorer. Mais l'énergie dépensée tôt en séance pourrait leur manquer plus tard et les empêcher d'effectuer un travail de qualité en fin de sortie.

Voilà pourquoi le fartlek peut être la moins bonne formule d'EPI, à moins qu'on ne l'effectue en veillant à répartir judicieusement son effort tout au long de la séance. Les meilleures séances d'entraînement intermittent sont celles où le degré d'effort requis par chacune des fractions augmente sensiblement d'une à l'autre, du début à la fin. (Voir les figures 2.14 à la p. 62.)

Figure 2.3
Principales composantes d'un programme d'entraînement

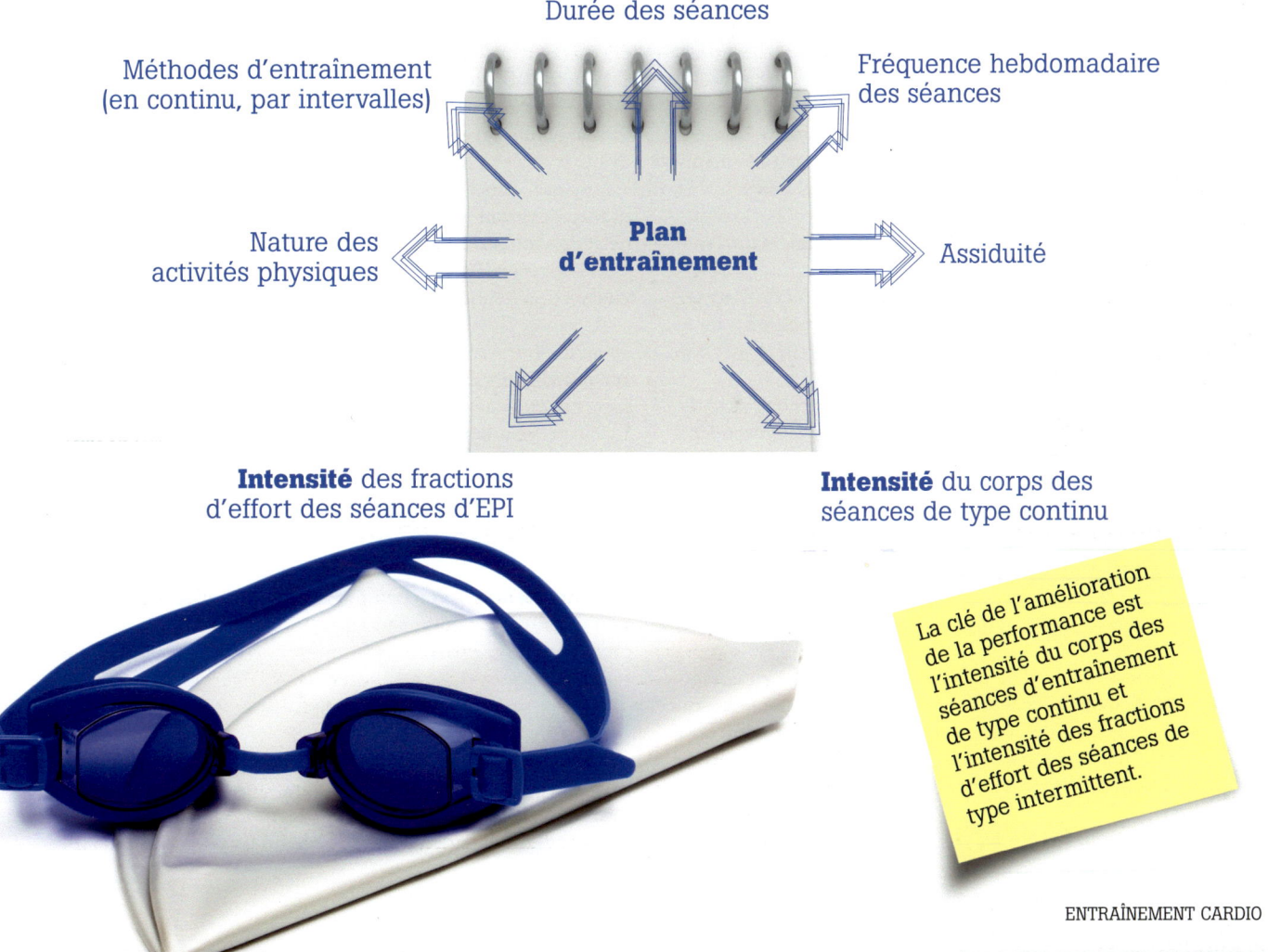

Se méfier des séances d'entraînement non structurées

S'entraîner avec les copains sans suivre de schéma de répartition de l'effort est certes agréable. On retrouve des athlètes qu'on aime, avec qui on partage des valeurs, peut-être des faits d'armes. Tant qu'à y être, on se teste un peu. À la fin de la sortie, on aura effectué un semblant de séance d'EPI. L'intensité de l'effort aura varié selon les aléas du parcours (les côtes à gravir, le vent à affronter) et... les aléas de l'humeur de chacun.

Tous les membres du groupe pourront terminer la séance suffisamment fatigués pour avoir le sentiment du devoir accompli. Du coup, chacun croira que l'entraînement aura été optimal. C'est ce que penseront les costauds qui auront imposé leur train d'enfer... et les moins costauds qui l'auront subi !

Toutefois, les sorties où l'effort évolue de façon quasi chaotique offrent généralement un moins grand « rendement » que celles qui suivent une formule structurée d'EPI, comme la plupart de celles qui sont proposées à la p. 116. En effet, puiser trop et trop tôt dans ses réserves pendant une séance limite le volume total d'entraînement qu'on aura effectué dans une fourchette d'intensités intéressantes.

Les formules d'entraînement les plus susceptibles d'améliorer les qualités physiques sont celles qui maximisent le temps de travail à des intensités « payantes », c'est-à-dire supérieures à 75 % de la PAM. Elles reposent sur une judicieuse répartition des périodes d'effort et des périodes de repos actif permettant à l'athlète de faire un très grand volume de travail à une intensité cible jugée utile pour le développement de sa performance. Ainsi, la durée et l'intensité des fractions d'effort et des périodes de récupération sont déterminées suivant une certaine logique.

Les séances de fartlek et les sorties d'entraînement en groupe ont peu de chances d'avoir cette vertu. Une sortie sans structure prédéterminée, c'est un peu comme un repas où l'on pourrait s'offrir une tablette de chocolat bien sucrée entre le potage et le plat principal : le goût y est, mais gâche la suite du repas !

Avant de se pencher sur les vertus de l'EPI, examinons l'élément clé de toutes les méthodes d'entraînement : l'intensité.

L'INTENSITÉ D'ENTRAÎNEMENT

Toutes les composantes d'un programme d'entraînement ont leur importance (figure 2.3). Pour les athlètes, la clé de l'amélioration est toutefois l'INTENSITÉ. S'entraîner à une intensité trop faible, même longtemps, améliore peu l'aptitude aérobie.

Des recherches en physiologie de l'exercice et des observations effectuées sur le terrain indiquent qu'il existe des fourchettes particulières d'intensités relatives d'entraînement où l'on optimise le développement de chacun des déterminants de la performance. C'est ce qu'illustre le tableau 2.2.

Un bon programme d'entraînement cardio suppose d'avoir établi au préalable les déterminants de la performance à développer. Ce premier tri dicte la fourchette d'intensités relatives qui devront être maintenues durant les parties les plus intensives de l'entraînement. Il s'agit ensuite de traduire cette intensité en une mesure concrète et d'établir, par exemple, une vitesse, une puissance ou une fréquence cardiaque cibles.

Il existe plusieurs façons d'exprimer l'intensité d'entraînement. Pour désigner ces fourchettes d'intensités « payantes », les spécialistes s'expriment en pourcentages de la puissance aérobie maximale ou de la vitesse aérobie maximale. Que vous soyez champion olympique ou débutant, l'entraînement à environ 100 % de votre PAM ou de votre VAM aura un effet favorable sur votre VO_2max, bien que cela veuille dire une vitesse très élevée dans le cas du champion et plutôt faible dans le cas du débutant.

Puisque c'est dans la fourchette d'intensités 75-110 % de la PAM que l'on doit s'entraîner pour optimiser son amélioration, examinons comment atteindre cet objectif. C'est ce que proposent les pages qui suivent.

Tableau 2.2
Potentiel d'amélioration de déterminants de la performance, selon l'intensité d'entraînement

Intensité d'entraînement (% de la PAM)	Effet sur le développement de...		
	... l'endurance aérobie (EA)	... la puissance aérobie maximale (PAM)	... la capacité anaérobie (CA)
>110		✪	✪✪✪✪✪
110		✪✪✪	✪✪✪✪
105		✪✪✪✪	✪✪✪
100	✪	✪✪✪✪✪	✪✪
95	✪✪✪	✪✪✪✪	✪
90	✪✪✪✪	✪✪✪	✪
85	✪✪✪✪✪	✪✪	
80	✪✪✪✪	✪	
75	✪✪✪	✪	
70	✪✪		
65	✪		
60	✪		

Légende
- ✪✪✪✪✪ Effet maximal
- ✪✪✪✪ Effet très prononcé
- ✪✪✪ Effet prononcé
- ✪✪ Effet moyen
- ✪ Petit effet

Le développement des déterminants de la performance dans les sports d'endurance est maximisé par l'entraînement à des plages d'intensités particulières.

Figure 2.4
Intensité d'entraînement à viser selon la qualité physique à améliorer

POUR DÉVELOPPER	% DE LA PAM	MAXIMISER LE TEMPS D'ENTRAÎNE-MENT AUX INTENSITÉS SUIVANTES
	110 %	
la capacité anaérobie	105 %	plus de 105 % de la PAM
	100 %	
	95 %	
le VO$_2$max, la PAM, la VAM	90 %	90-105 % de la PAM
	85 %	
	80 %	
l'endurance	75 %	75-95 % de la PAM
	70 %	
	65 %	
	60 %	
	55 %	
	50 %	
	45 %	
l'aptitude à faire de très longues compétitions	40 %	40-50 % de la PAM

À chaque déterminant de la performance à améliorer correspond une plage d'intensités d'entraînement.

LES MÉTHODES DE SUIVI DE L'INTENSITÉ

Il est utile de connaître les avantages et les inconvénients des principales méthodes de suivi de l'intensité.

La méthode des puissances cibles

La méthode des puissances cibles est la meilleure méthode de suivi de l'intensité de l'exercice. Elle exige cependant que l'entraînement soit effectué sur un appareil affichant en temps réel la puissance de l'exercice (en watts). Il peut s'agir d'un ergomètre à ramer comme un Concept2 ou d'un *home trainer* intelligent (CompuTrainer, Velotron, CycleOps, Tacx...), ou encore d'un vélo muni d'un pédalier SRM ou Ergomo, ou d'un moyeu arrière PowerTap.

Si vous faites de l'aviron ou pratiquez un sport cycliste, vous pouvez doser l'intensité de votre entraînement sur le plan de la puissance à condition d'avoir effectué au préalable un test d'évaluation de votre PAM (voir Test d'évaluation du VO$_2$max, de la PAM, de la VAM, p. 18, ou Mesurer sa PAM simplement, p. 19). Par exemple, si votre PAM est de 200 watts, vous devrez ramer ou pédaler à au moins 150 watts (soit 75 % de votre PAM) pour développer ou entretenir votre endurance, à 180-210 watts (soit 90-105 % de votre PAM) pour améliorer votre VO$_2$max, votre VAM et votre PAM, et à plus de 210 watts (soit plus de 105 % de votre PAM) pour développer votre capacité anaérobie.

Malheureusement, cette méthode requiert un équipement qui n'est pas à la portée de toutes les bourses et ne peut s'appliquer que dans un nombre restreint d'activités aérobies.

La méthode des vitesses cibles

En course à pied, on peut communiquer, apprécier et suivre l'intensité d'entraînement en s'exprimant en vitesse de course. Il s'agit d'utiliser le tableau de l'annexe II, qui a été conçu à partir de la relation connue entre la vitesse de course (v) et le coût en O$_2$ (en mL/kg/min). Vous devez d'abord estimer votre VAM et votre VO$_2$max en course à pied en effectuant le test de piste de l'Université de Montréal (TPUM), mieux connu sous le nom de test Léger-Boucher (du nom de ses inventeurs).

CompuTrainer

Le *home trainer* intelligent CompuTrainer affiche en temps réel votre puissance de pédalage, permettant de vous confronter à des adversaires réels ou virtuels. Relié à votre ordinateur, il simule parfaitement toutes les situations de véritables séances en plein air (côtes, vent, abri) en « jouant » avec la résistance imposée à la roue arrière de votre bécane.

Test de piste de l'Université de Montréal

Meilleur test de terrain pour l'évaluation du VO$_2$max, le TPUM consiste à marcher puis à courir sur une piste balisée (p. ex. de cônes) à une vitesse de plus en plus élevée (incréments d'environ 1 km/h par paliers de 2 minutes) imposée par des signaux sonores préenregistrés. Le coureur abandonne lorsqu'il ne peut plus suivre le rythme imposé ; la vitesse du dernier palier complété est la VAM et reflète son VO$_2$max.

Figure 2.5
Relation entre la vitesse de course et le coût en O$_2$

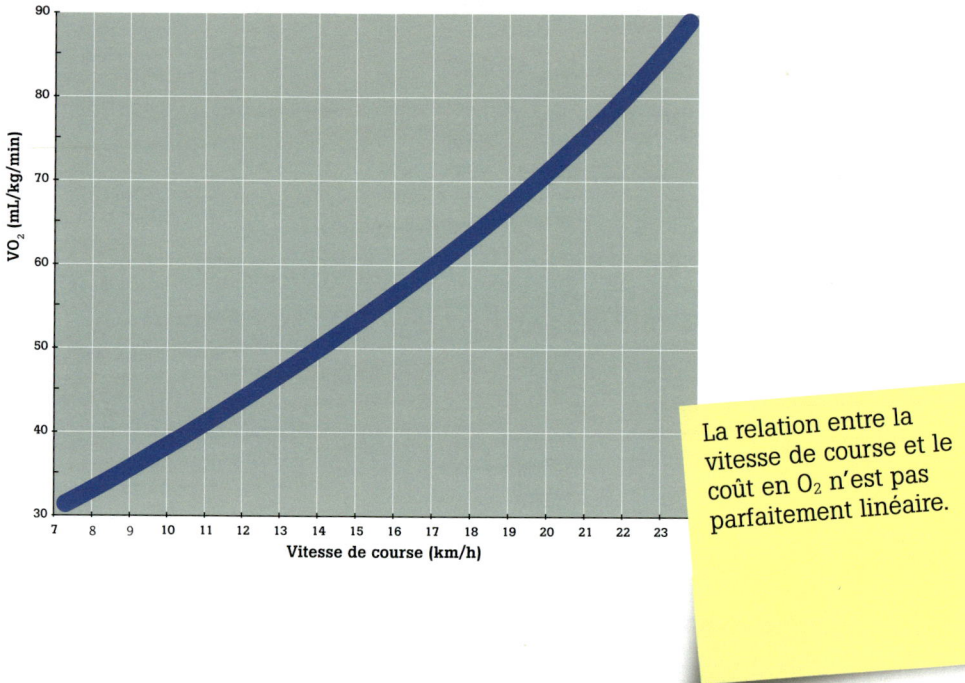

La relation entre la vitesse de course et le coût en O$_2$ n'est pas parfaitement linéaire.

Une autre façon d'estimer votre VO$_2$max (et votre VAM, dans n'importe quelle activité aérobie) consiste à effectuer un test maximal sur 5 min. En effet, comme on l'a vu (p. 19), c'est approximativement pendant 5 min que les personnes bien motivées peuvent tenir une intensité correspondant à 100 % de leur VO$_2$max. Le tableau 2.3 donne le VO$_2$max estimé selon la performance au test de course de 5 min. Si, par exemple, la distance que vous parvenez à franchir en 5 min est d'exactement 1500 m (soit une vitesse moyenne et donc une VAM de 18 km/h), votre VO$_2$max est de 63,6 mL/kg/min.

Tableau 2.3
VO₂max estimé selon le résultat à un test maximal de course à pied de 5 min*

Distance parcourue (m)	Vitesse moyenne (VAM) (km/h)	VO₂max estimé (mL/kg/min)
900	10,8	41,4
925	11,1	42,3
950	11,4	43,1
975	11,7	44,0
1000	12,0	44,9
1025	12,3	45,8
1050	12,6	46,6
1075	12,9	47,5
1100	13,2	48,4
1125	13,5	49,3
1150	13,8	50,2
1175	14,1	51,1
1200	14,4	52,1
1225	14,7	53,0
1250	15,0	53,9
1275	15,3	54,9
1300	15,6	55,8
1325	15,9	56,8
1350	16,2	57,7
1375	16,5	58,7
1400	16,8	59,6
1425	17,1	60,6
1450	17,4	61,6
1475	17,7	62,6
1500	18,0	63,6
1525	18,3	64,6
1550	18,6	65,6
1575	18,9	66,6
1600	19,2	67,6
1625	19,5	68,6
1650	19,8	69,6
1675	20,1	70,7
1700	20,4	71,7
1725	20,7	72,7
1750	21,0	73,8
1775	21,3	74,8
1800	21,6	75,9
1825	21,9	77,0
1850	22,2	78,0

On peut estimer le VO₂max avec une marge d'erreur tout à fait acceptable à l'aide d'un test maximal de course de 5 min.

* Suivant la formule, $VO_2 = 14,49 + 2,143 \times V + 0,0324 \times V^2$, où V est la vitesse moyenne en km/h.

Figure 2.6
Évolution de la FC pendant le pédalage à une intensité passant de 50 % de la PAM à 70, 85, 100 et 110 % de la PAM

> La FC tend vers un plateau proportionnel à l'intensité relative, à condition que cette dernière soit inférieure à 100 % de la PAM.

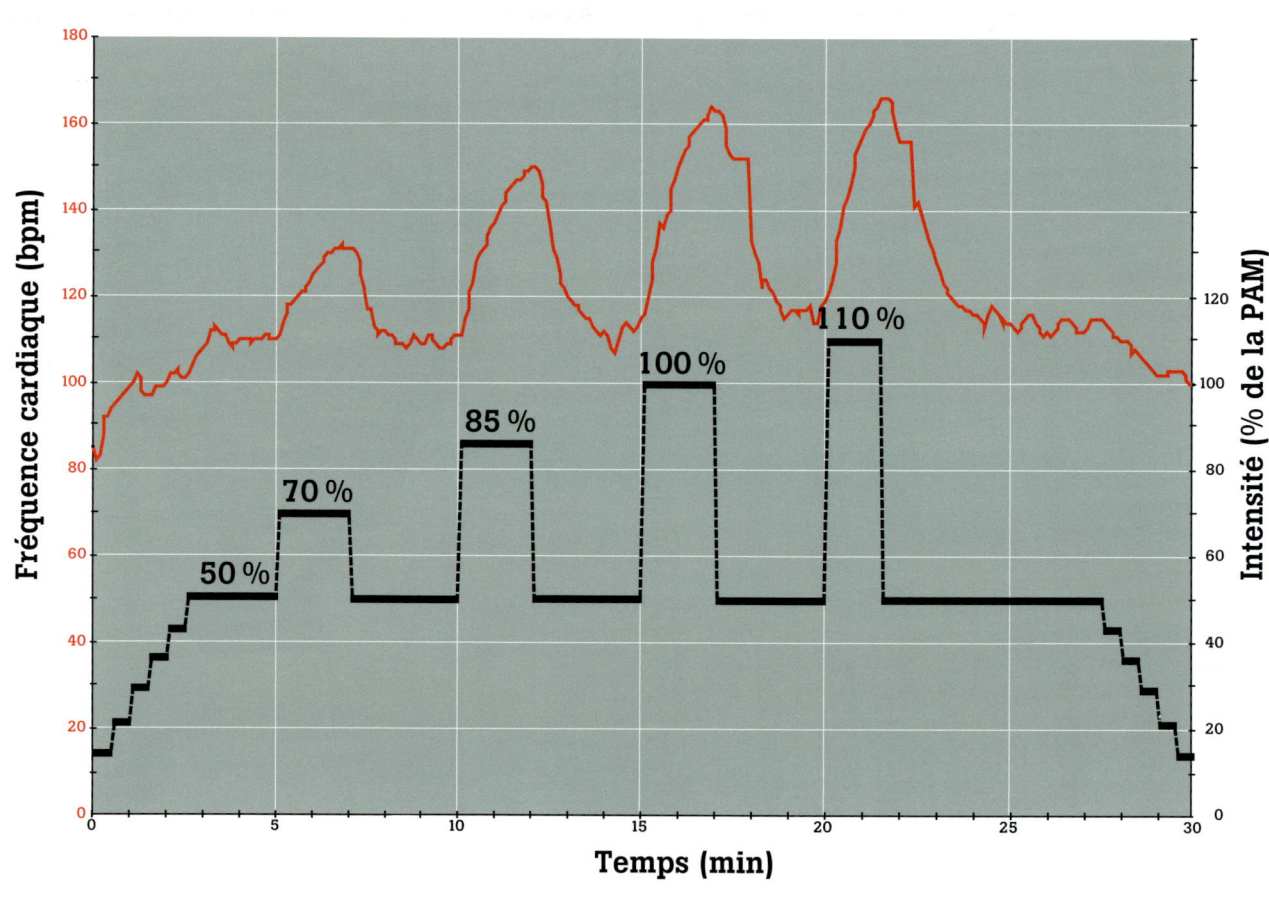

Notez qu'un pourcentage donné du VO₂max ou de la PAM ne correspond pas nécessairement au même pourcentage de la VAM. En effet, la relation entre la vitesse de course et le VO₂ n'est pas parfaitement linéaire. Prenons par exemple un coureur dont le VO₂max estimé est de 70 mL/kg/min (20 paliers au test Léger-Boucher). Sa VAM est donc de 19,943 km/h (3:01 min:s/km ; voir annexe II). Mais la vitesse correspondant à 50 % de sa PAM, en l'occurrence 8,481 km/h, est différente de celle correspondant à 50 % de sa VAM, c'est-à-dire 9,971 km/h (en effet, 19,943/2 = 9,971).

Pour exprimer les intensités relatives en course à pied, il faut se référer à l'annexe II et non pas faire une simple règle de trois à partir de la VAM.

Dans toutes les activités où la relation entre la vitesse de déplacement et le coût énergétique est à la fois curvilinéaire et très variable d'un athlète à l'autre (en natation, en ski de fond ou dans les sports cyclistes), un pourcentage donné de la PAM correspond à un pourcentage plus élevé de la VAM. Il n'est donc pas possible de proposer pour ces sports une table comme celle établie pour la course à pied (où les variations interindividuelles du coût énergétique sont peu prononcées).

La méthode des fréquences cardiaques cibles

Depuis une trentaine d'années, la méthode la plus courante de suivi de l'intensité de l'entraînement est celle des fréquences cardiaques cibles. Son principe est très simple. La fréquence cardiaque (FC) est d'autant plus élevée que l'intensité de l'exercice est élevée (figures 2.6 et 2.7). Ainsi, lorsqu'elle atteint un plateau, la FC – qu'elle soit appréciée par palpation (de l'artère radiale, au poignet, ou de la carotide, au cou) ou à l'aide d'un cardiofréquencemètre – est un indice de l'intensité de l'effort fourni.

Pour traduire une intensité relative en une fréquence cardiaque, et vice versa, il suffit, en principe, d'utiliser la formule de Karvonen (du nom du chercheur qui l'a proposée), présentée ci-après. Elle est fondée sur le principe que la relation entre la FC d'état stable et l'intensité est linéaire.

Formule de Karvonen

Pour calculer la fréquence cardiaque cible d'état stable (FCétat-stable, en bpm) correspondant à une intensité cible donnée, il suffit d'appliquer la formule suivante :

$$FCcible = FCrepos + [(\% VO_2max /100) \times (FCmax - FCrepos)]$$

Par exemple, si vos FC de repos et maximale sont respectivement de 60 et 180 bpm, votre fréquence cardiaque cible à 50 % de votre VO₂max est de 120 bpm. En effet :

$$60 + [(50/100) \times (180 - 60)] = 60 + [0,5 \times 120] = 60 + 60 = 120$$

Et vos FC cibles à 60, 70, 80 ou 90 % de votre VO₂max sont respectivement d'environ 132, 144, 156 et 168 bpm.

Inversement, **pour estimer l'intensité relative d'une fraction d'effort à partir de la fréquence cardiaque d'état stable**, il suffit d'appliquer la formule suivante :

$$\% VO_2max = [(FCétat\text{-}stable - FCrepos) / (FCmax - FCrepos)] \times 100$$

Par exemple, si vos FC de repos et maximale sont respectivement de 50 et 190 bpm, votre intensité relative à une FC de 140, 150, 160, 170 et 180 bpm est respectivement d'environ 64, 71, 79, 86 et 93 % de votre VO₂max (voir figure 2.7).

FC d'exercice et aptitude aérobie

Les FC de repos et maximale variant beaucoup parmi les athlètes d'un même niveau, la FC d'exercice ne reflète pas parfaitement le niveau d'aptitude aérobie. Si, par exemple, votre camarade a une FC plus basse que la vôtre lorsque vous vous entraînez à la même vitesse, cela ne signifie pas automatiquement qu'il a une aptitude aérobie meilleure que la vôtre.

Figure 2.7
Relation théorique et mesurée entre l'intensité relative d'exercice et la fréquence cardiaque d'état stable, chez une personne dont les FCrepos et FCmax sont respectivement de 50 et 190 bpm, au cours d'un test progressif et maximal

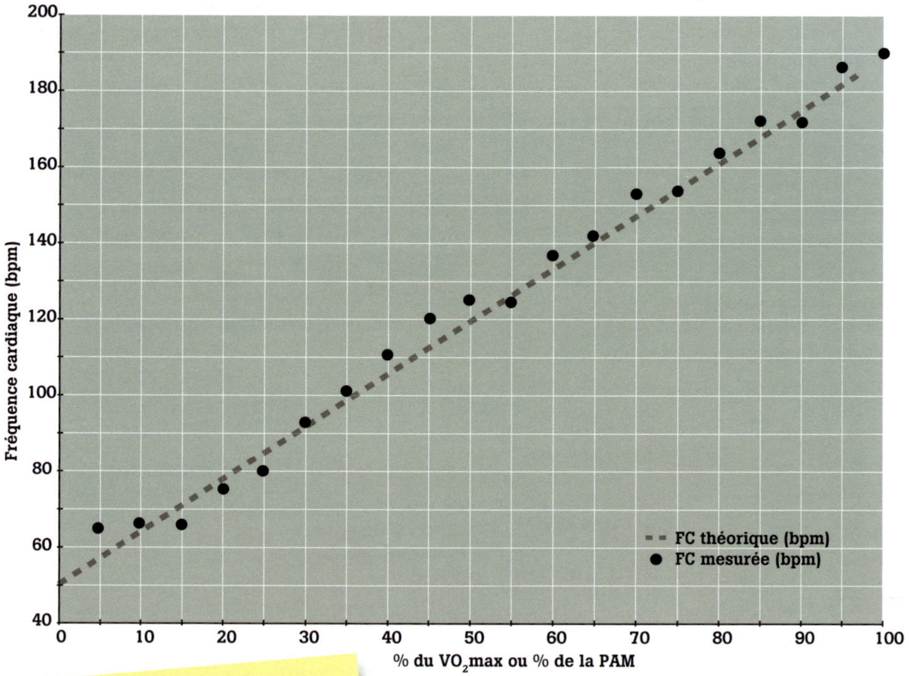

[Graphique : Fréquence cardiaque (bpm) en fonction du % du VO_2max ou % de la PAM, avec FC théorique (bpm) en pointillés et FC mesurée (bpm) en points]

La FC augmente avec l'intensité relative de l'exercice, mais la relation n'est pas parfaite.

Tableau 2.4
Fourchettes de FC pour cinq « zones » d'entraînement cardio selon diverses hypothèses de FCrepos et FCmax

> Les plages de fréquences cardiaques d'entraînement sont déterminées en fonction de l'intensité relative visée.

Zones	Plages d'intensités (% du VO_2max)	Athlète dont les FCrepos et FCmax = 60 et 200 bpm	Athlète dont les FCrepos et FCmax = 55 et 185 bpm	Athlète dont les FCrepos et FCmax = 40 et 180 bpm	Maintenir cette intensité pendant 5 min est généralement...
	>100	200	185	180	extrêmement difficile ou impossible
5	95-100	193-200	179-185	173-180	très difficile
4	90-95	186-193	172-179	166-173	difficile
3	80-90	172-186	159-172	152-166	assez difficile
2	70-80	158-172	146-159	138-152	facile
1	50-70	130-158	120-146	110-138	très facile
	< 50	< 130	< 120	< 110	très, très facile

Les plages ou « zones » d'intensités d'entraînement

Plusieurs entraîneurs prescrivent l'intensité d'entraînement en s'exprimant en fréquences cardiaques cibles (p. ex. faire des fractions d'effort à environ 160 bpm). Toutefois, la plupart divisent le continuum des intensités d'entraînement en fourchettes de fréquences cardiaques cibles (appelées communément « zones d'entraînement »). Généralement, ils en établissent cinq, parfois quatre. Comme il n'y a pas de consensus au sujet de leur définition exacte, les zones 3 et 4 d'un entraîneur peuvent très bien correspondre aux zones 4 et 5 d'un autre entraîneur. Pas évident!

Si vous voulez vous entraîner selon des plages d'intensités, fixez votre première zone à environ 50 % de votre VO_2max et votre dernière entre 95 et 100 % de votre VO_2max.

Ne vous privez pas pour autant de séances d'EPI comprenant des fractions d'effort « hors zone », c'est-à-dire à moins de 50 % ou à plus de 100 % de votre PAM. Dans le premier cas, elles vous permettront de vous échauffer, de récupérer activement et de revenir au calme, dans le second, de développer votre VO_2max et votre capacité anaérobie.

Le tableau 2.4 donne un exemple de fourchettes de FC pour cinq « zones » d'entraînement cardio, selon quelques hypothèses de FCrepos et FCmax.

Trois mythes

« On peut établir précisément la FCmax à partir de l'âge. »

« Il faut éviter d'avoir une FC supérieure à la FCmax. »

« La FCmax augmente avec l'aptitude aérobie. »

La fréquence cardiaque maximale : mythes et réalité

Comme on se réfère couramment aux fréquences cardiaques pour apprécier l'intensité d'entraînement, il est utile de saisir le concept de fréquence cardiaque maximale (FCmax). Voici à ce sujet quelques mythes...

La FCmax et l'âge

Pour appliquer la formule de Karvonen, il faut connaître sa FCmax, telle qu'on peut généralement la mesurer au terme d'un test progressif et maximal d'aptitude aérobie. À défaut, on peut l'estimer à partir de l'âge.

La FCmax diminue en effet avec l'âge, d'environ 6 bpm par décennie. On peut ainsi calculer la FCmax moyenne des personnes d'un âge donné à l'aide d'une simple formule. La plus connue veut que la FCmax corresponde à 220 moins l'âge (une personne de 40 ans aurait une FCmax de 180 bpm). Or cette mesure est très approximative. La formule suivante, tirée des recherches du collègue Luc Léger, du Département de kinésiologie de l'Université de Montréal, m'apparaît plus juste :

$$FCmax = 209 - (0{,}587 \times \hat{a}ge)$$

Par exemple, la FCmax moyenne des personnes de 22 ans serait de 196 bpm et celle des personnes de 46 ans serait de 182 bpm. Mais la FCmax varie beaucoup d'une personne à l'autre (athlète ou non), y compris à l'intérieur d'une même catégorie d'âge. C'est un fait : certains athlètes ont une FCmax beaucoup plus élevée que d'autres du même âge ; cela ne les empêche pas d'être en bonne condition physique. On risque donc de faire une erreur importante lorsqu'on estime la FCmax à partir de l'âge.

Des chercheurs de Memphis, au Tennessee, ont minutieusement analysé la façon dont on utilise communément le cardiofréquencemètre pour doser l'intensité d'entraînement et sont arrivés à la conclusion que, pour être suffisamment précis, il faut tenir compte de la FCmax réelle de l'athlète et non pas l'estimer à partir de son âge comme on le fait habituellement.

Pour établir votre FCmax, vous devez mesurer votre FC tout au long d'un test d'effort progressif et maximal (voir Test d'évaluation du VO$_2$max, de la PAM, de la VAM, p. 18, ou Mesurer sa PAM simplement, p. 19), c'est-à-dire un test où l'on vous demande de faire un exercice à une intensité qui augmente progressivement par paliers, jusqu'à ce que vous ne soyez plus capable de produire la puissance requise. En général, si vous êtes motivé, votre FC atteindra sa valeur maximale au cours des dernières secondes d'effort.

FCmax ou FC à ne pas dépasser?

Il ne faut pas confondre « fréquence cardiaque maximale » (FCmax) et « fréquence cardiaque à ne pas dépasser ». C'est une erreur que font non seulement certains athlètes et leurs entraîneurs, mais également certains auteurs de livres sur l'entraînement! Rappelons que la FCmax est une fréquence qu'il est *impossible* de dépasser pour des raisons physiologiques. Vous n'avez donc pas à veiller à ne pas la dépasser.

D'ailleurs, il n'y a pas de « fréquence cardiaque à ne pas dépasser », quel que soit l'âge, sauf chez les patients souffrant de certains problèmes cardiaques. Plus votre intensité d'entraînement sera élevée, plus vous améliorerez votre aptitude aérobie. S'il faut apprendre à modérer parfois son effort pendant l'entraînement, c'est uniquement pour éviter la panne d'énergie en fin de séance et prévenir le surentraînement.

FCmax et performance

Plusieurs personnes croient qu'il faut posséder une FCmax élevée pour avoir de bonnes performances. Il est vrai que seules les personnes très motivées (c'est le cas de la plupart des athlètes) sont capables de se pousser suffisamment, tout au long d'un test d'évaluation de l'aptitude aérobie, pour que leur FC atteigne véritablement leur FCmax. Toutefois, dès qu'on a un minimum de motivation, on est capable d'atteindre, au terme d'un test maximal, sa FCmax.

Par ailleurs, lorsqu'on parvient à améliorer davantage son aptitude aérobie par l'entraînement, en général la FCmax *diminue* plutôt que d'augmenter. S'il y a un lien entre la FCmax et la performance, c'est donc exactement l'inverse de celui qu'on anticipe communément.

L'entraînement cardio améliore la performance aérobie en augmentant le volume de sang oxygéné que le cœur est capable de faire circuler vers les muscles actifs à chaque minute (ce qu'on appelle le débit cardiaque). On pourrait penser que pour pomper plus de sang (en réaction à un programme d'entraînement cardio), le système cardiovasculaire « choisit » toujours d'augmenter la fréquence maximale des battements cardiaques. Mais dans la majorité des cas, le cœur « choisit » plutôt de pomper plus de sang à chaque battement (ce qu'on appelle le volume d'éjection systolique), sans toutefois augmenter la fréquence maximale à laquelle il se contracte. Ainsi, votre FCmax a peu à voir avec votre niveau de performance.

Les limites de la méthode des fréquences cardiaques cibles

Même si le cardiofréquencemètre a des applications intéressantes en entraînement sportif, ce n'est pas la panacée. Dans plusieurs circonstances, la FC n'est pas un bon indice, notamment lorsqu'elle change fréquemment et qu'elle n'a pas le temps d'atteindre un état stable.

Applications pratiques du cardio-fréquencemètre

Le cardiofréquencemètre a plusieurs applications pratiques. En voici deux. **Pour vous empêcher de trop vous pousser** : vous pouvez vous fixer une FC à ne pas dépasser, par exemple celle correspondant à 55 ou 60 % de votre VO_2max. De même, si vous souhaitez optimiser votre effort en compétition ou durant une sortie particulièrement éprouvante, évitez les intensités que vous ne seriez pas en mesure de maintenir longtemps et trouvez, par essais et erreurs, la FC correspondant à l'effort que vous pourrez maintenir tout au long de votre activité.
Pour vous entraîner à une intensité permettant de développer ou d'entretenir votre aptitude aérobie : il s'agit de veiller à ce que votre fréquence cardiaque corresponde à 50 % ou plus de votre VO_2max.

Figure 2.8
Correspondance entre l'intensité relative d'une séance d'entraînement et la fréquence cardiaque, comparativement à la relation établie à partir de la formule de Karvonen

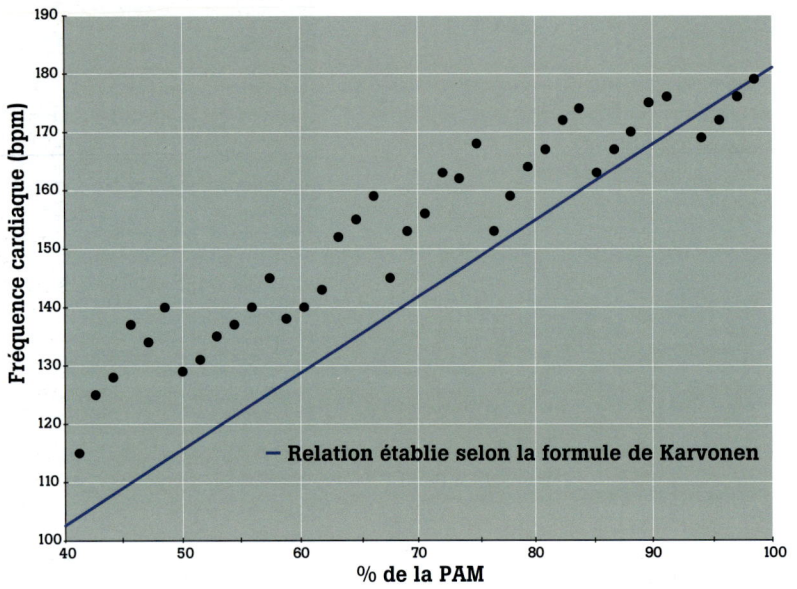

> La fréquence cardiaque n'est pas toujours celle qui est prédite à partir de l'intensité de l'effort par la formule de Karvonen.

À plus de 100 % de la PAM, la FC n'est pas non plus un bon indice, car, par définition, elle ne peut être plus élevée que la FCmax. D'ailleurs, lorsqu'on fait des fractions d'effort à des intensités qui dépassent celle équivalant au VO$_2$max, la FC n'a presque jamais le temps d'atteindre la FCmax, car il est difficile de maintenir des intensités pareilles pendant plus d'une minute ou deux (voir figure 2.6).

Même lorsque l'intensité d'entraînement est constante et inférieure à 100 % de la PAM, on n'apprécie pas toujours bien l'intensité relative à l'aide du cardiofréquencemètre. Lorsqu'on utilise la formule de Karvonen pour calculer la FCcible, on tient pour acquis que la consommation d'oxygène pendant l'exercice est directement proportionnelle à la fréquence cardiaque et que le VO$_2$max coïncide avec la FCmax, ce qui n'est pas toujours le cas. À une intensité relative donnée, la fréquence cardiaque peut varier selon de nombreux facteurs difficiles à apprécier, notamment le taux de déshydratation, la présence ou non de stimulants comme la caféine... et même la température de l'air ou de l'eau en contact avec la peau du visage ! Ainsi, comme l'illustre la figure 2.8, l'intensité réelle d'exercice n'est pas toujours celle qu'on estime à partir de la FCétat-stable. Dans cette figure, chaque point indique la FC en fin de chaque palier de 1 min (ordonnée) à une intensité constante donnée, exprimée en pourcentage de la PAM (en abscisse). Le sujet a pédalé à des intensités changeant de façon désordonnée de minute en minute entre 135 watts (40 % de sa PAM) et 340 watts (100 % de sa PAM).

Figure 2.9
Dérive cardiaque

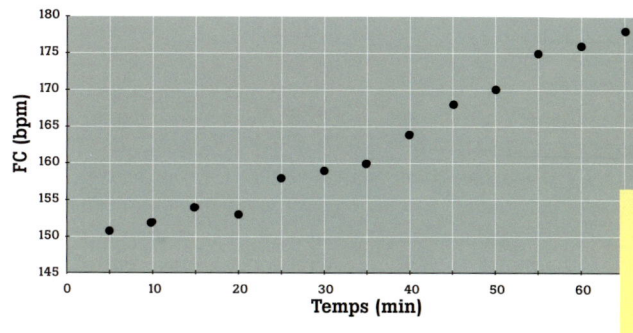

La FC « dérive » au cours d'un exercice à intensité constante. Le sujet a pédalé à 200 watts (60 % de sa PAM) pendant plus d'une heure.

C'est surtout pendant des séances à intensité à peu près constante qu'on a recours au cardiofréquencemètre. Mais attention ! Si l'on maintient une FC constante, à cause du phénomène de dérive cardiaque (figure 2.9), l'intensité réelle de l'exercice diminuera inexorablement. Maintenez plutôt l'intensité ciblée, quitte à laisser la FC dériver (augmenter) tout au long de la séance.

Par ailleurs, certaines personnes croient que la FC à une intensité sous-maximale donnée (rouler à 175 watts ; courir à 12 km/h) peut être considérée comme un indice valable du degré de fatigue. Une FC plus élevée que d'habitude signifierait qu'on n'a pas suffisamment récupéré d'une période d'entraînement particulièrement ardue. Les études menées sur ce sujet n'ont cependant pas permis de valider cette idée.

Bref, si l'on utilise la méthode des FCcibles pour doser son intensité d'entraînement, il faut le faire uniquement dans les parties d'une sortie où l'intensité est inférieure à 100 % du VO$_2$max et où la FC est stable. Il faut se rappeler que, pendant l'entraînement, une fréquence cardiaque d'état stable amène à surévaluer l'intensité de l'exercice à mesure que progresse la séance.

La puissance de pédalage des champions est mal reflétée par la FC

L'intensité moyenne de l'effort pendant une course cycliste dépend du type d'épreuve et n'est pas toujours bien reflétée par la fréquence cardiaque. C'est ce qu'ont démontré des chercheurs de l'Université de Freiburg, en Allemagne. Ils ont mesuré la puissance de pédalage (à l'aide de pédaliers SRM) de six coureurs cyclistes professionnels pendant une course de six étapes (Regio-Tour International). Durant les cinq épreuves en ligne, leur puissance moyenne était de 220 watts, soit 55 % de leur PAM, une intensité relative plutôt faible. Durant l'étape contre la montre en montée, la puissance moyenne de pédalage des six professionnels grimpait à 392 watts, soit près de 100 % de leur PAM. Après avoir examiné soigneusement les données recueillies, les chercheurs ont observé que s'ils s'étaient uniquement fondés sur les fréquences cardiaques plutôt que sur la puissance enregistrée par le pédalier SRM, ils auraient sous-estimé le temps de pédalage à intensité faible ou élevée et surestimé le temps passé à intensité moyenne.

La méthode des formules préétablies

Une autre approche permettant de s'entraîner à des intensités cibles « payantes » consiste à se donner une formule d'EPI spécialement conçue pour amener à adopter spontanément l'intensité cible.

Voici comment appliquer cette méthode. Chaque fois que vous vous sentez d'attaque pour une séance difficile (de une à trois fois par semaine, selon votre aptitude à récupérer), choisissez, en consultant le schéma de l'EPI présenté à la p. 60, une formule de séance qui vous assurera de développer la qualité physique voulue (endurance, VO$_2$max ou capacité anaérobie). Si la motivation est au rendez-vous, vous aurez spontanément tendance à effectuer les fractions d'effort de ces séances à une intensité égale ou presque à celle indiquée sur la courbe.

Prenons la séance n° 1. Elle consiste à faire quatre séries de 7 ou 8 fractions d'effort de 1 min 30 s chacune, espacées de brèves périodes de récupération active. Il est à peu près certain que vous ferez chacune des 30 fractions d'effort de cette séance à une intensité égale ou presque à 85 % de votre VO$_2$max, comme l'indique le graphique, ou, sinon, à une intensité suffisamment proche de cette intensité cible pour avoir l'effet désiré.

Peut-être avez-vous un doute ? Après tout, certains sportifs font preuve de plus de motivation que d'autres à l'entraînement. Si vous êtes du genre maso, vous aurez tendance à vous pousser un peu plus que prévu au début de la séance, ce qui vous amènera à réduire la cadence sur la fin. Inversement, si vous vous ménagez au début, vous vous pousserez probablement sur la fin, histoire de restaurer votre ego. Au terme de la séance, vous aurez donc passé, dans un cas comme dans l'autre, plusieurs minutes dans la zone d'intensité qui développe la qualité physique voulue.

La méthode des formules préétablies n'est certes pas aussi technique que celles présentées antérieurement, mais elle fonctionne très bien si vous avez appris à évaluer votre degré de fatigue. C'est d'ailleurs probablement la meilleure façon de s'entraîner sans l'un de ces fameux appareils qui donnent une rétroaction sur la puissance de l'exercice.

Modalités

Pour que cette approche donne les résultats escomptés, il faut faire chacune des fractions d'effort à la même intensité ou, mieux, à une intensité sensiblement plus élevée que celle de la pointe d'effort précédente. Cela signifie que vous devez « en garder sous la pédale » au début pour avoir suffisamment d'énergie à la fin.

Comme ces séances sont passablement exigeantes, il faut prévoir au moins une journée de repos actif ou passif (aucun entraînement ou exercices de flexibilité) après chacune. Si vous avez l'habitude de faire chaque semaine une longue séance, ne faites pas plus de deux séances d'EPI par semaine.

En résumé, vous pouvez déterminer votre intensité relative d'entraînement à l'aide :
- de la puissance, à condition d'avoir un appareil qui affiche la puissance en temps réel et d'avoir passé un test d'évaluation de la PAM ;
- de la vitesse, dans les activités cardio où l'on connaît la relation entre la vitesse et le coût énergétique et à condition d'avoir passé un test d'évaluation de la VAM ;
- de la fréquence cardiaque, à condition d'être conscient des limites de cette méthode ;
- du schéma de l'EPI (figure 2.13).

Les pages qui suivent portent sur l'EPI. Vous y apprendrez notamment comment utiliser le schéma de l'EPI, ce qui devrait faciliter votre planification de séances d'entraînement intermittent.

Figure 2.10
Évolution de la vitesse de course pendant une séance d'entraînement continu (trait rouge) et une séance d'EPI (trait bleu) pour une même intensité cible

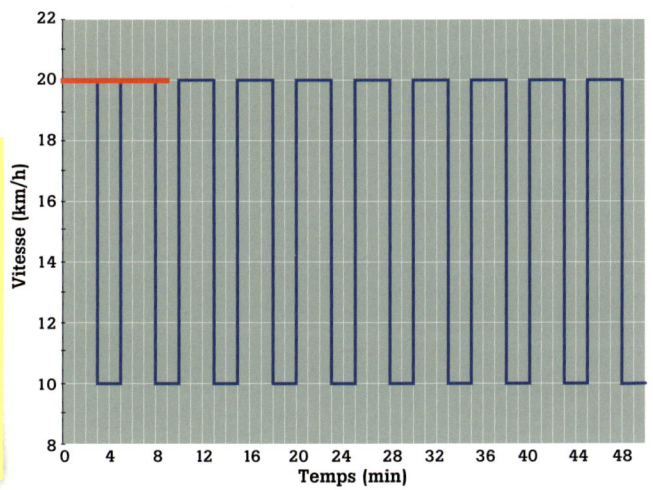

> Pendant une séance d'entraînement, un coureur dont le record personnel est 30 min au 10 km peut faire 10 fois 1 km au même rythme en intermittent, mais guère plus de 3 km en continu.

L'ENTRAÎNEMENT PAR INTERVALLES

L'entraînement par intervalles (EPI) est la formule la plus efficace pour améliorer les déterminants de la performance dans les sports d'endurance. En voici les tenants et aboutissants.

Intérêt logique de l'EPI

Si tant d'athlètes ont aujourd'hui recours à l'EPI, c'est que cette méthode d'entraînement permet de totaliser un volume beaucoup plus grand d'exercice à intensité élevée que l'entraînement continu. Par exemple, il est très difficile de tenir une intensité de 90 % de son VO_2max pendant plus d'une dizaine de minutes au cours d'une séance d'entraînement continu, alors qu'on peut tenir cette intensité pendant une vingtaine, voire une trentaine de minutes si l'effort est réparti sur des périodes suffisamment courtes, entrecoupées de périodes de récupération suffisamment longues. Et qui dit sollicitation accrue dit améliorations plus marquées.

« Les séances intermittentes permettent toujours de cumuler un plus grand volume global d'exercice à intensité élevée que les séances d'entraînement de type continu, et ce, sans nécessairement s'accompagner d'une plus grande fatigue. C'est la raison pour laquelle l'entraînement par intervalles est l'élément clé de la préparation physique d'aujourd'hui. »

Figure 2.11
Évolution des réserves d'énergie pendant une séance d'entraînement continu et une séance d'EPI de même intensité cible

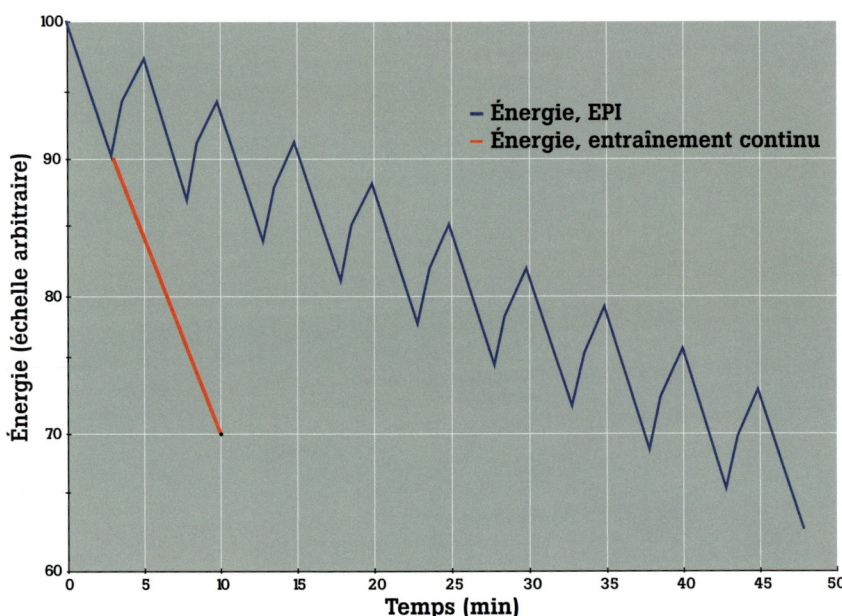

> Les courtes périodes de repos qui s'intercalent entre les efforts intensifs permettent une restauration partielle du potentiel énergétique dont on profite pour exécuter la période suivante d'effort : en retardant la fatigue, on parvient à passer plus de temps à l'intensité cible.

Prenons l'exemple d'un bon coureur de fond qui arrive à faire 10 km en 30 min (figure 2.10). Il peut donc théoriquement courir chaque kilomètre en 3 min. Imaginons-le à présent en séance d'entraînement. Privé de l'excitation de la compétition, il peine sans doute à maintenir sa cadence pendant plus de 3 km. Une dizaine de minutes après le début de la séance, on peut donc s'attendre à le retrouver complètement épuisé. Bien sûr, il peut faire le choix de courir plus lentement. Mais, ce faisant, il s'améliorera moins. Reste la solution du fractionnement. En entrecoupant les courses sur 1 km de phases de repos de 2 min, par exemple, il pourra certainement allonger la durée cumulée d'effort à intensité cible jusqu'à 30 min (plutôt qu'une dizaine) et il aura ainsi parcouru 10 km à allure de course (plutôt que 3).

L'intérêt démontré de l'EPI

L'avantage de l'EPI sur l'entraînement continu est logique. De nombreuses recherches ont clairement démontré que les athlètes s'améliorent davantage et plus rapidement avec l'EPI qu'avec l'entraînement continu. Dans les années 1960, la professeure suédoise Irma Åstrand et ses collègues ont constaté

Tableau 2.5
Progrès d'un groupe de huit cyclistes après quatre semaines d'entraînement où une partie du volume hebdomadaire a été remplacée par un EPI (selon l'équipe du professeur Lindsay)

	Avant EPI	Après EPI
Performance, 40 km contre la montre	56 min 24 s (42,6 km/h)	54 min 24 s (44,1 km/h)
PAM	416 watts	434 watts
Tlim à 150 % de la PAM	60,5 s	72,5 s

> L'intégration de séances intermittentes de haute intensité dans un programme d'entraînement traditionnel améliore la performance sur 40 km, la PAM et la capacité anaérobie.

qu'au cours d'une séance d'entraînement par intervalles courts, le muscle a cette capacité remarquable de se recharger en oxygène dans les périodes de repos, tant et si bien que l'athlète peut tenir assez longtemps à des intensités qui l'épuiseraient rapidement dans le cadre d'un effort continu.

Depuis ces premières observations scientifiques, de nombreuses recherches sont venues confirmer l'intérêt de l'EPI. Prenons celle menée par le professeur Lindsay et ses collègues de la University of Cape Town en Afrique du Sud. Ils ont testé huit cyclistes de haut niveau. Avant l'expérimentation, ceux-ci s'entraînaient à l'ancienne. Chacun d'eux roulait à peu près 300 km par semaine sans EPI. On leur a proposé de remplacer 15 % du temps consacré à ces sorties par 6 à 8 fractions d'effort d'une durée moyenne de 5 min à une intensité d'environ 80 % de leur VO_2max, soit à peu près 90 % de leur fréquence cardiaque maximale. L'étude a montré que les qualités physiques de ces coureurs s'étaient développées de façon spectaculaire, améliorant d'autant leurs performances durant un contre-la-

« La stratégie la plus susceptible d'améliorer la performance des champions est l'augmentation de la proportion du volume global d'entraînement effectué à intensité élevée. »

montre de 40 km (tableau 2.5). Ainsi, même une formule médiocre d'EPI vaut mieux que pas d'EPI du tout. Autre recherche, menée auprès de coureurs à pied : l'Iranien F. Esfarjani (Esfahan University) et son collègue australien P.B. Laursen (University of Queensland à Brisbane) ont relevé des améliorations de 3 à 9 % du VO₂max et de la performance sur 3000 m après avoir effectué des séances d'EPI à intensité maximale (100 % de leur PAM) et supramaximale (130 % de leur PAM).

Les vertus de l'EPIC

On aboutit aux mêmes conclusions à l'Institut national de la condition physique et des sports de Kagoshima, au Japon. Le professeur Tabata a testé la méthode de l'ex-entraîneur en chef de l'équipe nationale japonaise de patinage de vitesse, Kouichi Irisawa. Celui-ci obtenait d'excellents résultats en proposant à ses athlètes des séances d'EPI composées de fractions d'effort particulièrement courtes et intenses (entraînement par intervalles courts, EPIC). Le professeur a donc demandé aux sujets de pédaler à 170 % de leur PAM pendant environ 20 s et de récupérer pendant 10 s avant de recommencer (7 ou 8 répétitions). Après un mois et demi de ce régime, à raison de cinq séances de 60 min par semaine, il a constaté que les sujets avaient gagné en moyenne sept unités de VO₂max (passant de 48 à 55 mL/kg/min) et, surtout, qu'ils avaient augmenté leur capacité anaérobie de 28 %. Grâce à cela, ils dépassaient les performances d'un groupe témoin qui, pendant la même période, avait suivi un entraînement classique à intensité constante (70 % du VO₂max).

Riches de cette trouvaille, les chercheurs nippons commirent toutefois l'erreur d'attribuer la paternité de l'EPIC à l'entraîneur japonais Kouichi Irisawa. En réalité, cette stratégie est connue depuis longtemps. C'est même la toute première forme d'EPI qui a été imaginée dans les années 1920. Lauri Pikhala entraînait à l'époque le champion finlandais Paavo Nurmi. Déjà, il préconisait un découpage relativement serré des séances. Dix ans plus tard, l'idée a été reprise par l'Allemand Waldemar Gerschler (notamment auprès du célèbre coureur de demi-fond Rudolf Harbig). Dans ses discussions avec son collègue, le professeur Herbert Reindel, Gerschler a été le premier à banaliser l'expression *interval training* et à proposer des séances comportant de très courtes fractions d'effort. Dans les années 1940 et 1950, le coureur tchécoslovaque Emil Zátopek est devenu un grand spécialiste de l'EPI. Très inventif, il a exploité et perfectionné cette méthode d'entraînement, en découpant les séances en un très grand nombre (jusqu'à une centaine) de courses de 200 à 400 m. Ce découpage de l'effort est devenu la formule d'entraînement de choix et un incontournable de l'entraînement moderne.

Vertus de l'EPI à intensité supramaximale

Les entraîneurs proposent souvent des séances d'entraînement à une intensité égale ou presque à celle de la compétition pour laquelle se prépare l'athlète. C'est ce qu'on appelle l'entraînement *fractionné* : l'effort à fournir en compétition est fractionné en petits blocs pour la séance d'entraînement. Cette méthode est une application simple et logique du principe de spécificité de l'entraînement (voir p. 77). Elle donne toujours de bons résultats. L'EPI à intensité encore plus élevée revêt aussi de l'intérêt. C'est ce qu'ont démontré le professeur Stepto et ses collègues sud-africains qui ont comparé l'effet, sur la performance à une course cycliste contre la montre de 40 km, de cinq formules d'entraînement intermittent prévoyant des périodes d'effort d'intensité différente :

175 % de la PAM (12 fois 30 s),
100 % de la PAM (12 fois 1 min),
90 % de la PAM (12 fois 2 min),
85 % de la PAM (8 fois 4 min)
et 80 % de la PAM (4 fois 8 min).

Les vingt cyclistes de haut niveau qui ont servi de rats de laboratoire dans cette étude se sont vu assigner de façon aléatoire l'un ou l'autre de ces protocoles d'entraînement et ont effectué la séance prescrite à six reprises durant une période de trois semaines, en plus de leur entraînement habituel. Ce sont les cyclistes qui ont effectué les séances intermittentes à 85 % et à 175 % de la puissance aérobie maximale qui ont le plus amélioré leur performance à la course contre la montre de 40 km.

Les responsables de l'étude en ont déduit que les séances d'entraînement effectuées à une intensité se rapprochant de celle de l'épreuve pour laquelle on se prépare (en l'occurrence 85 % de la PAM) comme celles qui demandent des efforts très intenses (en l'occurrence 175 % de la PAM) améliorent davantage la performance que celles dont l'intensité se situe entre ces deux extrêmes.

Les résultats de cette recherche montrent que les séances d'EPI comprenant des fractions d'effort à une intensité beaucoup plus grande que celle déployée au cours d'une compétition peuvent améliorer grandement la performance. Ces chercheurs sud-africains pensent que les mécanismes par lesquels la performance s'améliore diffèrent sans doute selon que l'entraînement est effectué à intensité moyenne (85 % de la PAM, effet sur le VO$_2$max et l'endurance) ou très élevée (175 % de la PAM, effet sur la puissance musculaire et la capacité anaérobie).

EPI : une anecdote

Au début de l'hiver 1995-1996, j'ai reçu un appel de Denis Roux qui, à l'époque, était entraîneur de l'équipe canadienne de cyclisme (il est devenu par la suite entraîneur de l'équipe cycliste professionnelle Crédit Agricole). Il me demandait de lui proposer une formule d'entraînement sur *home trainer* pour sa championne Clara Hughes qui, cet hiver-là, était dans l'impossibilité de suivre son équipe en Europe. J'évoquais alors la possibilité qu'elle fasse occasionnellement des séances d'entraînement par intervalles courts (EPIC). Quelques mois plus tard, Denis m'apprend qu'il lui avait prescrit une séance quotidienne de 60 min de pédalage sur *home trainer* dont 20 s intenses, 40 s de récupération active et ainsi de suite (si, si, vous avez bien lu : 60 min, jour après jour !). Elle a eu du mérite de s'astreindre à un tel programme. Ses efforts (et, bien sûr, son immense talent) ont été récompensés par d'excellents résultats en Coupe du monde, en dépit du peu de kilomètres qu'elle affichait au compteur. Elle allait d'ailleurs rentrer des Jeux olympiques d'Atlanta avec deux médailles au cou !

Figure 2.12
Évolution de l'intensité pendant une séance type d'EPI

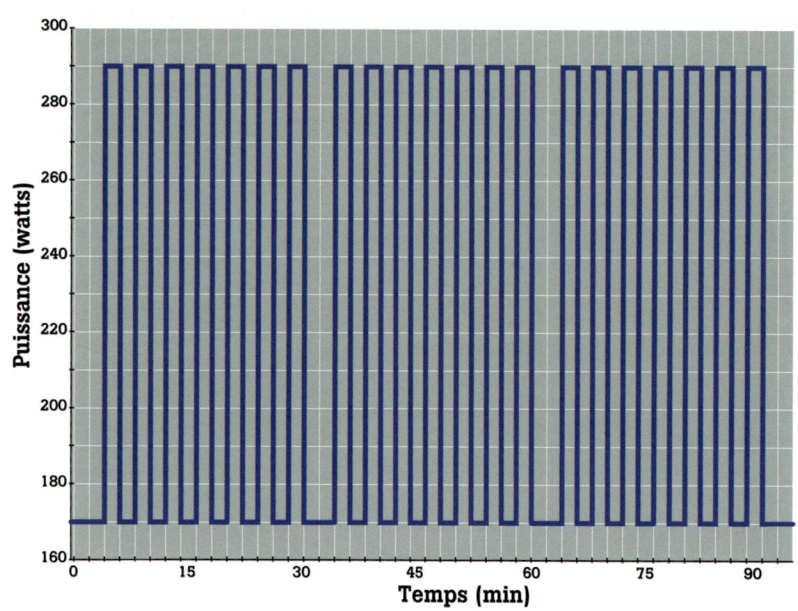

Dans une séance d'EPI classique, la durée et l'intensité des fractions d'effort et des périodes de récupération demeurent inchangées, tout comme le nombre de répétitions par série. La séance illustrée comprend trois séries de 7 répétitions de 2 min à 290 watts, entrecoupées de périodes de récupération active de 2 min entre les répétitions et de 5 min entre les séries, à 170 watts.

Une recension des écrits scientifiques édifiante

On pourrait citer d'autres études démontrant la nette supériorité de l'EPI sur l'entraînement continu. Tant et si bien qu'aujourd'hui à peu près personne ne remet le constat en question.

Le coup de grâce est donné par une revue exhaustive des méthodes d'entraînement d'athlètes d'élite menée par les chercheurs australiens P.B. Laursen et D.G. Jenkins. Il ressort de cet examen méticuleux d'un grand nombre de recherches scientifiques que la stratégie la plus susceptible d'améliorer la performance des champions est l'augmentation de la proportion du volume global d'entraînement effectué à *intensité élevée*. Il s'agit de remplacer des séances continues par des séances intensives d'EPI. En revanche, la revue démontre que l'augmentation du volume global d'entraînement ne permet pas aux athlètes d'élite de s'améliorer. Et toc!

REPRÉSENTATION GRAPHIQUE DE L'EPI

Il existe une infinité de formules d'entraînement par intervalles susceptibles de mener à de bons résultats. Prenons la forme classique de séance d'EPI illustrée à la figure 2.12. Toutes les fractions d'effort, de la première à la dernière, ont la même durée (2 min) et la même intensité (290 watts). La durée des périodes de récupération (active) est toujours la même entre les répétitions (2 min) et entre les séries (5 min). Il existe évidemment d'autres schémas de séance d'EPI, plus ou moins complexes. Même pour une telle formule classique, le nombre de possibilités est infini. Car chacune des composantes d'une séance de ce type peut varier à l'intérieur d'une large fourchette de valeurs. Résumons :

- la durée des périodes d'effort peut varier de quelques secondes à plusieurs minutes ;
- la séance peut comporter jusqu'à plusieurs dizaines de répétitions ;
- on peut diviser les répétitions en deux, trois, quatre séries, parfois plus ;
- enfin, la durée de la récupération entre les répétitions et entre les séries peut être comprise entre quelques secondes et plusieurs minutes.

La relation dynamique entre les composantes d'une séance d'EPI

Malgré la diversité des programmes possibles, on ne peut pas composer une séance d'EPI au hasard, car elle risquerait d'être trop difficile, voire impossible à réaliser.

Pour faire un choix judicieux, il faut que toute augmentation ou toute diminution d'une des composantes agisse automatiquement sur le degré de difficulté de la séance, à moins qu'il n'y ait modification compensatrice d'une ou de plusieurs autres composantes.

C'est justement pour révéler cette relation dynamique entre les composantes d'une séance d'EPI, et en faciliter la compréhension, que j'ai senti le besoin de modéliser l'EPI. Compliqué en apparence, le schéma obtenu (figure 2.13) est pourtant très simple.

Figure 2.13
Schéma de l'entraînement par intervalles (EPI)

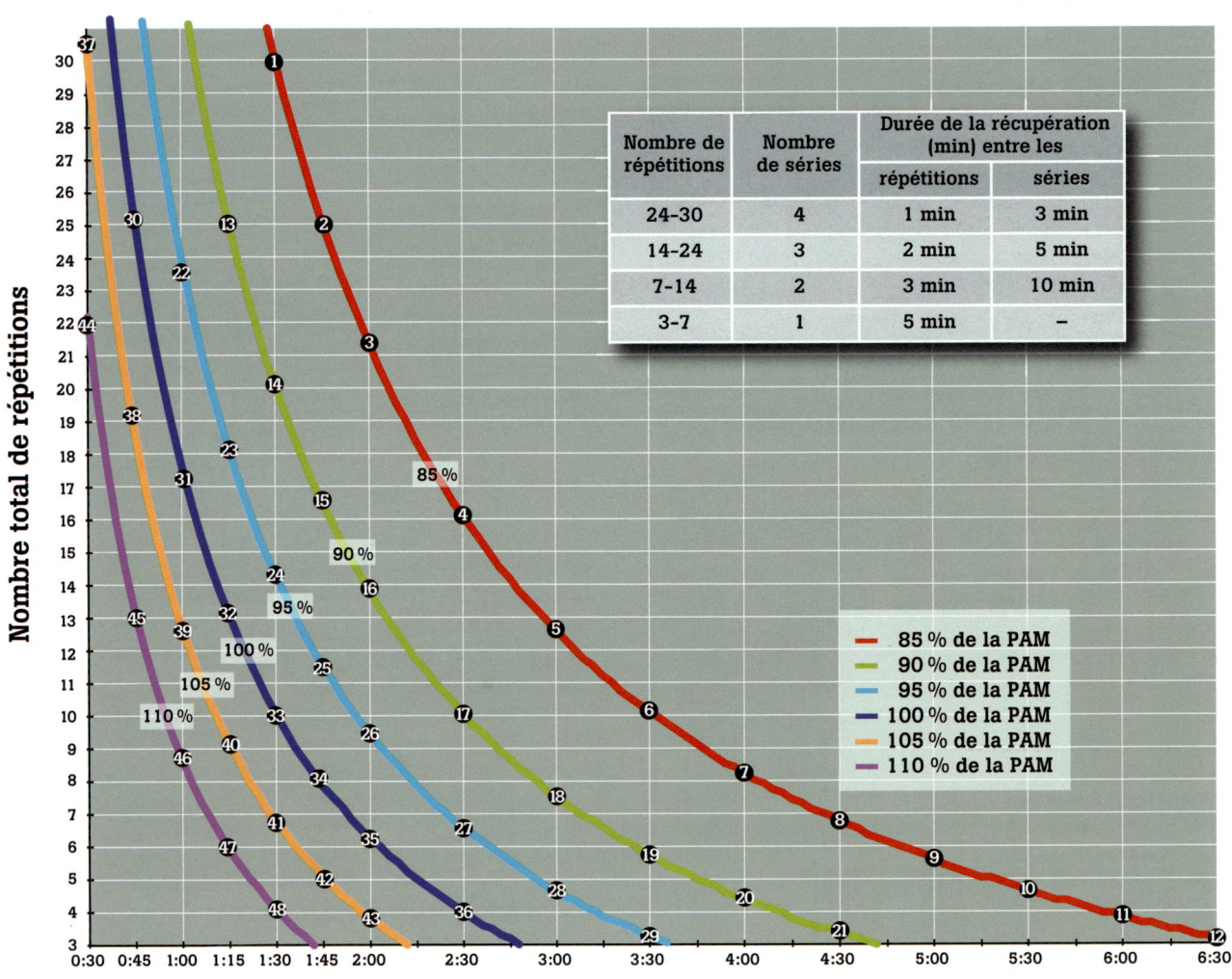

Comprendre la logique de l'EPI

Dans ce modèle graphique, chaque point de l'une ou l'autre des six courbes représente une séance différente. Il y en a donc une infinité. Parmi ces séances, 48 ont été numérotées et représentées par un plus gros point. À noter que ces 48 séances sont les 48 premières présentées au cinquième chapitre.

Les séances comptent entre 3 et 30 répétitions. Les périodes d'effort durent entre 30 s et 6 min 30 s. L'intensité des séances est respectivement de 110, 105, 100, 95, 90 et 85 % de la PAM, comme l'indiquent les six courbes.

Prenons par exemple la séance n° 1. Elle consiste à faire 30 fractions d'effort (le point est vis-à-vis de 30 sur l'axe vertical) d'une durée de 1 min 30 s (voir l'axe horizontal).

Le petit tableau inséré dans le graphique précise que les 30 répétitions de la séance n° 1 doivent être réparties en quatre séries. Vous pouvez par exemple faire deux séries de 8 répétitions, puis deux séries de 7 répétitions, pour un total de 30. Elles doivent être entrecoupées de périodes de récupération de 1 min entre les répétitions et de 3 min entre les séries, consistant simplement à poursuivre l'activité, sans effort, c'est-à-dire à 50 % de la PAM ou moins.

Par contraste, la séance n° 11 consiste à faire 4 répétitions de 6 min en une seule série, entrecoupées de périodes de récupération active de 5 min.

En effectuant les séances n°s 1 et 11, ou toute autre séance de cette même courbe, vous adopterez spontanément une intensité qui correspond à environ 85 % de votre PAM si vous vous poussez à fond ou un peu moins si vous vous ménagez. Le même type de rapport s'exerce entre les séances de chacune des autres courbes : pour une pareille intensité, l'allongement des fractions d'effort est équilibré par une réduction du nombre de répétitions.

Quantité ou qualité ?

Une des applications pédagogiques de ce modèle est de démontrer en corollaire qu'on peut augmenter le temps total d'entraînement à intensité cible en écourtant les fractions d'effort et en augmentant le nombre de répétitions. Reprenons l'exemple des séances n°s 1 et 11. La première permet de passer presque deux fois plus de temps que la seconde à l'intensité cible, en l'occurrence à 85 % de la PAM. Faire 30 répétitions de 1 min 30 s à 85 % de la PAM (séance n° 1), c'est stimuler le développement de qualités physiques importantes comme l'endurance et le VO$_2$max pendant au total 45 min (30 x 1 min 30 s = 45 min). Par contre, faire 4 fractions d'effort de 6 min (séance n° 11) ne permet de totaliser que 24 min (4 x 6 min = 24 min) d'entraînement à intensité cible. La séance n° 1 met l'accent sur la *quantité*.

En contrepartie, la séance n° 1 n'apprend pas à maintenir l'intensité très longtemps, alors que la séance n° 11 vous amène, après les 90 premières secondes d'effort, à persévérer pendant encore 4 min 30 s pour compléter la période prévue de 6 min. La séance n° 11 met l'accent sur la *qualité*.

Mode d'emploi du schéma

Bon, d'accord, mais on fait quoi à l'entraînement demain ? Réponse : pour composer vos séances d'EPI, vous pouvez vous servir de l'algorithme en trois étapes qui suit.

1. Déterminer la qualité physique à développer, ce qui vous amènera à fixer l'intensité de la séance :
- endurance : 85, 90 ou 95 % de la PAM ;
- VO$_2$max (ou PAM) : 90, 95, 100 ou 105 % de la PAM ;
- capacité anaérobie : 105 ou 110 % de la PAM ;

2. Choisir entre maximiser le volume total de travail à intensité cible (*quantité*) ou apprendre à maintenir l'intensité élevée longtemps (*qualité*) :
- quantité : choisir une séance comprenant plus de 15 répétitions, quitte à écourter les fractions d'effort ;
- qualité : allonger les fractions d'effort, quitte à réduire le nombre total de répétitions ;

3. Déterminer le degré de difficulté voulu :
- difficile : faites entre 80 et 100 % du nombre de répétitions que le schéma propose (appelons cela le nombre potentiel de répétitions) ;
- moyennement difficile : ne faites que 50 à 80 % du nombre potentiel de répétitions ;
- facile : faites moins de 50 % du nombre potentiel de répétitions.

« Il n'est pas nécessaire de s'épuiser à chaque séance d'EPI. Les séances intermittentes relativement faciles s'accompagnent d'une amélioration plus importante que les séances continues de même degré de difficulté. »

Figures 2.14
Progression de l'intensité des fractions d'effort recommandée (en vert) et à éviter (en rouge) pendant une séance type d'EPI

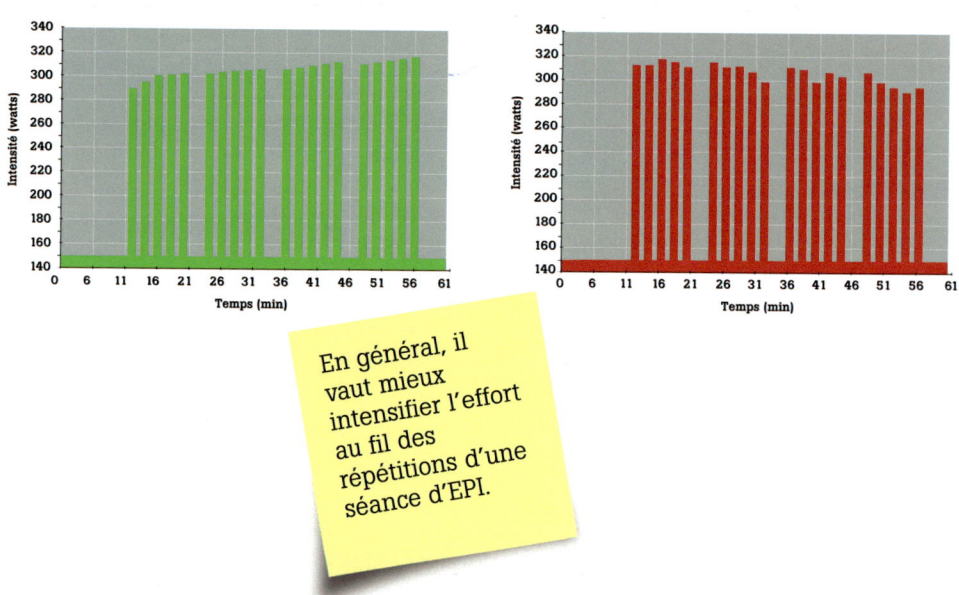

En général, il vaut mieux intensifier l'effort au fil des répétitions d'une séance d'EPI.

Vous pouvez effectuer vos séances à un niveau de difficulté inférieur à 100 % même si vous n'avez pas de rétroaction sur votre intensité pendant l'entraînement. Supposons que vous souhaitiez faire la séance n° 4 en coupant la difficulté de moitié. Vous savez qu'à 100 %, la séance consisterait à faire 16 fois 2 min 30 s en trois séries de 5 ou 6 répétitions, pour un total de 16 répétitions. Pour une séance à 50 %, vous maintenez le cap sur 16 répétitions intenses, mais vous vous arrêtez après 8.

Des séances qui donnent des résultats

Une des vertus du schéma de l'EPI (figure 2.13) est d'aider à diversifier et à améliorer les programmes d'entraînement. D'ailleurs, fait cocasse, le cycliste qui a servi de rat de laboratoire pour le valider a vu sa PAM et sa performance atteindre rapidement des sommets inespérés. Entre janvier et mars, il a effectué une trentaine de séances différentes, toutes tirées de ce schéma, sans jamais totaliser plus de 12 h d'entraînement par semaine. Il a ainsi réussi à faire passer sa PAM de 380 à 440 watts, soit en moyenne une augmentation de 2 watts par séance d'EPI. Dans les mois d'été qui ont suivi, il a réintégré son club et a repris son programme traditionnel d'entraînement et de compétition. Bilan : en octobre, sa PAM était redescendue à 380 watts !

On a vu des cas de coureurs cyclistes qui arrivaient en moyenne à augmenter leur PAM de 3,5 watts par séance d'EPI. Mais attention, il faut savoir s'arrêter et prévoir des séances de repos actif entre les séances d'EPI, sinon… gare au surentraînement !

CONSEILS PRATIQUES D'EPI

Voici quelques conseils pour tirer profit de vos séances d'EPI. Je tiens pour acquis que l'activité pratiquée sollicite fortement le système cardiorespiratoire et met en jeu des masses musculaires importantes, par exemple le vélo, le ski de fond, la course à pied, la natation, le kayak ou le patin à roues alignées.

1. Prévoir, au plus, deux séances intensives d'EPI par semaine, non consécutives (seuls les jeunes athlètes qui ont une grande aptitude à récupérer peuvent se rendre occasionnellement à trois). Entre-temps, récupérer en effectuant une séance d'EPI facile ou une séance d'entraînement continu facile, ou encore en s'accordant une journée de congé total.
2. Sauf si la formule veut le contraire, augmenter sensiblement l'intensité des fractions d'effort d'une répétition à l'autre. Cela suppose de commencer doucement (figure 2.14).
3. Résister à la tentation de s'épuiser à chaque séance d'EPI : les séances intermittentes relativement faciles donnent de meilleurs résultats que les séances continues de même degré de difficulté.
4. Maintenir les périodes de récupération active à très faible intensité pour refaire le plein d'énergie.
5. À l'occasion, varier la répartition de l'effort pendant chacune des fractions d'effort (voir ci-contre).
6. Sans abuser du fartlek, essayer une large gamme de formules : EPI classique, EPI court (EPIC) et EPI complexe.
7. Concevoir des formules complexes et pertinentes d'EPI comportant une évolution des paramètres, en s'inspirant des observations du tableau 2.7.
8. En début de saison, mettre l'accent sur les séances d'EPI comprenant au moins une vingtaine de répétitions par séance, quitte à ce qu'elles soient très courtes (de 10 à 60 s) et faire occasionnellement des séances de plus d'une trentaine de répétitions, voire une cinquantaine pour mettre l'accent sur la quantité (tableau 2.8).

Cinq façons de répartir son intensité pendant une fraction d'effort d'une séance d'EPI

Plutôt que d'effectuer ses fractions d'effort à intensité constante, il peut être avantageux d'opter pour des formules originales.

« En pente ascendante » : augmenter l'intensité du début à la fin de la fraction d'effort.

« En escalier montant » : effectuer chaque tiers de la fraction d'effort à une intensité plus élevée que le tiers précédent.

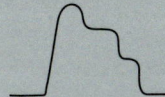

« En escalier descendant » : effectuer chaque tiers de la fraction d'effort à une intensité plus basse que le tiers précédent.

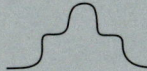

« En podium » : effectuer le deuxième tiers de la fraction d'effort à une intensité plus élevée que les tiers précédent et suivant.

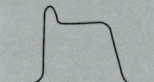

« Avec démarrage brusque » : débuter à une intensité plus élevée que l'intensité moyenne visée ; après 5-10 s, poursuivre à une intensité moindre, afin d'économiser l'énergie pour les prochaines fractions intenses.

Tableau 2.6
Nombre de séries et durée de récupération recommandés, selon le nombre total de répétitions de la séance

Nombre total de répétitions	Nombre de séries		Durée de la récupération entre les répétitions (min)		Durée de la récupération entre les séries (min)	
	de	à	de	à	de	à
1						
2	1	1	10	30		
3	1	1	5	15		
4	1	2	5	15		
5	1	2	5	15		
6	1	2	5	15		
7	1	2	5	15		
8	2	3	3	5	7,5	15
9	2	3	3	5	7,5	15
10	2	3	3	5	7,5	15
11	2	3	3	5	7,5	15
12	2	4	3	5	7,5	15
13	2	4	3	5	7,5	15
14	2	4	3	5	7,5	15
15	3	4	1	2,5	2,5	7,5
16	3	4	1	2,5	2,5	7,5
17	3	4	1	2,5	2,5	7,5
18	3	4	1	2,5	2,5	7,5
19	3	4	1	2,5	2,5	7,5
20	3	5	1	2,5	2,5	7,5
21	3	5	1	2	2,5	7,5
22	3	5	1	2	2,5	7,5
23	3	5	1	2	2,5	7,5
24	3	5	1	2	2,5	7,5
25	4	5	1	2	2,5	5
26	4	6	1	2	2,5	5
27	4	6	1	2	2,5	5
28	4	6	1	2	2,5	5
29	4	6	1	2	2,5	5
30	4	6	1	2	2,5	5
> 30	5	7	0,17*	1	0,5	3

* 10 secondes

Tableau 2.7
Intérêt d'augmenter ou de réduire un élément particulier entre le début et la fin de la séance d'EPI

	Intérêt de l'augmenter	Intérêt de le réduire
Nombre de répétitions par série	Aucun, sinon pour tester sa force de caractère !	Très motivant : tôt en séance, on a déjà fait les séries les plus longues. Ex. séance n° 76 du tableau débutant à la p. 116.
Intensité des fractions d'effort	Effet d'échauffement. Risque réduit de blessures. Les fractions particulièrement intenses sont faites à la fin, tout comme, souvent, en compétition. Ex. séance n° 100 du tableau débutant à la p. 116.	Motivant : tôt en séance, on a déjà fait les répétitions les plus difficiles.
Durée des fractions d'effort	Aucun, sinon pour tester sa force de caractère, à moins de réduire l'intensité des fractions d'effort, au fur et à mesure.	Très motivant : tôt en séance, on a déjà fait les répétitions les plus longues. Ex. séance n° 54 du tableau débutant à la p. 116.
Durée de la récupération	Permet de continuer à faire des répétitions, même si la fatigue s'est installée. Ex. séance n° 70 du tableau débutant à la p. 116.	Aucun, sinon pour tester sa force de caractère, à moins de réduire l'intensité des fractions d'effort, au fur et à mesure.

9. À l'approche des compétitions importantes, prévoir des séances d'EPI où les fractions d'effort sont de plus en plus longues, quitte à en réduire le nombre total pour mettre l'accent sur la *qualité* (tableau 2.8).
10. Au fil des semaines, augmenter progressivement le degré de difficulté global des séances d'EPI, suivant l'amélioration de ses qualités physiques et de façon à réduire le risque de blessures d'usure (tableau 2.8).
11. S'entraîner avec des camarades de même condition physique pour que le niveau de difficulté soit approprié.
12. Privilégier la récupération *active* entre les fractions d'effort, c'est-à-dire la poursuite de l'exercice à très faible intensité, mais faire occasionnellement l'essai de séances où la récupération entre les fractions d'effort est passive (par ex. redescendre passivement la côte gravie à vélo ou en ski de fond, s'arrêter quelques secondes au mur entre des longueurs en natation).
13. Entre les répétitions, prévoir des périodes de récupération d'une durée d'autant plus courte que le nombre de répétitions est élevé : de 10 à 60 s s'il y a plus d'une trentaine de répétitions, et de 2 à 5 min s'il y en a une dizaine (tableau 2.6).
14. Prévoir une récupération entre les séries de deux à trois fois plus longue qu'entre les répétitions ; opter occasionnellement pour une récupération passive (arrêt complet de l'activité) entre les séries ; en profiter pour faire des exercices d'étirement, si l'environnement s'y prête.

Tableau 2.8
Exemple d'évolution des paramètres des séances d'EPI au cours d'une saison

Phase	Nombre de répétitions par séance d'EPI		Durée des fractions d'effort		Degré de difficulté des séances intensives d'EPI (0-10)	
	de	à	de	à	de	à
Progression début	25	35	Très petite	Petite	4	6
Progression milieu	20	30	Très petite	Moyenne	6	8
Progression fin	15	25	Moyenne	Grande	7	9
Compétitions, préperformance de pointe	10	25	Grande	Très grande	8	9
Entraînement intensif	5	25	Moyenne	Très grande	9	10
Affûtage et performance de pointe	5	25	Moyenne	Grande	4	6
Compétitions, postperformance de pointe	10	25	Moyenne	Très grande	7	9
Repos annuel	5	15	Très petite	Petite	0	3
Hors-saison	15	35	Très petite	Moyenne	3	6

> Mieux vaut mettre l'accent d'abord sur la quantité, puis sur la qualité, tout en augmentant progressivement le niveau de difficulté.

L'ÉCHAUFFEMENT

Il n'existe pas de formule universelle d'échauffement. Vous devez donc concevoir votre routine par essais et erreurs.

Éléments pouvant composer l'échauffement

Pour éclairer votre réflexion, examinons le pour et le contre de chacun des éléments d'un échauffement (tableau 2.9).

Dans les sports d'endurance, on s'échauffe généralement en entreprenant son activité cardio à faible intensité. Lorsqu'on s'échauffe plutôt par des exercices de flexibilité, par exemple en course à pied, il est prudent de les faire précéder d'au moins 3 min d'activité cardio à faible intensité. Quant aux autres éléments pouvant compléter l'échauffement, l'idéal est d'en faire l'essai et de composer sa formule personnelle.

L'échauffement : à quelle intensité ?

Certains athlètes cherchent à éviter tout effort intensif avant une compétition, de crainte que la présence de lactate dans le sang ne nuise à leur performance (voir p. 196). D'autres font des sprints endiablés pour se présenter à la ligne de départ activés au maximum. Ils ont tous tort !

Le professeur Jones et ses collègues de la Manchester Metropolitan University ont demandé à sept cyclistes de tenir le plus longtemps possible une puissance de pédalage correspondant respectivement à 100, 110 et 120 % de leur PAM sans exercice préalable (essais témoins) ou 10 min après avoir pédalé pendant 6 min à intensité élevée (mais inférieure à 100 % de leur PAM). Bien que leur concentration sanguine de lactate fût plus grande après cet « échauffement » plus ardu que de coutume, les sujets du groupe expérimental ont réussi à maintenir pendant plus longtemps l'intensité cible, soit +59, +30 et +29 % à 100, 110 et 120 % de la PAM, respectivement. Les athlètes chevronnés auraient donc raison de croire qu'il y a un avantage à « se pousser pas mal fort » avant une compétition. Les chercheurs qui ont mené cette étude sont d'avis qu'il est préférable d'entreprendre une compétition avec un peu de lactate dans le sang. En effet, sa présence favorise l'action du potassium dans les cellules musculaires, d'où le gain de performance.

Il semble toutefois qu'il n'y ait pas d'avantages à s'échauffer avec des pointes d'effort à plus de 100 % de la PAM. C'est ce que suggèrent les résultats d'une étude menée par l'équipe du professeur Carter, également de Grande-Bretagne. Onze sujets devaient tenir le plus longtemps possible une intensité élevée, après un échauffement très intense (trois pointes d'effort de 1 min à 110 % de la PAM) ou intense (trois pointes d'effort de 73 s à 90 % de la PAM). Dans les deux cas, les pointes d'effort étaient suivies d'une période de 5 min à très faible intensité, soit 50 watts. Par rapport à la condition témoin (aucune pointe d'effort intense), le temps de maintien de l'intensité cible n'était pas plus grand après l'échauffement très intense, mais il était significativement plus grand après l'échauffement intense (1071 contre 973 s, soit une amélioration de 10 %).

Une stratégie d'échauffement cardio éprouvée

Voici une formule d'échauffement en vue d'une compétition en sport d'endurance qui, au dire des nombreux athlètes qui l'utilisent, donne d'excellents résultats. Il s'agit de faire une activité physique pendant environ 10 min à faible intensité (fréquence cardiaque d'au plus 130 bpm) dès le lever, le matin de l'épreuve, les membres actifs bien au chaud (pas trop tout de même, afin d'éviter la déshydratation). Il faut ensuite petit-déjeuner, faire ses exercices de relaxation et, si on en a l'habitude, de flexibilité (ne faire que des exercices connus). Résultat : on est prêt pour l'effort et on peut écourter l'échauffement avant la compétition, ce qui permet de la commencer avec plus d'énergie.

L'exercice au lever présente au moins deux avantages physiologiques. Premièrement, il s'accompagne d'une mise en circulation sanguine d'acides gras libres (AGL). La concentration d'AGL dans le sang augmentera progressivement dans les heures qui suivront, si bien que, pendant la compétition, les muscles « brûleront » plus de gras et moins de sucre. On

ENTRAÎNEMENT CARDIO 67

Il faut tenir compte des avantages et des inconvénients de ces éléments pour concocter sa propre formule d'échauffement.

Tableau 2.9
Avantages et inconvénients des différents éléments d'un échauffement

ÉLÉMENTS D'ÉCHAUFFEMENT Exemples	Avantages	Inconvénients, mise en garde, observations
ROTATIONS DES MEMBRES Circumductions des hanches, des bras…	Favorisent la relaxation et, ainsi, augmentent l'agilité ; Préparent bien à l'exécution d'exercices musculaires ; Augmentent la flexibilité, ce qui est particulièrement utile après une longue période d'inactivité.	Peuvent occasionner des blessures, particulièrement au cou, si elles sont exécutées trop brusquement, sans progression et sans activité musculaire ou aérobie préalable.
EXERCICES MUSCULAIRES Redressements assis, pompes, course sur place avec élévation prononcée des genoux à l'avant ou des pieds à l'arrière…	Entretiennent l'endurance des muscles ; Augmentent la température musculaire ; Augmentent le degré d'activation physique ; Peuvent faire paraître plus facile toute contraction musculaire subséquente.	Consomment de l'énergie : peuvent donc réduire la performance durant le reste de la séance s'ils sont effectués en grand volume ou à une intensité élevée.
EXERCICES DE FLEXIBILITÉ Toucher ses orteils, les jambes quasi tendues…	Ont un effet relaxant non négligeable ; Peuvent développer ou entretenir la flexibilité à condition de maintenir la position suffisamment longtemps et à plusieurs reprises.	Peuvent occasionner des douleurs (inflammation) ou « empirer » une tendinite s'ils sont exécutés trop brusquement, sans travail musculaire préalable ou après une séance épuisante d'entraînement cardio ; Ne réduisent pas les courbatures, contrairement à la croyance populaire ; Sont communément recommandés pour prévenir les blessures d'usure, mais les études sérieuses sur cette question ne l'ont jamais démontré ; Peuvent réduire transitoirement la force et la puissance musculaires.

ÉLÉMENTS D'ÉCHAUFFEMENT Exemples	Avantages	Inconvénients, mise en garde, observations
EXERCICES D'ADRESSE En vélo de montagne, s'appliquer à franchir un obstacle, à prendre des virages à haute vitesse…	Améliorent l'habileté technique, à condition d'être spécifiques (jongler n'améliore pas le coup de pédale !).	Effectués trop longtemps, les exercices d'adresse « brûlent » de l'énergie dont on ne veut pas être privé pendant le reste de la séance ou la compétition.
RELAXATION En position couchée, détendre chaque groupe musculaire l'un après l'autre, en respirant profondément, mais calmement…	Facilite la concentration ; peut améliorer l'efficacité du geste sportif (la foulée, le coup de pédale) et réduire le risque de blessure d'usure ou accidentelle.	L'environnement ne s'y prête pas toujours.
VISUALISATION (OU PRATIQUE MENTALE) Se voir mentalement faire la compétition en adoptant, en toute circonstance, la bonne stratégie, la bonne technique…	Améliore l'habileté technique à condition d'être spécifique : il faut se représenter mentalement les conditions qui sont les plus susceptibles de se manifester pendant la séance d'entraînement ou la compétition.	N'est efficace que chez les personnes qui ont appris à le faire correctement, en font régulièrement pendant au moins 5 min chaque fois et avec la concentration nécessaire, c'est-à-dire sans distraction.
ÉCHAUFFEMENT CARDIO : ACTIVITÉ SPÉCIFIQUE RÉALISÉE À FAIBLE INTENSITÉ AVEC AUGMENTATION PROGRESSIVE Rouler, courir ou skier pendant 5 à 15 min à une intensité faible mais augmentant progressivement, puis faire quelques pointes d'effort de 15 à 60 secondes à une intensité sensiblement plus grande que celle qu'on s'attend d'avoir en début de compétition…	Augmente le volume de sang qui irrigue les muscles qui font le travail, ce qui améliore l'apport en oxygène et en substrats énergétiques ; Augmente la température des muscles : ils se contractent et se décontractent plus rapidement, et l'activité des enzymes qui règlent les processus énergétiques est plus grande ; Permet de ressentir le second souffle plus tôt (voir p. 70); Favorise l'exécution correcte des gestes techniques : la gestuelle appropriée est intégrée plus rapidement.	Peut avancer le moment où l'on tombera en hyperthermie (s'il fait particulièrement chaud) ou en hypoglycémie (panne d'énergie, fringale).

ménagera ses réserves de glycogène musculaires, cette précieuse source d'énergie qu'on possède en quantité limitée. Deuxièmement, l'exercice au lever active plus tôt le système nerveux, si bien que le moment de la journée où l'on obtient une performance de pointe (généralement en fin d'après-midi) sera sensiblement avancé, se rapprochant ainsi de l'heure de la compétition si elle a lieu en matinée ou en début d'après midi.

Conseils pratiques d'échauffement

Voici quelques conseils pratiques pour un échauffement qui réduit le risque de blessure tout en maximisant le plaisir et le succès.

1. Concevoir sa routine d'échauffement après avoir fait l'essai des sept éléments présentés au tableau 2.9.
2. À l'entraînement, essayer sa routine d'échauffement, par exemple avant chaque séance particulièrement intensive ou simulation de compétition.
3. Avant chaque compétition, exécuter scrupuleusement sa routine d'échauffement, sans se laisser intimider ou distraire par les autres. Rien n'est plus frustrant que de constater en plein effort qu'on était insuffisamment échauffé, ou qu'on a dépensé trop d'énergie avant le départ !
4. Avant une compétition qui risque de démarrer à intensité élevée, ne pas hésiter à épicer l'échauffement cardio de deux ou trois pointes d'effort intensif, mais non maximal, d'environ 1 min, suivies de 5 à 10 min à intensité modérée.
5. Ne pas faire comme la plupart des néophytes qui commencent leurs séances à intensité trop élevée : apprendre à se retenir au début des sorties. Entre autres choses, cela permet d'avoir une meilleure gestuelle et de profiter de réserves d'énergie moins entamées pour terminer en beauté. Pour s'assurer d'y aller vraiment *mollo* au cours des premières minutes d'échauffement cardio, se donner des limites, par exemple une fréquence cardiaque d'au plus 120 ou 130 bpm.
6. L'exercice cardio doit être hautement spécifique : courir en sentier avant une course de cross-country ; rouler en position de recherche de vitesse avant une course cycliste contre la montre, etc.
7. Une quinzaine de minutes d'échauffement cardio suffisent en général ; les athlètes plus âgés ont souvent besoin d'une plus longue période de mise en train.
8. Dans certains cas, il faut réduire la durée de l'échauffement cardio ; notamment si l'on se prépare pour une longue séance ou une longue compétition où l'on risque de manquer d'énergie à la fin, s'il fait chaud ou si l'on n'a pas de raisons de croire que le départ sera particulièrement fougueux.
9. Dans d'autres cas, il est avantageux d'augmenter la durée de l'échauffement cardio : s'il fait froid, si l'on prévoit un départ en boulet de canon... ou pour augmenter son kilométrage hebdomadaire.
10. Si possible, prendre 2 à 5 min avant le départ pour relaxer (s'étendre sur le dos, les jambes sensiblement plus hautes que la tête) et faire de la visualisation.

Au début de l'échauffement cardio, il est normal de passer par un moment de détresse : sensation d'avoir le souffle court ; respiration rapide ; léger vertige ou inconfort à la poitrine, à la tête et aux muscles. Puis survient un phénomène bien connu : le second souffle.

LE SECOND SOUFFLE

Le second souffle se manifeste généralement entre la deuxième et la dixième minute d'exercice (dans certains cas rares, jusqu'à la trentième minute) et il est ressenti comme une plus grande facilité à respirer, une disparition partielle ou complète des douleurs. La détresse respiratoire des premiers moments s'estompe et laisse place à une certaine facilité. Le second souffle survient même chez les champions sportifs, sauf qu'ils y prêtent moins attention que les néophytes. En général, le second souffle survient plus rapidement lorsque l'exercice est intense et qu'il fait chaud.

N'allez pas croire que cette aisance générale apparaît tout bêtement parce que l'intensité de votre effort aura baissé d'un cran. On ressent un second souffle même lorsqu'on fait un exercice sur un ergomètre où la puissance requise d'exercice demeure strictement constante.

Il y a, grosso modo, quatre explications possibles au phénomène du second souffle.

Le lactate ?

Certains expliquent le second souffle par une réduction soudaine de la quantité d'acide lactique présente dans les muscles ou une réduction de la quantité de lactate présente dans le sang. Aujourd'hui, on sait que ni l'acide lactique ni le lactate ne sont responsables de la fatigue (voir p. 196). En fait, c'est le contraire qui se produit. Comme on l'a vu, après un échauffement suffisamment intense pour avoir produit une certaine quantité de lactate, la performance dans une course cycliste contre la montre est meilleure qu'après un échauffement produisant moins de lactate. Si le lactate a quelque chose à voir avec le second souffle, ce serait donc son apparition, non pas sa disparition, qui en serait à l'origine.

Les endorphines ?

La deuxième explication possible est séduisante. Plusieurs attribuent aux endorphines l'euphorie du coureur (runner's high), espèce d'état général de flottement ressenti parfois après quelques kilomètres de course. Les recherches sur cette question ne sont concluantes que depuis peu.

Il est vrai qu'au fur et à mesure que progresse une séance d'entraînement, surtout si elle est particulièrement difficile, la concentration sanguine d'endorphines augmente. C'est d'ailleurs ce qui explique que le seuil de douleur est repoussé pendant et immédiatement après chaque séance d'entraînement. Les endorphines sont les hormones de la douleur, c'est-à-dire qu'elles se retrouvent en plus grande quantité dans le sang lorsqu'on s'impose une intensité d'exercice plus douloureuse. Elles envoient un signal en quelque sorte « anesthésiant » au cerveau, si bien qu'on devient plus apte à faire un exercice intense sans en souffrir de manière trop marquée.

Jusqu'à tout récemment, rien ne prouvait que la présence d'endorphines dans le cerveau ait un lien avec l'euphorie du coureur. Une recherche récente menée par l'équipe du docteur H. Boecker, de Munich, indique toutefois que c'est bel et bien parce qu'il y a libération d'endorphines dans le système nerveux central que les coureurs se sentent euphoriques. Les chercheurs ont injecté, dans le sang de coureurs de fond non informés des objectifs de la recherche, une substance radioactive (non nocive) permettant de révéler sous dispositif de balayage (scanner) la présence d'endorphines dans divers endroits du cerveau. Avant et après 2 h de course, les coureurs ont effectué un test psychologique visant à mesurer leur humeur et sont passés sous le dispositif de balayage. Les résultats indiquent une

À vélo : débuter en moulinant ?

Plusieurs pensent qu'il faut « mouliner » au cours des premières minutes d'une séance d'entraînement à vélo pour bien s'échauffer. Au contraire, il vaut mieux commencer à faible cadence (à moins de 80 rpm), ce qui n'empêche pas de rouler à faible intensité – pour se concentrer sur son coup de pédale et ainsi s'assurer qu'on passe bien le point mort (lorsque les manivelles sont à 12 h 30 min) –, et ne mouliner que dans la seconde moitié de la période d'échauffement.

corrélation entre la présence accrue d'endorphines dans une région du cerveau associée à la perception de la douleur et le sentiment d'euphorie. Voilà qui confirme le lien entre les endorphines et l'euphorie du coureur. Ce phénomène a sans doute son équivalent dans les autres activités aérobies.

Attention ! L'euphorie du coureur survient beaucoup plus tard que le second souffle. Il s'agit donc, en quelque sorte, d'un troisième souffle !

Les muscles respiratoires ?

La troisième explication possible du second souffle est peut-être la bonne. Il est fort possible qu'il soit dû à un ajustement dans les propriétés contractiles des muscles de la respiration – c'est-à-dire principalement le diaphragme et les muscles intercostaux – survenant après quelques minutes d'échauffement.

Au cours des années 1980, le professeur allemand Scharf et ses collègues ont démontré qu'au moment où survient le second souffle les muscles de la respiration se mettent à fonctionner de façon différente : moins de fibres musculaires sont recrutées pour faire un travail respiratoire qui n'a pourtant pas diminué, la contractilité des muscles respiratoires est améliorée, particulièrement le diaphragme... tout cela grâce à une redistribution du sang favorable au diaphragme et à une augmentation de la concentration sanguine de certaines hormones, notamment l'adrénaline.

Le métabolisme énergétique ?

La quatrième explication possible du second souffle n'est pas bête du tout. Certains spécialistes avancent qu'il serait plutôt dû à un ajustement dans le métabolisme énergétique. L'idée vient d'observations effectuées auprès de patients atteints de la maladie de McArdle.

Ces derniers ne peuvent métaboliser leurs réserves de glycogène musculaires à cause d'un déficit enzymatique (phosphorylase présente dans le foie seulement, pas dans les muscles). On a observé que ces patients font l'expérience d'un second souffle extrêmement marqué chaque fois qu'ils font une activité cardio. Ils éprouvent énormément de difficulté à commencer la séance, car leur maladie les prive de faire un effort en anaérobie, c'est-à-dire un travail sollicitant les voies métaboliques qui ne requièrent pas la présence d'oxygène. Après quelques minutes, leurs cellules musculaires commencent à obtenir l'énergie de la combustion *aérobie* des glucides hépatiques (du foie) apportés par la circulation sanguine aux muscles. Ils ne s'en tirent donc pas trop mal après avoir passé cette douloureuse période où les glucides ne sont pas encore présents en quantité suffisante. Ainsi, on peut faire l'hypothèse que le second souffle découle d'une augmentation de l'apport en glucose aux muscles par la circulation sanguine.

Bref, le second souffle est vraisemblablement dû à un ajustement des propriétés contractiles des muscles de la respiration, de même qu'à un ajustement du métabolisme des glucides.

Maintenant que vous avez les clés nécessaires pour concevoir vos séances d'entraînement, examinons dans les pages qui suivent la façon de construire un plan d'entraînement.

TROISIÈME CHAPITRE
COMMENT CONCEVOIR UN PLAN D'ENTRAÎNEMENT

Pour acquérir une bonne condition physique, tout comme pour construire une maison, il vaut mieux suivre un plan, quitte à l'ajuster au besoin.

Beaucoup de sportifs ne suivent pas de véritable plan d'entraînement annuel. Ils se limitent à faire de plus longues sorties lorsque la météo est clémente et que leur agenda le leur permet, redoublant d'ardeur quand la motivation y est. Une telle formule a au moins l'avantage de ne pas être trop contraignante…

Cependant, l'approche « j'y vais comme je le sens » s'accompagne d'un risque accru de contre-performance, de sous-entraînement ou, pire, de surentraînement avec son lot de blessures d'usure.

À DÉFAUT DE RÈGLES, QUELQUES PRINCIPES

Le plan d'entraînement ultime : voilà ce dont on rêve lorsqu'on prend réellement au sérieux sa préparation physique. On se demande si les recherches scientifiques en la matière ont fini par cerner la meilleure formule. Celle qui améliore rapidement et de façon marquée les déterminants de la performance ; celle qui permet d'exploiter au maximum le talent, l'assiduité et le courage.

Hélas, les choses ne sont pas si simples. La programmation de l'entraînement sportif est un art tout autant qu'une science. Les connaissances dans le domaine évoluent à pas de tortue, principalement pour trois raisons :
- Les chercheurs ont de la difficulté à imposer aux athlètes les formules d'entraînement qu'ils voudraient tester, si leur valeur n'a pas déjà été démontrée.
- L'interprétation des résultats est difficile parce que la performance dépend d'une multitude de facteurs.
- Les entraîneurs suffisamment futés pour concevoir des programmes d'entraînement efficaces n'ont pas tendance à partager leurs « découvertes », car ils craignent que leurs adversaires en profitent !

Ainsi, beaucoup d'athlètes et d'entraîneurs appliquent année après année le même plan d'entraînement sans être en mesure d'en démontrer le bien-fondé, sinon en prétendant ou en laissant entendre que tel ou tel champion (souvent eux-mêmes) l'a appliqué avec succès. Or souvent, les performances des champions tiennent davantage à leur talent qu'aux vertus particulières de leur plan d'entraînement.

À défaut de règles précises ou de « recettes » éprouvées, la programmation de l'entraînement se fait suivant des « principes ». Ces principes se précisent, se complètent et s'améliorent au fur et à mesure que les connaissances et l'expertise évoluent. D'où l'importance, pour les entraîneurs et les athlètes, de bien saisir la signification de ces fameux principes d'entraînement.

Vous trouverez plus loin une méthode de programmation simple et rationnelle et, dans le cinquième chapitre, des exemples de plans d'entraînement. Examinons d'abord ces principes d'entraînement.

LES PRINCIPES D'ENTRAÎNEMENT CARDIO ACTUELS

Voici une description complète et détaillée des principes d'entraînement cardio largement reconnus aujourd'hui. Ils vous permettront d'évaluer votre entraînement passé et d'établir votre nouveau programme.

PRINCIPES D'ENTRAÎNEMENT

Spécificité

Surcharge

Adaptation

Progression

Amélioration régressive

Relation inverse entre le volume et l'intensité

Récupération

Alternance

Périodisation

Maintien

Interférence

> Les séances d'entraînement doivent tôt ou tard solliciter chacune des qualités physiologiques, biomécaniques, perceptivo-motrices et psychologiques qui déterminent la performance.

Tableau 3.1
Application des principes de spécificité, de surcharge et d'adaptation

Pour développer...	Il faut...
la consommation maximale d'oxygène (VO_2max)	maximiser le temps total d'entraînement à une intensité égale ou proche de 100 % du VO_2max ;
l'efficacité de la gestuelle	porter une attention particulière à la qualité de la gestuelle tout au long des séances d'entraînement, notamment en évitant toute contraction musculaire superflue et en exerçant les forces dans le bon angle et avec le synchronisme approprié ;
l'endurance	maximiser le temps total d'entraînement dans une plage d'intensités comprises entre celle que l'on adopte spontanément au cours des séances continues et prolongées et celle s'accompagnant d'un VO_2 égal au VO_2max, soit entre 75 et 100 % du VO_2max ;
la capacité anaérobie	maximiser le temps total d'entraînement à une intensité supérieure à 100 % de la PAM ;
les habiletés techniques	maximiser le temps total de pratique de tous les gestes techniques que l'on est susceptible d'avoir à faire en compétition, tout en portant une attention particulière à la qualité de l'exécution ;
la motivation et la tolérance à la douleur associée à l'effort intense	faire des séances d'entraînement particulièrement ardues, qui demandent de repousser ses limites.

Le principe de spécificité

Selon le principe de **spécificité**, « *l'adaptation à l'entraînement est directement liée à la nature des processus sollicités au cours de l'entraînement* ». Ainsi, faire du ski de fond sur le plat améliore moins l'aptitude à skier en montée que de faire du ski de fond en côtes.

Ce principe s'applique à toutes les caractéristiques de l'entraînement, comme la vitesse de contraction des muscles et l'intensité de l'effort. L'entraînement à haute cadence de pédalage améliore davantage la performance à haute cadence qu'à basse cadence, et vice versa. Courir à intensité confortable (soit environ à 50 % du VO_2max) augmente bien moins le VO_2max que de courir à une intensité proche de celle correspondant au VO_2max. Et nager à environ 100 % du VO_2max augmente moins la performance au 50 m en natation que faire de courtes pointes d'effort à vitesse maximale ou quasi maximale. Voilà pourquoi un bon programme d'entraînement comprend des fractions d'effort dont l'intensité est plus élevée que celle à laquelle on s'entraîne spontanément dans des sorties de type continu de moyenne ou longue durée.

Les principes de surcharge, d'adaptation, de progression et d'amélioration régressive

Selon le principe de **surcharge**, « *pour améliorer un déterminant de la performance, il faut le solliciter d'une manière prononcée et fréquente* ». Et selon le principe d'**adaptation**, « *en réponse à l'administration d'un stimulus d'entraînement, l'organisme s'adapte de sorte que le même stimulus provoquera éventuellement une moins grande perturbation.* »

Des principes de surcharge et d'adaptation découle le principe de **progression** qui dit que « *au cours d'une saison d'entraînement il doit y avoir une progression de la charge d'entraînement de sorte que la charge soit faible au début et que la surcharge devienne et demeure élevée alors que les qualités physiques s'améliorent.* » Il requiert un ajustement conséquent de chacun des paramètres, par exemple le kilométrage, l'intensité moyenne et le degré de difficulté des séances, la fréquence hebdomadaire des sorties difficiles ou faciles, etc. Comme les déterminants de la performance s'améliorent avec l'entraînement, il faut prévoir une progression de la « charge » d'entraînement, sinon il n'y a plus de « surcharge ».

L'application du principe de progression réduit le risque de surentraînement et de blessure d'usure, car il suppose que la charge d'entraînement n'est pas trop élevée au début (alors que la condition physique n'est pas encore très développée) et que cette charge n'augmentera qu'au rythme de l'amélioration du degré de développement des qualités physiques.

La tradition veut que l'on fasse d'abord progresser le volume pendant quelques semaines, puis *l'intensité*. Il est préférable cependant d'effectuer des fractions d'effort à intensité élevée dès le début du programme, puis d'augmenter progressivement le nombre de répétitions effectuées aux intensités ciblées, de même que le degré de difficulté des séances.

Par ailleurs, vous avez avantage à faire progresser, au cours de la saison, la durée (ou la distance) des fractions d'effort à une intensité donnée. Par exemple, en début de saison, un coureur de fond pourra faire 20 x 400 m à la vitesse qu'il maintiendrait sur 10 km en compétition, soit environ à 90 % de son VO_2max (en entrecoupant ces fractions de courses de 200 m à basse vitesse) et passer à 4 x 1,5 km à cette même vitesse en fin de saison. L'intensité (la vitesse) reste inchangée, le volume total de la séance diminue (6 km à intensité cible en fin de saison plutôt que 8 km en début de saison), mais la qualité de la séance augmente. Il y a donc progression de la quantité vers la qualité.

L'application des principes de surcharge, d'adaptation et de progression permet certes d'optimiser le développement des qualités physiques et, donc, de la performance. Or il ne faut pas oublier le principe d'**amélioration régressive** selon lequel « *pour un stimulus donné d'entraînement, l'augmentation du niveau de développement de la qualité physique ou motrice ciblée diminue au fur et à mesure qu'augmente le volume cumulatif d'entraînement qui y aura été consacré* ». Cela signifie qu'au fur et à mesure que progresse l'entraînement, son effet potentiel diminue. Ainsi, avec le temps, le niveau de développement d'un déterminant de la performance tend à atteindre un plateau, même si la charge d'entraînement continue d'augmenter (figure 1.5, p. 27).

Tableau 3.2
Qualités physiques qu'on peut développer, selon qu'on est reposé ou fatigué

> Lorsqu'on n'a pas suffisamment récupéré des séances précédentes, mieux vaut ne pas chercher à développer les qualités physiques qui exigent des efforts très intenses.

	Reposé	Fatigué	Très fatigué
Vitesse			
Force			
Puissance musculaire			
Capacité anaérobie			
VO₂max, PAM, VAM			
Habiletés techniques			
Endurance aérobie			
Endurance musculaire			
Flexibilité			
Équilibre dynamique			
Équilibre statique			

Le principe de relation inverse entre le volume et l'intensité

Selon le principe de **relation inverse entre le volume et l'intensité**, « *la période de temps où il est possible de maintenir un effort d'une intensité donnée avant d'atteindre un certain degré de fatigue est inversement proportionnelle à l'intensité de cet effort* ». Ainsi, pour chaque séance et pour chaque période du plan annuel, on doit déterminer si l'accent sera mis sur le volume (dans ce cas, il faudra faire un compromis sur l'intensité) ou sur l'intensité (dans ce cas, il faudra faire un compromis sur le volume).

Les principes de récupération, d'alternance, de périodisation, de maintien et d'interférence

Selon le principe de **récupération**, « *l'amélioration des qualités sollicitées à l'entraînement est plus grande si l'on s'alloue une période de récupération appropriée après chaque période d'entraînement intensif.* » Certains déterminants de la performance ne s'améliorent presque pas lorsqu'on tente de les développer dans un état de fatigue avancée (p. ex. vitesse de pointe, capacité anaérobie, puissance musculaire ; voir tableau 3.2).

En corollaire, selon le principe d'**alternance** : « *les phases d'entraînement intensif doivent être entrecoupées de périodes d'entraînement facile pour que la récupération soit suffisante avant la prochaine phase d'entraînement ardu.* » Cela s'applique à grande échelle (année, saison, mois), comme à plus petite échelle (semaines, journées).

Si vous n'allégez pas périodiquement votre charge d'entraînement, vous risquez de vous retrouver avec un profil hormonal qui n'est plus favorable à l'amélioration des qualités musculaires et qui augmente le risque d'attraper une maladie infectieuse (notamment : moins de testostérone, plus de cortisol).

À l'échelle hebdomadaire, il faut s'allouer une ou plusieurs journées de repos pour se refaire une santé avant d'aborder la prochaine séance intensive, ce qui veut dire éviter de planifier deux séances difficiles de suite. Les athlètes forcés à concentrer leurs sorties intensives la fin de semaine ont donc avantage à bien se reposer immédiatement avant et après. Par ailleurs, il faut espacer les séances de difficulté moyenne, car le lendemain on n'a pas nécessairement l'énergie nécessaire pour faire une séance intensive. Mieux vaut commencer chaque séance intensive en pleine possession de ses moyens, quitte à faire des séances vraiment faciles les autres jours ou à prendre congé, tout simplement.

En lien avec le principe de récupération, le principe de **périodisation** dit que « *la performance sportive augmente de façon plus marquée si le plan d'entraînement annuel est divisé en phases (on dit aussi « cycles »), chacune étant caractérisée par un élément particulier sur lequel on met l'accent (p. ex. volume, endurance, PAM, capacité anaérobie, vitesse, compétitions d'entraînement, compétitions importantes, repos annuel, puissance musculaire).* »

On applique les principes d'alternance et de périodisation en faisant varier la charge d'entraînement à diverses échelles et en mettant l'accent sur des éléments différents d'une phase à l'autre du plan d'entraînement annuel, pour une plus grande amélioration à long terme. Il est préférable de cibler, au cours d'une période d'entraînement donnée, un nombre limité de qualités afin d'optimiser la charge d'entraînement. Ainsi, on peut effectuer une ou deux séances hebdomadaires spécifiquement conçues pour développer la PAM, plutôt que de chercher à développer à chaque séance ou chaque semaine à la fois la PAM, l'endurance et la capacité anaérobie.

Des recherches confirment que la performance s'améliore de façon plus marquée lorsqu'on applique ces principes d'alternance et de périodisation. À noter cependant que ces recherches sont jusqu'à maintenant plus convaincantes pour les sports de force et de puissance que pour les sports d'endurance.

Le principe de périodisation découle en quelque sorte du principe de **maintien** selon lequel « *il est généralement possible de maintenir le niveau de développement d'un déterminant physiologique ou technique de la performance tout en diminuant la charge d'entraînement qui y est consacrée* ». Ainsi, après une phase de quelques semaines au cours de laquelle on aura mis l'accent sur le volume et l'endurance, on peut passer à une

« Alors qu'il est difficile d'améliorer une qualité physique, il est facile de la maintenir. Aussi vaut-il mieux insister sur le développement d'un déterminant donné de la performance, quitte à ne faire qu'un « rappel » occasionnel par la suite, lorsqu'on passe à un autre déterminant. »

phase où on met l'accent sur la PAM ou la capacité anaérobie sans craindre de perdre les acquis, à condition de faire quand même un minimum de « rappel » de l'entraînement des qualités préalablement développées. Inversement, après une phase de quelques semaines au cours de laquelle on aura mis l'accent sur la capacité anaérobie et la vitesse de pointe, on peut passer à une phase où on met l'accent sur l'endurance ou la PAM, sans toutefois oublier de faire occasionnellement des séances d'entretien des qualités développées précédemment.

Le principe de périodisation découle aussi du principe d'**interférence**, selon lequel *« en réponse à un entraînement donné, le degré d'amélioration du déterminant sur lequel on met l'accent sera moins grand si l'entraînement cible en même temps un autre déterminant de la performance »*. Ainsi, l'entraînement visant le développement de la vitesse de pointe en course à pied aura un peu moins d'effet sur ce déterminant si cet entraînement vise aussi le développement du VO_2max. Et l'entraînement visant le développement de l'endurance en ski de fond aura un effet un peu moins marqué sur cette qualité physique si l'entraînement vise aussi à développer la performance au sprint en ski de fond.

Le cinquième chapitre présente des exemples de plans d'entraînement annuels qui respectent les principes d'entraînement cardio actuels. Voici maintenant une méthode permettant de concevoir un bon programme d'entraînement.

UNE MÉTHODE DE PROGRAMMATION DE L'ENTRAÎNEMENT

Pour établir votre plan d'entraînement, suivez la méthode ci-dessous. Choisissez d'abord un mode de présentation : un tableau sur papier quadrillé ou un tableur informatique (de type Excel).

1. Établissez votre profil : expérience, objectifs, degré de motivation, contraintes de toutes sortes avec lesquelles vous devez composer (études, travail, famille…).
2. Déterminez les moments clés de l'année : la ou les compétitions (trois au maximum) où vous souhaitez atteindre une performance de pointe, celles qui pourront servir de tests ou d'événements préparatoires, les périodes où vous pourrez vous entraîner plus assidûment (stages d'entraînement, vacances) et celles où vous pourrez moins facilement vous entraîner (examens, surcroît de travail, obligations familiales).
3. Cernez les déterminants de la performance par lesquels vous souhaitez vous démarquer dans les événements prévus.
4. Cernez vos faiblesses et, en examinant vos carnets d'entraînement des dernières années, les déterminants de la performance que vous avez négligés, le cas échéant.
5. Faites un rangement prioritaire des déterminants de la performance que vous souhaitez améliorer, en tenant compte des éléments précédents.

6. Découpez l'année en cinq phases en débutant deux à quatre semaines après la dernière compétition de l'année et en y allant à rebours :
   - phase de repos annuel : généralement durant les deux à quatre semaines qui suivent après la dernière compétition,
   - phase d'entretien : entre la dernière compétition importante et la dernière compétition de la saison,
   - phase d'affûtage : les cinq à quinze jours précédant la ou les compétitions où vous voulez réaliser une performance de pointe (voir p. 92),
   - phase intensive : les cinq à quinze jours précédant l'affûtage,
   - phase de progression : phase débutant le plus tôt possible avant la première compétition,
   - phase d'entraînement hors-saison.
7. Choisissez les semaines (une toutes les deux à quatre semaines) où vous prendrez un repos relatif de trois ou quatre jours pour mieux récupérer des semaines d'entraînement précédentes et mieux entreprendre les semaines suivantes, comme le veut le principe d'alternance.
8. Cernez les paramètres qualitatifs et quantitatifs du plan : qualités à développer, nombre de séances hebdomadaires à effectuer pour développer chaque déterminant de la performance, durée des sorties, degré de difficulté des séances, volume hebdomadaire total d'entraînement, etc. Au besoin, précisez d'autres éléments pertinents.
9. Pour chacune des semaines du calendrier annuel, précisez ces paramètres en appliquant les principes d'entraînement cardio actuels :
   - **Spécificité** : prévoyez des séances pour le développement et l'entretien de chacun des déterminants de la performance dans votre sport.
   - **Périodisation, maintien et interférence** : divisez les phases de votre plan d'entraînement annuel en sous-phases de deux à quatre semaines au cours desquelles vous mettrez chaque fois l'accent sur un élément différent ; prévoyez au moins une séance hebdomadaire ardue spécifiquement conçue pour développer la qualité ciblée et faites occasionnellement une séance de « rappel » pour l'entretien des qualités physiques préalablement développées.
   - **Surcharge, adaptation, progression et amélioration régressive** : planifiez une augmentation progressive de la charge d'entraînement – plus marquée au début qu'après quelques semaines d'entraînement – au fur et à mesure que s'amélioreront vos qualités physiques ; il s'agit de « jouer » sur les différents éléments de la prescription, comme l'intensité, la durée, la fréquence des séances, leur nature (intermittente, continue) et leur degré de difficulté.
   - **Relation inverse entre le volume et l'intensité** : pour chaque phase du plan d'entraînement annuel, puis pour chaque séance, choisissez un point où vous voulez vous situer dans le continuum entre « accent sur le volume, quitte à réduire l'intensité » et « accent sur l'intensité, quitte à réduire le volume ».
   - **Récupération, alternance** : allégez régulièrement votre charge d'entraînement à diverses échelles, par exemple en prévoyant :
     - un repos annuel de deux à quatre semaines,
     - un repos de trois ou quatre jours toutes les trois ou quatre semaines,
     - des séances faciles (récupération active) et des jours de repos passif entre les séances plus ardues.
10. Après avoir franchi les étapes 2 à 9, révisez l'ensemble du programme en vérifiant avec soin que les principes d'entraînement sont bien respectés (portez une attention particulière à la charge d'entraînement qui ne doit jamais augmenter trop rapidement) et apportez les correctifs nécessaires.

Calendrier en main et principes d'entraînement en tête, il s'agit donc de diviser l'année en phases et de fixer, pour chacune d'elles, les principaux paramètres de l'entraînement. Il ne faut toutefois pas composer tout de suite de manière précise

chacune des séances d'entraînement, car cela compliquerait inutilement le travail. Plus tard, tout au long de l'année, vous détaillerez le plan de la phase, le plan hebdomadaire, puis la composition complète de chaque séance en tenant compte du plan, évidemment, mais aussi de l'évolution de la situation. Vous pourrez alors composer chacune de vos séances d'entraînement en vous inspirant de celles qui sont proposées dans le cinquième chapitre.

De l'imagination, s.v.p.

En appliquant cette méthode en dix étapes, vous pourrez imaginer un nombre pratiquement infini de programmes d'entraînement qui respectent tous les principes modernes en cette matière. Normal, la planification de l'entraînement est un art autant qu'une science ; alors laissez l'artiste en vous s'exprimer ; ayez foi en votre intuition. Et attention ! un plan n'est toujours qu'un plan ; dans son application au jour le jour, vous devrez constamment l'ajuster selon certains facteurs qui ne peuvent être pris en compte à l'avance, par exemple la météo, votre état de santé, votre disponibilité, les occasions d'entraînement en groupe ou sur des parcours particuliers, etc.

Pour vous aider à concevoir votre propre plan d'entraînement annuel, examinons-en les éléments clés, comme l'entraînement cardio complémentaire, l'entraînement complémentaire de la force (musculation) et de la flexibilité, les stages d'entraînement, l'affûtage et le repos annuel.

L'ENTRAÎNEMENT COMPLÉMENTAIRE

L'entraînement complémentaire (*cross-training*) est la pratique d'une activité physique dans le but de s'améliorer dans une autre activité. Pour un athlète qui se spécialise dans un sport d'endurance en particulier, l'entraînement complémentaire peut être la pratique d'une autre activité aérobie, la musculation ou l'entraînement de la flexibilité (étirements).

L'entraînement cardio complémentaire

Vous avez avantage à faire de l'entraînement cardio complémentaire si :
- la météo n'est pas clémente (p. ex. faire du ski de fond si vous êtes cycliste) ;

- une blessure vous prive de pratiquer votre sport de prédilection (nager ou faire de la course dans l'eau si vous êtes coureur de fond et avez une blessure à la jambe) ;
- vous souhaitez faire un grand volume d'entraînement cardio (p. ex. pour perdre du poids), mais craignez de vous infliger une blessure d'usure en pratiquant toujours le même sport ;
- pour des raisons logistiques, vous ne pouvez faire autant de volume d'entraînement cardio dans votre sport d'endurance que vous le souhaitez (p. ex. faire du vélo stationnaire si vous êtes nageur et n'avez pas suffisamment de temps d'accès à la piscine) ;
- vous êtes en déplacement et n'avez pas été en mesure d'apporter l'équipement requis ;
- vous voulez diversifier vos activités pour maintenir votre motivation.

Sachez que, davantage que les athlètes d'élite, ce sont les sportifs de niveau faible et moyen qui tireront le plus profit d'un entraînement aérobie complémentaire. En effet, les recherches sur l'entraînement complémentaire aérobie révèlent qu'il a sa place dans le plan de tous les athlètes, mais qu'un entraînement complémentaire donné aura de moins en moins d'effet au fur et à mesure qu'on s'améliore.

Pourquoi ? Parce que plus on est performant, plus ce sont les adaptations dans les cellules musculaires qui font la différence (adaptations « périphériques » hautement liées à la nature de l'exercice effectué), davantage que celles qui s'opèrent dans le cœur et les poumons (adaptations « centrales » qui ne dépendent que du volume d'exercice à intensité appropriée).

Méfiez-vous : l'ajout d'activités complémentaires à un programme comprenant déjà un fort volume d'entraînement dans un sport donné peut vous priver de l'énergie dont vous avez besoin pour bien faire les séances d'entraînement spécifiques essentielles à l'amélioration de votre performance. Et dans certains cas, cet ajout peut augmenter le risque de blessure d'usure ou accidentelle, surtout s'il n'y a pas réduction concomitante du volume de pratique de la spécialité. Lorsque vous commencez l'entraînement complémentaire, suivez une longue et lente progression afin d'éviter les courbatures, les blessures et le surentraînement. N'oubliez pas que l'entraînement d'une qualité physique peut diminuer sensiblement l'effet qu'aura l'entraînement d'une autre qualité (principe d'interférence).

Bref, les athlètes d'élite ont intérêt à se concentrer sur leur spécialité, si cela est possible, ce qui ne veut pas dire qu'ils doivent se priver d'un entraînement cardio complémentaire intelligent.

L'ENTRAÎNEMENT COMPLÉMENTAIRE EN MUSCULATION

Dans les sports d'endurance, plusieurs sont encore réfractaires à l'idée de faire de la musculation. Il est vrai qu'il n'existe pas beaucoup de rapports de recherche démontrant qu'on peut améliorer la performance aérobie par la musculation. Mais on n'a pas encore étudié l'effet de programmes de musculation bien conçus, répondant aux besoins spécifiques des athlètes d'endurance. Chose certaine, compléter le programme annuel par quelques semaines de musculation apporte les avantages suivants :

- augmentation de la puissance musculaire ;
- amélioration de la vitesse de pointe ;
- diminution du risque de s'infliger des blessures d'usure, grâce notamment à une augmentation de la résistance des fibres collagènes ;
- amélioration de la posture, réduction du risque de douleurs au dos, au cou ;
- augmentation de la résistance des os chez les femmes de moins de 25 ans et les hommes de moins de 35 ans et, chez les personnes plus âgées, atténuation de sa diminution liée au vieillissement, et donc diminution du risque d'ostéoporose ;
- augmentation de la masse musculaire et atténuation de la sarcopénie (« fonte musculaire ») liée au vieillissement ;
- prévention des traumatismes en cas de chute, notamment les fractures ;
- accélération de la récupération après une éventuelle période de convalescence.

Conseils de sécurité

- Pour s'assurer d'avoir en tout temps une gestuelle parfaite, consulter un kinésiologue.
- Du début à la fin de l'exécution d'un exercice, prendre soin d'avoir une bonne posture.
- L'expiration doit accompagner l'effort. Il faut éviter de bloquer la respiration.
- Pour réduire le risque de courbatures, ne jamais faire un exercice sans s'y être préparé par une progression bien dosée, tant en ce qui a trait au poids soulevé qu'au nombre de répétitions.
- Cesser tout exercice si une douleur aiguë ou persistante apparaît.

Conseils pratiques de musculation

Toute personne qui veut s'améliorer dans un sport d'endurance devrait faire chaque année au moins deux mois de musculation (comportant au moins deux séances par semaine) et entretenir ses qualités musculaires en effectuant une séance de musculation de rappel tous les sept à dix jours le reste de l'année. Elle doit alors mettre l'accent sur les exercices qui sollicitent le plus spécifiquement possible les muscles les plus utilisés dans son sport, sans négliger les muscles respiratoires (inspiratoires et expiratoires) ; il en sera question plus loin (p. 86).

Organisez vos séances

1. Au début de chaque séance de musculation, faites de 5 à 15 min d'activité cardio à intensité moyenne, tout en veillant à ne pas dépenser l'énergie dont vous aurez besoin pour les exercices de musculation proprement dits.
2. Avant chaque série d'un exercice donné, effectuez une première série d'exercices d'échauffement comprenant environ cinq répétitions avec une charge très faible, puis une seconde série avec une charge correspondant à environ 75 % de la charge prescrite.
3. Entre les séries comme entre les exercices, ne prenez que quelques secondes pour récupérer, sauf pendant la phase d'entraînement en force où vous pouvez vous allouer une minute ou plus entre les séries et entre les exercices.
4. Si la séance de musculation s'annonce longue (plus de 75 min), faites une pause d'une dizaine de minutes pour relaxer et vous étirer, environ aux deux tiers de la séance, histoire de vous redonner de l'entrain pour la seconde partie.
5. Si la séance est plus courte, faites ces exercices complémentaires à la fin. À noter qu'on peut conserver et même améliorer sa flexibilité tout en développant sa force musculaire, à condition de faire régulièrement des exercices d'étirement appropriés.
6. Séparez les journées de musculation par au moins une journée de repos passif ou actif (séance d'entraînement cardio).
7. Dans le cas de séances d'entraînement cardio et de musculation réalisées le même jour, assurez-vous d'avoir suffisamment de temps pour restaurer vos réserves d'énergie entre les deux séances.
8. Divisez le plan de musculation en phases, suivant les paramètres indiqués au tableau 3.3.

> Après la phase d'amorce où il s'agit de faire un grand nombre d'exercices différents, on passe à la phase d'endurance, où le nombre total de répétitions atteint un sommet, puis on exerce la force avec des charges très élevées, pour terminer avec le travail en vitesse avec des mouvements explosifs.

Tableau 3.3
Phases du plan de musculation annuel

	Phase				
	Amorce	**Endurance**	**Force**	**Vitesse**	**Entretien**
Nombre de semaines (athlètes possédant peu d'expérience en musculation)	3-4	4-6	3-4	3-4	Le reste de l'année
Nombre de semaines (athlètes possédant de l'expérience en musculation)	1-2	4-5	2-3	2-3	
Nombre de séances par semaine	2-5	2-4	2-3	2-4	Une séance aux 7-10 jours
Nombre de mouvements non spécifiques	Plusieurs (environ 5)	1-2	0		1-2
Nombre de mouvements spécifiques	Plusieurs (une dizaine)	Uniquement			Plusieurs (une dizaine)
Vitesse d'exécution de chaque répétition	Moyenne ou faible	Moyenne	Basse	Très élevée	Moyenne
Cadence d'exécution des répétitions	Moyenne				
R* ou RM**	15-20 R, puis RM	15-25 R ou RM	5-10 RM	10-20 RM	12-15 RM
Nombre de séries	1	3-10	3	3-5	1
Degré global de difficulté de chaque séance : échelle de 1 (extrêmement facile) à 10 (extrêmement difficile)	2-8	8-10			5-7

* R : Répétitions
** RM : Répétitions maximales

Dans la phase « amorce »

9. Utilisez de très petites charges au cours de la première séance, notez-les et augmentez-les progressivement de séance en séance. Lorsque les 15 à 20 répétitions seront devenues de véritables répétitions maximales, vous serez prêt pour la phase « endurance ».
10. Si vous bénéficiez d'une aptitude aérobie particulièrement grande, redoublez de prudence au début du programme de musculation. Votre condition physique supérieure vous permet de faire un volume d'exercice peut-être plus élevé que ce que votre système articulaire et musculaire peut tolérer, d'où le risque accru de courbatures et de blessures.

Dans la phase « endurance »

11. Concentrez-vous sur les exercices spécifiques de votre sport d'endurance. Pour être « spécifique », il faut parfois faire l'exercice sur un angle restreint et non pas sur la totalité de l'amplitude de mouvement possible (*leg press* débutant avec un angle de 120 degrés au genou, pour les coureurs de fond et les skieurs de fond, et à 90 degrés pour les cyclistes).
12. Effectuez ces exercices en « répétitions maximales ». Cela signifie que vous aurez préalablement choisi un poids faisant en sorte que vous atteindrez le point de rupture à la dernière répétition de la série : vous devrez être incapable de faire ne serait-ce qu'une seule répétition supplémentaire sans période de repos.
13. Si votre degré d'essoufflement après une série est trop élevé, allongez la durée de votre période de récupération.

Dans la phase « force »

14. Les charges étant très élevées, redoublez de prudence pour ne pas vous blesser.
15. Si vous avez tendance à vous blesser, escamotez cette phase.

Dans la phase « vitesse »

16. Faites chaque répétition de manière explosive sans chercher à faire les exercices à cadence élevée (prenez le temps de bien vous positionner à chaque répétition).

Transition d'une phase à l'autre

17. Passez de la phase « amorce » à la phase « endurance » en réduisant progressivement la charge de chaque exercice et en augmentant progressivement le nombre de répétitions.
18. Passez de la phase « endurance » à la phase « force » en augmentant progressivement la charge de chaque exercice, ce qui vous obligera à réduire progressivement le nombre de répétitions (qui devront demeurer « maximales »).
19. Passez de la phase « force » à la phase « vitesse » en réduisant progressivement la charge de chaque exercice tout en augmentant la vitesse d'exécution.

Rappel

20. Afin d'entretenir les qualités musculaires que vous aurez préalablement développées, effectuez au moins une séance d'endurance par deux semaines au cours des phases « force » et « vitesse », et au moins une séance de force par deux semaines pendant la phase « vitesse ».

L'entraînement en force des muscles respiratoires

Des recherches menées principalement depuis les années 1990 indiquent que les programmes de musculation pour athlètes d'endurance devraient notamment comprendre des exercices de renforcement des muscles respiratoires. Il s'agit de faire des inspirations et des expirations forcées contre une résistance fournie par un petit appareil portatif ressemblant à une pipe et munie de valves ajustables (c'est comme respirer profondément à travers une paille!).

Tableau 3.4
Effet de l'entraînement en force des muscles inspiratoires sur la performance de rameuses de haut niveau

	VARIATION	
	Groupe expérimental	Groupe témoin
Force des muscles inspiratoires	+ 45,3 %	+ 5,3 %
Distance virtuelle parcourue dans le test maximal de 6 min	+ 3,5 %	+ 1,6 %
Temps de performance au test de 5000 m	− 3,1 %	− 0,9 %

> L'entraînement en force des muscles respiratoires s'accompagne d'une amélioration de la performance aérobie.

Prenons l'étude des chercheurs de la University of Birmingham, au Royaume-Uni, qui ont évalué la performance de rameuses de haut niveau avant et après une période d'entraînement en force des muscles inspiratoires. Leur protocole :

- groupe expérimental de 14 rameuses de haut niveau ayant un VO$_2$max moyen de 3,56 L d'O$_2$/min ;
- entraînement consistant en 30 inspirations consécutives contre une grande résistance, deux fois par jour ;
- évaluations consistant en deux tests maximaux sur ergomètre à ramer, avant et après les 11 semaines d'entraînement des muscles inspiratoires :
  - premier test – ramer sur la plus grande distance virtuelle possible en 6 min ;
  - second test – ramer le plus vite possible sur la distance virtuelle de 5000 m ;
- groupe témoin de 7 rameuses qui effectuaient 60 inspirations par séance, mais contre une résistance trop faible pour solliciter de façon significative les muscles inspiratoires.

Les rameuses du groupe expérimental ont réussi à retrancher en moyenne 36 s, soit 3,1 % de leur temps de performance au 5000 m, alors que le groupe témoin ne l'a amélioré que de 11 s.

Certains diront que 3,1 %, ce n'est pas le Pérou. Pourtant, au niveau le plus élevé, toute amélioration revêt une importance cruciale. Et quand même ! C'est comme passer de 1 h 58 min 8 s au 40 km contre la montre cycliste, ou passer de 35 min à 33 min 55 s au 10 km en course à pied.

L'étude révèle que les muscles respiratoires se fatiguent moins s'ils ont préalablement été soumis à un entraînement de musculation spécifique. On s'explique : entre le début et la fin du test maximal de 6 min effectué avant l'entraînement des muscles respiratoires, les rameuses de l'étude de Birmingham voyaient la force de leurs muscles inspiratoires réduite en moyenne de 11,2 %. Normal, 6 min à haut régime, ça use. Mais après les 11 semaines d'entraînement respiratoire, la diminution de la force des muscles inspiratoires due à l'épuisant effort de 6 min n'était que de 3,0 %.

Il est recommandé de suivre une lente progression dans le nombre de répétitions par séance (une série de dix répétitions par jour pour débuter et trois séries de dix répétitions, matin et soir, après une douzaine de jours), de même que dans le niveau de résistance.

Les fabricants d'appareils d'entraînement des muscles respiratoires promettent des résultats en trois à six semaines. Mais en général, les athlètes déclarent que tout exercice leur paraît sensiblement moins contraignant sur le plan respiratoire dès les premiers jours d'un programme d'entraînement des muscles respiratoires. Seul inconvénient de ce type d'entraînement : difficile de le faire en public sans passer pour une personne franchement dérangée !

L'ENTRAÎNEMENT COMPLÉMENTAIRE DE LA FLEXIBILITÉ
Le contre

Les étirements en début de séance d'entraînement ont un effet analgésique et calmant dans le muscle, mais on sait depuis peu qu'ils peuvent engendrer des microlésions (microtraumatismes) dans les fibres musculaires, créer une perte de coordination entre les muscles antagonistes et agonistes, et réduire l'aptitude à absorber les chocs. Tout cela peut s'accompagner d'un risque accru de blessure pendant la pratique subséquente d'une activité aérobie comme la course à pied, la natation et le cyclisme. Les étirements pratiqués avant une activité physique peuvent, de plus, avoir un effet néfaste sur certains déterminants de la performance sportive, en particulier la force et la vitesse.

Chose certaine, les exercices d'étirement ne réduisent pas les courbatures. Au contraire, ils peuvent dans certains cas aggraver des courbatures ou une tendinite s'ils sont exécutés trop brusquement, sans travail musculaire préalable ou après un exercice physique épuisant. Et il n'est pas prouvé que les étirements effectués avant ou après une période d'exercice préviennent les douleurs musculaires ou les blessures sportives. Aussi y a-t-il de plus en plus d'entraîneurs qui remettent en question la tradition de faire des exercices d'étirement en sports d'endurance.

Le pour

Même si la flexibilité n'est pas un important déterminant de la performance aérobie, il faut l'entretenir. Tout mouvement sera plus fluide et plus facile si les muscles qui s'opposent à ce mouvement (muscles antagonistes) peuvent s'étirer suffisamment. Les muscles et les tendons inutilement tendus limitent l'étirement des muscles antagonistes et réduisent l'amplitude de mouvement.

Conseils pratiques d'étirement

C'est particulièrement le manque de flexibilité à l'arrière de la cuisse (les muscles ischio-jambiers), à l'avant de la cuisse (les quadriceps) et au bas du dos (les lombaires) qui cause les ennuis les plus fréquents : mauvaise posture pendant l'exercice physique (bas du dos insuffisamment courbé à vélo, en patin à roues alignées ou en descente en ski de fond), exécution moins fluide des tâches quotidiennes, blessures au dos, etc.

Comme les programmes de musculation de la plupart des athlètes d'endurance mettent l'accent sur les muscles extenseurs des membres inférieurs, il faut prêter une attention particulière à l'étirement des quadriceps et des ischio-jambiers tout au long des phases d'entraînement où l'on fait de la musculation afin, notamment, de réduire le risque que le bassin ne pivote vers l'avant (cause de lordose). Il semble que les étirements dynamiques (au contraire des étirements statiques et de la facilitation neuromusculaire proprioceptive) favorisent la récupération. Les étirements permettent de diminuer la rigidité musculaire qui suit parfois une activité physique intense, sans altérer la viscoélasticité du muscle. Ils favorisent aussi la relaxation musculaire.

Idéalement, il faut effectuer un minimum d'activité de type aérobie avant de passer aux exercices de flexibilité. Un muscle échauffé oppose moins de résistance à l'étirement. Par contre, un muscle fatigué par une longue séance d'entraînement cardio est plus sensible aux contractures. Ainsi, l'idéal consiste à effectuer les exercices d'étirement 5 à 15 min après avoir entamé la composante aérobie de la séance, avant que la fatigue n'atteigne un trop haut degré.

En principe, les exercices d'étirement, comme leur nom l'indique, visent à augmenter la longueur des muscles et celle des tendons, mais cet allongement n'est possible que si l'on consacre beaucoup de temps à chaque exercice et si on l'effectue pratiquement tous les jours. En fait, c'est surtout l'effet de relaxation de ces exercices de flexibilité qui est bénéfique. Plus un groupe musculaire est détendu, moins il risque d'offrir une trop grande résistance une fois étiré.

Il existe plusieurs façons de réaliser un exercice de flexibilité. La méthode employée il y a plusieurs années consistait à étirer le groupe musculaire par à-coups, c'est-à-dire en poussant de façon répétée, comme si l'on étirait un ressort à plusieurs reprises. On reproche à cette méthode de ne pas permettre aux muscles sollicités de se relaxer suffisamment. Elle s'accompagnerait également d'un risque plus élevé de courbatures. Lorsqu'un muscle est étiré, surtout de façon précipitée, un réflexe nerveux est automatiquement enclenché, de sorte qu'il aura tendance à... se contracter ! Exactement ce que l'on cherche à éviter.

Ainsi, on recommande d'effectuer l'exercice d'étirement sans à-coups. L'idéal est de prendre environ une seconde pour se rendre jusqu'à l'angle à partir duquel on ressent une tension significative, mais non douloureuse, puis de maintenir la position. À défaut de la tenir pendant plusieurs minutes (pour un véritable effet d'étirement), vous pouvez tenir la position étirée pendant une trentaine de secondes, ce qui devrait suffire pour restaurer la flexibilité perdue transitoirement à cause d'un entraînement cardio ou d'une immobilité prolongée.

Bref, si l'utilité des exercices de flexibilité est parfois remise en cause, il y a tout de même de bonnes raisons de croire que les athlètes d'endurance ont avantage à entretenir leur flexibilité en effectuant régulièrement des exercices d'étirement.

Examinons maintenant comment tirer profit d'un stage d'entraînement cardio.

COMMENT PRÉPARER ET EFFECTUER UN STAGE D'ENTRAÎNEMENT

Si vous avez la chance de participer à un stage d'entraînement, vous chercherez assurément à en retirer tous les effets positifs sans vous encombrer des effets négatifs. Les stages qui offrent un volume d'entraînement important peuvent en effet être épuisants et amener leurs adeptes à négliger le développement de certaines qualités physiques.

Profitant d'une plus grande disponibilité, d'un moins grand stress lié aux études, au travail ou à la famille et de la présence de camarades d'entraînement, vous voudrez certainement vous concentrer sur le volume et développer votre endurance. En conformité avec les principes d'entraînement – l'alternance et la périodisation –, structurez votre entraînement selon le plan pluri-hebdomadaire en sept phases présenté au tableau 3.5, de manière à orchestrer l'« opposition de charge » et les périodes de repos.

Comme vous le constaterez au tableau 3.5, l'idée est de vous allouer une période de repos juste avant et juste après le stage et de varier la nature du stress d'entraînement en faisant des séances où les fractions d'effort sont de très grande intensité à deux moments clés (phases 2 et 6). Sachant que vous aurez l'occasion de vous entraîner « en endurance » pendant le stage, vous avez intérêt à mettre l'accent sur le développement de qualités physiques qui se situent dans un autre registre, principalement l'endurance.

L'AFFÛTAGE, POUR FINIR EN BEAUTÉ

On appelle « affûtage » (terme emprunté au milieu des courses de chevaux) le plan spécifique d'entraînement appliqué pendant les jours qui précèdent immédiatement une compétition importante pour atteindre un pic de performance.

Il y a au moins trois bonnes raisons de s'intéresser aux résultats des recherches scientifiques sur l'affûtage :

1. Les gains de performance apportés par un bon affûtage sont relativement importants, parfois plus marqués que ceux qu'on obtient après une saison complète d'entraînement ; alors qu'à l'inverse, une mauvaise planification de la phase finale s'accompagne indubitablement d'une frustrante contre-performance ;
2. Le plan d'affûtage le plus efficace est exactement l'inverse de celui que les athlètes – et beaucoup d'entraîneurs – ont tendance à employer spontanément !
3. On ne peut se fier que sur son expérience pour trouver le bon mode de préparation finale ; d'une part, il faudrait plusieurs années pour tester un nombre suffisant de combinaisons possibles (de volume, d'intensité, de fréquence, etc.) ; d'autre part, la performance dépend d'un trop grand nombre d'éléments difficiles à contrôler et à apprécier, si bien qu'il serait impossible de déterminer avec certitude si les résultats obtenus sont bel et bien dus au schéma d'affûtage testé.

Réduire la fatigue, pas la forme

Certes, les séances d'entraînement améliorent la condition physique, mais elles induisent immanquablement une certaine fatigue. Ce qu'on cherche à faire dans les jours qui précèdent une compétition importante, c'est de réduire le niveau de fatigue tout en maintenant la condition physique. Le meilleur schéma d'affûtage est donc celui qui « repose » beaucoup et « désentraîne » peu.

Ce que les études scientifiques nous apprennent

Dans la cinquantaine d'études scientifiques qui ont été effectuées jusqu'à maintenant sur l'affûtage, on a surtout cherché à savoir si c'est le volume ou bien l'intensité des séances qu'il faut réduire dans les jours qui précèdent l'événement important. Il n'y a plus de doute dans l'esprit des scientifiques : le meilleur affûtage comprend une diminution importante du volume d'entraînement à intensité faible et le maintien du volume d'entraînement à intensité élevée. Malheureusement, beaucoup d'athlètes et d'entraîneurs ne le savent pas. Ceux qui délais-

> En contrastant la charge d'entraînement avant et après le stage d'entraînement, on peut maximiser le rendement de ce stage.

Tableau 3.5
Plan pluri-hebdomadaire recommandé pour tirer profit d'un stage d'entraînement

Phase	Semaines	Accent	Degré de difficulté
1	Jusqu'à − 4	Déterminants de la performance jugés les plus importants (endurance, VO_2max et capacité anaérobie), progression de la charge d'entraînement	Passer de 50 à 80 %
2	− 3 et − 2	VO_2max, capacité anaérobie, vitesse de pointe ou puissance musculaire	Passer de 80 à 90 %
3	− 1	Repos*	Minimal
4	**Stage d'entraînement de 1 à 3 semaines**	**Endurance**	100 % (volume plus qu'intensité)
5	+ 1	Repos	Minimal
6	+ 2 et 3	VO_2max, capacité anaérobie, vitesse de pointe ou puissance musculaire	Passer de 60 à 90 %
7	+ 4 et suivantes	Déterminants de la performance jugés les plus importants (endurance, VO_2max et capacité anaérobie)	Passer de 90 à 100 %

* Un jour sur deux sans entraînement (exercices de flexibilité, relaxation) ; les autres jours, séances très courtes (moins du tiers de la durée moyenne des séances habituelles).

sent l'intensité et ne font que des balades à intensité moyenne à l'approche d'un événement important deviennent certes moins fatigués, mais leur condition physique diminue considérablement. Leur performance s'en ressentira. C'est prouvé.

En fait, les études sérieuses en cette matière convergent vers les conseils pratiques suivants.

Conseils pratiques d'affûtage

1. Précéder la phase d'affûtage d'une période de une à trois semaines d'entraînement particulièrement intensif (parsemé de tests, de compétitions simulées et de véritables compétitions), elle-même précédée d'une longue période dite « de progression » au cours de laquelle on se sera donné « la base » nécessaire pour être capable de réaliser sans problème la phase intensive d'entraînement. Il faut s'attendre à entrer dans la phase d'affûtage assez fatigué.

2. Faire un affûtage de 10 à 15 jours si l'on réduit progressivement le volume d'entraînement (généralement la meilleure formule), et de 5 à 10 jours s'il est réduit de façon abrupte. Les athlètes plus âgés ont généralement besoin de plus de temps pour récupérer. Ainsi, ceux qui ont plus de 35 ans ont sans doute avantage à faire un affûtage long. De même, l'affûtage doit être plus long pour les athlètes qui ont effectué une préparation particulièrement ardue.

3. Pendant l'affûtage, réduire le volume d'entraînement de 40 à 60 %. Par exemple, s'entraîner de 4 à 6 h au cours de la dernière semaine si l'on a l'habitude de le faire pendant une dizaine d'heures par semaine. Attention ! En période d'affûtage, on déborde d'énergie et on a envie de continuer de faire un volume élevé d'entraînement : il faut résister ! Il n'y a pas de surcompensation, et donc pas de pic de performance, si le volume total d'entraînement n'est pas réduit de façon marquée, c'est-à-dire d'au moins 40 %.

4. La fréquence hebdomadaire des séances d'entraînement doit demeurer inchangée ou à peine diminuer.

5. Le volume d'effort à intensité élevée doit demeurer important. On entend par « intensité élevée » une intensité supérieure à celle qu'on adopte spontanément pendant des sorties longues et continues, mais tout de même moins élevée que dans de véritables sprints.

6. Le niveau de difficulté doit être réduit progressivement en phase d'affûtage. Pour s'en assurer, sans trop réduire le volume des fractions d'effort à haute intensité, il faut ajuster les autres éléments des séances en conséquence : prévoir une récupération longue et passive plutôt qu'active entre les répétitions ; diviser les répétitions d'effort en plusieurs séries ; réduire au minimum la durée de l'échauffement et du retour au calme (5 min).

7. Pendant l'affûtage, ne pratiquer que des activités hautement spécifiques, c'est-à-dire adaptées à la compétition en vue. Par exemple, ce n'est pas le moment de faire de la course à pied ou de la natation avant la course cycliste tant attendue. Il faut cesser de pratiquer des activités complémentaires, surtout celles qui amènent des contractions musculaires excentriques et qui sont susceptibles de provoquer des courbatures, comme la musculation, le badminton, etc., car les courbatures s'accompagnant d'une diminution transitoire de la force musculaire et du taux de restauration des réserves de glycogène (sucre) dans les muscles.

8. Ne pas faire plus de trois affûtages par année. Comme un affûtage a plus de chances de fonctionner s'il est précédé d'une phase de progression de plusieurs semaines et d'une phase intensive, il faut conclure qu'il n'est pas possible de faire un très grand nombre d'affûtages chaque année. D'autre part, il n'est pas souhaitable de se retrouver trop souvent dans une situation de faible volume d'entraînement. En prévision d'un très grand nombre de compétitions, il est recommandé de faire un « mini-affûtage » en réduisant le volume d'entraînement au cours des deux à quatre derniers jours, tout en maintenant des fractions d'effort à haute intensité.

9. S'il y a moins de trois semaines entre deux compétitions importantes, sans doute vaut-il mieux conserver un ré-

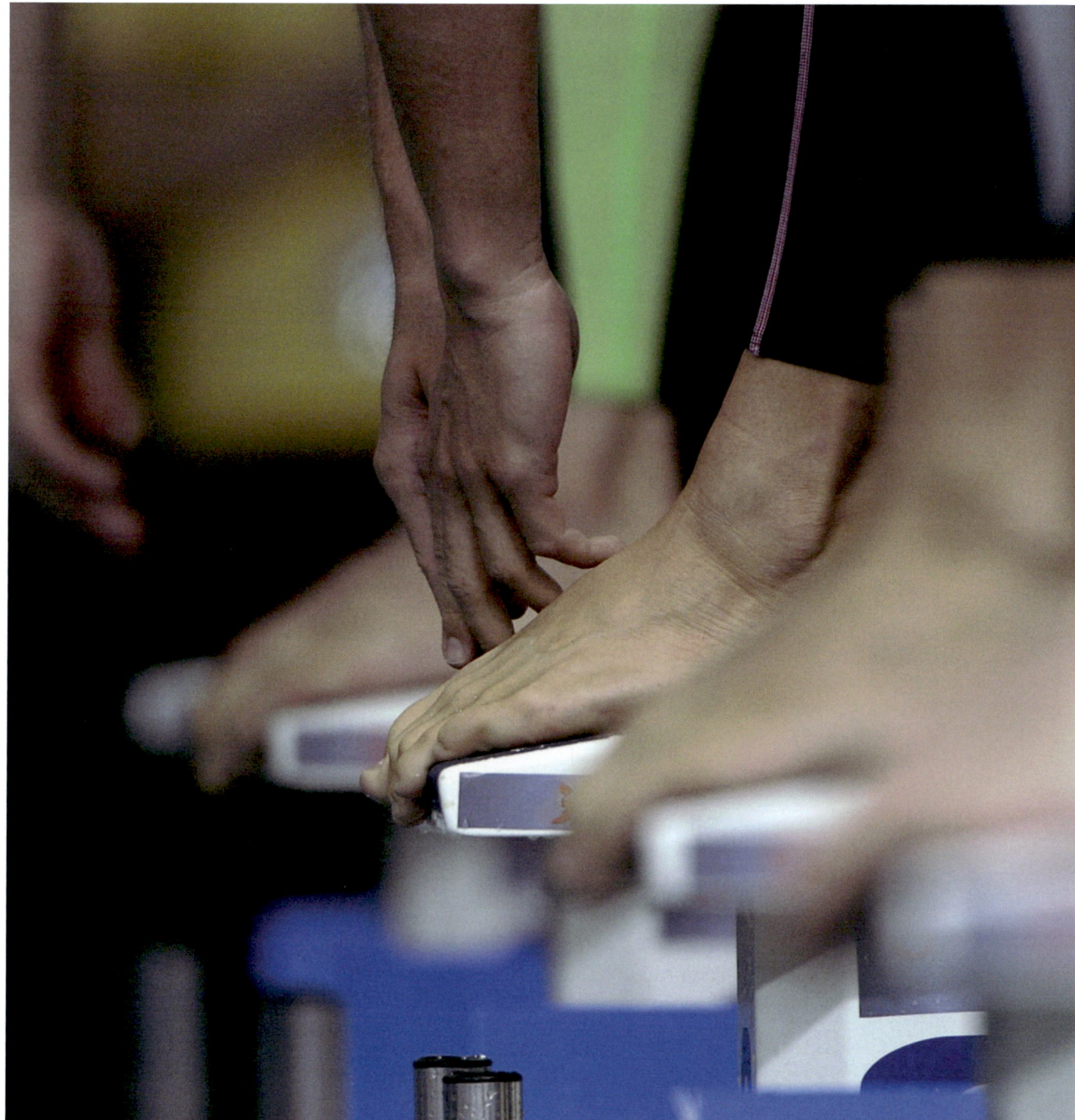

gime à faible volume comprenant beaucoup de périodes d'effort à haute intensité. Si, par contre, la période entre les compétitions est plus longue (trois semaines ou plus), il est sans doute préférable d'augmenter le volume le plus tôt possible, dès qu'on a récupéré de la première compétition importante, puis de le réduire progressivement à l'approche de la seconde épreuve, tout en conservant une bonne dose d'entraînement à haute intensité. J'ai recommandé un tel plan à un triathlonien qui a obtenu d'excellents résultats chaque année à deux triathlons Ironman espacés de six semaines, le dernier étant celui d'Hawaï.

10. Pendant l'affûtage, veiller à ne pas trop manger, car « volume d'entraînement réduit » signifie « dépense énergétique moindre », et ce n'est pas le moment de prendre du poids ! Cela ne devrait pas poser trop de problèmes, car l'appétit est généralement moins grand lorsqu'on s'entraîne moins. Si l'épreuve en vue dure plus de 60 min, suivre une diète de compensation glycogénique en mettant l'accent sur les aliments riches en glucides durant les quatre derniers jours (pâtes alimentaires, riz, pain, pommes de terre, etc.), mais restreindre sa consommation d'aliments gras. Il est normal, avec cette diète, de se sentir un peu lourd ou gonflé, car chaque gramme de glycogène mis en réserve dans les muscles et le foie retient environ 3 g d'eau, d'où une augmentation substantielle de la masse corporelle (parfois plus de 2 kg). L'augmentation des réserves hydriques réduit d'autant le risque de déshydratation.

LE REPOS ANNUEL

Dans plusieurs sports d'endurance, la tradition veut que l'on stoppe complètement l'entraînement pendant environ un mois, chaque année. Mais un repos annuel complet ou un relâchement de l'entraînement pendant quelques semaines s'accompagnent-ils d'une grande diminution des qualités physiques ? Les études scientifiques sur le « désentraînement » débouchent sur les trois grandes conclusions suivantes.

1. Si l'on est surentraîné, un repos complet de trois ou quatre semaines *améliorera* la performance. C'est ce que concluent notamment des chercheurs du British Olympic Medical Centre (Angleterre) qui ont fait le suivi biologique de douze olympiens surentraînés dont la performance avait subi une baisse intempestive en dépit d'un entraînement intensif. Les scientifiques ont constaté une amélioration significative de la consommation maximale d'oxygène (VO_2max) de ces athlètes après un repos de trois à cinq semaines.

2. Lorsqu'on réduit son entraînement cardio sans l'interrompre complètement, on ne perd pas beaucoup de qualités physiques si ce repos est de moins d'un mois. C'est ce que suggère une étude menée par le professeur Rietjens et ses collègues, de l'Université de Maastricht (Pays-Bas). Ils ont demandé à leurs douze jeunes sujets (des cyclistes dont le VO_2max pourrait rendre quiconque jaloux) de se restreindre, pendant trois semaines, à trois sorties hebdomadaires de seulement 2 h, soit la moitié du volume hebdomadaire auquel ils étaient habitués. Bien sûr, les sujets s'inquiétaient de voir leur aptitude aérobie fondre comme neige au soleil. Mais les tests de laboratoire qui ont précédé et suivi cette période d'entraînement réduit ont indiqué qu'ils s'inquiétaient pour rien : aucun des indicateurs de forme n'avait diminué de manière significative. Ainsi, l'aptitude aérobie des athlètes d'endurance de haut niveau et bien entraînés diminue très peu lorsque la charge d'entraînement est réduite, même de façon substantielle.

3. Tôt ou tard, les qualités physiques que l'on a réussi à développer en s'entraînant intensivement seront réduites si l'on hiberne trop longtemps. Voici ce qu'en pense un collègue basque, Iñigo Mujika, une sommité mondiale du « désentraînement » qui a participé à l'encadrement scientifique du record de l'heure de Miguel Indurain, et qui a conseillé l'élite sportive du fameux Australian Institute of Sport de même que les coureurs de l'équipe cycliste professionnelle Euskaltel Euskadi. Selon ses recherches, chez les sujets qui ne sont pas surentraînés,

plusieurs qualités physiques précieuses s'atténuent après plus de quatre semaines d'arrêt ou de réduction importante de l'entraînement, notamment l'aptitude aérobie (VO$_2$max, puissance aérobie maximale, endurance), le volume sanguin, le volume de sang éjecté par le cœur à chaque battement, l'efficacité respiratoire, l'activité des enzymes musculaires oxydatives, les réserves de glycogène musculaires et le nombre de capillaires sanguins entourant chaque cellule musculaire.

Globalement et concrètement, cela veut dire que plus vous sortez fatigué de la saison d'entraînement, plus vous avez avantage à prendre un repos complet de quelques semaines. En effet, un repos complet :

- réduit le risque de s'infliger une blessure d'usure ou de se surentraîner ;
- donne le temps de confier ses petits bobos à un physiothérapeute (kinésithérapeute en France) ;
- redonne l'énergie et la motivation nécessaires pour entreprendre avec entrain la prochaine saison ;
- évite d'avoir à faire des sorties d'entraînement dans des conditions météorologiques peut-être exécrables ;
- permet, à la reprise de l'entraînement, de prendre plus facilement conscience de l'amélioration de ses qualités physiques.

Bref, si vous ne sortez pas trop fatigué de la saison, une diminution de moitié de votre volume d'entraînement pendant trois ou quatre semaines ne modifiera pas votre condition physique. Et si vous êtes surentraîné, un repos complet s'impose et ne pourra qu'améliorer votre sort.

Ayant fait le tour des principaux éléments que vous devez maîtriser pour vous construire un bon plan d'entraînement, il nous reste à examiner les particularités de certains sports d'endurance. Mais voyons d'abord comment faire le suivi de votre préparation physique à l'aide d'un bon carnet d'entraînement.

LE CARNET D'ENTRAÎNEMENT

Pour suivre votre entraînement et en apprécier la valeur, tenez à jour un carnet bien étoffé. Tenez votre carnet d'entraînement sur papier quadrillé ou, mieux, sur un tableur informatique (Excel). Vous pourrez ainsi comparer vos saisons sans tomber toutefois dans l'excès : chercher à tout prix à battre vos records de volume d'entraînement pourrait vous amener à perdre en « qualité ».

Réservez une ligne pour chaque jour et utilisez autant de colonnes que nécessaire pour l'information pertinente sur votre activité cardio de prédilection et les activités complémentaires (cardio ou non). Notez aussi, au besoin :

- le degré de difficulté, sur une échelle de 1 (extrêmement facile) à 10 (exténuant) ;
- la formule d'entraînement ;
- vos résultats de compétitions et de tests (de laboratoire ou de terrain) ;
- votre fréquence cardiaque moyenne ;
- votre intensité moyenne ;
- le temps d'entraînement cardio passé dans telle ou telle fourchette d'intensités relatives ;
- votre fréquence cardiaque de repos (le matin, au lever) ;
- votre nombre d'heures de sommeil ;
- votre humeur selon une échelle de - 10 (très dépressif, sans énergie ou angoissé) à + 10 (entrain maximal, exubérance) en passant par 0 (entrain moyen, normal) ;
- les conditions météorologiques ;
- vos douleurs, blessures, incidents.

Une fois votre entraînement compilé, vous pourrez en évaluer la qualité à l'aide de la liste à cocher du tableau 3.6.

Certains apprécient leur charge d'entraînement à l'aide de formules complexes. La plus populaire consiste à multiplier la durée de la séance par son degré de difficulté, mais cette formule a bien peu de valeur. Elle tient compte deux fois du volume. En effet, plus une séance d'une intensité cible donnée est longue, plus elle paraît difficile. Il vaut mieux apprécier séparément la durée des séances et leur degré de difficulté global.

Soulignons au passage que la fréquence cardiaque moyenne n'est un bon indice du degré de difficulté d'une séance que si elle est de type continu. En effet, à fréquences cardiaques égales, les séances d'EPI sont généralement plus difficiles que les séances continues.

Pour mettre votre charge d'entraînement en perspective, sachez que, pour des adultes de 20 à 50 ans, des volumes d'entraînement totaux de 3, 7 et 10 h par semaine sont généralement considérés comme faible, moyen ou élevé, respectivement. Quant aux athlètes de haut niveau, ils totalisent en pleine saison de 20 à 30 h d'entraînement par semaine, dont une partie importante à intensité élevée.

À l'usage, vous constaterez qu'un bon carnet d'entraînement permet d'entretenir votre motivation – vous aurez envie de faire mieux que l'année précédente – et de cerner les éléments négligés.

Dans la prochaine partie, on se penche sur les particularités de l'entraînement dans les sports d'endurance les plus populaires.

Tableau 3.6
Liste à cocher pour évaluer un plan d'entraînement

> Vous pouvez évaluer la qualité de votre entraînement en compilant l'information dans votre carnet d'entraînement et en vérifiant si les principes d'entraînement ont été respectés.

MON ENTRAÎNEMENT EST BON SI...

- ☐ Le plan annuel est divisé en phases, chacune étant caractérisée par un élément particulier sur lequel on met l'accent.
- ☐ Dans chaque phase, un minimum d'effort est consacré à l'entretien des qualités développées dans les phases antérieures.
- ☐ Tôt ou tard, l'accent est mis sur chacun des principaux déterminants de la performance dans mon sport, sans exception.
- ☐ L'accent est parfois mis sur le volume, mais plus souvent sur l'intensité.
- ☐ Chaque élément de la charge globale d'entraînement évolue de façon progressive (fréquence hebdomadaire, durée et degré de difficulté des séances).
- ☐ Les séances intensives visent à développer de manière particulière un ou deux déterminants, pas plus.
- ☐ Plusieurs séances d'EPI comprennent plus d'une vingtaine de fractions d'effort, d'autres comprennent des fractions d'effort moins nombreuses, mais plus longues.
- ☐ Les conditions d'entraînement se rapprochent le plus possible des situations susceptibles de se présenter dans les événements qui comptent, surtout au cours des semaines qui précèdent les compétitions importantes.
- ☐ Des phases de repos sont prévues d'avance pour permettre la récupération après chaque phase d'entraînement intensif.
- ☐ Les séances qui demandent de brefs efforts extrêmement intenses ne sont prévues que lorsque je suis reposé.
- ☐ Un affûtage précède les compétitions importantes (au maximum trois par saison de compétition).

QUATRIÈME CHAPITRE
LES PARTICULARITÉS DE L'ENTRAÎNEMENT DANS CERTAINS SPORTS

Ce chapitre porte sur les particularités de l'entraînement dans certains sports d'endurance. Il y sera beaucoup question du vélo parce qu'il y a plusieurs éléments à prendre en compte pour bien rouler en groupe et s'améliorer dans les départs, les côtes, les sprints et les courses contre la montre.

LE VÉLO
Comment se comporter en peloton

Si vous savez prendre les relais selon les règles de l'art, les cyclistes chevronnés vous accueilleront avec un grand sourire dans le peloton... et dans l'effort ! Mais dans le cas contraire, ne vous surprenez pas si on ne veut pas rouler avec vous. Voici quelques conseils pratiques.

1. Lorsqu'il y a un vent de côté, ne vous engagez pas trop profondément dans la roue du cycliste qui est devant vous sans prévoir un dégagement rapide en cas de coup de frein ou de brusque changement de ligne.
2. Si, alors qu'un camarade est calé dans votre roue, vous devez passer de la position assise à la position debout (en danseuse), ce qui fait « reculer » le vélo, levez-vous lentement afin d'éviter la collision.
3. Lorsqu'on vous passe le relais (de deuxième, vous montez en tête de file), n'accélérez pas. Si vous sentez que tous les membres du groupe pourront s'accommoder d'une augmentation de l'intensité, attendez d'avoir tiré le groupe pendant au moins une dizaine de secondes avant d'intensifier progressivement l'effort. Après avoir passé le relais, en descendant à l'arrière du groupe, assurez-vous que le nouveau rythme convient à tous en portant attention à leur degré d'essoufflement ou en les consultant.
4. Lorsque vous tirez un groupe, ajustez votre effort à la pente, de même qu'à la direction et à la force du vent, surtout si les camarades d'entraînement sont moins forts que vous : en montée (où on a généralement le réflexe d'intensifier l'effort), augmentez votre puissance de pédalage un peu moins que ce que vous feriez normalement, car l'effet d'abri du vent y est moindre. Inversement, en descente (où on a généralement tendance à réduire l'effort), pédalez un peu plus intensivement que ce que vous feriez normalement, car l'effet d'abri y est beaucoup plus important.
5. Si vous roulez avec des costauds, prenez soin de bien vous placer dans la roue des camarades quand vous ne tirez pas, afin d'économiser vos forces pour mieux faire votre travail à l'avant lorsque viendra votre tour. Et lorsqu'on vous passe le relais, tâchez de ne pas ralentir le groupe et de tirer moins longtemps que les autres avant de retourner à l'arrière. Au besoin, restez en queue de peloton et offrez aux camarades qui viennent de passer le relais de se placer devant vous, afin de demeurer plus longtemps dans les roues.
6. Annoncez d'avance les trous dans le revêtement pavé et prévenez les autres avant de tourner ou de freiner en vous assurant qu'on vous a bien compris.
7. Annoncez votre intention de passer le relais *avant* de le faire, par exemple en sortant le coude du côté où va le vent (côté où se trouvent les cyclistes derrière vous, pour profiter de l'abri) ; décalez-vous du côté d'où vient le vent ; ralentissez un peu pour descendre en queue de file. Si les derniers ont peine à vous suivre, offrez-leur de prendre une place devant eux.
8. Si vous roulez deux par deux (ce n'est pas permis, mais bon...), tâchez de rester côte à côte et de garder un écart latéral constant d'à peu près 20 cm. Un décalage avant-arrière signifie que l'un des deux va peut-être trop vite.
9. Montrez que vous avez une attitude saine vis-à-vis de

la compétition informelle qui s'installe naturellement entre des sportifs qui prennent leur entraînement à cœur en informant les autres de vos intentions quant à l'intensité de la sortie et en leur demandant quelles sont les leurs.

10. Si vous voulez rouler *mollo* alors que les autres sont plus véloces que vous, dites-leur clairement que vous ne voyez pas d'inconvénients à ce qu'ils fassent des pointes d'effort à condition qu'ils reviennent vous retrouver à chacune de leurs périodes de récupération. Demandez qu'on vous informe préalablement des séquences envisagées d'effort et de récupération.

11. Si vous êtes le plus fort et voulez vous pousser au max, avertissez chaque fois les autres quelques secondes avant de mettre le turbo, tout en donnant une idée de la durée ou de la distance de la pointe d'effort. Dès qu'elle sera terminée, faites demi-tour pour aller vous placer momentanément dans la roue du dernier cycliste. Vous pouvez faire une pointe à chaque côte, quitte à faire demi-tour dès que vous arrivez au sommet. Ainsi, vous terminerez votre récupération active en montant à nouveau les derniers mètres pentus en compagnie des autres cyclistes. Dans le cas d'une montée particulièrement longue, faites demi-tour tous les 500 à 800 m, de même qu'au sommet.

12. Si la différence de niveau de forme physique n'est pas très marquée, inutile de faire des pointes en se détachant du groupe. Les plus forts n'ont qu'à passer plus de temps devant à tirer le reste du peloton (sans toutefois augmenter le tempo pour ne pas « larguer » les moins forts) en s'assurant de se positionner du côté du vent et de laisser suffisamment de place aux autres. À plus de 30 km/h, un cycliste bien calé dans la roue d'un autre économise beaucoup d'énergie, d'où la possibilité de suivre des cyclistes aguerris sur le plat, sans nécessairement s'épuiser.

Les styles de pédalage

Faites environ 80 % des fractions d'effort de chacune de vos séances d'EPI de façon « naturelle », c'est-à-dire en pédalant avec un braquet, une cadence et un style (assis ou en danseuse) convenant aux conditions de vent et de pente et maximisant l'aisance et l'efficacité, soit généralement à 100-115 rpm en descente ou en vent de dos, à 80-105 rpm sur le plat sans vent, à 75-85 rpm en vent de face et à 50-80 rpm en montée.

Afin de développer votre aptitude à pédaler en danseuse et assis dans une vaste gamme de cadences de pédalage, faites environ 20 % des fractions d'effort de chacune de vos séances d'EPI en pédalant selon l'une ou l'autre des formules suivantes.

1. **En danseuse tout au long :** avec un développement approprié, soit généralement avec un pignon de 2 ou 3 dents de moins qu'en position assise ; à privilégier dans des conditions « lentes » : vent de face, faux plat montant et montées.
2. **En « sur-braquet » :** choisissez un développement qui, compte tenu des conditions de vent et de pente, s'accompagnera d'une cadence plus basse que celle qu'on serait normalement porté à adopter (p. ex. 53-13 à 35 km/h, pour une cadence de 65-70 rpm).
3. **En alternance assis-en danseuse :** alternez 5 à 10 révolutions complètes du pédalier en danseuse, puis 5 à 10 en position assise, du début à la fin de la fraction d'effort ; veillez à ne pas arrêter de pédaler au moment de vous asseoir.
4. **Assis tout au long en « sur-moulinage » :** choisissez un développement qui, compte tenu des conditions de vent et de pente, s'accompagnera d'une cadence à peu près à mi-chemin entre celle que vous auriez spontanément et la cadence la plus élevée que vous pourriez maintenir sans trop détériorer votre style de pédalage (p. ex. 115 rpm) ; à privilégier dans des conditions « rapides » : vent de dos, faux plat descendant ou descentes.
5. **Une jambe seulement :** avec un développement approprié aux conditions ; à privilégier sur le plat, par vent faible ou moyen ; de 30 à 60 s par jambe.

Comment s'améliorer dans les départs

L'entraîneur des équipes canadiennes de cyclisme qui a été mon camarade d'entraînement pendant les sept années où j'ai couru à vélo, Éric Van den Eynde, dit souvent qu'il ne sert à rien de développer son endurance si on se fait « larguer » dès le départ ! Or, partir vite, ça s'entraîne.

Pour développer votre aptitude à être présent aux avant-postes quand la course débute en boulet de canon, vous pouvez suivre le plan suivant. Au moins une fois par semaine pendant au moins un mois, réservez une période d'une quarantaine de minutes au début d'une séance qui se veut intensive pour faire l'une ou l'autre des pratiques de départ proposées au tableau débutant à la p. 116 : séances nos 81 à 83. Complétez chacune de ces sorties par d'autres types d'effort, par exemple un entraînement par intervalles structuré, des bosses, des relais costauds, etc.

Comment s'améliorer en côtes

Que vous soyez sprinter, rouleur ou grimpeur, vous rêvez peut-être d'être meilleur grimpeur. Or, pour s'améliorer en côtes, c'est simple, il faut en franchir un très grand nombre à l'entraînement, ce que redoutent bien évidemment les mauvais grimpeurs. Mais il y a un truc qui donne toujours de bons résultats. Il s'agit de faire régulièrement des séances d'EPI sous forme d'aller-retour dans des côtes de pente moyenne, élevée et très élevée, en grimpant à intensité modérée. Il faut vraiment y aller *mollo* dans les premières montées et augmenter l'intensité d'un poil à chaque répétition. C'est le grand nombre de répétitions qui doit générer la fatigue ; il ne s'agit pas de se défoncer à chaque montée, surtout pas au début. Par exemple, dans une côte que vous pourriez gravir (à fond de train) en 1 min 15 s, vous feriez vos montées en 2 min au début de la séance et en 1 min 40 s à la fin.

Au cinquième chapitre, vous trouverez des séances (p. ex. nos 66 et 76) structurées de sorte que vous aurez spontanément tendance à grimper à environ 100 % de votre PAM. Elles développent donc le VO_2max et la PAM, mais aussi la technique de pédalage en montée, de même que la résistance mentale. Faites chaque semaine une des séances proposées en cherchant à terminer très fatigué, mais pas épuisé. Autre possibilité : en faire deux ou trois par semaine, en cherchant à terminer un peu moins fatigué.

Pendant vos entraînements en côtes, portez une attention particulière aux éléments techniques suivants :

1. Asseyez-vous à l'arrière de la selle pour une extension plus prononcée des membres inférieurs ;
2. Exercez une traction sur la pédale montante tout en relâchant les muscles de la cheville ;
3. Poussez la pédale vers l'avant à partir de la position 10 h, pour bien franchir le point mort supérieur (à 12 h) ;

Cadence de pédalage des géants de la route

Selon une recherche menée par l'équipe du professeur espagnol Lucía auprès de sept coureurs professionnels pendant le Tour, le Giro et la Vuelta, la cadence que les géants de la route adoptent spontanément ressemble à ceci en moyenne :

- 89 rpm sur le plat ;
- 92 rpm en contre-la-montre ;
- 71 rpm en montée.

Mon *leg press* vaut mieux que ton squat

Il est avantageux de mettre l'accent sur le *leg press* plutôt que sur les squats ou les demi-squats pour améliorer votre sprint. Le squat inflige un stress extrême et non utile à votre dos : risque élevé de blessure. Et il comporte une phase de contraction excentrique, presque inexistante dans le pédalage. Il sollicite aussi certaines masses musculaires qui ne participent pas beaucoup au pédalage, notamment les muscles adducteurs (à l'intérieur des cuisses, pour la stabilisation) et les muscles fessiers. Finalement, le travail requis pour stabiliser et équilibrer le corps pendant le squat vous prive de l'influx nerveux et de l'énergie nécessaires pour solliciter au maximum les quadriceps. Quant au *leg extension*, il est à proscrire, car il s'accompagne d'un très grand risque de blessure au genou, sans compter qu'il fait travailler les muscles de la cuisse d'une manière non spécifique au pédalage.

4. Poussez la pédale vers l'arrière à partir de la position 5 h, pour bien franchir le point mort inférieur (à 6 h) ;
5. En danseuse, balancez le vélo latéralement en tirant sur le guidon tenu en prise large ;
6. Évitez de marquer un temps d'arrêt dans le mouvement de pédalage en passant du pédalage en danseuse à la position assise ;
7. Anticipez les changements de pente pour rester sur votre lancée lorsque la pente s'accentue et choisir en tout temps un braquet approprié ;
8. Lorsque vous passerez d'un grand à un petit développement, changez de plateau en même temps que de pignon, afin d'alléger la pression sur les pédales une seule fois.

Si vous tenez à perdre du poids pour devenir meilleur grimpeur – ce n'est peut-être pas une bonne idée, voir p. 192 –, donnez-vous des objectifs réalistes (une diminution d'au plus 1 à 2 kg par mois). Rappelez-vous que perte de graisse rapide rime indubitablement avec perte de masse musculaire et réduction du métabolisme de base, d'où une moins bonne condition physique et une difficulté de plus en plus grande de perdre de la graisse, de même qu'un risque plus élevé d'en reprendre rapidement au moindre relâchement (effet rebond).

Comment s'améliorer au sprint

S'il est évident que certains athlètes ont des dispositions naturelles pour exceller au sprint, il demeure que tout cycliste qui suit un bon programme d'entraînement gagnera significativement en vitesse. Voici comment.

Axez votre entraînement sur les qualités physiologiques suivantes :
- puissance musculaire (dépend à la fois de la force et de la vitesse de contraction) ;
- capacité anaérobie ;
- puissance aérobie maximale ;
- aptitude à accélérer promptement.

Exercez votre sprint derrière moto ou en groupe : il s'agit d'apprendre à démarrer promptement et au bon moment et à bien doser votre effort jusqu'à la ligne d'arrivée (voir séance n° 86, p. 126). Puis exercez-le en peloton aussi souvent que l'occasion se présente afin de développer vos qualités perceptivo-motrices :
- savoir « lire » la course, rester calme même quand « ça frotte » et ça roule très vite ;
- prendre les virages à la corde (limite intérieure du virage) en perdant le moins de vitesse possible ;
- être patient, ne pas démarrer trop tôt ;
- choisir le moment opportun pour dépasser un concurrent ;
- sortir des roues de façon explosive, sans « emmener » les autres, etc.

Conseils pratiques d'entraînement de sprint

1. Attendre d'avoir récupéré complètement des séances précédentes avant d'entreprendre une séance de sprints.
2. S'échauffer en suivant une lente et longue progression dans l'intensité.
3. Faire des efforts brefs, très brefs (5-60 secondes).
4. Effectuer un petit nombre de répétitions par séance, divisées en courtes séries (deux à cinq séries de 2, 3 ou 4 répétitions par série).
5. S'accorder au moins 3 min de récupération entre les sprints et 10 min entre les séries.
6. Parallèlement à l'entraînement de sprint à vélo, faire des séances intensives de *leg press* pour développer sa force, sa puissance et le volume musculaire de ses membres inférieurs et entraîner sa capacité anaérobie.

Comment devenir meilleur rouleur et s'améliorer au contre-la-montre

Beaucoup de cyclistes n'obtiennent pas de résultats à la hauteur de leur talent sur le plat et dans les courses contre la montre parce qu'ils n'ont pas suivi l'entraînement approprié. Voici quelques conseils.

1. Pour devenir meilleur rouleur, assurez-vous d'abord d'être bien positionné sur votre vélo afin, d'une part, de pédaler efficacement « en puissance » et, d'autre part, d'avoir un bon coefficient de pénétration dans l'air (Cx).
2. En solitaire, effectuez régulièrement des séances d'EPIC en début de saison, puis d'EPI avec des fractions de plus de 2 min, sur le plat. L'idée est d'optimiser le volume total de travail à intensité élevée effectué avec une gestuelle « spécifique », sans toutefois vous épuiser.
3. Si possible, repérez le parcours de la prochaine course contre la montre et effectuez-y quelques séances d'EPI à une intensité proche de celle visée en compétition, en utilisant votre équipement de contre-la-montre.
4. Divisez le parcours en cinq à dix tronçons de distance égale que vous ferez avec un départ arrêté, à intensité de course. Entre les fractions d'effort, accordez-vous une période de récupération passive de 5 à 10 min (pour simuler le temps d'attente entre l'échauffement et le départ du contre-la-montre). Pendant les fractions d'effort, concentrez-vous sur votre intensité de pédalage en vous assurant qu'elle est appropriée et notez dans quelle fourchette de fréquences cardiaques vous avez tendance à rouler.
5. À moins qu'il ne fasse très chaud et que la course contre la montre ne soit assez longue (une heure et plus), ne buvez pas trop de liquide avant le départ, car cela pourrait gêner inutilement votre respiration.
6. Appliquez scrupuleusement votre formule personnelle d'échauffement (voir p. 67) et commencez à rouler environ 40 min avant votre départ, de préférence sur route ou, à défaut, sur *home trainer* dans un endroit aéré.

Fréquence cardiaque dans une course contre la montre

Le professeur Hoogeveen et deux autres chercheurs des Pays-Bas ont démontré qu'on peut estimer, avec une erreur type de moins de 5 battements par minute (bpm), la fréquence cardiaque moyenne à laquelle on effectue une course contre la montre de 40 km (FCclm), soit :

$$FCclm = 0{,}84 \times FCmax + 14{,}3$$

Ainsi, un coureur dont la fréquence cardiaque maximale est de 200 bpm devrait effectuer les 40 km avec une fréquence cardiaque moyenne de 182 bpm.

Question de dosage

Pour se rendre le plus rapidement possible du point A au point B à vélo, il faut rouler à une vitesse la plus constante possible et donc augmenter son effort en montée et en vent de face, quitte à la réduire dans les tronçons moins difficiles. Mais la fatigue engendrée par chaque période d'effort plus intense est-elle suffisamment compensée par la récupération des périodes moins difficiles ? C'est ce qu'ont étudié les professeurs Liedl, Swain et Branch de la Virginie. Huit coureurs cyclistes ont effectué, à deux reprises et selon des protocoles distincts, une épreuve maximale d'une heure en laboratoire : d'abord à régime constant, puis, trois jours plus tard, selon un schéma intermittent imposé, soit douze blocs de 5 min, l'un à intensité sensiblement plus faible (5 % moins intense), le suivant à intensité plus élevée (5 %

Suite en marge de droite

7. Pendant 5 min, à l'ombre, sur une surface en pente, allongez-vous, les membres inférieurs sensiblement plus élevés que la tête, pour faire des exercices d'étirement du bas du dos (pour rendre la position couchée sur le guidon de contre-la-montre moins inconfortable) et des exercices de relaxation. Faites mentalement le vide et détendez chacun de vos muscles un par un, en commençant par ceux des chevilles et en terminant par ceux du visage. Puis, faites de la visualisation en vous remémorant votre stratégie de répartition de l'effort dans chacun des tronçons de la course et les mantras à y associer (on y revient plus loin).

8. Cinq minutes avant le départ, roulez lentement pour aller vous placer sur la ligne. Ne prenez un bidon que s'il fait chaud et si la course doit durer plus de 30 min. N'apportez pas plus d'un bidon cycliste par heure prévue de course.

9. Sur la ligne de départ, sur le grand plateau, placez la pédale de votre jambe la plus forte à 1 h ; lentement, faites une ou deux inspirations et expirations forcées. Au signal du départ, serrez fortement le guidon en prise large et faites les quatre ou cinq premiers coups de pédale de manière explosive. Pour ne pas contracter une « dette » qui pourrait vous coûter plusieurs secondes « d'intérêt », réduisez progressivement l'intensité jusqu'à sentir qu'il serait temps de passer à la position assise. Mais restez en danseuse encore 5 à 10 s en utilisant un développement assez grand pour que votre cadence ne soit pas trop élevée et en cherchant à vous détendre.

10. Passez en position assise sans arrêter de pédaler et mettez immédiatement un développement plus petit pour que votre cadence se situe dans la fourchette de 95-105 rpm. Maintenez une intensité réduite d'à peu près 10 à 15 % par rapport à l'intensité moyenne visée pour l'ensemble de la course, jusqu'à ce que vous ayez la sensation d'être en pleine possession de vos moyens. Idéalement, il vous faudra moins de 30 secondes à régime conservateur avant de sentir que vos jambes et votre tête vous permettront de vous pousser à fond jusqu'à la fin de la course. Vous devrez donc faire preuve de retenue, ce qui demande de l'expérience, de la maturité et de la confiance en soi. Si vous sentez le besoin de demeurer à bas régime plus longtemps, vous pouvez vous allouer jusqu'à une minute de pédalage à intensité moyenne, avant d'intensifier progressivement le pédalage.

11. Au cours des premiers kilomètres, répétez-vous sans cesse un mantra qui vous invite à en garder sous la pédale, par exemple « pas trop vite, je me garde de l'énergie pour finir fort ».

12. Par la suite, cherchez à augmenter votre intensité de pédalage jusqu'à la fin de la course, avec une progression lente et bien dosée. Sur un parcours plat et sans vent, vous avez avantage à arriver à mi-parcours avec un retard d'à peu près 1 % par rapport au temps moyen visé.

13. Dans les tronçons plus difficiles (vent de face, montées), adoptez une intensité de pédalage plus élevée (dès que l'occasion se présente, passez à un développement un peu plus grand et roulez en danseuse), quitte à réduire l'effort dans les tronçons moins

ardus. L'idée, c'est d'éviter les trop grands écarts de vitesse, sans toutefois vous forcer à « rouler dans le rouge ».

14. Concentrez-vous sur votre rythme respiratoire (le meilleur indice de l'intensité de votre effort). Si vous avez la sensation de ne pas pédaler à une intensité assez élevée, attendez au moins une minute avant d'augmenter l'effort. Cependant, si vous avez la sensation de pédaler à une intensité trop élevée, réduisez *immédiatement* votre intensité de pédalage.
15. Inspirez la bouche grande ouverte, mais pincez légèrement les lèvres pendant l'expiration afin d'augmenter sensiblement la pression de l'air dans les poumons, ce qui facilitera la diffusion de l'oxygène vers la circulation sanguine.
16. Si la chaussée n'est pas glissante et s'il y a une ligne peinte qui n'allonge pas la distance à parcourir, roulez sur cette ligne : la résistance au roulement y sera légèrement moindre que sur le bitume brut.
17. Jusqu'à l'avant-dernier kilomètre, répétez-vous sans cesse un mantra qui vous invite à maintenir l'effort à l'intensité appropriée tout en pédalant avec une technique parfaite, par exemple « mon style est fluide, je maintiens l'intensité ».
18. Sur le dernier kilomètre (ou les deux ou trois derniers kilomètres si la course est particulièrement longue), augmentez l'intensité de pédalage en donnant tout ce qui vous reste et faites comme si la ligne d'arrivée était située à quelque 300 m avant la vraie ligne ; il vous restera sans doute assez d'énergie pour ne pas ralentir. Répétez-vous sans cesse un mantra qui vous invite à vous donner à fond, par exemple « allez, plus vite, toute la gomme ! »

LA COURSE À PIED

Que redoutent les coureurs de fond ? Les contre-performances, certes, mais surtout les vilaines blessures d'usure. Il faut avouer que si l'on fait beaucoup de course à pied, le risque de blessure est relativement élevé. Plus en tout cas que dans les autres sports d'endurance. Voici les conseils d'usage pour tirer profit de votre entraînement en course à pied.

1. Prenez le temps de trouver des chaussures qui conviennent à votre anatomie (hyperpronation, hypersupination, pieds plats, arqués ?) et n'attendez pas qu'elles soient trop usées pour en acheter de nouvelles : mieux vaut alterner que de porter toujours les mêmes chaussures de course à pied.
2. Commencez chaque séance par un jogging très lent, puis enchaînez avec quelques exercices d'étirement en insistant sur les membres inférieurs et le bas du dos, avant d'entamer le corps de la séance.
3. Pendant les premières sorties après une interruption (p. ex. après le repos annuel), ne courez pas plus de 10 min, quitte à compléter avec une autre activité, par exemple de la marche ou de la musculation.

plus intense), et ainsi de suite pendant une heure, sans arrêt. La fréquence cardiaque et la concentration sanguine de lactate étaient plus élevées pendant chaque période de 5 min à haute intensité (on s'y attendait), mais globalement, le VO_2, la concentration de lactate et la fréquence cardiaque étaient les mêmes pour l'effort intermittent et pour l'effort continu. Les cyclistes n'ont pas trouvé plus difficile de refaire leur record sur l'heure avec le schéma intermittent qu'avec le schéma continu. On conclut que même sur un parcours sans difficultés, adopter un schéma où l'effort varie périodiquement de plus ou moins 5 % n'affecte pas la performance. C'est donc vrai qu'il est avantageux d'y aller de façon plus vigoureuse en montée et en vent de face, quitte à réduire un peu le train lorsque les conditions sont moins difficiles. Reste à savoir à partir de quel degré de variation de l'effort la performance commence à diminuer.

L'exemple des coureurs de fond chevronnés qui ne se blessent pas

On n'insistera jamais assez sur la nécessité de commencer avec une très petite charge d'entraînement, de suivre une progression extrêmement lente (voire « ridiculement » lente !) et d'alterner les périodes de course avec des périodes de repos. À l'époque où j'étais le conseiller scientifique de Jacqueline Gareau (qui a remporté le Marathon de Boston et bien d'autres marathons internationaux), j'ai connu des coureurs de fond de très haut niveau qui avaient la réputation de ne jamais se blesser. Ils stoppaient complètement l'entraînement un mois chaque année et le reprenaient en ne courant que 5 min le premier jour, puis 10 min deux jours plus tard et ainsi de suite jusqu'à ce qu'ils puissent courir jusqu'à 160 km par semaine !

4. Augmentez très lentement le nombre hebdomadaire de minutes de course. Les débutants devraient se donner au moins un mois avant de courir 30 min d'affilée et deux mois avant de courir plus de 45 min.
5. Si vous avez une masse corporelle particulièrement élevée, ou des problèmes d'alignement des membres inférieurs, redoublez de prudence en suivant une progression encore plus douce.
6. Si vous profitez d'une bonne aptitude aérobie, vous aurez peut-être tendance à faire très tôt des sorties relativement longues et intenses que votre système ostéoarticulaire n'est pas nécessairement prêt à encaisser. Alors ne le faites pas !
7. Évitez de courir deux jours d'affilée (alternez avec d'autres activités), sauf si vous constatez après quelques semaines que vous n'avez pas tendance à vous blesser. Et cessez complètement de courir pendant trois ou quatre jours toutes les trois semaines.
8. En cas de blessure, stoppez l'entraînement immédiatement (pratiquez plutôt une autre activité aérobie) et consultez un médecin.
9. Si vous voulez faire un très grand volume d'entraînement, misez sur l'entraînement cardio complémentaire plutôt que de ne faire que de la course à pied.
10. Faites de la musculation en mettant l'accent sur le *leg press*, une jambe à la fois, en commençant l'exercice avec un angle d'au moins 100 degrés au genou.
11. L'hiver, si vos parcours d'entraînement sont enneigés ou glissants, faites régulièrement des séances d'EPI sur piste intérieure ou sur tapis roulant afin d'entretenir votre vitesse de jambe.

Bref, pour profiter pleinement de votre entraînement de course à pied et éviter de vous blesser, allez-y *mollo* au début et suivez une longue et lente progression.

Vous pouvez utiliser la table (en annexe) des performances en course à pied pour estimer votre VO₂max et votre VAM, et pour déterminer si votre endurance est faible, moyenne ou élevée selon que vos records personnels sont « alignés » sur la première, la deuxième ou la troisième partie de cette table, respectivement. Vous pouvez aussi utiliser la table pour prédire vos performances en course de fond sur de nouvelles distances. Prenons par exemple un coureur dont les records personnels aux 5, 10 et 15 km sont respectivement de 19 min, 40 min et 1 h 1 min 30 s. Son endurance semble élevée (elles sont plus alignées sur la troisième partie du tableau que sur les deux premières) et son VO₂max et sa VAM estimés sont respectivement de 57 mL/kg/min et 16,9 km/h. On lui prédit un temps de performance sous 1 h 24 min au 20 km et d'un peu plus de 3 h 5 min au marathon. Pour franchir la barrière des trois heures sur cette distance mythique, s'il conserve la même endurance, il devra augmenter son VO₂max et sa VAM à au moins 59 mL/kg/min et 17,2 km/h, ce qui lui permettrait du même coup de faire le 15 km en moins d'une heure.

LE SKI DE FOND

Votre entraînement en ski de fond sera d'autant plus bénéfique que vous vous y serez préparé *avant* vos premières sorties sur neige. Voici quelques conseils pratiques.

1. En attendant la première neige, faites un entraînement cardio complémentaire en misant notamment sur le ski à roulettes, le patin à roues alignées (avec ou sans bâtons), la course à pied avec bâtons et la marche nordique en montagne.
2. Faites aussi de la musculation en mettant l'accent sur le *leg press*, une jambe à la fois, en commençant l'exercice avec un angle d'au moins 100 degrés au genou; misez aussi sur l'exercice mimant le *stakning* (double poussée) et les exercices pour les muscles abdominaux et lombaires.
3. Commencez l'entraînement sur skis dès que l'enneigement est suffisant, quitte à faire quelques aller-retour dans une piste de ski alpin enneigée artificiellement, mais allez-y *mollo* au début. Continuez à faire de l'entraînement cardio complémentaire pour vous assurer d'un volume global d'entraînement suffisant.
4. Augmentez progressivement le volume et l'intensité de vos sorties, en misant sur l'EPI, notamment sous forme d'aller-retour dans une côte où il est permis de skier dans les deux directions.
5. Pendant vos séances d'EPI, si vous devez en principe faire une fraction d'effort alors que vous êtes en descente, allongez la période de récupération et attendez d'être sur le plat ou en montée pour faire la fraction à intensité élevée.
6. Tout comme les skieurs de haut niveau, pensez sans cesse à votre gestuelle afin qu'elle soit fluide et efficace. Suivez régulièrement des cours afin de parfaire votre technique.
7. Adoptez généralement la technique appropriée aux conditions de pente, de vitesse et de glisse (p. ex. pas alternatif en faux plat montant, mais double poussée sur une surface plane et rapide). Pendant vos séances d'entraînement par intervalles, pour créer une « surcharge », employez parfois une technique qui normalement devrait servir dans des conditions plus rapides que celles qui prévalent (p. ex. double poussée en faux plat montant).
8. En cas de blessure accidentelle ou d'usure, stoppez l'entraînement et consultez un médecin.
9. Si vous participez à des compétitions comprenant des courses de technique libre (pas du patineur) et classique (pas alternatif), faites au moins 60 % de votre kilométrage dans celle où vous êtes moins performant.
10. Si vous ne pouvez skier que la fin de semaine, faites un entraînement cardio complémentaire et de la musculation en semaine, mais reposez-vous le vendredi et le lundi pour mieux vous pousser le samedi et le dimanche.
11. En général, la technique classique est préférable quand la neige est froide (on peut sacrifier un peu de « glisse »; on profite d'une meilleure adhérence). Si vous faites deux sorties de technique différente le même jour, commencez par la sortie en classique.

« Pour créer une surcharge, employez parfois une technique qui normalement devrait servir dans des conditions plus rapides que celles qui prévalent (double poussée en faux plat montant, p. ex.). »

LA NATATION

En natation, on n'a certes pas de rétroaction sur sa puissance de nage. La vitesse de nage demeure toutefois un bon indice de l'intensité. En effet, d'une fois à l'autre, il vous en coûte toujours la même quantité d'énergie pour nager en piscine à une vitesse donnée, dans un style donné, car il n'y a pas d'aléas dus aux variations de la vitesse du vent, de la résistance des surfaces, de la pression barométrique, etc., comme dans d'autres sports d'endurance.

Ainsi, la meilleure façon de vous améliorer en natation consiste à maximiser le temps de nage à des vitesses proches de celle à laquelle vous souhaitez faire la prochaine compétition. Par exemple, un nageur qui souhaite nager le 1500 m en 25 min, soit à un rythme de 1:40/100 m, aura avantage à faire des séances d'EPI semblables aux suivantes :

- répétitions de 50 m en 0:46, soit à 1:32/100 m ;
- répétitions de 100 m en 1:40 ;
- répétitions de 150 m en 2:36, soit à 1:44/100 m.

Par ailleurs, un bon entraînement en natation mise sur l'amélioration des techniques de nage. En effet, quand le niveau de développement de tous les déterminants physiologiques de la performance semble atteindre un plateau, il reste encore une bonne marge d'amélioration du côté de la mécanique de nage, de départ et de virage.

Voici quelques conseils pour mieux tirer profit de l'entraînement en natation, en piscine ou en eau libre.

1. Comme le font les nageurs chevronnés, pensez sans cesse à votre gestuelle : toujours fluide et efficace.
2. Suivez des cours ou demandez à des experts de corriger vos styles de nage.
3. Si possible, demandez qu'on vous filme et visionnez vos techniques sans tarder avant de les travailler à nouveau.
4. Pour développer votre efficacité à vitesse élevée et améliorer votre performance au sprint, faites régulièrement des séances d'EPIC (p. ex. des séries de 5 à 10 fois une longueur de piscine entrecoupées de périodes de récupération passive au mur de 15 à 25 s).
5. Pour développer votre VO$_2$max, votre VAM et votre endurance, faites régulièrement des séances où vous nagez à une intensité plus élevée que celle que vous adopteriez dans une séance continue de plusieurs minutes, en vous allouant environ 5 à 15 s de repos passif chaque fois que vous atteignez une extrémité de la piscine.
6. Si vous faites des compétitions de nage en eau libre ou des triathlons, concentrez-vous sur le style libre (crawl).
7. Si vous faites des compétitions dans plus d'un style, entraînez-vous plus intensivement dans ceux où vous êtes moins performant.
8. Réservez au moins 10 % de chacune de vos séances à des éducatifs (p. ex. des longueurs de battement de jambe).
9. Si vous utilisez des palettes aux mains, débutez avec celles de plus petit format et ne le faites pas pendant plus de 5 min les premières fois, afin de réduire le risque de blessure aux épaules.
10. Faites à l'occasion des longueurs « hypoxiques », c'est-à-dire en ne respirant qu'une fois par 3, 5 ou 7 cycles de bras.
11. Exercez vos départs ou vos virages en faisant un grand nombre de répétitions d'affilée, chronométrées et filmées si possible, sans nager trop longtemps chaque fois.
12. Nagez en lac ou en océan aussi souvent que possible si vous préparez des compétitions en eau libre ou des triathlons.
13. Si vous nagez deux fois par jour, faites parfois la séance la plus difficile le matin, d'autres fois plus tard en journée.
14. Afin de faire un bon volume de nage à intensité élevée, ne cherchez pas à cumuler un très grand volume global d'entraînement.
15. Faites de la musculation en insistant sur les muscles les plus utilisés en natation.

LE TRIATHLON

Pour avoir une performance à la hauteur de son talent en triathlon, il ne suffit pas d'être bon nageur, cycliste et coureur. Il faut aussi être rapide dans les transitions. Pour « couper » une poignée de secondes, ça prend pas mal moins d'entraînement de transition que d'entraînement cardio !

Et ce n'est pas tout. Il faut aussi être capable de pédaler à intensité élevée sans tarder après la transition natation-vélo, et bien courir après avoir pédalé. C'est plus difficile qu'il n'y paraît. À cause de la position horizontale et de la gravité réduite, le triathlonien sort de l'eau avec des sensations altérées et une aptitude moindre à pédaler en puissance. Et les muscles qui travaillent de façon statique pendant le pédalage, notamment le psoas-iliaque, restent tendus et affectent la foulée. Par ailleurs, nager en ligne droite en eau libre sans se laisser submerger par les vagues ou distraire par les autres concurrents, ça ne s'apprend pas très bien en piscine.

Tous les principes d'entraînement (spécificité, surcharge, progression, alternance, etc.) doivent être respectés en triathlon comme dans les autres sports cardio. Toutefois, dans ce sport, le principe de *périodisation* revêt une importance particulière : la performance augmente de façon plus marquée si le plan d'entraînement annuel est divisé en phases, insistant chacune sur un élément particulier. Les triathloniens doivent donc se réserver des périodes pour l'entraînement intensif en natation (p. ex. de novembre à février), en course à pied (p. ex. de mars à mai) et en vélo (p. ex. de juin à octobre), tout en s'assurant de faire le nombre de séances requis pour entretenir les qualités préalablement développées, sans oublier de faire aussi souvent que possible des exercices de transition.

Voici quelques conseils d'entraînement pour le triathlon.

1. Faites aussi souvent que possible des séances d'entraînement hautement spécifiques où la natation et le vélo, ou le vélo et la course à pied s'enchaînent.
2. Consacrez au moins une heure par semaine à exercer vos transitions.
3. Nagez en eau libre dès que les conditions climatiques le permettent.
4. Si vous n'êtes pas aussi bon dans les trois spécialités, consacrez plus d'énergie à travailler votre point faible.
5. Si votre point faible est la course à pied, sachez qu'il faut plusieurs années avant d'avoir une foulée vraiment efficace.
6. En règle générale, dans les triathlons où le sillonnage (*drafting*) est permis, la natation est le sport le plus important des trois (il faut sortir de l'eau avec le premier peloton). Dans ceux où il n'est pas permis, c'est à vélo qu'on peut se démarquer de façon plus importante. Ces règles et l'autoappréciation de vos forces et faiblesses guideront vos choix quant aux priorités d'entraînement.
7. L'entraînement en triathlon étant particulièrement volumineux, vous devez redoubler d'attention pour éviter le surentraînement (être constamment à l'écoute de vos réactions, réduire la charge d'entraînement aux premiers signes de manque d'entrain, de morosité ou de dépression) et miser sur les trucs de récupération et de régénération. Sont donc au programme : réhydratation et alimentation riche en glucides et en protéines le plus tôt possible après chaque séance, relaxation et sommeil suffisant.
8. Même si on peut être convaincu de la valeur de la musculation dans l'entraînement des athlètes d'endurance, les triathloniens qui n'ont pas nécessairement toute la disponibilité nécessaire pour s'entraîner aussi bien qu'ils le souhaiteraient peuvent négliger la musculation pour mieux se concentrer sur l'entraînement propre à leurs trois spécialités et aux transitions.

Bref, un bon entraînement pour le triathlon tient compte des particularités de ce sport et met l'accent sur les faiblesses davantage que sur les forces de l'athlète.

Dans le prochain chapitre, vous trouverez des exemples de séances et de plans d'entraînement qui pourraient convenir à des personnes de divers profils.

CINQUIÈME CHAPITRE
SÉANCES ET PLANS D'ENTRAÎNEMENT

L'information présentée dans les chapitres précédents permet de composer de bonnes séances et de bons plans d'entraînement. Mais peut-être voudrez-vous examiner les séances et les plans que voici et vous en inspirer pour concevoir votre propre plan d'entraînement.

EXEMPLES DE SÉANCES ET DE PLANS D'ENTRAÎNEMENT

Voici 100 séances d'entraînement (et un nombre incalculable de variantes) et 25 plans d'entraînement dont vous pourrez vous inspirer pour concevoir le vôtre. À noter que les 48 premiers exemples de séances (toutes les séances d'EPI classique) figurent au schéma de l'EPI présenté à la page 60. Chaque plan d'entraînement est divisé en phases de une à plusieurs semaines. Sept des programmes s'étendent sur dix semaines. On peut poursuivre l'entraînement en répétant les semaines 9 et 10. Les dix-huit autres plans couvrent une année entière et offrent la possibilité de se préparer pour une compétition d'importance où l'on souhaite avoir une performance de pointe. Pour chaque séance sont précisés les éléments suivants :

- son rang, « 1 » étant la séance (ou la compétition) la plus importante ;
- la méthode d'entraînement ;
- le déterminant de la performance à développer ou à entretenir ;
- le volume global de la séance ;
- son degré de difficulté global sur une échelle de 1 à 10.

Dans chacun des plans, les séances proposées sont classées par ordre de priorité. Si, par exemple, il nous est recommandé de faire de trois à cinq séances mais que nous devons nous limiter à trois (par manque de temps, en raison de la météo, etc.), il s'agit de faire en priorité les séances occupant les rangs 1, 2 et 3. Il n'est toutefois pas nécessaire de faire les séances dans cet ordre.

MODE D'EMPLOI

Pour établir son plan d'entraînement, il s'agit de suivre les directives suivantes :

1. Choisir parmi les 25 plans proposés celui qui répond le mieux à ses besoins.
2. Se familiariser avec les abréviations (signet et dernière page du livre) et examiner la structure générale du plan (phases, volume hebdomadaire global, degré de difficulté global, etc.).
3. Selon son aptitude à faire de longues séances, cerner à l'aide du ou des petits tableaux la durée approximative des séances de très petit, petit, moyen, grand, très grand et, le cas échéant, très, très grand volume (TP, P, M, G, TG et TTG). Pour l'entraînement complémentaire, la durée des séances peut toutefois différer, selon que l'activité présente plus ou moins de risques de blessure.
4. S'il n'y a pas de compétition qui revêt une importance beaucoup plus grande que les autres, omettre les phases d'entraînement intensif et d'affûtage.
5. Dans le cas où le plan accorde le même rang à plus d'une séance (dans ce cas, elles sont soulignées), choisir l'une ou l'autre selon ses préférences, sa disponibilité ou les conditions de pratique, et tâcher d'alterner les séances d'une semaine à l'autre.

CONSEILS D'USAGE

1. Ne suivez surtout pas le plan d'entraînement à la lettre ! Les plans proposés ne sont que des exemples ; on peut imaginer une infinité d'autres plans respectant les principes d'entraînement présentés. En fait, le meilleur plan d'entraînement est individualisé, c'est-à-dire qu'il tient compte d'une foule d'éléments personnels. À vous, donc, de planifier votre entraînement selon vos besoins, vos objectifs et votre profil physique et mental. Si par exemple vous avez de la difficulté à maintenir une flexibilité suffisante, complétez votre programme de séances de développement et d'entretien de la flexibilité et faites assidûment des exercices d'étirement entre l'échauffement et le corps de vos séances d'entraînement cardio.

2. Pour réduire le plus possible le risque de blessures de surutilisation et de surentraînement, tenez compte des contraintes externes (manque de sommeil, surcroît de travail, etc.) et environnementales (chaleur, pluie, etc.) et apportez au jour le jour les ajustements appropriés.

3. Même si elles ne sont pas prévues dans les plans proposés, allouez-vous des périodes de repos de quatre jours toutes les trois semaines (deux jours sans entraînement cardio et deux jours d'entraînement très bref).

4. Profitez des occasions qui se présentent (séances avec des copains, stage d'entraînement, vacances, etc.) pour agrémenter votre entraînement, quitte à déroger du plan initial.

5. Si vous êtes un athlète chevronné, mettez fortement l'accent sur le développement d'une qualité physique particulière à chaque phase, quitte à vous limiter à l'entretenir par la suite.

6. Si vous éprouvez de la difficulté à récupérer des séances ardues – c'est souvent le cas des athlètes âgés, quel que soit leur niveau de performance –, vous pouvez en réduire le degré de difficulté et vous allouer plus de temps pour récupérer, quitte à réduire la fréquence hebdomadaire des sorties.

7. Si vous avez la disponibilité et la condition physique nécessaires pour faire plus de séances de musculation que le plan n'en propose – cela est particulièrement avantageux pour les athlètes qui ont beaucoup d'endurance, mais peu de force –, divisez votre plan de musculation en phases (amorce, volume, force et vitesse), tel qu'il est recommandé au tableau 3.3 de la p. 85.

8. En natation, agrémentez la majorité de vos séances d'une variété d'éducatifs (pratique de virage, nage avec palmes ou palettes ou planche, etc.).

9. Ne vous privez surtout pas de faire d'autres activités physiques que celles proposées dans le plan d'entraînement, mais évitez de faire de nouveaux exercices au cours des derniers jours avant une compétition qui revêt une importance particulière.

10. Si vous étiez sédentaire avant d'entreprendre le plan d'entraînement, assurez-vous d'ajuster votre alimentation de manière appropriée (demeurez hydraté en tout temps, consommez suffisamment de glucides entre les séances intensives) et allouez-vous un peu plus de sommeil.

11. En plus de suivre un plan d'entraînement, ayez un mode de vie sain : alimentation diversifiée, consommation modérée d'alcool, sommeil suffisant.

12. Dans le doute, confiez à un kinésiologue ou à un entraîneur diplômé (et spécialisé dans votre discipline) le soin de vous proposer un plan d'entraînement et d'en faire le suivi.

COMMENT INTERPRÉTER LES PLANS D'ENTRAÎNEMENT

1 Ces numéros donnent le niveau de priorité de la séance. P. ex. si vous n'en faites que trois, faites en priorité (mais pas nécessairement dans cet ordre chronologique) les séances 1, 2 et 3.

2 Indique la méthode d'entraînement. Des exemples de séances suivant chacune des méthodes sont présentés à la p. 116.

3 Indique le déterminant de la performance qu'on cherche à développer ou à entretenir pendant la séance.

4 Indique le degré de difficulté que la séance devrait avoir (ajuster l'intensité des différentes parties en conséquence) sur une échelle de 1 (extrêmement facile) à 10 (extrêmement difficile).

5 Les séances sont soulignées lorsqu'il y a plus d'une séance possible pour un niveau de priorité donné. P. ex. ici, vous avez le choix de faire l'une ou l'autre des séances de priorité 2.

6 Indique le volume cumulatif des séances d'entraînement, sur une échelle de 0 (pas d'entraînement) à 10 (volume hebdomadaire maximal).

7 Indique le degré de difficulté global de la phase d'entraînement qui doit résulter de la combinaison des divers éléments de l'entraînement : intensité, durée, degré de difficulté et fréquence des séances.

Le petit tableau indique ce que pourrait représenter une séance de volume très petit (TP), petit (P), moyen (M), grand (G), très grand (TG) et très, très grand (TTG), selon votre aptitude à faire de longues séances sans risquer de vous épuiser ou de vous blesser. Dans le plan présenté ici, un athlète dont l'aptitude à faire de longues séances est petite devrait limiter ses **très longues** sorties à environ **60** min. Le petit tableau ne s'applique qu'à votre activité cardio principale ; pour l'entraînement complémentaire, la durée des séances peut différer selon le risque de blessure.

EXEMPLES DE SÉANCES D'ENTRAÎNEMENT

N°	Type	Principaux déterminants ciblés	Sport	Intensité* (% de la PAM)	Requis	Composition** et variantes ***
1	EPI classique	EA	Tous	-85	Chronomètre	4 x (7 ou 8) x **1:30** [1 min et 3 min]
2	EPI classique	EA	Tous	-85	Chronomètre	4 x 6 x **1:45** [1 min et 3 min]
3	EPI classique	EA	Tous	-85	Chronomètre	3 x 7 x **2:00** [2 min et 5 min]
4	EPI classique	EA	Tous	-85	Chronomètre	3 x 5 x **2:30** [2 min et 5 min]
5	EPI classique	EA	Tous	-85	Chronomètre	2 x (6 ou 7) x **3:00** [3 min et 10 min]
6	EPI classique	EA	Tous	-85	Chronomètre	2 x 5 x **3:30** [3 min et 10 min]
7	EPI classique	EA	Tous	-85	Chronomètre	2 x 4 x **4:00** [3 min et 10 min]
8	EPI classique	EA	Tous	-85	Chronomètre	7 x **4:30** [5 min]
9	EPI classique	EA	Tous	-85	Chronomètre	5 ou 6 x **5:00** [5 min]
10	EPI classique	EA	Tous	-85	Chronomètre	4 ou 5 x **5:30** [5 min]
11	EPI classique	EA	Tous	-85	Chronomètre	4 x **6:00** [5 min]
12	EPI classique	EA	Tous	-85	Chronomètre	3 x **6:30** [5 min]
13	EPI classique	EA	Tous	-90	Chronomètre	4 x (6 ou 7) x **1:15** [1 min et 3 min]
14	EPI classique	EA	Tous	-90	Chronomètre	3 x (6 ou 7) x **1:30** [2 min et 5 min]
15	EPI classique	EA	Tous	-90	Chronomètre	3 x (5 ou 6) x **1:45** [2 min et 5 min]
16	EPI classique	EA	Tous	-90	Chronomètre	2 x 7 x **2:00** [3 min et 10 min]
17	EPI classique	EA	Tous	-90	Chronomètre	2 x 5 x **2:30** [3 min et 10 min]
18	EPI classique	EA	Tous	-90	Chronomètre	2 x 4 x **3:00** [3 min et 10 min]
19	EPI classique	EA	Tous	-90	Chronomètre	6 x **3:30** [5 min]
20	EPI classique	EA	Tous	-90	Chronomètre	4 ou 5 x **4:00** [5 min]
21	EPI classique	EA	Tous	-90	Chronomètre	3 x **4:30** [5 min]
22	EPI classique	PAM, VAM, VO_2max	Tous	-95	Chronomètre	4 x 6 x **1:00** [1 min et 3 min]
23	EPI classique	PAM, VAM, VO_2max	Tous	-95	Chronomètre	3 x 6 x **1:15** [2 min et 5 min]

* Intensité estimée en supposant que le degré de difficulté de la séance est maximal. Rappel : -85 et 110- signifient jusqu'à environ 85 % de la PAM et au moins environ 110 % de la PAM, respectivement.
** Hormis l'échauffement et le retour au calme.
*** Variantes, en plus des possibilités suivantes :
- Récupération passive plutôt qu'active entre les séries ;
- Récupération allongée (p. ex. doublée, triplée) entre les séries ;
- À vélo, faire les fractions d'effort selon l'une ou l'autre des formules présentées à la page 102.

N. B. : En gras : durée des fractions d'effort ; entre crochets : durée de la récupération entre les répétitions ; durée de la récupération entre les séries. P. ex. 4 x (7 ou 8) x **1:30** [1 min et 3 min] (séance n° 1) signifie 4 séries de 7 ou 8 fractions d'effort de 1 min 30 s, avec des périodes de récupération de 1 min entre les répétitions et de 3 min entre les séries (intensité des récupérations : ≤ 50 % de la PAM).

N°	Type	Principaux déterminants ciblés	Sport	Intensité (% de la PAM)	Requis	Composition et variantes
24	EPI classique	PAM, VAM, VO$_2$max	Tous	-95	Chronomètre	3 x (4 ou 5) x **1:30** [2 min et 5 min]
25	EPI classique	PAM, VAM, VO$_2$max	Tous	-95	Chronomètre	2 x (5 ou 6) x **1:45** [3 min et 10 min]
26	EPI classique	PAM, VAM, VO$_2$max	Tous	-95	Chronomètre	2 x (4 ou 5) x **2:00** [3 min et 10 min]
27	EPI classique	PAM, VAM, VO$_2$max	Tous	-95	Chronomètre	6 ou 7 x **2:30** [5 min]
28	EPI classique	PAM, VAM, VO$_2$max	Tous	-95	Chronomètre	4 ou 5 x **3:00** [5 min]
29	EPI classique	PAM, VAM, VO$_2$max	Tous	-95	Chronomètre	3 x **3:30** [5 min]
30	EPI classique	PAM, VAM, VO$_2$max	Tous	-100	Chronomètre	4 x (6 ou 7) x **0:45** [1 min et 3 min]
31	EPI classique	PAM, VAM, VO$_2$max	Tous	-100	Chronomètre	3 x 6 x **1:00** [2 min et 5 min]
32	EPI classique	PAM, VAM, VO$_2$max	Tous	-100	Chronomètre	2 x (6 ou 7) x **1:15** [3 min et 10 min]
33	EPI classique	PAM, VAM, VO$_2$max	Tous	-100	Chronomètre	2 x 5 x **1:30** [3 min et 10 min]
34	EPI classique	PAM, VAM, VO$_2$max	Tous	-100	Chronomètre	2 x 4 x **1:45** [3 min et 10 min]
35	EPI classique	PAM, VAM, VO$_2$max	Tous	-100	Chronomètre	6 x **2:00** [5 min]
36	EPI classique	PAM, VAM, VO$_2$max	Tous	-100	Chronomètre	4 x **2:30** [5 min]
37	EPI classique	PAM, VAM, VO$_2$max	Tous	-105	Chronomètre	4 x (7 ou 8) x **0:30** [1 min et 3 min]
38	EPI classique	PAM, VAM, VO$_2$max	Tous	-105	Chronomètre	3 x (6 ou 7) x **0:45** [2 min et 5 min]

N°	Type	Principaux déterminants ciblés	Sport	Intensité (% de la PAM)	Requis	Composition et variantes
39	EPI classique	PAM, VAM, VO₂max	Tous	-105	Chronomètre	2 x 6 x **1:00** [3 min et 10 min]
40	EPI classique	PAM, VAM, VO₂max	Tous	-105	Chronomètre	2 x (4 ou 5) x **1:15** [3 min et 10 min]
41	EPI classique	PAM, VAM, VO₂max	Tous	-105	Chronomètre	7 x **1:30** [5 min]
42	EPI classique	PAM, VAM, VO₂max	Tous	-105	Chronomètre	5 x **1:45** [5 min]
43	EPI classique	PAM, VAM, VO₂max	Tous	-105	Chronomètre	4 x **2:00** [5 min]
44	EPI classique	CA	Tous	-110	Chronomètre	3 x (7 ou 8) x **0:30** [2 min et 5 min]
45	EPI classique	CA	Tous	-110	Chronomètre	3 x (4 ou 5) x **0:45** [2 min et 5 min]
46	EPI classique	CA	Tous	-110	Chronomètre	2 x (4 ou 5) x **1:00** [3 min et 10 min]
47	EPI classique	CA	Tous	-110	Chronomètre	6 x **1:15** [5 min]
48	EPI classique	CA	Tous	-110	Chronomètre	4 x **1:30** [5 min]
49	Fractionné	EA	Course à pied	-95	Piste d'athlétisme étalonnée	10 à 12 x 400 m à la vitesse prévue de la prochaine course de 5 km [2 min] ou 10 à 15 x 500 m à celle d'un 10 km [2 min]
50	Fractionné, 5-10 tronçons	EA	Natation	-90	Piscine	Nager à une intensité semblable à celle qu'on s'attend à tenir en compétition, sur 5 à 10 tronçons à peu près égaux (p. ex. 5 x 300 m en vue d'un 1500 m) [2 à 3 min].
51	Fractionné	EA	Triathlon	-80	Parcours de vélo et de course à pied à proximité d'un lac ou d'une piscine	Simuler un triathlon olympique en s'allouant une période de récupération passive de 1 à 2 min après chaque quart de distance de natation, de vélo et course à pied, c'est-à-dire après chaque tronçon d'environ 375 m de natation, de 10 km de vélo et de 2,5 km de course à pied.

N°	Type	Principaux déterminants ciblés	Sport	Intensité (% de la PAM)	Requis	Composition et variantes
52	Fractionné, 5-10 tronçons	EA	Ski de fond	-80	Sentier de ski de fond	Sur le parcours d'une compétition imminente de plus de 20 km, skier à une intensité semblable à celle qu'on s'attend à tenir en compétition, sur 5 à 10 tronçons à peu près égaux (p. ex. 10 x 2,5 km en vue d'une loppet de 25 km). S'allouer une récupération passive d'environ 2 min entre les fractions d'effort.
53	Fractionné, 5-10 tronçons	EA	Vélo	-90	Cyclomètre	Sur le parcours d'une course contre la montre imminente, pédaler à une intensité semblable à celle qu'on s'attend à tenir en compétition, sur 5 à 10 tronçons à peu près égaux (p. ex. 5 x 8 km ou 10 x 4 km en vue d'une course contre la montre de 40 km). S'allouer une récupération passive d'environ 2 min entre les fractions d'effort.
54	Fractionné, distances régressives	EA	Course à pied	80-90	Piste d'athlétisme étalonnée	À la vitesse prévue de la prochaine course de 10 km, courir 1000, 900, 800, 700, 600, 500, 400, 300, 200 et finalement 100 m, pour un total de 5,5 km à vitesse cible; repos passif de 1 à 2 min entre chacune des dix fractions d'effort (en profiter pour faire des exercices d'étirement). Variantes : 1) 1400, 1200, 1000, 800, 600, 400 et 200 m au même rythme, pour un total de 5,6 km à intensité cible. 2) 1 x 700, 2 x 600, 3 x 500, 4 x 400, 5 x 300, 6 x 200 et 7 x 100 m, pour un total de 8,4 km à intensité cible.
55	Fractionné, pyramidal	EA	Course à pied	85-90	Piste étalonnée, chronomètre	À la vitesse prévue de la prochaine course de 10 km, courir 1 x 100 m, 1 x 200 m, 1 x 300 m et ainsi de suite jusqu'à ce qu'il soit assez difficile de tenir le rythme. Après chaque fraction d'effort, se rendre en marchant à la prochaine marque de 100 m en s'allouant le double du « temps sur 100 m » (p. ex. 40 s si le rythme de course est de 20 s/100 m). Après la dernière répétition de cette série de fractions d'effort sur des distances progressives, s'allouer un repos passif (faire des exercices de flexibilité) de 5 à 10 min, puis reprendre selon la formule inverse, c'est-à-dire en passant progressivement de la distance la plus longue à la plus courte (p. ex. 100, 200... -700 m à 20 s/100 m avec 40 s de récupération active, puis 5 min de récupération passive, puis 700, 600, 500... 100 m au même rythme). Variantes : 1) Intercaler 1 x 1000 m au même rythme après la série de fractions d'effort sur des distances progressives et avant la série de fractions d'effort sur des distances régressives (avec 5 min de récupération passive avant et après cette fraction d'effort sur 1000 m). 2) Dès que le besoin s'en fait sentir, s'allouer le triple ou le quadruple du temps par 100 m pour se rendre en marchant lentement à la prochaine borne de départ. 3) Plutôt que de marcher pour se rendre à la prochaine borne de 100 m, revenir sur ses pas et utiliser la dernière borne d'arrivée comme nouvelle borne de départ.

N°	Type	Principaux déterminants ciblés	Sport	Intensité (% de la PAM)	Requis	Composition et variantes
56	Fractionné, pyramidal	EA	Ski de fond	-90	Chronomètre	Sur le parcours d'une compétition imminente, skier à une intensité semblable à celle qu'on s'attend à tenir en compétition, pendant 3, 4 et 5 min, poursuivre pendant 4 puis 3 min. S'allouer une récupération active d'environ 2 min entre les fractions d'effort. Variante : 1, 2, 3, 4, 5, 4, 3, 2 et 1 min.
57	Fractionné, pyramidal	EA	Vélo	-85	Odomètre	Sur le parcours d'une course contre la montre imminente de plus de 15 km, pédaler à une intensité semblable à celle qu'on s'attend à tenir en compétition, sur 1, 2 et 3 km, poursuivre sur 2, puis 1 km. S'allouer une récupération passive d'environ 2 min entre les fractions d'effort.
58	Fractionné, pyramidal	EA	Triathlon	-85	Parcours de vélo et de course à pied à proximité d'un lac ou d'une piscine	Simuler trois triathlons où les parties natation, vélo et course à pied ont les distances suivantes : 1) 500 m, 10 km et 2 km; 2) 1000 m, 15 km et 3 km; 3) 500 m, 10 km et 2 km. S'allouer une période de récupération passive d'environ 5 min entre chacune de ces trois simulations.
59	Fractionné pyramidal	EA	Natation	-90	Piscine	À la vitesse de nage qu'on pourrait tenir sur 1500 m en compétition, faire 3 x 100 m, 2 x 150 m, 1 x 200 m, 2 x 150 m et finalement 3 x 100 m.
60	EPIC, mode 10-10	PAM, VAM, VO₂max	Tous	90-100	Chronomètre	3-5 x 15 x **0:10** [10 s et 5 min]
61	EPIC, mode 15-15	PAM, VAM, VO₂max	Tous	90-100	Chronomètre	3-5 x 10 x **0:15** [15 s et 5 min]
62	EPIC, mode 20-20	PAM, VAM, VO₂max	Tous	90-100	Chronomètre	3-5 x 8 x **0:20** [20 s et 5 min]
63	EPIC, mode 10-20	PAM, VAM, VO₂max et CA	Tous	110-	Chronomètre	3-5 x 10 x **0:10** [20 s et 5 min]
64	EPIC, mode 15-30	PAM, VAM, VO₂max et CA	Tous	110-	Chronomètre	3-5 x 7 x **0:15** [30 s et 5 min]
65	EPIC, mode 20-40	PAM, VAM, VO₂max et CA	Tous	110-	Chronomètre	3-5 x 5 x **0:20** [40 s et 5 min]

N°	Type	Principaux déterminants ciblés	Sport	Intensité (% de la PAM)	Requis	Composition et variantes
66	EPI complexe, multipente	PAM, VAM, VO₂max	Vélo	90-110	Une côte d'environ 1 km comportant : A- un tronçon très abrupt ; B- un replat ; C- un tronçon moyennement abrupt	Grimper la côte 4 fois d'affilée (récupération passive pendant la descente), puis 3 fois, puis 2 fois et une dernière fois (récupération active d'une dizaine de min entre les séries : mouliner sans effort). Faire tout le tronçon A en danseuse. Récupérer durant tout le tronçon B (très lentement). Grimper tout le tronçon C assis sur la selle. Doser l'effort afin de faire chaque répétition à une intensité sensiblement plus élevée que la précédente (retrancher 2-5 s à chaque répétition). Si la côte mesure moins de 600 m ou pour une séance d'un volume total plus élevé, commencer par une série de 5 répétitions au lieu de 4 (pour un total de 15 répétitions plutôt que 10, soit 30 fractions d'effort). Variante : Faire la dernière répétition de chacune des séries (la 4ᵉ répétition de la 1ʳᵉ série, la 3ᵉ répétition de la 2ᵉ série, etc.) de manière « inversée » : grimper le tronçon A assis plutôt qu'en danseuse (effet « musclant » recherché) et le tronçon C en danseuse plutôt qu'assis (prendre un développement approprié, c'est-à-dire un peu plus grand).
67	EPI complexe, 3-2-1	EA	Tous	70-	Chronomètre	Alterner des périodes d'effort plus intense de 1, 2 ou 3 min avec des périodes d'effort moins intense, également de 1, 2 ou 3 min, en suivant le schéma suivant : **3:00**, [3:00] / **3:00**, [2:00] / **3:00**, [1:00] / **2:00**, [3:00] **2:00**, [2:00] / **2:00**, [1:00] / **1:00**, [3:00] / **1:00**, [2:00] / **1:00**. Variantes : 1) **3:00**, [3:00] / **2:00**, [3:00] / **1:00**, [3:00] / **3:00**, [2:00] / **2:00**, [2:00] **1:00**, [2:00] / **3:00**, [1:00] / **2:00**, [1:00] / **1:00**. 2) 4-3-2-1 suivant l'une ou l'autre des formules précédentes. 3) Formule 3-2-1 ou 4-3-2-1 tours d'un petit circuit.
68	EPI complexe, intensité faible, moyenne, élevée	EA	Tous	80-	Camarade d'entraînement	Pendant une heure, faire des relais où chacun tire l'autre pendant exactement 1 min et où chaque min est effectuée tour à tour à intensité faible, moyenne, puis élevée (accélérer au moment de passer à l'avant lorsque l'intensité doit augmenter : de faible à moyenne et de moyenne à élevée). Variantes : 1) Écourter la séance (pour intensifier les fractions d'effort). 2) Fractions d'effort de 30, 45 ou 90 s.

N°	Type	Principaux déterminants ciblés	Sport	Intensité (% de la PAM)	Requis	Composition et variantes
69	EPI complexe, fractions d'effort de durée régressive et nombre de répétitions par série progressif	EA	Tous	75-110	Chronomètre	Faire 1 fraction d'effort de 5 min, 2 de 4 min, 3 de 3 min, 4 de 2 min et 5 de 1 min (pour un total de 15 répétitions) en s'accordant 1 min de récupération active entre les répétitions. Variantes : 1) 1 fraction d'effort de 4 min, 2 de 3 min, etc., pour un total de 10 répétitions. 2) Récupération active de 2 min à chaque changement de durée de fraction d'effort.
70	EPI complexe, fractions d'effort de durée régressive	EA	Tous	70-110	Chronomètre	Toutes les 10 min pendant 2 h (pour un total de 12 répétitions), tenir une intensité élevée pendant 8, puis 7, 6, 5, 4, 3, 2, 1 min et récupérer à intensité faible ou moyenne pendant le reste du bloc de 10 min. Variante : Dès la cinquième répétition (effort de 4 min), récupérer pendant le reste du bloc de 5 min (plutôt que de 10 min), soit durant 1, 2, 3 et 4 min.
71	EPI complexe, longue sortie	EB	Tous	60-80	Chronomètre	Appliquer une, deux, trois ou quatre fois d'affilée (pour une sortie de 2, 4, 6 ou 8 heures, respectivement) le schéma suivant d'alternance entre des périodes d'effort peu intense (entre crochets) et des périodes d'effort intense (en gras) : [30:00] **30:00** / [15:00] **15:00** / [10:00] **10:00** / [5:00] **5:00**. Variantes : 1) Appliquer une, deux ou trois fois d'affilée (pour une sortie de 1, 2 ou 3 heures, respectivement) le schéma suivant d'alternance entre des périodes d'effort peu intense (entre crochets) et des périodes d'effort intense (en gras) : [15:00] **15:00** / [7:30] **7:30** / [5:00] **5:00** / [2:30] **2:30**. 2) Appliquer deux, quatre ou six fois d'affilée (pour une sortie de 1, 2 ou 3 heures, respectivement) le schéma suivant d'alternance entre des périodes d'effort peu intense (entre crochets) et des périodes d'effort intense (en gras) : [5:00] **5:00** / [4:00] **4:00** / [3:00] **3:00** / [2:00] **2:00** / [1:00] **1:00**.
72	EPI complexe, minutes modulées	PAM, VAM, VO$_2$max	Tous	70-120	Chronomètre	Tenir une intensité élevée durant 55 s puis réduire de 5 s cette période d'effort d'une min à l'autre. S'allouer après chaque répétition un repos passif pendant le reste de la min. Augmenter l'intensité des fractions d'effort d'une min à l'autre, au fur et à mesure que diminue leur durée (celle des périodes de récupération augmentera en conséquence). Enchaîner avec une 2e série suivant un schéma semblable, mais en réduisant le temps d'effort de 10 s plutôt que de 5 s, d'une min à l'autre. Enchaîner avec une 3e série, en réduisant le temps d'effort de 15 s plutôt que de 10 s, d'une min à l'autre. Enchaîner avec une 4e puis une 5e série, en réduisant le temps d'effort de 20 puis de 30 s, d'une min à l'autre. Variantes : 1) Récupération active plutôt que passive entre les répétitions. 2) S'allouer une récupération active ou passive de 2 à 5 min entre les séries.

N°	Type	Principaux déterminants ciblés	Sport	Intensité (% de la PAM)	Requis	Composition et variantes
73	EPI complexe, podiums, accélérations et plateaux	PAM, VAM, VO₂max	Tous	-90	Chronomètre	Au cours d'une séance de 15, 30, 45, 60 ou 75 min (hormis l'échauffement et le retour au calme); toutes les 5 min, appliquer tour à tour les trois schémas de répartition d'effort suivants (récupérer pendant le reste des périodes de 5 min à intensité très faible) : 1) les 3 « podiums » enchaînés : accélérer progressivement pendant une dizaine de secondes jusqu'à une vitesse élevée mais non maximale, maintenir la vitesse pendant à peu près une dizaine de secondes, puis décélérer jusqu'à une vitesse très confortable ; répéter trois fois d'affilée ce schéma; 2) accélération longue : pendant 1 min, accélérer progressivement en débutant à une intensité très faible et en terminant à une intensité très élevée mais non maximale; 3) plateau rapide : pendant 30 à 40 s, tenir une intensité suffisamment élevée pour ressentir un essoufflement marqué, mais qui ne mène pas à épuisement.
74	EPI complexe, relais sur longs tronçons de parcours	EA	Vélo	70-90	Camarades d'entraînement, odomètre	Pendant environ deux heures, faire des tronçons de 5 km à intensité élevée tout en faisant de longs relais (plus de 30 s), entrecoupés de segments de récupération de 5 km à vitesse confortable (rouler côte à côte si possible, sans effort). Variantes : 1) Le cycliste le plus performant tire à l'avant pendant une période plus longue que les autres. 2) Raccourcir les segments de récupération (4, 3, 2 ou 1 km plutôt que 5).
75	EPI complexe, simulation de course cycliste contre la montre	EA	Vélo	70-90	Chronomètre	Simuler sur 5 km une course contre la montre avec départ lancé en notant les temps de passage à chaque kilomètre, de même que le temps final. Récupérer en revenant au km 1 à une vitesse confortable et répéter, mais sur les 4 derniers km, puis revenir au km 2 pour répéter sur 3 km, et ainsi de suite sur 2 puis 1 km. Variantes : 1) Même formule mais sur 10 ou 15 km; d'une fraction d'effort à l'autre, réduire la distance de 2 ou 3 km, respectivement. 2) L'une ou l'autre des deux options, mais en équipe de deux ou trois cyclistes qui se relayent à l'avant.

N°	Type	Principaux déterminants ciblés	Sport	Intensité (% de la PAM)	Requis	Composition et variantes
76	EPI complexe, alternance côte difficile, côte moins difficile	PAM, VAM, VO$_2$max	Tous	80-	Deux côtes proches l'une de l'autre; l'une moyennement pentue, l'autre très pentue, chacune pouvant être parcourue en 2 min environ	Faire une série de 5, 4, 3 puis 2 répétitions de la côte moyennement pentue, entrecoupées de 4, 3, 2 puis 1 répétitions de la côte très pentue (récupération passive en redescendant; récupération active entre les séries en se rendant au pied de l'autre côte). Total : 24 montées. Variantes : 1) Réduire d'une répétition chacune des séries. Total : 16 montées. 2) Faire la dernière répétition de chaque série d'une manière non naturelle, c'est-à-dire assis dans la côte très pentue et en danseuse dans la côte moyennement pentue.
77	EPI complexe, enchaînement natation-vélo	EA	Triathlon	-90	Lac, chronomètre	Enchaîner environ 5 min de natation et 5-10 km de vélo (intensité égale ou supérieure à celle anticipée pour le prochain triathlon) à 3-7 reprises; récupération mixte (active puis passive) d'environ 5 min entre les enchaînements.
78.	EPI complexe, enchaînement vélo-course à pied	EA	Triathlon	-90	Chronomètre	Enchaîner environ 5 à 10 km de vélo et 1 km de course à pied (intensité égale ou supérieure à celle anticipée pour le prochain triathlon) à 3-7 reprises; récupération mixte (active puis passive) d'environ 5 min entre les enchaînements.
79	Fartlek	Tous	Tous	60-200		Varier librement l'intensité et la durée des fractions d'effort, sans schéma particulier.
80	Fartlek, effort dicté par le parcours	Tous	Tous	60-200	Parcours en côtes	Varier l'intensité de sorte qu'elle soit faible, moyenne, élevée ou très élevée selon que le tronçon est descendant, plat, montant avec pente moyenne ou montant avec pente prononcée, respectivement.
81	EPI complexe, départs cyclistes : intensité élevée, très élevée ou extrêmement élevée	CA	Vélo	120-	Camarade d'entraînement, circuit marqué d'une ligne	Après 1 min d'immobilité à la ligne de départ, les cyclistes A et B démarrent au signal donné par l'un d'eux. Le cycliste A prend immédiatement la tête et roule intensément pendant 30 s, après quoi le cycliste B augmente brusquement sa vitesse pour prendre la tête et tirer pendant 30 s, après quoi le cycliste A (qui s'était « accroché » au passage) accélère à son tour pour prendre la tête pendant un troisième et dernier bloc de 30 s, tandis que le cycliste B s'accroche. Au terme de cet effort d'une durée totale de 90 s, les deux cyclistes ralentissent, font demi-tour et reviennent lentement à la ligne de départ pour refaire l'exercice après 5 min de repos actif. Répéter cinq à dix fois. Variantes : Idem, mais sur des périodes de 20, 40 ou 60 s, plutôt que de 30 s.

N°	Type	Principaux déterminants ciblés	Sport	Intensité (% de la PAM)	Requis	Composition et variantes
82	EPI complexe, départs cyclistes *ad nauseam*	CA	Vélo	120-	Parcours où il est possible de s'arrêter souvent	S'immobiliser, mettre un pied par terre, placer les manivelles en position appropriée pour le départ (entre 1 h et 2 h), simuler un départ rapide en donnant quelques coups de pédale intenses afin de gagner de la vitesse avant de « clipper » la pédale le plus vite possible; poursuivre l'accélération jusqu'à l'obligation d'augmenter le développement et compléter en faisant une dizaine de tours de manivelle. Freiner et refaire immédiatement. Répéter pendant 20 à 30 min. Variantes : 1) S'allouer une période de récupération passive d'une min, à l'arrêt, pied à terre. 2) Ajouter la contrainte d'un virage à 180 degrés (revenir rapidement à la ligne de départ), dix coups de pédale après avoir réussi à «clipper».
83	EPI complexe, départs cyclistes : rattraper le lapin	CA	Vélo	120-	Camarade(s) d'entraînement, ligne de départ	Après l'échauffement, les cyclistes A et B stoppent complètement à la ligne de départ. Le cycliste le moins fort démarre après avoir annoncé à haute voix « trois, deux, un, go! » et l'autre attend que son camarade ait donné un, deux ou trois coups de pédale (d'autant plus de coups de pédale qu'il surclasse son camarade) avant de démarrer en trombe pour le rattraper. L'exercice prend fin lorsque le second a rattrapé le premier, ou après au maximum 1 min. Répéter cinq à huit fois en s'allouant au moins 5 min de repos actif, puis passif (se tenir immobile au moins 1 min sur la ligne de départ). Variantes : 1) Le moins fort fait un départ lancé, le plus fort ne démarre qu'au moment où l'autre passe la ligne de départ. 2) Idem, à plus de deux cyclistes. 3) Compléter par un ou deux relais d'une vingtaine de secondes.
84	EPI complexe, sprints cyclistes côte à côte	CA, vitesse	Tous	120-	Camarade d'entraînement	Sur un parcours plutôt plat, deux par deux, côte à côte, à une vitesse confortable. Désigner un « entraîneur » qui fait le décompte à haute voix : « 3, 2, 1, Go! ». Au signal, les deux athlètes sprintent jusqu'à ce que l'un d'eux ait pris une avance d'environ 10 m par rapport à son adversaire. Ce dernier crie « stop » dès qu'il accuse ce retard afin d'indiquer à l'autre qu'il doit ralentir afin de ne pas l'obliger à prolonger inutilement son effort. Répéter toutes les 2 ou 3 min (repos actif entre les sprints) pendant 30 à 60 min. Variante : Désavantager l'athlète le plus performant en lui imposant un handicap (p. ex. démarrer une fraction de seconde après l'autre, skier dans un style moins approprié au tronçon de parcours, pédaler assis plutôt qu'en danseuse, utiliser un développement sensiblement trop grand ou trop petit).

N°	Type	Principaux déterminants ciblés	Sport	Intensité (% de la PAM)	Requis	Composition et variantes
85	EPI complexe, sprints cyclistes en circuit fermé	CA, vitesse	Vélo	120-	Camarade d'entraînement, circuit marqué d'une ligne	Sur un circuit fermé de 1 à 4 km, marqué d'une ligne de « départ lancé », rouler avec un autre cycliste à intensité moyenne. À chaque tour, se placer côte à côte à l'approche de la ligne de départ lancé; au passage de la ligne, accélérer brusquement avec un effort quasi maximal, sans quitter la position assise, jusqu'à ce qu'un des deux cyclistes ait pris une avance d'une longueur d'un vélo par rapport à l'autre (celui qui est derrière crie « Stop »). Variantes : 1) Faire deux sprints par tour. 2) Faire les sprints entre une ligne de départ lancé et une ligne d'arrivée, nonobstant la distance entre les deux cyclistes. 3) Faire tous les sprints en danseuse. 4) Désavantager le cycliste le plus performant en lui demandant de tirer l'autre sur les 200 ou 300 derniers mètres, ou en lui donnant un handicap de distance, de style de pédalage (en danseuse ou assis) ou de développement.
86	EPI complexe, sprints emmenés	CA, vitesse	Vélo	120-	Camarade d'entraînement, ligne de départ	Avec un autre cycliste, sur un parcours plutôt plat, commencer par désigner le leader et le sprinter. Le leader prend la roue du sprinter qui accélère progressivement pendant quelques secondes (effort moyen) avant de passer le relais au leader qui accélère progressivement sans rien brusquer. Lorsqu'il sent qu'il peut difficilement augmenter sa vitesse, le leader crie « OK » tout en tâchant de maintenir la vitesse et sa ligne de direction. Le sprinter, jusque-là toujours bien calé dans la roue, s'écarte un peu de côté pour se donner sans tarder une ligne d'arrivée imaginaire qui doit se trouver à une distance telle qu'il pourra franchir cette ligne avec exactement un vélo d'avance sur le leader, moyennant un effort brusque et maximal. Lorsqu'il est prêt, le sprinter démarre de manière explosive et sprinte jusqu'à la ligne d'arrivée imaginaire. Le leader, qui a conservé sa vitesse autant que possible jusqu'à la fin de l'exercice, crie « Stop » dès que le sprinter a un vélo d'avance, afin de permettre à ce dernier de vérifier s'il a bien atteint son objectif. Répéter l'exercice toutes les 5 ou 10 min pendant environ 90 min (récupération à intensité très faible), en inversant chaque fois les rôles, si désiré. Variante : Le leader choisit le repère qui servira de ligne d'arrivée et en informe le sprinter dès que possible.

N°	Type	Principaux déterminants ciblés	Sport	Intensité (% de la PAM)	Requis	Composition et variantes
87	EPI complexe, sprints en abîme	CA, vitesse	Tous	100-	Chronomètre	Pendant une heure, alternez des fractions d'effort de 1 min avec des périodes de récupération de 2 min. Dans chacune des fractions d'effort de 1 min, faire un sprint d'une dizaine de secondes à un moment qui varie d'une fraction d'effort à l'autre, selon la séquence suivante : 50 à 60; 40 à 50; 30 à 40 jusqu'à 0 à 10. Puis 10 à 20, 20 à 30 et ainsi de suite. Variantes : 1) Même formule, mais avec des sprints en abîme de 5 ou 15 s. 2) Fractions d'effort de 30 ou 40 s et périodes de récupération de 20, 30, 60 ou 80 s.
88	EPI complexe, sprints cyclistes sur 100, 200 ou 300 m	CA, vitesse	Vélo	120-	Camarades d'entraînement, circuit d'au moins 1 km marqué de 4 lignes distantes de 100 mètres	En groupe d'au moins trois, pendant une heure, faire des relais à intensité moyenne ou élevée et sprinter à chaque tour en n'autorisant le démarrage du sprint qu'après le passage de la ligne située à 100 m de la ligne d'arrivée. Variante : Autoriser le démarrage du sprint après le passage de la ligne située à 150, 200 ou 250 m de la ligne d'arrivée.
89	Continu rapide	EA	Ski de fond	-90		Simuler une compétition sur une distance comprise entre le quart et la moitié de la distance de la compétition la plus longue qu'on se propose de faire (p. ex. 14 à 28 km en vue d'une course de 55 km).
90	Continu rapide	EA	Vélo	-80	Chronomètre	Tenter d'établir un record personnel sur un parcours qu'on fait généralement en environ 2 h (ou 3 h si on est un cycliste chevronné).
91	Continu rapide	EA	Course à pied	-90	Chronomètre	Tenter d'établir un record personnel sur un parcours qu'on fait généralement en environ 30 min (ou 1 h si on est un coureur de fond chevronné).
92	Continu rapide	EA	Natation	-90	Lac, chronomètre	Tenter d'établir un record personnel sur un lac qu'on traverse généralement en environ 30 min (ou 1 h si on est un nageur chevronné).

N°	Type	Principaux déterminants ciblés	Sport	Intensité (% de la PAM)	Requis	Composition et variantes
93	Continu rapide	EA	Triathlon	70-85	Chronomètre	Tenter d'établir un record personnel de triathlon simulé sur un parcours qu'on fait généralement en environ 1 h pour l'ensemble des 3 segments (ou 2 h si on est un triathlonien chevronné spécialisé en longue distance).
94	Continu	EB	Tous	50-75		S'entraîner à une intensité moyenne, c'est-à-dire à mi-chemin entre celle des séances d'entraînement continu lent (récupération active) et celle des séances d'entraînement continu rapide.
95	Continu lent	Récupération active	Tous	-50		S'entraîner à une intensité et pendant une période suffisamment réduites pour que la charge d'entraînement soit minime, permettant ainsi la récupération.
96	Continu lent, cadence tortue	EB	Vélo	50-75	Parcours comportant plusieurs petits vallons faciles	Rouler pendant 30 à 90 min (selon son expérience dans ce type de séances) avec un braquet choisi exprès pour que la cadence soit très basse (p. ex. 53/14 sur le plat à 30 km/h pour une cadence d'à peu près 60-65 rpm) en essayant de conserver ce braquet en montée (éviter de trop augmenter l'intensité en montée). Porter une attention au passage des points morts supérieur (12 h) et inférieur (6 h).
97	LSD	EB	Ski de fond	-60	Chronomètre	Skier, nager ou pédaler à intensité moyenne pendant une période particulièrement longue pouvant aller jusqu'à environ la moitié du temps hebdomadaire global d'entraînement des semaines précédentes.
98	LSD	EB	Course à pied	-60	Chronomètre	Courir à intensité moyenne pendant une période particulièrement longue pouvant aller jusqu'à environ le temps de performance qu'on anticipe durant le marathon, moins 30 minutes (p. ex. 3 h pour les coureurs qui croient être capables de faire un marathon en 3:30:00). Au besoin, intercaler des périodes de marche, dès les premiers kilomètres.
99	LSD, enchaînement	EB	Triathlon	-60	Parcours de vélo et de course à pied à proximité d'un lac ou d'une piscine	Enchaîner natation, vélo et course à pied comme dans un triathlon, sans pause, sur des distances telles que la séance sera particulièrement longue, sa durée pouvant aller jusqu'à environ la moitié du temps hebdomadaire global d'entraînement des semaines précédentes.

N°	Type	Principaux déterminants ciblés	Sport	Intensité (% de la PAM)	Requis	Composition et variantes
100.	EPI complexe, ultime	EA; PAM, VAM, VO_2max	Tous	80-	Chronomètre	Faire trois blocs de trois séries de trois répétitions de fractions d'effort de 40 s (1er bloc), 30 s (2e bloc) ou 20 s (dernier bloc); après chaque répétition, récupération « incomplète » de 20 s (bloc 1), 30 s (bloc 2) ou 40 s (bloc 3) de sorte que chaque répétition aura pris exactement 1 min (incluant la récupération); récupération « complète » de 2 min entre les séries. Faire les fractions d'effort les plus courtes (elles sont suivies de périodes de récupération plus longues) à plus haute intensité que les plus longues. (Voir ci-après le tableau 5.1 précisant cette formule d'EPI ultime). Variantes : 1) Quatre répétitions par série plutôt que trois; récupération « complète » de seulement 1 min entre les séries. 2) Récupération « complète » de seulement 1 min entre les séries, et de 2, 3 ou 4 min entre les blocs. 3) Récupération passive entre les blocs.

Tableau 5.1
Plan de la séance n° 100 (EPI ultime)

Bloc	Série	Fraction d'effort, intensité élevée	Récupération incomplète, intensité moyenne	Récupération « complète », intensité très faible
1	1	0:40	0:20	
		0:40	0:20	
		0:40	0:20	2:00
	2	0:40	0:20	
		0:40	0:20	
		0:40	0:20	2:00
	3	0:40	0:20	
		0:40	0:20	
		0:40	0:20	2:00
2	1	0:30	0:30	
		0:30	0:30	
		0:30	0:30	2:00
	2	0:30	0:30	
		0:30	0:30	
		0:30	0:30	2:00
	3	0:30	0:30	
		0:30	0:30	
		0:30	0:30	2:00
3	1	0:20	0:40	
		0:20	0:40	
		0:20	0:40	2:00
	2	0:20	0:40	
		0:20	0:40	
		0:20	0:40	2:00
	3	0:20	0:40	
		0:20	0:40	
		0:20	0:40	2:00

01 MISE EN FORME À VÉLO

Semaine n°	Nombre de séances par semaine	Thème, accent
1	3	Familiarisation avec la position, l'équipement
2	3-4	
3	3-4	Initiation à l'entraînement intensif
4	3-5	Progression en volume et en intensité
5	3-5	
6	3-5	
7	4-6	
8	4-6	
9	4-7	Développement et entretien des qualités physiques
10	4-7	

01 MISE EN FORME À VÉLO

Entraînement par intervalles (EPI)			Entraînement continu				Entraînement complémentaire	Volume hebdomadaire global	Degré de difficulté global
Séance	Type	Qualité	Volume, difficulté	Séance	Type	Qualité	Volume, difficulté		
				1	C	EB	M 5/10		P	3
				2	C	EB	P 4/10			
				3	C	EB	TP 3/10			
				1 et 2	C	EB	M 5/10		P	4
				3	C	EB	P 4/10			
				4	C	EB	TP 3/10			
1	EPIC	PAM	M 6/10	2	C	EB	M 5/10		P	5
				3	C	EB	P 4/10			
				4	CL	EB	TP-P 3/10			
1	EPIC	PAM	M 7/10	2	C	EB	G 6/10		M	5
				3	C	EB	P 4/10			
				4 et 5	CL	EB	TP-P 3/10			
1	EPIC	PAM	M 7/10	2	C	EB	G 7/10		M	6
2	EPI class.	EA	G 7/10	3	C	EB	M 5/10			
				4 et 5	CL	EB	TP-P 3/10			
1	EPI class.	PAM	M 8/10	2	C	EB	G 7/10		M	6
2	EPI class.	EA	G 7/10	3	C	EB	M 5/10	Facultatif		
				4 et 5	CL	EB	P 3/10			
1	EPI class.	EA	G 8/10	2	C	EB	G-TG 8/10		G	7
2	EPIC	PAM	M 7/10	3	C	EB	M 5/10			
				4	C	EB	P 4/10			
				5 et 6	CL	EB	P 3/10			
1	EPIC	PAM	M 8/10	2	C	EB	G 7/10		G	7
2	EPI class.	EA	G 7/10	3 et 4	C	EB	M 5/10			
				5 et 6	CL	EB	P 3/10			
1	EPI class.	PAM	M 9/10	3	C	EB	G 6/10		G	8
1	EPIC	PAM	M 9/10	4	C	EB	M 5/10			
2	EPI class.	EA	G 8/10	5 à 7	CL	EB	P 3/10			
1	EPI class.	PAM	G 8/10	2	C	EB	TG 9/10		G-TG	8
1	EPIC	PAM	M 8/10	3 et 4	C	EB	M 5/10			
				5	C	EB	P 4/10			
				6 et 7	CL	EB	P 3/10			

Aptitude à faire de longues séances (min)

	Petite	Moyenne	Grande
TP	20	30	40
P	40	50	60
M	60	70	80
G	70	90	100
TG	90	105	120

02 PREMIÈRE CYCLOSPORTIVE

Phase	Nombre de semaines	Nombre de séances par semaine	Thème, accent
Progression : début	1-2	2-4	Familiarisation avec la position, l'équipement
Progression : milieu	2-4	4-5	Initiation à l'entraînement intensif
Progression : fin	2-	4-5	Progression en volume et en intensité
Entraînement intensif	1-2	5-7	Entraînement intensif
Affûtage, performance de pointe	1	4-5	Affûtage ; performance de pointe le jour de la cyclosportive
Entretien	Reste de la saison ; jusqu'au repos annuel	4-5	Développement et entretien des qualités physiques
Repos annuel	1-2	0-3	Repos
Hors-saison	Reste de l'année	2-5	Entretien des qualités physiques de base

134 ENTRAÎNEMENT CARDIO

02 PREMIÈRE CYCLOSPORTIVE

Entraînement par intervalles (EPI)				Entraînement continu				Entraînement complémentaire				Volume hebdomadaire global	Degré de difficulté global
Séance	Type	Qualité	Volume, difficulté	Séance	Type	Qualité	Volume, difficulté	Séance	Type	Qualité	Volume, difficulté		
				1 et 2	C	EB	M 5/10					P	3-4
				3 et 4	C	EB	TP-P 4/10						
1	EPI ult.	EA et PAM	M 7/10	2	C	EB	G 6/10					M	4-6
				3	C	EB	P-M 5/10						
				4 et 5	CL	EB	P 3/10						
1	EPIC	PAM	G 7-9/10	2	C	EB	TG 7-9/10					G	6-9
				3	C	EB	M-G 6/10						
				4 et 5	CL	EB	P 3/10						
1	EPIC	PAM	M 9/10	2	LSD	EB	TG-TTG 9/10					TG	9-10
2	EPI class.	EA	G 9/10	3 à 5	C	EB	M-G 5/10		Facultatif				
				6 et 7	CL	EB	P 3/10						
1	Cyclosportive		10/10										
2	EPI class.	PAM	P 6/10									M	5
3	EPI class.	EA	P 5/10										
4 et 5	EPIC	PAM	P 4/10										
1	EPI class.	EA	G 9/10	2	C	EB	TG 7-8/10					G	6-8
1	EPI class.	PAM	G 9/10	3 et 4	C	EB	M 5/10						
1	EPIC	PAM	G 9/10	5	CL	EB	P 3/10						
				1	C	EB	TP 3/10	2 et 3	C ou F	EB	P 3/10	TP	0-3
1	EPI ult.	EA et PAM	P-M 7/10	2	C	EB	TP-P 5/10	2	C ou F	EB	M 5/10	P-M	3-6
								3 et 4	Musc.		5-6/10		
								5	C ou F	EB	P 4/10		

	Aptitude à faire de longues séances (min)		
	Petite	Moyenne	Grande
TP	30	40	50
P	60	80	90
M	80	110	140
G	110	150	180
TG	135	180	225
TTG	190	250	310

03 SAISON DE CYCLOSPORTIVES

Phase	Nombre de semaines	Nombre de séances par semaine	Thème, accent
Progression : début	1-2	2-5	Progression en volume et en intensité
Progression : milieu	2-4	4-6	
Progression : fin	2-	4-7	
Compétitions préperformance de pointe	2-	4-7	Cyclosportives « d'entraînement », amélioration et maintien des qualités physiques
Entraînement intensif	1-2	6-7	Entraînement intensif, cyclosportives
Affûtage, performance de pointe	1	4-5	Affûtage ; performance de pointe le jour de la cyclosportive importante
Compétitions postperformance de pointe	Reste de la saison ; jusqu'au repos annuel	4-7	Développement et entretien des qualités physiques, de l'expérience en cyclosportive
Repos annuel	1-4	0-3	Repos
Hors-saison	Reste de l'année	2-6	Entretien des qualités physiques de base

03 SAISON DE CYCLOSPORTIVES

Entraînement par intervalles (EPI)				Entraînement continu				Entraînement complémentaire				Volume hebdomadaire global	Degré de difficulté global
Séance	Type	Qualité	Volume, difficulté	Séance	Type	Qualité	Volume, difficulté	Séance	Type	Qualité	Volume, difficulté		
				1 et 2	C	EB	M-G 6/10					M	4-6
				3	C	EB	M 5/10						
				4 et 5	C	EB	P 4/10						
1	EPI ult.	EA et PAM	M 8/10	2	C	EB	G-TG 7-8/10					G	6-8
2	EPIC	PAM	M 9/10	3 et 4	C	EB	M 5/10						
				5 et 6	CL	EB	P 3/10						
1	EPI class.	EA ou PAM	G 9/10	2	LSD	EB	TTG 8-9/10					TG	7-9
				3 et 4	C	EB	M-G 5/10						
				5	C	EB	P 4/10						
				6 et 7	CL	EB	P 3/10						
1	Cyclosportive		10/10	1	LSD	EB	TG-TTG 9/10					G-TG	8-9
2	EPI class.	EA ou PAM	M 8/10	3 et 4	C	EB	M 5/10						
				5	C	EB	P 4/10						
				6 et 7	CL	EB	P 3/10			Facultatif			
1	Cyclosportive		10/10	2	LSD	EB	TTG 9/10					TG	10
1	EPIC	PAM	M 9/10	3 à 5	C	EB	G 6-7/10						
2	EPI class.	EA	G 9/10	6 et 7	CL	EB	P 3/10						
1	Cyclosportive importante		10/10									M	5
2	EPI class.	PAM	P 6/10										
3	EPI class.	EA	P 5/10										
4 et 5	EPIC	PAM	P 4/10										
1	Cyclosportive		10/10	1	LSD	EB	TG-TTG 9/10					G	7-9
2	EPI class.	EA ou PAM	M 8/10	3 et 4	C	EB	M 5-6/10						
				5	C	EB	P 4/10						
				6 et 7	CL	EB	P 3/10						
				1	C	EB	TP 3/10	2 et 3	C ou F	EB	P 3-4/10	TP	0-3
1	EPI ult.	EA et PAM	P-M 7/10	5 et 6	C	EB	P 4/10	2 et 4	Musc.		5-6/10	P-M	3-6
3	EPI class.	EA	P-M 6/10					3	C ou F	EB	G 6/10		
								5 et 6	CL ou F	EB	P 3/10		

Aptitude à faire de longues séances (min)

	Petite	Moyenne	Grande
TP	30	40	50
P	60	80	100
M	100	130	150
G	130	170	190
TG	165	210	240
TTG	230	300	340

04 SAISON DE COURSES CYCLISTES (ROUTE)

Phase	Nombre de semaines	Nombre de séances par semaine	Thème, accent
Progression : début	1-2	3-6	Progression en volume et en intensité
Progression : milieu	2-4	5-7	
Progression : fin	2-	5-8	
Compétitions préperformance de pointe	2-	5-8	Compétitions « d'entraînement », amélioration et maintien des qualités physiques
Entraînement intensif	1-2	7-9	Entraînement intensif, compétitions
Affûtage, performance de pointe	1	4-5	Affûtage ; performance de pointe le jour de la course importante
Compétitions postperformance de pointe	Reste de la saison ; jusqu'au repos annuel	5-7	Développement et entretien des qualités physiques
Repos annuel	2-4	0-3	Repos
Hors-saison	Reste de l'année	2-6	Entretien des qualités physiques de base

04 SAISON DE COURSES CYCLISTES (ROUTE)

Entraînement par intervalles (EPI)			Entraînement continu				Entraînement complémentaire				Volume hebdomadaire global	Degré de difficulté global
Séance	Type	Qualité	Volume, difficulté	Séance	Type	Qualité	Volume, difficulté	Séance	Type	Qualité	Volume, difficulté		
1	EPI ult.,	EA et PAM	M 7/10	3	C	EB	M-G 5-6/10	2 et 5	Musc.		5-6/10	M	5-7
				4	C	EB	P 4/10						
				6	CL	EB	P 3/10						
1	EPI ult.	EA et PAM	M 8/10	4	C	EB	G-TG 6-7/10	2 et 6	Musc.		6/10	G	6-8
3	EPIC	PAM	M 7/10	5 et 7	CL	EB	P 3/10						
1	EPIC	PAM et CA	M 8/10	2	LSD	EB	TG-TTG 9/10	4	Musc.		5/10	TG	7-9
3	EPI class.	EA	G 7/10	5	C	EB	M 5/10						
				6 à 8	CL	EB	P 3/10						
<u>1</u>	<u>Compétition</u>		<u>10/10</u>	<u>1</u>	<u>LSD</u>	<u>EB</u>	<u>TG-TTG 8-9/10</u>					TG	8-9
2	EPIC	PAM et CA	M 8/10	4 et 5	C	EB	M-G 5/10						
3	EPI class.	EA	G 7-9/10	6 à 8	CL	EB	P 3/10						
<u>1</u>	<u>Compétition</u>		<u>10/10</u>	<u>1</u>	<u>LSD</u>	<u>EB</u>	<u>TTG 9/10</u>					TG	10
2	EPI class.	PAM	M 9/10	4	C	EB	G-TG 6-7/10						
3	EPI class.	EA	G 9/10	5 et 6	C	EB	G 5-6/10						
				7 à 9	CL	EB	P 3/10						
1	**Course importante**		10/10									M	5
2	EPI class.	PAM	P 5-6/10										
3	EPI class.	EA	M 6/10										
4 et 5	EPIC	PAM et CA	P 4/10										
<u>1</u>	<u>Compétition</u>		<u>10/10</u>	3	C	EB	G-TG 6-7/10					G-TG	7-9
<u>1</u>	<u>EPI class.</u>	<u>EA</u>	<u>G 9/10</u>	4 et 5	C	EB	M-G 6/10						
2	EPIC	PAM et CA	M 8/10	6 et 7	CL	EB	P 3/10						
				1	C	EB	TP 3/10	2 et 3	C ou F	EB	P 3-4/10	TP	0-3
1	EPI ult.	EA et PAM	P-M 8/10	<u>5 et 6</u>	<u>C</u>	<u>EB</u>	<u>P 4/10</u>	2 et 4	Musc.		5-6/10	P-M	4-7
<u>3</u>	<u>EPI class.</u>	<u>EA</u>	<u>P-M 7/10</u>					<u>3</u>	<u>C ou F</u>	<u>EB</u>	<u>G 7/10</u>		
								5 et 6	CL ou F	EB	P 3/10		

Aptitude à faire de longues séances (min)

	Petite	Moyenne	Grande
TP	50	60	75
P	80	110	120
M	120	150	170
G	150	200	220
TG	180	240	270
TTG	250	330	370

05 SAISON DE COMPÉTITIONS DE VÉLO DE MONTAGNE

Phase	Nombre de semaines	Nombre de séances par semaine	Thème, accent
Progression : début	1-2	3-6	Progression en volume et en intensité
Progression : milieu	2-4	4-7	
Progression : fin	2-	5-8	
Compétitions préperformance de pointe	2-	5-8	Compétitions « d'entraînement », amélioration et maintien des qualités physiques
Entraînement intensif	1-2	7-9	Entraînement intensif
Affûtage, performance de pointe	1	4-5	Affûtage ; performance de pointe le jour de la course importante
Compétitions postperformance de pointe	Reste de la saison ; jusqu'au repos annuel	5-8	Développement et entretien des qualités physiques
Repos annuel	2-4	0-3	Repos
Hors-saison	Reste de l'année	2-6	Entretien des qualités physiques de base

05 SAISON DE COMPÉTITIONS DE VÉLO DE MONTAGNE

Entraînement par intervalles (EPI)				Entraînement continu				Entraînement complémentaire				Volume hebdomadaire global	Degré de difficulté global
Séance	Type	Qualité	Volume, difficulté	Séance	Type	Qualité	Volume, difficulté	Séance	Type	Qualité	Volume, difficulté		
1	EPI ult.	EA et PAM	M 7/10	3	C	EB	M 5-6/10	2 et 5	Musc.		5-6/10	M	4-7
				4	C	EB	P 4/10						
				6	CL	EB	P 3/10						
1	EPI ult.	EA et PAM	M 7/10	4	C	EB	G 6/10	2 et 5	Musc.		6/10	G	6-8
3	EPIC	PAM	M 7/10	6 et 7	CL	EB	P 3/10						
1	EPIC	PAM	M 8-9/10	2	C	EB	G-TG 8/10	4	Musc.		5/10	TG	7-9
3	EPI class.	EA	G 7-9/10	5	C	EB	M 5/10						
				6 à 8	CL	EB	P 3/10						
1	Compétition		10/10	1	C	EB	TG 8/10					TG	8-9
3	EPIC	PAM et CA	M 8-9/10	2	CR	EA	M 9/10						
				4 et 5	C	EB	M-G 5/10						
				6 à 8	CL	EB	P 3/10						
1	Compétition		10/10	1	CR	EA	M 9/10					TG	10
2	EPI class.	PAM	M 9/10	3	C	EB	TG 9/10						
4	EPI class.	EA	G 9/10	5	C	EB	G 5/10						
				6 à 9	CL	EB	P 3/10						
1	**Course importante**		10/10									M	5
2	EPI class.	PAM	P 6/10										
3	EPI class.	EA	M 5-6/10										
4 et 5	EPIC	PAM	P 4/10										
1	Compétition		10/10	3	C	EB	G-TG 6-7/10					G-TG	7-9
1	EPI class.	EA	G 9/10	4 et 5	C	EB	M-G 5-6/10						
2	EPIC	PAM et CA	M 7-8/10	6 à 8	CL	EB	P 3/10						
2	EPI class.	PAM	M 7-8/10										
				1	C	EB	TP 3/10	2 et 3	C ou F	EB	P 3-4/10	TP	0-3
1	EPI ult.	EA et PAM	P-M 8/10	5 et 6	C	EB	P 4/10	2 et 4	Musc.		5-6/10	P-M	4-7
3	EPI class.	EA	P-M 7/10					3	C ou F	EB	M-G 7/10		
								5 et 6	CL ou F	EB	P 3/10		

Aptitude à faire de longues séances (min)

	Petite	Moyenne	Grande
TP	50	60	75
P	80	90	110
M	110	130	150
G	140	160	190
TG	165	195	225

06 SAISON DE RAIDS DE VÉLO DE MONTAGNE

Phase	Nombre de semaines	Nombre de séances par semaine	Thème, accent
Progression : début	1-2	3-6	Progression en volume et en intensité
Progression : milieu	2-4	5-7	
Progression : fin	2-	5-8	
Compétitions préperformance de pointe	2-	5-8	Compétitions « d'entraînement », amélioration et maintien des qualités physiques
Entraînement intensif	1-2	7-9	Entraînement intensif
Affûtage, performance de pointe	1	4	Affûtage ; performance de pointe le jour du raid important
Compétitions postperformance de pointe	Reste de la saison ; jusqu'au repos annuel	5-8	Développement et entretien des qualités physiques
Repos annuel	2-3	0-3	Repos
Hors-saison	Reste de l'année	2-6	Entretien des qualités physiques de base

06 SAISON DE RAIDS DE VÉLO DE MONTAGNE

Entraînement par intervalles (EPI)				Entraînement continu				Entraînement complémentaire				Volume hebdomadaire global	Degré de difficulté global
Séance	Type	Qualité	Volume, difficulté	Séance	Type	Qualité	Volume, difficulté	Séance	Type	Qualité	Volume, difficulté		
1	EPI ult.	EA et PAM	M 7-8/10	3	C	EB	TG 7/10	2 et 5	Musc.		5-6/10	M-G	5-7
				4	C	EB	P 4/10						
				6	CL	EB	P 3/10						
1	EPI ult.	EA et PAM	M 7-8/10	3	LSD	EB	TG-TTG 8-9/10	2 et 5	Musc.		6/10	G-TG	6-8
				4	C	EB	M 5/10						
				6 et 7	CL	EB	P 3/10						
1	EPIC	PAM	M 8-9/10	2	LSD	EB	TG-TTG 8-9/10	4	Musc.		6/10	TG	7-9
3	EPI class.	EA	G 7-8/10	5	C	EB	M-G 5-6/10						
				6 à 8	CL	EB	P 3/10						
<u>1</u>	<u>Compétition</u>		<u>10/10</u>	<u>1</u>	<u>LSD</u>	<u>EB</u>	<u>TG-TTG 9/10</u>					TG	8-9
<u>2</u>	<u>EPIC</u>	<u>PAM</u>	<u>M 8-9/10</u>	3	C	EB	G-TG 6-7/10						
<u>2</u>	<u>EPI class.</u>	<u>EA</u>	<u>G 8-9/10</u>	4 et 5	C	EB	M-G 5-6/10						
				6 à 8	CL	EB	P 3/10						
<u>1</u>	<u>Compétition</u>		<u>10/10</u>	<u>1</u>	<u>LSD</u>	<u>EB</u>	<u>TTG 9/10</u>					TG	10
2	EPI class.	EA	TG 9/10	4 à 6	C	EB	G 6/10						
3	EPIC	PAM	G 9/10	7 à 9	CL	EB	P 3/10						
1	**Raid important**		10/10									M	5
2	EPI class.	PAM	P 5-6/10										
3	EPI class.	EA	M 5/10										
4	EPIC	PAM	P 4/10										
<u>1</u>	<u>Compétition</u>		<u>10/10</u>	<u>1</u>	<u>LSD</u>	<u>EB</u>	<u>TG-TTG 9/10</u>					G-TG	7-9
2	EPI class.	EA	G 8-9/10	3	C	EB	G-TG 6-7/10						
				4 et 5	C	EB	M-G 4-6/10						
				6 à 8	CL	EB	P 3/10						
				1	C	EB	P 3/10	2 et 3	C ou F	EB	P 3-4/10	TP	0-3
1	EPI ult.	EA et PAM	P-M 7-8/10	<u>5 et 6</u>	<u>C</u>	<u>EB</u>	<u>P 4/10</u>	2 et 4	Musc.		5-6/10	M	4-7
3	EPI class.	EA	M 7/10					<u>3</u>	<u>C ou F</u>	<u>EB</u>	<u>G 7/10</u>		
								<u>5 et 6</u>	<u>CL ou F</u>	<u>EB</u>	<u>P 3/10</u>		

Aptitude à faire de longues séances (min)

	Petite	Moyenne	Grande
TP	60	70	80
P	90	110	130
M	120	160	180
G	150	200	220
TG	180	240	270
TTG	240	330	370

07 CYCLOSPORTIVE OU RAID EXTRÊMEMENT LONG

Phase	Nombre de semaines	Nombre de séances par semaine	Thème, accent
Progression : début	1-2	3-6	Progression en volume et en intensité
Progression : milieu	2-5	5-7	
Progression : fin	3-	5-8	
Compétitions préperformance de pointe	3-	5-8	Compétitions « d'entraînement », amélioration et maintien des qualités physiques
Entraînement intensif	1-2	7-9	Entraînement intensif
Affûtage, performance de pointe	1	3	Affûtage ; performance de pointe le jour de la cyclosportive extrêmement longue
Compétitions postperformance de pointe	Reste de la saison ; jusqu'au repos annuel	5-8	Développement et entretien des qualités physiques
Repos annuel	2-4	0-3	Repos
Hors-saison	Reste de l'année	2-6	Entretien des qualités physiques de base

144 ENTRAÎNEMENT CARDIO

07 CYCLOSPORTIVE OU RAID EXTRÊMEMENT LONG

Entraînement par intervalles (EPI)				Entraînement continu				Entraînement complémentaire				Volume hebdomadaire global	Degré de difficulté global
Séance	Type	Qualité	Volume, difficulté	Séance	Type	Qualité	Volume, difficulté	Séance	Type	Qualité	Volume, difficulté		
1	EPI ult.	EA et PAM	M 7-8/10	3	LSD	EB	TG-TTG 6-7/10	2 et 5	Musc.		5-6/10	M-G	5-7
				4	C	EB	P 4/10						
				6	CL	EB	P 3/10						
1	EPI ult.	EA et PAM	M 7-8/10	3	LSD	EB	TTG 7-8/10	2 et 5	Musc.		6/10	G-TG	6-8
				4	C	EB	M 4/10						
				6 et 7	CL	EB	P 3/10						
1	EPIC	PAM	M 8-9/10	2	LSD	EB	TTG 8-9/10	4	Musc.		5/10	TG	7-9
3	EPI class.	EA	G 7-8/10	5	C	EB	M-G 5/10						
				6 à 8	CL	EB	P 3/10						
1	Cyclosportive		10/10	1	LSD	EB	TTG 9/10					TG	8-9
2	EPI class.	EA	TG 8-9/10	2	LSD	EB	TTG 8-9/10						
				3		EB	G-TG 6-7/10						
				4 et 5	C		M-G 4-5/10						
				6 à 8	CL	EB	P 3/10						
1	Cyclosportive		10/10	1	LSD	EB	TTG 9/10					TG	10
2	EPI class.	EA	TG 9/10	4 à 6	C	EB	G 5-6/10						
3	EPIC	PAM	G 9/10	7 à 9	CL	EB	P 3/10						
1	**Cyclosportive ou raid**		10/10									M	4-5
2	EPI class.	EA	P 5/10										
3	EPI class.	PAM	P 4/10										
1	Cyclosportive		10/10	1	LSD	EB	TTG 8-9/10					G-TG	7-9
2	EPI class.	EA	G 8-9/10	3	C	EB	G-TG 6-7/10						
				4 et 5	C		M-G 4-5/10						
				6 à 8	CL	EB	P 3/10						
				1	C	EB	P 3/10	2 et 3	C ou F	EB	P 3-4/10	TP	0-3
1	EPI class.	EA	M 8/10	3	C	EB	P-M 4-5/10	4 et 5	Musc.		5-6/10	M	4-7
2	EPI class.	PAM	P 7/10					6	C ou F	EB	G 3/10		
2	EPI ult.	EA et PAM	P 7/10										

Aptitude à faire de longues séances (min)

	Petite	Moyenne	Grande
TP	75	90	105
P	120	140	170
M	160	200	230
G	200	250	300
TG	240	300	360
TTG	320	410	490

08 INITIATION À LA COURSE À PIED

Semaine n°	Nombre de séances par semaine	Thème, accent
1	3-4	Adaptation des membres inférieurs
2	3-4	
3	3-5	
4	3-6	
5	3-6	
6	3-6	
7	4-7	Progression en volume et en intensité
8	4-7	
9	4-7	Entretien des qualités physiques de base
10	4-7	

08 INITIATION À LA COURSE À PIED

Entraînement par intervalles (EPI)				Entraînement continu				Entraînement complémentaire				Volume hebdomadaire global	Degré de difficulté global
Séance	Type	Qualité	Volume, difficulté	Séance	Type	Qualité	Volume, difficulté	Séance	Type	Qualité	Volume, difficulté		
				1	C	EB	P 4/10	4	C ou F	EB	P 4/10	TP	3
				2 et 3	C	EB	TP 3/10						
				1 et 2	C	EB	P 4/10	4	C ou F	EB	M 4/10	TP	4
				3	C	EB	TP 3/10						
				1	C	EB	M 5/10	4	C ou F	EB	M 5/10	P	5
				2	C	EB	P 4/10	5	C ou F	EB	P 4/10		
				3	C	EB	TP 3/10						
				1 et 2	C	EB	M 5/10	4	C ou F	EB	M 5/10	P	5
				3	C	EB	TP 3/10	5 et 6	C ou F	EB	P 4/10		
				1	C	EB	G 6/10	4	C ou F	EB	M 5/10	P	6
				2	C	EB	P 4/10	5 et 6	C ou F	EB	P 4/10		
				3	CL	EB	TP 3/10						
				1	C	EB	G 7/10	4 et 5	C ou F	EB	M 5/10	M	6
				2	C	EB	M 5/10	6	C ou F	EB	P 4/10		
				3	CL	EB	TP 3/10						
1	EPI class.	EA	P-M 6/10	2	C	EB	M 6/10	5 à 7	C ou F	EB	M 5/10	M	7
				3	C	EB	P 4/10						
				4	CL	EB	TP 3/10						
1	EPI class.	EA	M 7/10	2	C	EB	G 7/10	5 à 7	C ou F	EB	M 5/10	M	7
				3 et 4	CL	EB	TP 3/10						
1	EPI class.	EA	M 8/10	1	CR	EA	P 8/10	5 à 7	C ou F	EB	M 5/10	M	8
2	EPI class.	PAM	G 8/10	3 et 4	CL	EB	TP-P 3/10						
2	EPIC	PAM	G 8/10										
2	EPIC	PAM	M 7/10	1	C	EB	G-TG 8/10	5 à 7	C ou F	EB	M 5/10	G	8
2	EPI class.	PAM	M 7/10	3 et 4	CL	EB	TP-P 3/10						

Aptitude à faire de longues séances (min)

	Petite	Moyenne	Grande
TP	5	10	20
P	10	20	30
M	20	30	40
G	30	40	50
TG	40	50	60

09 REPRISE DE LA COURSE À PIED

Semaine n°	Nombre de séances par semaine	Thème, accent
1	3-4	Adaptation des membres inférieurs
2	3-4	
3	3-5	Initiation à l'entraînement intensif
4	3-5	Progression en volume et en intensité
5	3-6	
6	3-6	
7	4-7	
8	4-7	
9	4-7	Développement et entretien des qualités physiques
10	4-7	

09 REPRISE DE LA COURSE À PIED

Entraînement par intervalles (EPI)				Entraînement continu				Entraînement complémentaire				Volume hebdomadaire global	Degré de difficulté global
Séance	Type	Qualité	Volume, difficulté	Séance	Type	Qualité	Volume, difficulté	Séance	Type	Qualité	Volume, difficulté		
				1	C	EB	P 4/10	4	C ou F	EB	P 4/10	TP	3
				2 et 3	C	EB	TP 3/10						
				1	C	EB	M 5/10	4	C ou F	EB	P-M 4/10	P	4
				2 et 3	C	EB	P 4/10						
				4	CL	EB	TP 3/10						
1	EPIC	PAM	P-M 6/10	2	C	EB	M 5/10	4	C ou F	EB	M 5/10	P	5
				3	C	EB	P 4/10	5	C ou F	EB	P 4/10		
				4	CL	EB	TP 3/10						
1	EPI class.	EA	M 7/10	2 et 3	C	EB	M 5/10	4	C ou F	EB	M 5/10	P	5
				4	CL	EB	TP 3/10	5	C ou F	EB	P 4/10		
1	EPIC	PAM	M 7/10	2	C	EB	M-G 6/10	4 et 5	C ou F	EB	M 5/10	M	6
				3	C	EB	M 4/10	6	C ou F	EB	P 4/10		
				4 et 5	CL	EB	TP-P 3/10						
1	EPI class.	PAM	M 7/10	2	CR	EA	P 6/10	4 et 5	C ou F	EB	M 5/10	M	6
				3	C	EB	G 6/10	6	C ou F	EB	P 4/10		
				4 et 5	CL		P 3/10						
1	EPIC	PAM	M 8/10	3 et 4	C	EB	M 5/10	5 et 6	C ou F	EB	M 5/10	M	7
2	EPI class.	EA	M 7/10	5 et 6	CL	EB	P 3/10	7	C ou F	EB	P 4/10		
1	EPI class.	PAM	M 8/10	2	CR	EA	P 7/10	5 et 6	C ou F	EB	M 5/10	M	7
2	EPI class.	EA	G 7/10	3 et 4	C	EB	M 5/10	7	C ou F	EB	P 4/10		
				5 et 6	CL	EB	P 3/10						
1	EPIC	PAM	M 8/10	2	C	EB	TG 8/10	5 et 6	C ou F	EB	M 5/10	M	8
1	EPI class.	PAM	M 8/10	3	CR	EA	P 7/10	7	C ou F	EB	P 4/10		
				4	C	EB	P 4/10						
				5 à 7	CL	EB	P 3/10						
1	EPIC	PAM	M 9/10	3 et 4	C	E	M 5/10	6	C ou F	EB	M 5/10	G	8
1	EPI class.	PAM	M 9/10	5	C	EB	P 4/10	7	C ou F	EB	P 4/10		
2	EPI class.	EA	G 8/10	6 et 7	CL	EB	P 3/10						

Aptitude à faire de longues séances (min)

	Petite	Moyenne	Grande
TP	10	15	20
P	20	25	30
M	30	40	50
G	40	50	60
TG	45	60	75

10 SAISON DE COURSE DE FOND (3 À 12 KM)

Phase	Nombre de semaines	Nombre de séances par semaine	Thème, accent
Progression : début	2	3-5	Progression en volume et en intensité
Progression : milieu	3-5	3-7	
Progression : fin	2-	3-7	
Compétitions préperformance de pointe	3-	4-7	Compétitions « d'entraînement », amélioration et maintien des qualités physiques
Entraînement intensif	1-2	5-7	Entraînement intensif
Affûtage, performance de pointe	1	3-4	Affûtage ; performance de pointe le jour de la course importante
Compétitions postperformance de pointe	Reste de la saison ; jusqu'au repos annuel	4-7	Développement et entretien des qualités physiques
Repos annuel	1-4	0-3	Repos
Hors-saison	Reste de l'année	2-6	Entretien des qualités physiques de base

10 SAISON DE COURSE DE FOND (3 À 12 KM)

Entraînement par intervalles (EPI)				Entraînement continu				Entraînement complémentaire				Volume hebdomadaire global	Degré de difficulté global
Séance	Type	Qualité	Volume, difficulté	Séance	Type	Qualité	Volume, difficulté	Séance	Type	Qualité	Volume, difficulté		
				1 et 2	C	EB	P 4/10	4	Musc.		5/10	P-M	4
				3	C	EB	TP 4/10	5	C ou F	EB	M 4/10		
				5	CL	EB	TP 3/10						
1	EPI class.	EA	M 7/10	3	C	EB	M 5/10	5	Musc.		6/10	M-G	6
2	EPI class.	PAM	M 7/10	4	C	EB	P 4/10	6 et 7	C ou F	EB	M 4/10		
2	EPIC	PAM	M 7/10	6 et 7	CL	EB	P 3/10						
1	EPI class.	PAM	M 9/10	2	C	EB	G 8/10	5	Musc.		6/10	G	7-8
1	EPIC	PAM	M 9/10	3 et 4	C	EB	M 4/10	6 et 7	C ou F	EB	M 4/10		
2	EPI class.	EA	G 9/10	6 et 7	CL	EB	P 3/10						
1	Compétition		10/10	1	CR	EA	P 8-9/10	5	Musc.		6/10	G	8-9
2	EPI class.	PAM	M 8/10	1	C	EB	TG 9/10	6 et 7	C ou F	EB	M 4/10		
2	EPIC	PAM et CA	M 8/10	3 et 4	C	EB	M 5/10						
				6 et 7	CL	EB	TP 3/10						
1	Compétition		10/10	1	CR	EA	P-M 9/10	5 à 7	C ou F	EB	P 4/10	TG	10
2	EPI fract.	EA	M 8/10	4	C	EB	G 7/10						
3	EPI class.	PAM	M 9/10	5 à 7	CL	EB	P 3/10						
1	**Course importante**		10/10									M	5
2	EPI fract.	EA	P 6/10										
3	EPI class.	PAM	P 5/10										
4	EPIC	PAM	P 4/10										
1	Compétition		10/10	1	CR	EA	P-M 8-9/10	5	Musc.		6/10	G	6-8
1	EPI fract.	EA	G 9/10	3	C	EB	G 7/10	6 et 7	C ou F	EB	M 4/10		
2	EPI class.	PAM	M 8/10	4	C	EB	M 4/10						
				6 et 7	CL	EB	P 3/10						
				1	C	EB	P 3/10	2 et 3	C ou F	EB	P 3/10	TP	0-3
1	EPI ult.	EA et PAM	P 8/10	3	C	EB	M 5/10	3	C ou F	EB	M 5/10	P-M	4-7
2	EPI class.	EA	P 7/10	4	C	EB	P 4/10	4	Musc.		6/10		
								5	Musc.		6/10		
								6	C ou F	EB	M 4/10		

Aptitude à faire de longues séances (min)

	Petite	Moyenne	Grande
TP	15	20	30
P	30	30	50
M	40	50	60
G	50	60	80
TG	60	75	90

11 SAISON DE COURSE DE FOND (15 À 30 KM)

Phase	Nombre de semaines	Nombre de séances par semaine	Thème, accent
Progression : début	2	3-5	Progression en volume et en intensité
Progression : milieu	3-5	3-7	
Progression : fin	2-	3-7	
Compétitions préperformance de pointe	3-	4-7	Compétitions « d'entraînement », amélioration et maintien des qualités physiques
Entraînement intensif	1-2	5-7	Entraînement intensif
Affûtage, performance de pointe	1	3-4	Affûtage ; performance de pointe le jour de la course importante
Compétitions postperformance de pointe	Reste de la saison ; jusqu'au repos annuel	4-7	Développement et entretien des qualités physiques
Repos annuel	1-4	0-3	Repos
Hors-saison	Reste de l'année	2-6	Entretien des qualités physiques de base

11 SAISON DE COURSE DE FOND (15 À 30 KM)

Entraînement par intervalles (EPI)				Entraînement continu				Entraînement complémentaire				Volume hebdomadaire global	Degré de difficulté global
Séance	Type	Qualité	Volume, difficulté	Séance	Type	Qualité	Volume, difficulté	Séance	Type	Qualité	Volume, difficulté		
				1 et 2	C	EB	P-M 4/10	4	Musc.		5/10	P-M	4
				3	C	EB	TP-P 4/10	5	C ou F	EB	M 4/10		
				5	CL	EB	TP 3/10						
1	EPI class.	EA	M 7/10	3	C	EB	M 5/10	5	Musc.		6/10	M-G	6
2	EPIC	PAM	M 7/10	4	C	EB	P 4/10	6 et 7	C ou F	EB	M 4/10		
				6 et 7	CL	EB	P 3/10						
1	EPIC	PAM	M 8-9/10	2	CR	EA	P-M 8/10	5	Musc.		6/10	G-TG	8
2	EPI class.	EA	M-G 7-8/10	3 et 4	C	EB	M-G 4-6/10	6 et 7	C ou F	EB	M 4/10		
				6 et 7	CL	EB	P 3/10						
1	Compétition		10/10	1	CR	EA	M 9/10	5	Musc.		6/10	TG	9
2	EPI class.	PAM	M-G 8-9/10	3	C	EB	G-TG 7-8/10	6 et 7	C ou F	EB	M 4/10		
2	EPI class.	EA	G 8-9/10	4	C	EB	M-G 4-6/10						
				6 et 7	CL	EB	P 3/10						
1	Compétition		10/10	1	CR	EA	M 9/10	5 à 7	C ou F	EB	P-M 4/10	TG	10
2	EPI fract.	EA	M-G 9/10	1	C	EB	TG 9/10						
3	EPI class.	PAM	M 9/10	4	C	EB	G 7/10						
				5 à 7	CL	EB	P 3/10						
1	Course importante		10/10									M	5
2	EPI fract.	EA	P 6/10										
3 et 4	EPI class.	EA	P 5/10										
1	Compétition		10/10	1	C	EB	TG 8-9/10	5	Musc.		6/10	G	6-8
1	EPI fract.	EA	G 8-9/10	3	C	EB	G 6-7/10	6 et 7	C ou F	EB	M 4/10		
2	EPI class.	PAM	M 7-8/10	4	C	EB	M 4/10						
				6 et 7	CL	EB	P 3/10						
				1	C	EB	P 3/10	2 et 3	C ou F	EB	P 3/10	TP	0-3
1	EPI ult.	EA et PAM	P-M 8/10	3	C	EB	M 5/10	3	C ou F	EB	M 5/10	P-M	4-7
2	EPI class.	EA	P 7/10	5	C	EB	P 4/10	4 et 6	Musc.		5-6/10		
								5	C ou F	EB	M 4/10		

Aptitude à faire de longues séances (min)

	Petite	Moyenne	Grande
TP	20	25	30
P	40	50	50
M	60	70	80
G	70	90	100
TG	90	105	120

12 S'ENTRAÎNER POUR UN MARATHON (MOINS DE 4 H)

Phase	Nombre de semaines	Nombre de séances par semaine	Thème, accent
Progression : début	2	3-5	Progression en volume et en intensité
Progression : milieu	4-6	3-7	
Progression : fin	2-	3-7	
Compétitions prémarathon	4-	4-7	Compétitions « d'entraînement », amélioration et maintien des qualités physiques
Entraînement intensif	1-2	5-7	Entraînement intensif
Affûtage, performance de pointe	1	3-4	Affûtage, performance de pointe le jour du marathon
Repos postmarathon	1-2	1-3	Repos postmarathon
Compétitions postmarathon	Reste de la saison ; jusqu'au repos annuel	4-7	Développement et entretien des qualités physiques
Repos annuel	1-4	0-3	Repos
Hors-saison	Reste de l'année	2-6	Entretien des qualités physiques de base

12 S'ENTRAÎNER POUR UN MARATHON (MOINS DE 4 H)

Entraînement par intervalles (EPI)			Entraînement continu				Entraînement complémentaire				Volume hebdomadaire global	Degré de difficulté global
Séance	Type	Qualité	Volume, difficulté	Séance	Type	Qualité	Volume, difficulté	Séance	Type	Qualité	Volume, difficulté		
				1 et 2	C	EB	M 4/10	4	C ou F	EB	M 4/10	P-M	4
				3	C	EB	P 4/10	5	Musc.		5/10		
				4	CL	EB	TP 3/10						
1	EPI class.	EA	M 7-8/10	3	C	EB	G 5-6/10	5	Musc.		M 6/10	M-G	6-7
2	EPIC	PAM	M 7-8/10	4	C	EB	M 4/10	6 et 7	C ou F	EB	M-G 4/10		
				6 et 7	CL	EB	P 3/10						
1	EPI class.	EA	M 7-9/10	2	LSD	EB	TG-TTG 8-9/10	5	Musc.		6/10	G-TG	7-8
				3 et 4	C	EB	M 5/10	6 et 7	C ou F	EB	M 4/10		
				6 et 7	CL	EB	P 3/10						
1	Compétition		10/10	1	CR	EA	P 9/10	5	Musc.		5-6/10	TG	8-9
2	EPI class.	EA	G 8-9/10	2	LSD	EB	TG-TTG 8-9/10	6 et 7	C ou F	EB	M-G 4/10		
2	EPI class.	PAM	M 8-9/10	3	C	EB	G 6/10						
				4	C	EB	M 4/10						
				6 et 7	CL	EB	P 3/10						
1	Compétition		10/10	1	CR	EA	G 9/10	5 à 7	C ou F	EB	P 4/10	TG	10
2	EPI fract.	EA	G 9/10	4	C	EB	TG 7-8/10						
3	EPI class.	PAM	M 9/10	5 à 7	CL	EB	P 3/10						
1	Le marathon		10/10									M	5
2 et 3	EPI fract.	EA	P 5/10										
4	EPI class.	PAM	P 4/10										
				2	C	EB	TP 3/10	1 et 3	C ou F	EB	P 3/10	TP	1-3
1	Compétition		10/10	1	CR	EA	P-M 9/10	5	Musc.		5-6/10	G	6-9
2	EPI class.	PAM	G 8/10	3	C	EB	TG 7/10	6 et 7	C ou F	EB	M 4/10		
				4	C	EB	P-M 4/10						
				6 et 7	CL	EB	P 3/10						
				1	C	EB	P 3/10	2 et 3	C ou F	EB	P 3/10	TP	0-3
1	EPI ult.	EA et PAM	P-M 8/10	3	C	EB	M-G 6/10	2	EPI class.	EA	M 7/10	P-M	4-7
2	EPI class.	EA	P 7-8/10	6	C	EB	P 4/10	4 et 5	Musc.		5-610		
								6	C ou F	EA	M 5/10		

Aptitude à faire de longues séances (min)

	Petite	Moyenne	Grande
TP	20	30	40
P	40	50	60
M	60	80	90
G	80	100	110
TG	105	120	135
TG	150	170	180

13 S'ENTRAÎNER POUR UN MARATHON (MOINS DE 3 H)

Phase	Nombre de semaines	Nombre de séances par semaine	Thème, accent
Progression : début	2	3-5	Progression en volume et en intensité
Progression : milieu	4-6	3-7	
Progression : fin	2-	3-7	
Compétitions prémarathon	4-	4-7	Compétitions « d'entraînement », amélioration et maintien des qualités physiques
Entraînement intensif	1-2	5-7	Entraînement intensif
Affûtage, performance de pointe	1	3-4	Affûtage, performance de pointe le jour du marathon
Repos postmarathon	1	1-3	Repos postmarathon
Compétitions postmarathon	Reste de la saison ; jusqu'au repos annuel	4-7	Développement et entretien des qualités physiques
Repos annuel	1-4	0-3	Repos
Hors-saison	Reste de l'année	2-6	Entretien des qualités physiques de base

13 S'ENTRAÎNER POUR UN MARATHON (MOINS DE 3 H)

Entraînement par intervalles (EPI)				Entraînement continu				Entraînement complémentaire				Volume hebdomadaire global	Degré de difficulté global
Séance	Type	Qualité	Volume, difficulté	Séance	Type	Qualité	Volume, difficulté	Séance	Type	Qualité	Volume, difficulté		
				1 et 2	C	EB	M-G 4/10	4	Musc.		5/10	M	4
				3	C	EB	P-M 4/10	5	C ou F	EB	M 4/10		
				5	CL	EB	TP 3/10						
1	EPI class.	EA	G 7-8/10	3	C	EB	G-TG 5/10	5	Musc.		6/10	G	6-7
2	EPIC	PAM	M 7-8/10	4	C	EB	M 4/10	6 et 7	C ou F	EB	M 4/10		
				6 et 7	CL	EB	P 3/10						
1	EPI class.	EA	M 7-9/10	2	LSD	EB	TG-TTG 8/10	5	Musc.		6/10	G-TG	7-8
				3 et 4	C	EB	M-G 5-6/10	6 et 7	C ou F	EB	M 4/10		
				6 et 7	CL	EB	P 3/10						
1	Compétition		10/10	1	CR	EA	P 9/10	5	Musc.		6/10	TG	8-9
2	EPI class.	EA	G 8/10	2	LSD	EB	TTG 8-9/10	6 et 7	C ou F	EB	M 4/10		
2	EPI class.	PAM	M 8/10	3	C	EB	G 6/10						
2	EPIC	PAM	M 8/10	4	C	EB	M 4/10						
				6 et 7	CL	EB	P 3/10						
1	Compétition		10/10	1	CR	EA	M 9/10	5 à 7	C ou F	EB	P 4/10	TG	10
2	EPI fract.	EA	M 9/10	4	C	EB	TG 7/10						
3	EPI class.	PAM	M 9/10	5 à 7	CL	EB	P 3/10						
1	Le marathon		10/10									M	5
2 et 3	EPI fract.	EA	P 5/10										
4	EPI class.	PAM	P 4/10										
				2	C	EB	TP 3/10	1 et 3	C ou F	EB	P 3/10	TP	1-3
1	Compétition		10/10	1	CR	EA	P-M 9/10	5	Musc.		5-6/10	G	6-9
2	EPI class.	PAM	G 8/10	3	C	EB	TG 7/10	6 et 7	C ou F	EB	M 4/10		
				4	C	EB	P 4/10						
				6 et 7	CL	EB	P 3/10						
				1	C	EB	P 3/10	2 et 3	C ou F	EB	P 3/10	TP	0-3
1	EPI ult.	EA et PAM	P-M 8/10	3	C	EB	M-G 6/10	2	EPI class.	EA	M 7/10	P-M	4-7
2	EPI class.	EA	P 8/10	6	C	EB	P 4/10	4 et 5	Musc.		5-6/10		
								6	C ou F	EB	M 5/10		

Aptitude à faire de longues séances (min)

	Petite	Moyenne	Grande
TP	20	30	40
P	40	50	60
M	60	70	80
G	80	90	100
TG	100	110	120
TTG	140	150	160

14 MISE EN FORME EN NATATION

Semaine n°	Nombre de séances par semaine	Thème, accent
1	2-3	Adaptation des membres supérieurs
2	3-4	
3	3-4	Initiation à l'entraînement intensif
4	3-5	Progression en volume et en intensité
5	3-5	
6	3-5	
7	4-6	
8	4-6	
9	4-7	Développement et entretien des qualités physiques
10	4-7	

14 MISE EN FORME EN NATATION

Entraînement par intervalles (EPI)				Entraînement continu				Entraînement complémentaire	Volume hebdomadaire global	Degré de difficulté global
Séance	Type	Qualité	Volume, difficulté	Séance	Type	Qualité	Volume, difficulté			
				1	C	EB	P 4/10		TP	3
				2 et 3	C	EB	TP 3/10			
				1	C ou F	EA	M 5/10		P	4
				2	C	EB	P 4/10			
				3 et 4	C	EB	TP 3/10			
1	EPIC	PAM et CA	M 6/10	2	C ou F	EA	M 5/10		P	5
				3	C	EB	P 4/10			
				4	CL	EB	P 3/10			
1	EPIC	PAM et CA	M 7/10	2 et 3	C ou F	EA	M 5/10		M	5
				4	C	EB	P 4/10			
				5	CL	EB	P 3/10			
1	EPI class.	PAM	M 7/10	2	C ou F	EA	G 6/10	Facultatif	M	6
				3	C	EB	M 5/10			
				4 et 5	CL	EB	P 3/10			
1	EPIC	PAM	M 8/10	2 et 3	C ou F	EA	G 6/10		M	6
				4 et 5	CL	EB	P 3/10			
1	EPI class.	EA	G 8/10	2	C ou F	EA	G 7/10		M	7
				3 et 4	C	EB	M 5/10			
				5 et 6	CL	EB	P 3/10			
1	EPIC	PAM	M 7/10	3 et 4	C ou F	EA	M 5/10		M	7
2	EPI class.	EA	G 7/10	5 et 6	CL	EB	P 3/10			
1	EPI class.	EA	G 8/10	2	C	EB	TG 8/10		G	8
				3 à 5	C	EB	M 5/10			
				6 et 7	CL	EB	P 3/10			
1	EPIC	PAM	M 8/10	3 à 5	C ou F	EA	M 5/10		G	8
2	EPI class.	EA	G 9/10	6 et 7	CL	EB	P 3/10			

Aptitude à faire de longues séances (min)

	Petite	Moyenne	Grande
TP	10	15	20
P	20	20	30
M	30	30	40
G	30	40	50
TG	40	50	60

ENTRAÎNEMENT CARDIO

15 SAISON DE COMPÉTITIONS DE NATATION, MAÎTRES

Phase	Nombre de semaines	Nombre de séances par semaine	Thème, accent
Progression : début	1-2	2-5	Progression en volume et en intensité
Progression : milieu	2-4	3-6	
Progression : fin	2-	3-7	
Compétitions préperformance de pointe	2-	4-7	Compétitions « d'entraînement », amélioration et maintien des qualités physiques
Entraînement intensif	1-2	6-7	Entraînement intensif
Affûtage, performance de pointe	1	4	Affûtage ; performance de pointe le jour des compétitions importantes
Compétitions postperformance de pointe	Reste de la saison ; jusqu'au repos annuel	3-7	Développement et entretien des qualités physiques
Repos annuel	1-3	0-3	Repos
Hors-saison	Reste de l'année	2-5	Entretien des qualités physiques de base

15 SAISON DE COMPÉTITIONS DE NATATION, MAÎTRES

Entraînement par intervalles (EPI)				Entraînement continu				Entraînement complémentaire				Volume hebdomadaire global	Degré de difficulté global
Séance	Type	Qualité	Volume, difficulté	Séance	Type	Qualité	Volume, difficulté	Séance	Type	Qualité	Volume, difficulté		
				1	C	EB	P-M 5/10					M	4-6
				2 et 3	C	EB	TP 4/10						
				4 et 5	CL	EB	P 3/10						
1	EPIC	PAM	M 7-8/10	3 et 4	C	EB	M-G 6/10					G	6-8
2	EPI class.	EA	M 7-8/10	5 et 6	CL	EB	P 3/10						
1	EPI class.	EA	M 9/10	3	C ou F	EB	G-TG 6-7/10		Facultatif			TG	7-9
2	EPIC	PAM et CA	M 8/10	4	C ou F	EB	M-G 5-6/10						
2	EPI class.	PAM	M 8/10	5 à 7	CL	EB	P 3/10						
1	Compétition		10/10	1	CR	EA	P 8-9/10					G	7-9
1	EPI fract.	PAM et CA	G 9/10	4	C ou F	EB	M-G 5-6/10						
2	EPI fract.	PAM et CA	G 7-8/10	5 à 7	CL	EB	P 3/10						
3	EPI fract.	EA	G 6-7/10										
1	Compétition		10/10	1	CR	EA	M 8/10					TG	10
2	EPIC.	PAM et CA	G 9/10	4	C ou F	EB	M 5-6/10						
3	EPI fract.	PAM et CA	TG 9/10	5 à 7	CL	EB	P 3/10						
1	**Compétition imp.**		10/10									M	5
2	EPI fract.	PAM et CA	P 5/10										
3 et 4	EPIC	PAM et CA	P 4/10										
1	Compétition		10/10	1	CR	EA	P-M 8-9/10		Facultatif			G	6-9
1	EPI fract.	PAM et CA	M 8/10	4	C ou F	EB	M 6/10						
2	EPIC	PAM et CA	M 7-8/10	5 à 7	CL	EB	P 3/10						
3	EPI fract.	EA	G 6/10										
				1	CL	EB	P 3/10	2	C ou F	EB	P 4/10	TP	0-3
								3	C ou F	EB	P 3/10		
1	EPI ult.	EA et PAM	M 7/10	3	C ou F	EB	P-M 5/10	4 et 5	Musc.		5-6/10	P-M	3-6
2	EPI class.	PAM	P 6/10										

Aptitude à faire de longues séances (min)

	Petite	Moyenne	Grande
TP	25	30	35
P	40	50	60
M	50	60	80
G	60	80	100
TG	75	90	120

16 S'AMÉLIORER EN NATATION EN EAU LIBRE (LONGUE DISTANCE EN LAC)

Phase	Nombre de semaines	Nombre de séances par semaine	Thème, accent
Progression : début	1-2	2-5	Progression en volume et en intensité
Progression : milieu	2-4	4-6	
Progression : fin	2-	4-7	
Compétitions préperformance de pointe	2-	5-7	Compétitions « d'entraînement », amélioration et maintien des qualités physiques
Entraînement intensif	1-2	6-7	Entraînement intensif
Affûtage, performance de pointe	1	4	Affûtage ; performance de pointe le jour des compétitions importantes
Compétitions postperformance de pointe	Reste de la saison ; jusqu'au repos annuel	4-7	Développement et entretien des qualités physiques
Repos annuel	1-4	0-3	Repos
Hors-saison	Reste de l'année	3-5	Entretien des qualités physiques de base

16 S'AMÉLIORER EN NATATION EN EAU LIBRE (LONGUE DISTANCE EN LAC)

Entraînement par intervalles (EPI)				Entraînement continu				Entraînement complémentaire				Volume hebdomadaire global	Degré de difficulté global
Séance	Type	Qualité	Volume, difficulté	Séance	Type	Qualité	Volume, difficulté	Séance	Type	Qualité	Volume, difficulté		
				1 et 2	C ou F	EB	P-M 5/10					P-M	4-6
				3 à 5	C	EB	TP-P 4/10						
1	EPIC	PAM	M 7-8/10	3 et 4	C ou F	EB	M-G 6/10					M-G	6-8
2	EPI class.	EA	G 7-8/10	5 et 6	CL	EB	P 3/10						
1	EPI class.	EA	M-G 9/10	3	C ou F	EB	G-TG 7/10					G-TG	7-9
2	EPIC	PAM	G 8/10	4	C ou F	EB	M-G 5-6/10		Facultatif				
				5 à 7	CL	EB	P 3/10						
1	Compétition		10/10	1	LSD	EB	TG-TTG 9/10						
1	EPI class.	EA	G-TG 9/10	3	C ou F	EB	G-TG 7/10					G	7-9
2	EPI fract.	EA	G 7-8/10	4	C ou F	EB	M-G 5-6/10						
				5 à 7	CL	EB	P 3/10						
1	Compétition		10/10	1	LSD	EB	TG-TTG 9/10						
2	EPI fract.	EA	TG 9/10	4	C ou F	EB	G 6/10					TG	10
3	EPI class.	EA	TG 9/10	5 à 7	CL	EB	P 3/10						
1	**Compétition imp.**		10/10										
2	EPI fract.	EA	P 5/10									M	5
3 et 4	EPI class.	EA	P 4/10										
1	Compétition		10/10	1	LSD	EB	TG-TTG 8-9/10						
1	EPI fract.	EA	G 9/10	3 et 4	C ou F	EB	M-G 5-6/10		Facultatif			G	6-9
2	EPIC	PAM	M 7-8/10	5 à 7	CL	EB	P 3/10						
				1	C ou F	EB	P 3/10	2	C ou F	EB	P 4/10	TP	0-3
								3	C ou F	EB	P 3/10		
1	EPI ult.	EA et PAM	M 7/10	3	C ou F	EB	M 5/10	4 et 5	Musc.		5-6/10	M	3-6
2	EPI class.	EA	P-M 6/10										

Aptitude à faire de longues séances (min)

	Petite	Moyenne	Grande
TP	25	35	45
P	40	60	70
M	60	90	100
G	70	110	120
TG	90	135	150
TTG	120	190	200

17 PREMIER TRIATHLON (SPRINT)

Aptitude à faire de longues séances (min)

Natation

	Petite	Moyenne	Grande
TP	15	20	25
P	20	30	40
M	30	40	50
G	40	50	60
TG	50	60	75

Vélo

	Petite	Moyenne	Grande
TP	20	25	30
P	30	40	50
M	50	60	70
G	60	70	90
TG	75	90	105

Course

	Petite	Moyenne	Grande
TP	5	10	20
P	10	20	30
M	20	30	40
G	30	40	50
TG	40	50	60

Phase	Nombre de semaines	Nombre de séances par semaine	Thème, accent
Début de la progression en natation	3-4	3-5	Natation ; adaptation des membres supérieurs
Fin de la progression en natation	8-12	4-7	Natation ; progression en volume et en intensité
Début de la progression en course à pied	2-4	5-8	Course à pied ; adaptation des membres inférieurs
Fin de la progression en course à pied	6-9	6-8	Course à pied ; progression en volume et en intensité
Début de la progression en vélo	1-3	6-9	Vélo ; progression en volume et en intensité
Fin de la progression en vélo	4-6	6-9	Vélo ; développement et entretien des qualités physiques
Compétitions préperformance de pointe	2-	7-9	Triathlons « d'entraînement », amélioration et maintien des qualités physiques
Entraînement intensif	1-2	7-9	Entraînement intensif
Affûtage, performance de pointe	1	4	Affûtage ; performance de pointe le jour du triathlon important
Compétitions postperformance de pointe	Reste de la saison ; jusqu'au repos annuel	6-9	Développement et entretien des qualités physiques
Repos annuel	1-3	0-3	Repos

17 PREMIER TRIATHLON (SPRINT)

Natation				Vélo				Course à pied				Volume hebdomadaire global	Degré de difficulté global
Séance	Type	Qualité	Volume, difficulté	Séance	Type	Qualité	Volume, difficulté	Séance	Type	Qualité	Volume, difficulté		
1	C ou F	EB	P-M 5-6/10					3 et 5	C	EB	TP-P 3-4/10	P	4-6
2 et 4	C ou F	EB	TP-P 4-5/10										
1	EPI class.	EA	M-G 7-9/10	6	C	EB	P-M 5/10	3	C	EB	P-G 4-5/10	P	6-7
2	EPIC	PAM	M-G 6-8/10	7	CL	EB	TP 3/10	5	C	EB	TP 3/10		
4	C ou F	EB	M- 6-7/10					7	CL	EB	TP 3/10		
7	CL	EB	TP 3/10										
3	EPI class.	PAM	M 6/10	6	C	EB	P-M 5/10	1	EPI class.	EA	M 7/10	M	6-7
5	C ou F	EB	P-M 4-5/10	7 et 8	CL	EB	TP 3/10	2	C	EB	M-G 5-6/10		
7 et 8	CL	EB	TP 3/10					4	C	EB	P 4/10		
								7 et 8	CL	EB	TP 3/10		
4 et 6	C ou F	EB	M 5/10	5	EPI ult.	EA et PAM	P-M 6/10	1	EPIC	PAM	M 8-9/10	M	6-8
7 et 8	CL	EB	TP 3/10	7 et 8	CL	EB	TP 3/10	2	EPI class.	EA	M 7-8/10		
								2	CR	EA	P 7/10		
								3	C	EB	G-TG 6-7/10		
								7 et 8	CL	EB	TP 3/10		
4 et 5	C ou F	EB	M 5/10	1	EPIC	PAM	M 7-8/10	3	EPI class.	EA	M 6/10	G	6-8
8 et 9	CL	EB	TP 3/10	2	C	EB	G-TG 6-7/10	6	C	EB	M-G 5-6/10		
				7	C	EB	M 5/10	8 et 9	CL	EB	TP 3/10		
				8 et 9	CL	EB	TP 3/10						
4	EPI class.	PAM	M 6-7/10	1	EPIC	PAM	M 7-9/10	3	EPI class.	EA	M 7/10	G	7-8
6	C ou F	EB	M 5/10	2	C	EB	G-TG 7-8/10	3	CR	EA	P 7/10		
8 et 9	CL	EB	TP 3/10	7	C	EB	M-G 5-6/10	5	C	EB	M 5/10		
				8 et 9	CL	EB	TP 3/10	8 et 9	CL	EB	TP 3/10		
1	Compétition		10/10	4	C	EB	G 6-7/10	3	EPI class.	PAM	M 8/10	G	8-9
1	EPI ench.	EA	G 9/10	7	C	EB	M 5/10	5	C	EB	M 5/10		
2	EPI class.	EA	M 7/10	8 et 9	CL	EB	P 3/10	8 et 9	CL	EB	TP 3/10		
2	CR	EA	P 7/10										
6	C ou F	EB	M 5/10										
8 et 9	CL	EB	TP 3/10										
1	EPI fract.	EA	G 9/10	2	EPI fract.	EA	G 9/10	3	EPI fract.	EA	G 9/10	TG	10
4	C	EB	G 6-7/10	5	C	EB	G 6-7/10	6	C	EB	G 6-7/10		
7 à 9	CL	EB	TP 3/10	7 à 9	CL	EB	TP 3/10	7 à 9	CL	EB	TP 3/10		
1	**Triathlon important**		10/10	3	EPI fract.	EA	P 5/10	4	EPI fract.	EA	P 5/10	M	5
2	EPI fract.	EA	P 5/10										
1	Compétition		10/10	1	C	EB	TG 9/10	1	C	EB	TG 9/10	G	7-8
1	C ou F	EB	TG 9/10	4	C	EB	M-G 5-6/10	3	EPI class.	PAM	M 7-8/10		
2	EPI class.	EA	M 7/10	7	C	EB	M 5/10	5	C	EB	M 5/10		
2	CR	EA	P 7/10	8 et 9	CL	EB	P 3/10	8 et 9	CL	EB	TP 3/10		
6	C ou F	EB	M 5/10										
8 et 9	CL	EB	TP 3/10										
1 à 3	C ou F	EB	P 3/10	1 à 3	C ou F	EB	P 3/10	1 à 3	C ou F	EB	P 3/10	TP	0-3

18 SAISON DE TRIATHLONS (SPRINT)

Aptitude à faire de longues séances (min)

Natation

	Petite	Moyenne	Grande
TP	20	25	30
P	30	40	50
M	50	60	70
G	60	70	90
TG	75	90	105

Vélo

	Petite	Moyenne	Grande
TP	20	30	45
P	40	50	70
M	60	80	100
G	80	100	120
TG	105	120	150

Course

	Petite	Moyenne	Grande
TP	15	20	30
P	30	30	50
M	40	50	60
G	50	60	80
TG	60	75	90

Phase	Nombre de semaines	Nombre de séances par semaine	Thème, accent
Début de la progression en natation	3-4	3-7	Natation ; adaptation des membres supérieurs
Fin de la progression en natation	8-12	4-8	Natation ; progression en volume et en intensité
Début de la progression en course à pied	2-4	5-8	Course à pied ; adaptation des membres inférieurs
Fin de la progression en course à pied	6-9	6-9	Course à pied ; progression en volume et en intensité
Début de la progression en vélo	1-3	7-10	Vélo ; progression en volume et en intensité
Fin de la progression en vélo	4-6	7-10	Vélo ; développement et entretien des qualités physiques
Compétitions préperformance de pointe	2-	7-10	Triathlons « d'entraînement », amélioration et maintien des qualités physiques
Entraînement intensif	1-2	7-10	Entraînement intensif
Affûtage, performance de pointe	1	4	Affûtage ; performance de pointe le jour du triathlon important
Compétitions postperformance de pointe	Reste de la saison ; jusqu'au repos annuel	7-10	Développement et entretien des qualités physiques
Repos annuel	1-3	0-3	Repos

18 SAISON DE TRIATHLONS (SPRINT)

Natation				Vélo				Course à pied				Volume hebdomadaire global	Degré de difficulté global
Séance	Type	Qualité	Volume, difficulté	Séance	Type	Qualité	Volume, difficulté	Séance	Type	Qualité	Volume, difficulté		
1	EPIC	PAM	M 6-7/10	6	C	EB	P-M 5/10	3 et 5	C	EB	TP-P 3-4/10	P	4-5
2	C ou F	EB	P-M 5-6/10	7	CL	EB	P 3/10						
4	F	EB et EA	TP-P 4/10										
1	EPIC	PAM	M-G 7-9/10	6	C	EB	M 5/10	3	C	EB	P-M 5/10	P-M	6-8
2	EPI class.	EA	M-G 7-9/10	7 et 8	CL	EB	P 3/10	5	C	EB	P 4/10		
4	C ou F	EB	M-TG 6-8/10					7 et 8	CL	EB	P 3/10		
7 et 8	CL	EB	P 3/10										
3	EPI class.	PAM	M 6-8/10	6	EPI ult.	EA et PAM	M 5/10	1	EPI class.	EA	M 6-8/10	M	6-8
5	C ou F	EB	M-G 5-6/10	7 et 8	CL	EB	P 3/10	2	C	EB	M-G 6-7/10		
7 et 8	CL	EB	P 3/10					4	C	EB	P-M 4-5/10		
								7 et 8	CL	EB	P 3/10		
4 et 6	C ou F	EB	M-G 5-6/10	5	EPI ult.	EA et PAM	M 6/10	1	EPIC	PAM	M 8-9/10	M	6-8
8 et 9	CL	EB	P 3/10	7	C	EB	P-M 3-5/10	2	EPI class.	EA	M 7-8/10		
				8 et 9	CL	EB	P 3/10	2	CR	EA	P 7/10		
								3	C	EB	G-TG 6-8/10		
4	EPI class.	PAM	M 6-7/10	1	EPIC	PAM	M 7-8/10	3	EPI class.	EA	M 6-7/10	G	6-8
6	C ou F	EB	M-G 5-6/10	2	C	EB	M-G 6-7/10	5	C	EB	M-G 5-6/10		
8 à 10	CL	EB	P 3/10	7	C	EB	M 5/10	8 à 10	CL	EB	P 3/10		
				8 à 10	CL	EB	P 3/10						
4	EPI class.	PAM	M 6-7/10	1	EPIC	PAM	M 7-9/10	3	EPI class.	PAM	M 6-7/10	G-TG	7-9
7	C ou F	EB	M-G 5-6/10	2	C	EB	G-TG 7-8/10	6	C	EB	M-G 5-6/10		
8 à 10	CL	EB	P 3/10	5	C	EB	M-G 5-6/10	8 à 10	CL	EB	P 3/10		
				8 à 10	CL	EB	P 3/10						
1	Compétition		10/10	4	C	EB	G-TG 7/10	3	EPI class.	PAM	M 8/10	TG	8-9
1	EPI ench.	EA	TG-TTG 9/10	5	C	EB	M-G 5-6/10	6	C	EB	G 7/10		
2	EPI class.	EA	8/10	8 à 10	CL	EB	P 3/10	8 à 10	CL	EB	P 3/10		
2	CR	EB	P 7/10										
7	C ou F	EB	G 6/10										
8 à 10	CL	EB	P 3/10										
1	Compétition		10/10	3	EPI fract.	EA	9/10	4	EPI fract.	EA	M 9/10	TG	10
1	EPI ench.	EA	TG-TTG 9/10	6	C	EB	G 6-7/10	7	C	EB	G 6-7/10		
2	EPI fract.	EA	9/10	8 à 10	CL	EB	P 3/10	8 à 10	CL	EB	P 3/10		
5	C	EB	G 6-7/10										
8 à 10	CL	EB	P 3/10										
1	Triathlon important		10/10	3	EPI fract.	EA	P 5/10	4	EPI fract.	EA	P 5/10	M	5
2	EPI fract.	EA	P 5/10										
1	Compétition		10/10	1	C	EB	TG 9/10	1	C	EB	G-TG 9/10	G	7-8
1	C	EB	G-TG 9/10	4	C	EB	G 6/10	3	EPI class.	PAM	M 7-8/10		
2	EPI class.	EA	M 7/10	5	C	EB	M-G 5-6/10	7	C	EB	P 4/10		
2	CR	EA	P 7/10	8 à 10	CL	EB	P 3/10	8 à 10	CL	EB	P 3/10		
6	C ou F	EB	M 5/10										
8 à 10	CL	EB	P 3/10										
1 à 3	C ou F	EB	P 3/10	1 à 3	C ou F	EB	P 3/10	1 à 3	C ou F	EB	P 3/10	TP	0-3

19 SAISON DE TRIATHLONS OLYMPIQUE

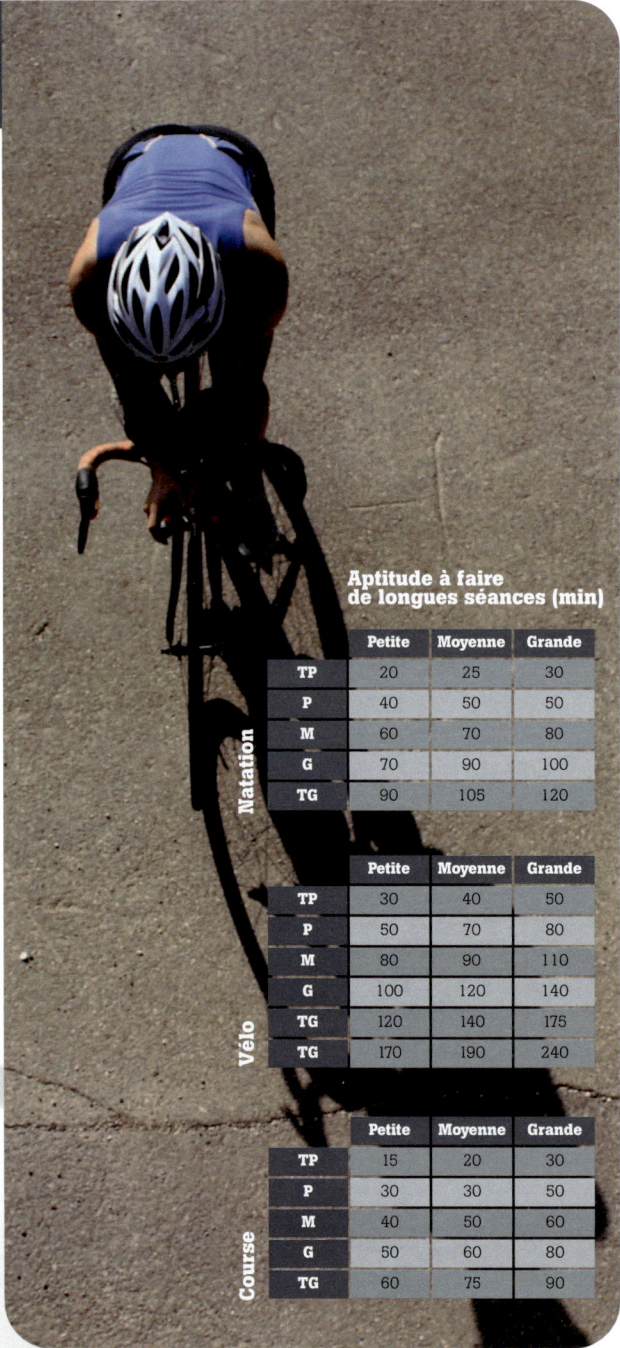

Aptitude à faire de longues séances (min)

Natation

	Petite	Moyenne	Grande
TP	20	25	30
P	40	50	50
M	60	70	80
G	70	90	100
TG	90	105	120

Vélo

	Petite	Moyenne	Grande
TP	30	40	50
P	50	70	80
M	80	90	110
G	100	120	140
TG	120	140	175
TG	170	190	240

Course

	Petite	Moyenne	Grande
TP	15	20	30
P	30	30	50
M	40	50	60
G	50	60	80
TG	60	75	90

Phase	Nombre de semaines	Nombre de séances par semaine	Thème, accent
Début de la progression en natation	3-4	4-5	Natation ; adaptation des membres supérieurs
Fin de la progression en natation	8-12	5-7	Natation ; progression en volume et en intensité
Progression en course à pied	2-4	5-8	Course à pied ; adaptation des membres inférieurs
Fin progression en course à pied	6-9	6-9	Course à pied ; progression en volume et en intensité
Début progression en vélo	1-3	7-9	Vélo ; progression en volume et en intensité
Fin progression en vélo	4-6	7-10	Vélo ; développement et entretien des qualités physiques
Compétitions préperformance de pointe	2-	7-10	Triathlons « d'entraînement », amélioration et maintien des qualités physiques
Entraînement intensif	1-2	7-10	Entraînement intensif
Affûtage, performance de pointe	1	4	Affûtage ; performance de pointe le jour du triathlon
Compétitions postperformance de pointe	Reste de la saison ; jusqu'au repos annuel	7-10	Développement et entretien des qualités physiques
Repos annuel	1-3	0-3	Repos

19 SAISON DE TRIATHLONS OLYMPIQUE

Natation				Vélo				Course à pied				Volume hebdomadaire global	Degré de difficulté global
Séance	Type	Qualité	Volume, difficulté	Séance	Type	Qualité	Volume, difficulté	Séance	Type	Qualité	Volume, difficulté		
1	C ou F	EB	P-G 4-5/10					3 et 5	C	EB	TP-P 3-4/10	P	4-5
2	EPIC	PAM	M 5-7/10										
4	EPI class.	EA	M 5-7/10										
1	EPIC	PAM	M-G 7-9/10	6	C	EB	M 5/10	4	C	EB	M-G 5/10	P-M	6-8
2	EPI class.	EA	G 7-9/10	7	C	EB	P 3-4/10	5	C	EB	P 4/10		
3	C ou F	EB et EA	TG 6-8/10										
3	LSD	EB	TTG 8/10										
4	EPI class.	EA	G 6-8/10	6	EPI ult.	EA et PAM	M 6/10	1	EPI class.	EA	G 6-8/10	M	6-8
5 et 8	C ou F	EB	P-G 4-5/10	7	C	EB	P-M 3-5/10	2	C	EB	G 6/10		
								3	C	EB	M 5/10		
4	C ou F	EB	M-G 4-5/10	6	EPI ult.	EA et PAM	M 7/10	1	EPIC	PAM	M 8-9/10	M	6-8
5	EPI class.	EA	G 6/10	7	C	EB	P-M 3-5/10	2	EPI class.	EA	G 7-9/10		
8 et 9	CL	EB	P 3/10	8 et 9	CL	EB	P 3/10	2	CR	EA	M 7/10		
								3	C	EB	TG 6-8/10		
4, 7 et 9	C ou F	EB	P-G 4-5/10	1	C	EB	TG 6-7/10	3	C	EB	M-G 5-6/10	G	6-8
				2	EPIC	PAM	G 7-8/10	6	EPI class.	EA	M 6-7/10		
				5	C	EB	G 5/10	8	C	EB	P-M 4/10		
4	EPI class.	EA	M 6-7/10	1	LSD	EB	TTG 7-9/10	3	C	EB	TG 5-6/10	G-TG	6-9
7	C ou F	EB	P-G 3-5/10	2	EPIC	PAM	G 7-9/100	6	EPI class.	EA	G 6/10		
8 à 10	CL	EB	P-M 3/10	5	C	EB	TG 4-6/10	8 à 10	CL	EB	P-M 3/10		
				8 à 10	CL	EB	P-M 3/10						
1	Compétition		10/10	4	C	EB	TG 7/10	3	EPI class.	G	EA 9/10	TG	7-9
1	EPI ench.	EA	TTG 9/10	5	C	EB	G 5/10	7	C	EB	TG 5/10		
2	EPI class.	EA	G 8/10	8 à 10	CL	EB	M 3/10	8 à 10	CL	EB	P 3/10		
2	CR	EA	P-M 7/10										
6	C ou F	EB	M 5/10										
8 à 10	C	EB	M 3/10										
1	Compétition		10/10	3	EPI fract.	EA	G 8-9/10	4	EPI fract.	EA	G 8-9/10	TG	10
1	EPI ench.	EA	TG 9/10	6	C	EB	TG 6/10	7	C	EB	TG 5/10		
2	EPI fract.	EA	G 8-9/10	8 à 10	CL	EB	M 3/10	8 à 10	CL	EB	P-M 3/10		
5	C	EB	G-TG 6/10										
8 à 10	CL	EB	P-M 3/10										
1	Triathlon important		10/10	3	EPI fract.	EA	P 5/10	4	EPI fract.	EA	P 5/10	M	5
2	EPI fract.	EA	P 5/10										
1	Compétition		10/10	1	LSD	EB	TTG 9/10	1	C	EB	TG 9/10	G	7-8
1	C	EB	TG 9/10	4	C	EB	G 6/10	3	EPI class.	M	PAM 8/10		
2	EPI class.	EA	G 8/10	5	C	EB	M 5/10	7	C	EB	P-M 4-5/10		
2	CR	EB	P-M 8/10	7	C	EB	M 3/10	8 à 10	CL	EB	P 3/10		
6	C ou F	EB	M 5/10	8 à 10	CL	EB	P 3/10						
1 à 3	C ou F	EB	P 3/10	1 à 3	C ou F	EB	P 3/10	1 à 3	C ou F	EB	P 3/10	TP	0-3

20 S'ENTRAÎNER POUR UN TRIATHLON IRONMAN

Aptitude à faire de longues séances (min)

Natation

	Petite	Moyenne	Grande
TP	25	30	35
P	50	50	60
M	70	80	80
G	90	100	110
TG	105	120	130
TG	150	170	180

Vélo

	Petite	Moyenne	Grande
TP	60	75	90
P	100	120	150
M	140	170	210
G	180	220	260
TG	220	265	310
TG	300	360	420

Course

	Petite	Moyenne	Grande
TP	25	30	35
P	40	50	50
M	60	70	70
G	70	80	90
TG	90	100	110
TG	120	140	150

Phase	Nombre de semaines	Nombre de séances par semaine	Thème, accent
Début de la progression en natation	3-4	4-5	Natation ; adaptation des membres supérieurs
Fin de la progression en natation	8-12	5-7	Natation ; progression en volume et en intensité
Début de la progression en course à pied	2-4	5-8	Course à pied ; adaptation des membres inférieurs
Fin de la progression en course à pied	6-9	6-9	Course à pied ; progression en volume et en intensité
Début de la progression en vélo	1-3	7-10	Vélo ; progression en volume et en intensité
Fin de la progression en vélo	4-6	7-10	Vélo ; développement et entretien des qualités physiques
Compétitions préperformance de pointe	2-	7-10	Triathlons « d'entraînement », amélioration et maintien des qualités physiques
Entraînement intensif	1-2	7-10	Entraînement intensif
Affûtage, performance de pointe	1	4	Affûtage ; performance de pointe le jour du triathlon
Compétitions postperformance de pointe	Reste de la saison ; jusqu'au repos annuel	8-10	Développement et entretien des qualités physiques
Repos annuel	1-3	0-3	Repos

20 S'ENTRAÎNER POUR UN TRIATHLON IRONMAN

	Natation				Vélo				Course à pied			Volume hebdomadaire global	Degré de difficulté global
Séance	Type	Qualité	Volume, difficulté	Séance	Type	Qualité	Volume, difficulté	Séance	Type	Qualité	Volume, difficulté		
1	C ou F	EB	P-G 4-5/10					3 et 5	C	EB	TP-P 3-4/10	P	4-5
2	EPI class.	EA	M 5-7/10										
4	C	EB	M-TG 5-7/10										
1	LSD	EB	TTG 8/10	6	C	EB	M 5/10	4	C	EB	M-G 5/10	M-G	6.8
2	EPI class.	EA	G 7-9/10	7	C	EB	M 3-4/10	5	C	EB	P-M 4/10		
3	EPIC	PAM	M-G 7-9/10										
4	EPI class.	EA	G 6-8/10	6	EPI ult.	EA et PAM	M 6/10	1	EPI class.	EA	G 6-8/10	M-G	6-8
5 et 7	C ou F	EB	M-G 4-5/10	8	C	EB	M 3-5/10	2	C	EB	G-TG 6-7/10		
								3	C	EB	M 5/10		
4 et 7	C ou F	EA	M-G 5/10	6	EPI ult.	EA et PAM	M 7/10	1	EPIC	PAM	M 8-9/10	G	6-8
5	EPI class.	EA	G 6/10	8	C	EB	P-M 3-5/10	2	LSD	EB	TG-TTG 8/10		
9	CL	EB	P 3/10	9	CL	EB	P 3/10	3	EPI class.	EA	M-G 6-7/10		
								3	CR	EA	M 7/10		
4 et 7	C ou F	EB	M-G 4-5/10	1	C	EB	TG 6-7/10	3	EPI class	EA	M 6-7/10	G-TG	6-8
9 et 10	CL	EB	P 3/10	2	EPIC	PAM	G 7-8/10	6	C	EB	G-TG 5-6/10		
				5	C	EB	G 5/10	8	C	EB	P-M 4/10		
				9 et 10	CL	EB	P 3/10	9 et 10	CL	EB	P 3/10		
4	EPI class.	EA	M 6-7/10	1	LSD	EB	TTG 7-9/10	3	EPI class.	EA	G 6/10	TG	6-9
7	C ou F	EB	P-G 3-5/10	2	EPIC	PAM	G 7-9/10	6	C	EB	TG 5-6/10		
8 à 10	CL	EB	P-M 3/10	5	C	EB	TG 4-6/10	8 à 10	CL	EB	P 3/10		
				8 à 10	CL	EB	P-M 3/10						
1	Compétition		10/10	3	C	EB	TG 7/10	1	C	EB	TG 7/10	TG	7-9
1	EPI ench.	EA	TTG 9/10	6	C	EB	G 5/10	4	EPI class.	PAM	M 9/10		
2	C ou F	EB	TG 5/10	8	C	EB	G 4/10	7	C	EB	M-G 4/10		
5	EPI class.	EA	G 8/10	9 et 10	CL	EB	P 3/10	9 et 10	CL	EB	P 3/10		
9 et 10	CL	EB	P 3/10										
1	Compétition		10/10	3	EPI fract.	EA	G 8-9/10	4	EPI fract.	EA	G 8-9/10	TG	10
1	LSD	EB	TTG 9/10	6	C	EB	TG 6/10	7	C	EB	TG 6/10		
2	EPI fract.	EA	G 8-9/10	8 à 10	CL	EB	M 3/10	9 et 10	CL	EB	P 5/10		
5	C	EB	TG 6/10										
8 à 10	CL	EB	P 3/10										
1	**Ironman**		10/10	3	EPI fract.	EA	P 5/10	4	EPI fract.	EA	P 5/10	M	5
2	EPI fract.	EA	P 5/10										
1	Compétition		10/10	4	C	EB	TG 7/10	1	C	EB	TG 6/10	G-TG	7-8
2	EPI class.	PAM	G 7/10	5	C	EB	G 5/10	3	EPI class.	PAM	9/10		
2	CR	EA	M 7/10	7	C	EB	M 4/10	7	C	EB	M 4/10		
6	C ou F	EB	M 5/10	8 à 10	CL	EB	P 3/10	8 à 10	CL	EB	P 3/10		
1 à 3	C ou F	EB	P 3/10	1 à 3	C ou F	EB	P 3/10	1 à 3	C ou F	EB	P 3/10	TP	0-3

21 MISE EN FORME EN SKI DE FOND

Semaine n°	Nombre de séances par semaine	Thème, accent
1	2-4	Adaptation du système locomoteur
2	3-5	
3	3-5	Initiation à l'entraînement intensif
4	3-5	Progression en volume et en intensité
5	3-5	
6	4-6	
7	4-6	
8	4-6	
9	4-7	Développement et entretien des qualités physiques
10	4-7	

21 MISE EN FORME EN SKI DE FOND

Entraînement par intervalles (EPI)			Entraînement continu				Entraînement complémentaire				Entraînement complémentaire	Volume hebdomadaire global
Séance	Type	Qualité	Volume/Difficulté	Séance	Type	Qualité	Volume/Difficulté	Séance	Type	Qualité	Volume/Difficulté		
				1	C	EB	P 4/10	4	C ou F	EB	P-M 5/10	P	3
				2 et 3	C	EB	TP 3/10						
				1	C	EB	M 5/10	4	C ou F	EB	M 5/10	P	4
				2	C	EB	P 4/10	5	Musc.		5/10		
				3	C	EB	P 3/10						
1	EPI class.	EA	M 6/10	2	C	EB	M 5/10	4	C ou F	EB	M 5/10	P	5
				3	C	EB	P 4/10	5	Musc.		6/10		
				4	CL	EB	P 3/10						
1	EPIC	PAM	M 7/10	2 et 3	C	EB	G 6/10	4	C ou F	EB	M 5/10	P	5
				4	C	EB	P 4/10	5	Musc.		6/10		
				5	CL	EB	P 3/10						
1	EPI class.	PAM	M 7/10	2	C	EB	TG 7/10	4	C ou F	EB	M 5/10	M	6
				3	C	EB	M 4/10	5	Musc.		6/10		
				4 et 5	CL	EB	P 3/10						
1	EPI class.	EA	G 7/10	2 et 3	C	EB	TG 7/10	4	C ou F	EB	M 5/10	M	6
				4 et 5	C	EB	M 4/10	5	Musc.		6/10		
				6	CL	EB	P 3/10						
2	EPIC	PAM	M 7/10	1	LSD	EB	TG-TTG 8/10	5	C ou F	EB	M 5/10	M	7
2	EPI class.	PAM	M 7/10	3 et 4	C	EB	M 4/10	6	Musc.		6/10		
				5 et 6	CL	EB	P 3/10						
1	EPIC	PAM	M 8/10	3 et 4	C	EB	M 5/10	5	C ou F	EB	M 5/10	M	7
2	EPI class.	EA	G 7/10	5 et 6	CL	EB	P 3/10	6	Musc.		6/10		
2	EPIC	PAM	M 8/10	1	LSD	EB	TG-TTG 9/10	6	C ou F	EB	M 5/10	G	8
2	EPI class.	PAM	M 8/10	3 à 5	C	EB	M 5/10	7	Musc.		6/10		
				6 et 7	CL	EB	P 3/10						
1	EPIC	PAM	M 8/10	3 à 5	C	EB	G 6/10	6	C ou F	EB	M 5/10	G	8
2	EPI class.	EA	G 8/10	6 et 7	CL	EB	P 3/10	7	Musc.		6/10		

Aptitude à faire de longues séances (min)

	Petite	Moyenne	Grande
TP	30	40	50
P	50	60	70
M	60	70	90
G	80	90	100
TG	90	105	120
TTG	120	140	160

ENTRAÎNEMENT CARDIO

22 SAISON DE LOPPETS

Phase	Nombre de semaines	Nombre de séances par semaine	Thème, accent
Progression : début	1-2	2-4	Progression en volume et en intensité
Progression : milieu	1-3	3-5	
Progression : fin	1-3	3-6	
Compétitions préperformance de pointe	2-	3-6	Loppets « d'entraînement », amélioration et maintien des qualités physiques
Entraînement intensif	1-2	4-6	Entraînement intensif
Affûtage, performance de pointe	1	3-4	Affûtage ; performance de pointe le jour de la loppet importante
Compétitions postperformance de pointe	Reste de la saison ; jusqu'au repos annuel	3-5	Développement et entretien des qualités physiques
Repos annuel	1-2	0-3	Repos
Hors-saison	Reste de l'année	2-5	Entretien des qualités physiques de base

22 SAISON DE LOPPETS

Entraînement par intervalles (EPI)				Entraînement continu				Entraînement complémentaire				Volume hebdomadaire global	Degré de difficulté global
Séance	Type	Qualité	Volume, difficulté	Séance	Type	Qualité	Volume, difficulté	Séance	Type	Qualité	Volume, difficulté		
1	F	EA et PAM	P 6/10	2	C	EB	P 4/10	4	C ou F	EB	P-M 4/10	M	3-6
				3	CL	EB	TP 3/10						
1	F	EA et PAM	M 7/10	2	C	EB	M 5/10	4	C ou F	EB	M 5/10	G	6-7
				3	C	EB	P 4/10	5		Musc.	5/10		
				4	CL	EB	P 3/10						
1	EPI class.	EA	M 8/10	3	C	EB	G 5/10	5		Musc.	6/10	TG	7-8
2	EPI class.	PAM	M 7/10	4	C	EB	P 4/10	6	C ou F	EB	M 5/10		
				6	CL	EB	P 3/10						
1	Loppet		10/10	2	LSD	EB	TG-TTG 8/10	5 et 6		Musc.	6/10	TG	8-10
1	EPIC	PAM	M 9/10	3 et 4	C	EB	G 5/10						
2	EPI class.	EA	G 8/10	5 et 6	CL	EB	P 3/10						
1	Loppet		10/10	1	LSD	EB	TTG 9/10	5 et 6		Musc.	5/10	TG	10
2	EPIC	PAM	M 9/10	4	C	EB	G 6/10						
3	EPI class.	EA	G 9/10	5 et 6	CL	EB	P 3/10						
1	**Loppet importante**		10/10									M	5
2	EPI class.	EA	P 5/10										
3	F	EA et PAM	P 4/10										
4	EPI class.	PAM	P 4/10										
1	Compétition		10/10	2	LSD	EB	TG-TTG 8/10	4	C ou F	EB	M 5/10	G	7-10
1	EPIC	PAM	M 9/10	3	C	EB	G 5/10	5		Musc.	6/10		
2	EPI class.	EA	G 8/10	4 et 5	CL	EB	P 3/10						
								1 et 2	C ou F	EB	M 5/10	TP	0-3
								3		Musc.	5-6/10		
								1	EPI class.	EA	M 7/10	M	3-7
								2 à 4	C ou F	EB	M 5/10		
								5		Musc.	6/10		

Aptitude à faire de longues séances (min)

	Petite	Moyenne	Grande
TP	40	50	60
P	60	80	90
M	80	100	120
G	100	130	150
TG	120	150	180
TTG	160	200	240

ENTRAÎNEMENT CARDIO

23 ENTRAÎNEMENT POUR UNE TRÈS LONGUE LOPPET SUR DEUX JOURS

Phase	Nombre de semaines	Nombre de séances par semaine	Thème, accent
Progression : début	1-2	2-4	Progression en volume et en intensité
Progression : milieu	1-3	3-5	
Progression : fin	1-3	3-6	
Compétitions préperformance de pointe	2-	3-6	Compétitions « d'entraînement », amélioration et maintien des qualités physiques
Entraînement intensif	1-2	4-6	Entraînement intensif
Affûtage, performance de pointe	1	3-4	Affûtage ; performance de pointe le jour de la compétition importante
Compétitions postperformance de pointe	Reste de la saison ; jusqu'au repos annuel	3-5	Développement et entretien des qualités physiques
Repos annuel	1-2	0-3	Repos
Hors-saison	Reste de l'année	2-5	Entretien des qualités physiques de base

23 ENTRAÎNEMENT POUR UNE TRÈS LONGUE LOPPET SUR DEUX JOURS

Entraînement par intervalles (EPI)				Entraînement continu				Entraînement complémentaire				Volume hebdomadaire global	Degré de difficulté global
Séance	Type	Qualité	Volume, difficulté	Séance	Type	Qualité	Volume, difficulté	Séance	Type	Qualité	Volume, difficulté		
1	F	EA	P 6/10	2	C	EB	P-M 4/10	4	C ou F	EB	M 5/10	M	3-6
				3	CL	EB	TP 3/10						
1	F	EA et PAM	M 7/10	2	C	EB	M-G 5/10	4	C ou F	EB	M 5/10	G	6-7
				3	C	EB	P 4/10	5	Musc.		6/10		
				4	CL	EB	P 3/10						
1	EPI class.	EA	M 8/10	2	C	EB	G-TG 8/10	5	Musc.		6/10	TG	7-8
2	EPI class.	PAM	M 7/10	3	C	EB	G 5/10	6	C ou F	EB	M 5/10		
				4	C	EB	P 4/10						
				6	CL	EB	P 3/10						
1		Loppet	10/10	2	LSD	EB	TG-TTG 9/10	4 et 5	C ou F	EB	M 5/10	TG	8-10
1	EPIC	PAM	G 9/10	3	C	EB	G 5/10	6	Musc.		6/10		
				4 et 5	C	EB	P 4/10						
				6	CL	EB	P 3/10						
1		Loppet	10/10	2	LSD	EB	TTG 9/10	5	C ou F	EB	M 5/10	TG	10
1	EPIC	PAM et CA	M 9/10	3	C	EB	G 6/10	6	Musc.		5/10		
3	EPI class.	EA	G 9/10	5 et 6	CL	EB	P 3/10						
1		Longue loppet, jour 1										M	5
2		Longue loppet, jour 2											
3	EPI class.	EA	P 5/10										
4	EPI class.	PAM	P 4/10										
1		Compétition	10/10	2	LSD	EB	TG-TTG 8/10	4	C ou F	EB	M 5/10	G-TG	7-10
1	EPIC	PAM et CA	M 9/10	3	C	EB	G 5/10	5	Musc.		6/10		
2	EPI class.	EA	G 8/10	4 et 5	CL	EB	P 3/10						
								1 et 2	C ou F	EB	M 5/10	TP	0-3
								3	Musc.		5-6/10		
								1	EPI class.	EA	M-G 7/10	M	3-7
								2 à 4	C ou F	EB	M 5/10		
								5	Musc.		6/10		

Aptitude à faire de longues séances (min)

	Petite	Moyenne	Grande
TP	40	50	60
P	60	80	100
M	90	120	140
G	110	150	170
TG	135	180	210
TTG	180	250	290

24 MISE EN FORME POUR ET PAR LE TREKKING

Semaine n°	Nombre de séances par semaine	Thème, accent
1	3-4	Adaptation du système locomoteur
2	3-5	
3	3-6	
4	3-6	Progression en volume et en intensité
5	3-6	
6	3-6	
7	3-6	
8	3-6	
9	3-6	Développement et entretien des qualités physiques
10	3-6	

24 MISE EN FORME POUR ET PAR LE TREKKING

Entraînement par intervalles (EPI)			Entraînement continu				Entraînement complémentaire				Entraînement complémentaire	Volume hebdomadaire global
Séance	Type	Qualité	Volume/Difficulté	Séance	Type	Qualité	Volume/Difficulté	Séance	Type	Qualité	Volume/Difficulté		
				1	C	EB	M 4/10	3	C ou F	EB	P 4/10	P	4
				2	CR	EA	P 6/10	4	Musc.		6/10		
				3	C	EB	TP 3/10						
				1	C	EB	G 5/10	4	C ou F	EB	P-M 4/10	M	5
				2	CR	EA	P 6/10	5	Musc.		6/10		
				3	C	EB	TP 3/10						
				4	CL	EB	TP 3/10						
				1	C	EB	TG 7/10	4 et 5	C ou F	EB	P-M 5/10	G	6
				2	CR	EA	M 7/10	6	Musc.		6/10		
				3	C	EB	P 4/10						
				4 et 5	CL	EB	P 3/10						
				1	C	EB	TG 7/10	4 et 5	C ou F	EB	P-M 5/10	G	7
				2	CR	EA	M 7/10	6	Musc.		6/10		
				3	C	EB	P-M 4/10						
				4 et 5	CL	EB	P 3/10						
				1	C	EB	TG 7/10	5	C ou F	EB	P-M 5/10	G	7
				2 et 3	CR	EA	G 7/10	6	Musc.		6/10		
				4	C	EB	M 4/10						
				5	CL	EB	P 3/10						
				1	LSD	EB	TG-TTG 8/10	5	C ou F	EB	P-M 5/10	TG	8
				2 et 3	CR	EA	G 7/10	6	Musc.		6/10		
				4	C	EB	M 5/10						
				5	CL	EB	P 3/10						
				1	LSD	EB	TTG 9/10	5	C ou F	EB	P-M 5/10	TG	9
				2 et 3	CR	EA	M 7/10	6	Musc.		6/10		
				4	C	EB	M-G 5/10						
				5	CL	EB	P 3/10						
				1	LSD	EB	TTG 9/10	5	C ou F	EB	P-M 5/10	TG	9
				2	C	EB	TG 8/10	6	Musc.		6/10		
				3	C	EB	G-TG 7/10						
				4	C	EB	M 4/10						
				5	CL	EB	P 3/10						
				1	LSD	EB	TTG 9/10	5	C ou F	EB	P-M 5/10	TG	9
				2 et 3	CR	EA	M 8/10	6	Musc.		6/10		
				4	C	EB	M-G 5/10						
				5	CL	EB	P 3/10						
				1	LSD	EB	TTG 9/10	5	C ou F	EB	P-M 5/10	TG	9
				2 et 3	C	EB	TG 7/10	6	Musc.		6/10		
				4	C	EB	M 4/10						
				5	CL	EB	P 3/10						

Aptitude à faire de longues séances (min)

	Petite	Moyenne	Grande
TP	30	40	50
P	60	80	90
M	90	110	130
G	120	150	170
TG	150	180	210
TTG	210	250	290

25 TREK PARTICULIÈREMENT LONG, EN ALTITUDE

Semaine n°	Nombre de séances par semaine	Thème, accent
1	3-4	Adaptation du système locomoteur
2	4-5	
3	5-6	Initiation à l'entraînement intensif
4	5-6	Progression en volume et en intensité
5	5-6	
6	5-6	
7	5-6	
8	5-6	
9	5-6	Développement et entretien des qualités physiques
10	5-6	

25 TREK PARTICULIÈREMENT LONG, EN ALTITUDE

Entraînement par intervalles (EPI)				Entraînement continu				Entraînement complémentaire				Entraînement complémentaire	Volume hebdomadaire global
Séance	Type	Qualité	Volume, difficulté	Séance	Type	Qualité	Volume, difficulté	Séance	Type	Qualité	Volume, difficulté		
				1	C	EB	M 4/10	3	C ou F	EB	P-M 4/10	P	4
				2	CR	EA	P 5/10	4	Musc.		6/10		
				3	C	EB	TP 3/10						
				1	C	EB	G 5/10	4	C ou F	EB	P-M 4/10	P	5
				2	CR	EA	P 5/10	5	Musc.		6/10		
				3	C	EB	TP 3/10						
				4	CL	EB	TP 3/10						
				1	C	EB	TG 7/10	4 et 5	C ou F	EB	M 5/10	M	6
				2	CR	EA	P 6/10	6	Musc.		6/10		
				3	C	EB	P 4/10						
				4 et 5	CL	EB	P 3/10						
				1	C	EB	TG 7/10	4 et 5	C ou F	EB	M 5/10	M	7
				2	CR	EA	P 7/10	6	Musc.		6/10		
				3	C	EB	P-M 4/10						
				4 et 5	CL	EB	P 3/10						
				1	C	EB	TG 7/10	5	C ou F	EB	M 5/10	G	8
				2 et 3	CR	EA	P 7/10	6	Musc.		6/10		
				4	C	EB	M 4/10						
				5	CL	EB	P 3/10						
				1	LSD	EB	TG-TTG 8/10	5	C ou F	EB	M 5/10	G	8
				2 et 3	CR	EA	P 7/10	6	Musc.		6/10		
				4	C	EB	M 5/10						
				5	CL	EB	P 4/10						
				1	LSD	EB	TTG 9/10	5	C ou F	EB	M 5/10	TG	8
				2 et 3	CR	EA	M 7/10	6	Musc.		6/10		
				4	C	EB	P 5/10						
				5	CL	EB	P 3/10						
				1	LSD	EB	TTG 9/10	5	C ou F	EB	M 5/10	TG	9
				2	C	EB	TG 8/10	6	Musc.		6/10		
				3	CR	EA	M 7/10						
				4	C	EB	M-G 5/10						
				5	CL	EB	P 3/10						
				1	LSD	EB	TTG 9/10	5	C ou F	EB	M 5/10	TG	9
				2 et 3	C	EB	TG 8/10	6	Musc.		6/10		
				4	C	EB	P-M 5/10						
				5	CL	EB	P 3/10						
				1	LSD	EB	TTG 9/10	5	C ou F	EB	M 5/10	TG	10
				2 et 3	CR	EA	M 8/10	6	Musc.		6/10		
				4	C	EB	M-G 5/10						
				5	CL	EB	P 3/10						

Aptitude à faire de longues séances

	Petite	Moyenne	Grande
TP	50	60	70
P	80	100	110
M	120	140	160
G	150	170	200
TG	180	210	240
TTG	250	290	330

SIXIÈME CHAPITRE
ENTRAÎNEMENT CARDIO, BIEN-ÊTRE ET SANTÉ

Quels avantages tire-t-on de l'entraînement cardio sur le plan de la santé physique ? Est-il vrai que l'exercice physique est gage de bien-être psychologique ? Quelle est la place de l'entraînement cardio dans un programme de contrôle du poids corporel ? Comment éviter d'être victime de maux tels anorexie, douleurs, crampes, courbatures, surentraînement, maladie infectieuse, anémie, etc. ? Le point.

ENTRAÎNEMENT CARDIO ET SANTÉ PHYSIQUE

S'entraîner, c'est bon pour la santé. Évidemment. Voyons quel est précisément le lien entre l'entraînement et la santé.

Aptitude aérobie et santé

Pour améliorer son aptitude aérobie (VO_2max), une personne sédentaire doit s'entraîner fréquemment (trois fois par semaine ou plus) pendant au moins 20 min à intensité passablement élevée (FC ≥ 125 bpm). Pas étonnant que les autorités scientifiques et médicales nous aient recommandé jusqu'au milieu des années 1980 de trimer dur pour améliorer notre santé cardiovasculaire et notre espérance de vie. Heureusement, on sait aujourd'hui que les activités moins intensives améliorent aussi la santé.

Éclairage apporté par les études épidémiologiques

Depuis le milieu des années 1980, grâce à des études épidémiologiques de suivi de grands échantillons de population sur plusieurs années, on est en mesure de calculer le risque d'apparition de certains problèmes de santé et le risque de décès prématuré lié à une mauvaise habitude de vie (sédentarité, alimentation riche en gras saturés, tabagisme, etc.).

Nous avons maintenant des preuves très convaincantes de ce qui suit :
- Pour être en santé, un adulte, quel que soit son âge, doit faire régulièrement des activités physiques.
- Un peu d'activité physique, c'est déjà beaucoup pour la santé des personnes sédentaires.
- Faire plus d'activité physique, c'est toujours mieux.

Selon une analyse critique de la littérature, la pratique régulière d'activités physiques présente en effet les avantages suivants :
- Elle améliore et entretient la condition physique (aptitude aérobie, endurance et puissance musculaires, flexibilité, etc.).
- Elle augmente l'espérance de vie et l'espérance de vie en santé.
- Elle repousse les conditions et maladies suivantes (diminution du risque) :
  - mort prématurée,
  - maladie cardiovasculaire,
  - accident vasculaire cérébral,
  - diabète de type 2,
  - hypertension artérielle,
  - dyslipidémie,
  - syndrome métabolique,
  - cancer du sein, du côlon, du poumon, et de l'endomètre.
- Elle facilite le maintien du poids.
- Elle permet de perdre du poids en combinaison avec un régime alimentaire approprié.
- Elle réduit l'obésité abdominale.
- Elle facilite le maintien du poids après amaigrissement.
- Elle diminue le risque de chute.
- Elle augmente la résistance des os et réduit le risque de fracture.
- Elle préserve les fonctions cognitives.
- Elle améliore la qualité du sommeil.
- Elle réduit les symptômes de la dépression.
- Elle améliore ou maintient la capacité fonctionnelle.

EPI contre SM

Véritable bombe à retardement touchant une grande partie de la population à tendance sédentaire, le *syndrome métabolique* (SM) est diagnostiqué devant des facteurs de risque indiquant que l'organisme est détraqué : obésité, résistance à l'insuline, hypertension, trop de « mauvais transporteurs du cholestérol », pas assez de « bons transporteurs du cholestérol ». On l'aura compris, SM rime avec maladie cardiovasculaire, diabète, infertilité et certaines formes de cancer (risque accru).

Le professeur norvégien Tjønna et ses collègues ont soumis aléatoirement 32 patients atteints du SM à un programme d'entraînement de type continu (70 % de la FCmax) ou par intervalles (EPI, intensité élevée : 90 % de la FCmax), au rythme de trois séances hebdomadaires pendant 16 semaines. Résultat : avec l'EPI, les chercheurs ont constaté une plus grande augmentation du VO_2max (35 % vs 16 %), la disparition d'un plus grand nombre de facteurs de risque et une amélioration plus prononcée du métabolisme des lipides et des glucides. En somme, les personnes atteintes du SM qui sont capables de s'entraîner à intensité élevée courent un moindre risque de maladie cardiovasculaire. Certes, les personnes qui ont un surplus de poids ne peuvent pas toutes pratiquer facilement des activités d'intensité élevée, mais tout programme progressif aura des effets salutaires plus importants si les séances d'entraînement comprennent tôt ou tard des pointes d'effort à intensité élevée.

Vous l'aurez remarqué, les maladies qu'on peut prévenir par l'activité physique sont justement celles qui touchent une très grande partie de la population des pays industrialisés. On ne peut pour autant en conclure que l'inactivité physique est la cause de ces maladies ; elle est un *facteur de risque*, ce qui n'est pas pareil. Et ce risque n'est pas le même pour tous les problèmes de santé. Le risque d'être atteint d'une maladie du système cardiovasculaire est beaucoup plus élevé chez les sédentaires que chez les personnes actives, alors que dans le cas du cancer du côlon, l'augmentation du risque liée à la sédentarité est moins marquée.

Pour mettre en perspective l'effet de l'activité physique sur la santé, soulignons que globalement, le fait d'être sédentaire a un effet aussi grave sur la santé et l'espérance de vie que le fait de fumer. Et passer d'un mode de vie sédentaire à un mode de vie physiquement actif équivaut, sur le plan de l'amélioration de la santé, à cesser de fumer.

Lignes directrices

Tout le monde devrait éviter la sédentarité et multiplier les occasions – loisirs, déplacements, tâches quotidiennes – de pratiquer diverses activités physiques.

Les adultes de 18 à 64 ans :
- devraient faire, chaque semaine, au moins 150 min d'activité aérobie d'intensité moyenne, sinon *au moins* 75 min d'activité aérobie d'intensité élevée, ou une combinaison équivalente (p. ex. au moins 50 min d'activité aérobie d'intensité moyenne et au moins 50 min d'activité d'intensité élevée) ; on recommande des séances d'au moins 10 min, préférablement réparties sur au moins trois jours ;
- auraient avantage à faire, chaque semaine, 300 min d'activité aérobie d'intensité moyenne, sinon 150 min d'activité d'intensité élevée, ou une combinaison équivalente afin d'accroître les effets bénéfiques sur la santé. Les effets bénéfiques augmentent avec le volume d'activité physique ; ainsi, faire 90 min d'exercice par semaine permet de réduire le risque de mort prématurée d'environ 20 %, et en faire 300 min réduit ce risque de 25 % ;
- devraient également faire, deux fois ou plus par semaine, des exercices de musculation sollicitant les grands groupes musculaires.

Les adultes de 65 ans et plus devraient essayer de suivre les recommandations précédentes ; s'ils en sont incapables – en raison de problèmes de santé chroniques ou pour d'autres raisons –, ils devraient être aussi actifs que possible. Ils devraient également faire des exercices d'équilibre et de flexibilité afin de réduire le risque de chute. Quant aux adultes souffrant d'incapacités physiques, ils devraient aussi essayer de suivre les recommandations précédentes ; si ce n'est pas possible, ils devraient être aussi actifs qu'ils le peuvent et éviter la sédentarité.

Un peu c'est déjà beaucoup, mais plus c'est encore mieux

Faire ne serait-ce qu'un peu d'activité physique est plus profitable pour la santé que de ne pas en faire du tout. Les personnes sédentaires ont avantage à débuter par des activités de faible intensité, puis à parvenir progressivement à faire au moins le volume minimal recommandé d'activité d'intensité moyenne.

Faire de l'exercice physique est sécuritaire pour la majorité des personnes, et les effets bénéfiques dépassent de loin le risque couru. Certaines personnes pensent qu'elles ne devraient pas intensifier leurs activités physiques sans d'abord consulter un médecin. Le pionnier de la recherche en physiologie de l'exercice, le professeur suédois Per-Olof Åstrand, est plutôt d'avis que ce sont les personnes qui réduisent leur niveau d'activité physique qui devraient consulter leur médecin pour déterminer si elles seront capables de résister à la détérioration physique qui se produit avec la sédentarité !

Préserver ses muscles et ses os

Maintenir une force musculaire supérieure aux besoins journaliers est une mesure importante, entre autres pour accélérer la récupération après une période d'inactivité due, par exemple, à une maladie ou à une blessure.

La pratique régulière de certains types d'activités physiques est essentielle pour prévenir l'ostéoporose, car elle renforce les os en améliorant leur contenu minéral et leur architecture, freine la diminution de la résistance des os liée au vieillissement et améliore la posture et la mobilité.

Bonne nouvelle pour les personnes physiquement actives. Un peu moins pour les seuls adeptes du vélo, de la natation ou du kayak ! En effet, seules les activités physiques qui imposent une mise en charge dynamique et fréquente améliorent la résistance des os. Il s'agit donc d'activités d'intensité relativement élevée où l'on travaille contre la gravité, par exemple celles incluant de la course à pied, des chocs (frapper la balle au tennis) ou des sauts. Il s'agit aussi d'exercices qui nécessitent des contractions musculaires intenses et répétées (exercices de musculation). Pour préserver leur santé osseuse, les cyclistes, les nageurs et les kayakistes ont donc avantage à pratiquer aussi des activités physiques de mise en charge.

Ne lâchez surtout pas !

Les effets salutaires de l'exercice physique ne se manifestent que si la pratique est régulière. Quelques semaines d'inactivité physique peuvent faire disparaître les bénéfices. Voilà pourquoi les mordus des activités cardio estivales ont avantage à pratiquer d'autres activités en dehors de la saison, par exemple le ski de fond, la natation et la musculation.

Ce qu'on entend par intensité moyenne et élevée

Une activité aérobie *d'intensité moyenne* s'accompagne d'un léger essoufflement.

Une activité aérobie *d'intensité élevée* entraîne un essoufflement qui gêne la conversation.

Ainsi, pour les adultes **dont l'aptitude aérobie est moyenne**, la marche d'un bon pas constitue généralement une activité d'intensité moyenne, tandis que le jogging et le tennis en simple sont des exemples d'activités d'intensité élevée. En revanche, pour ceux **qui ont une moins bonne aptitude aérobie**, la marche d'un pas normal représente une activité d'intensité moyenne et la marche d'un bon pas devient une activité d'intensité élevée.

Comment entretenir sa motivation à l'entraînement

L'activité physique a des effets bénéfiques sur le bien-être, la condition physique et la santé seulement si elle est pratiquée de façon **régulière et ininterrompue**. Dès lors, votre motivation devra être entière pour profiter au maximum de votre programme d'entraînement. Voici quelques conseils.

1. Cernez les besoins comblés par vos séances d'activité physique et les principales sources de plaisir que vous y associez.
2. Trouvez ce que vous pouvez faire pour ne pas trop réduire le temps consacré à votre entraînement, si vous êtes sujet à des distractions.
3. Fixez-vous des objectifs relatifs à votre démarche d'entraînement plus qu'à ses résultats, et revoyez-les régulièrement selon l'évolution de la situation.
4. Structurez votre horaire pour intégrer l'activité physique à votre mode de vie.
5. Si vous manquez de temps, examinez votre agenda pour y dégager au moins trois périodes d'exercice physique d'au moins 30 min chacune chaque semaine.
6. Tenez un agenda pour planifier votre programme d'entraînement : intégrez l'activité physique à vos occupations quotidiennes et hebdomadaires.

Suite en marge de droite

ENTRAÎNEMENT CARDIO ET BIEN-ÊTRE PSYCHOLOGIQUE

« S'entraîner fait du bien dans la tête ». Voilà ce que pensent pratiquement tous les accros de l'entraînement cardio. Les scientifiques aussi !

Toutes sortes d'études ont été menées pour établir le lien entre l'entraînement cardio et la santé mentale. Il s'agit d'études « transversales » où l'on compare rétrospectivement les soins de santé mentale qui ont été prodigués à des personnes sédentaires ou physiquement actives. Il s'agit aussi d'études « longitudinales » où l'on suit pendant plusieurs années l'évolution de l'état de santé mentale d'une très grande population. En appliquant le principe du « toutes autres choses étant par ailleurs égales », on compare les personnes qui ont développé des problèmes mentaux avec celles qui sont demeurées en bonne santé. Les chercheurs discriminent ainsi le « niveau d'activité physique » parmi les autres bonnes habitudes de vie (alimentation saine, sommeil régulier, abstention de fumer, consommation modérée d'alcool, etc.) pour établir l'effet protecteur de l'exercice physique proprement dit. Finalement, on cerne les effets salutaires de l'entraînement sur la santé mentale à l'aide d'études cliniques où l'on soumet aléatoirement des sujets à un plan d'entraînement ou à un groupe témoin qui ne change pas ses habitudes. Des tests d'appréciation de l'état de santé mentale ou des fonctions cognitives effectués au début et à la fin de la période d'observation permettent de mettre en évidence l'effet de l'entraînement sur l'un ou l'autre des aspects ciblés.

Effets salutaires avérés

Il ressort de ces études transversales, longitudinales et cliniques que l'exercice physique a un effet protecteur contre les symptômes de la dépression et du déclin cognitif (perception, motricité, langage, mémoire, affectivité, raisonnement, etc.) lié au vieillissement, y compris le début de la démence. Aucun doute possible : bouger régulièrement a un effet protecteur. Il y a aussi des données très convaincantes à l'effet que l'exercice physique réduit les symptômes d'angoisse et de détresse et améliore la qualité du sommeil, de même que le bien-être général. Ces effets bénéfiques se manifestent tant chez les femmes que les hommes.

Et les jeunes ?

Par ailleurs, les jeunes athlètes et leurs parents seront heureux d'apprendre que l'entraînement cardio permet d'obtenir de meilleurs résultats scolaires. Lorsque le temps des matières traditionnelles est réduit pour donner plus du temps aux programmes sportifs et d'éducation physique, les résultats scolaires ne diminuent pas. En fait, l'exercice a un effet positif sur certains déterminants de la réussite scolaire comme le comportement en classe, la concentration, le niveau d'attention, la mémoire, l'acuité mentale, l'estime de soi, l'image de soi, la satisfaction à l'école et le sentiment d'appartenance à l'école (d'où un moins grand risque de décrochage scolaire).

Il semble que l'exercice physique améliore aussi le contrôle de soi et favorise le développement de la compétence sociale chez les jeunes, mais c'est moins certain. Chose certaine, ceux qui se considèrent comme des athlètes ont moins de comportements dérangeants en classe. Quant aux enfants souffrant de troubles d'apprentissage et de comportement, ils voient leurs résultats scolaires et leur attitude en classe s'améliorer lorsqu'ils augmentent leur niveau d'activité physique.

Dose-réponse ?

Il semble qu'il y ait, chez les adultes, ce que les États-Uniens appellent une « relation dose-réponse » entre le volume d'activité physique et les effets sur la santé mentale. Certaines études indiquent que plus on fait d'activité physique, plus on est protégé contre la dépression et la démence. Par contre, on n'a pas encore assez de données pour déterminer s'il existe un seuil minimal d'activité physique à franchir pour commencer à bénéficier d'effets salutaires sur la santé mentale. Pour l'instant, on peut croire qu'en cette matière, tout comme sur le plan de la santé physique, faire un peu d'activité physique, c'est déjà beaucoup, mais qu'en faire plus, c'est encore mieux.

Bref, les recherches récentes convergent vers la conclusion que l'entraînement cardio a un effet protecteur contre plusieurs problèmes de santé mentale. Les fanatiques de l'aérobie ont donc raison de penser que leur entraînement leur fait du bien dans la tête !

COMMENT PERDRE DU POIDS ET LE MAINTENIR APRÈS AMAIGRISSEMENT

Les personnes qui ont un surplus de poids et qui veulent en perdre ont bien raison de miser sur l'entraînement cardio. Un excès de graisse abdominale est associé à un risque accru de toutes sortes de problèmes de santé : diabète de type 2, anomalies lipidiques, hypertension, maladie coronarienne. Et l'on sait maintenant que les personnes obèses qui augmentent leur volume d'activité physique réduisent de manière significative le risque d'éprouver ces problèmes de santé, qu'elles réussissent ou non à perdre du poids, surtout si elles parviennent à améliorer leur aptitude aérobie.

Pour perdre de la graisse, il faut impérativement que l'apport énergétique par l'alimentation soit inférieur à la dépense énergétique. Si, jour après jour, votre dépense calorique est de 500 kcal plus élevée que votre apport énergétique alimentaire, vous aurez en principe cumulé un déficit de 3500 kcal chaque semaine, ce qui correspond à environ un demi-kilo de graisse. Ainsi, vous aurez théoriquement perdu 2 kg de graisse au bout d'un mois. Voilà pour la théorie.

7. Organisez aussi votre environnement immédiat pour qu'il soit facilitant (placez l'équipement requis à proximité de la porte de sortie, aménagez un espace dans votre logis pour l'entraînement intérieur, etc.).
8. Pour maximiser vos chances de succès, prenez le temps de déterminer précisément quand, où, comment et avec qui vous pratiquerez chacune de vos activités physiques.
9. Déterminez les obstacles (caprices du climat et autres) qui pourraient vous empêcher de réaliser vos activités. Ainsi, vous ne serez pas pris au dépourvu.
10. Élargissez votre gamme d'activités : donnez une place particulière à celles que vous pouvez faire à proximité de votre lieu de résidence, d'étude ou de travail.
11. Communiquez aux membres de votre famille, à vos amis et à vos collègues votre désir de suivre assidûment votre programme d'activité physique ; suscitez chez eux une attente que vous voudrez combler, même quand il vous sera plus difficile, pour une raison ou une autre, de suivre vos plans.
12. Invitez un partenaire à faire régulièrement de l'exercice physique avec vous ; veillez à ce que vos rendez-vous soient bien inscrits dans vos agendas.
13. Devenez membre d'un club sportif ou d'un groupe d'activité physique.
14. Soulignez vos succès : lorsque vous atteignez un objectif, commencez par vous féliciter ; osez raconter vos prouesses à votre entourage et récompensez-vous.

Bref, optimisez votre motivation en structurant votre démarche et cherchez constamment à maximiser le plaisir que vous ressentirez à bouger.

Dépression saisonnière et entraînement cardio

La réduction de l'ensoleillement durant les mois d'automne et d'hiver peut réduire la motivation des athlètes comme des non-athlètes et s'accompagner de plusieurs désagréments : fatigue, manque d'entrain et d'intérêt, morosité, sommeil prolongé, prise de poids, manque d'ardeur, etc. Dans les pires cas, on parle de « trouble affectif saisonnier » (TAS) : humeur triste, problèmes de concentration et de mémoire, grande fatigue, difficulté à entreprendre des activités, dévalorisation, voire culpabilité et idées noires. On ne sait pas vraiment pourquoi la baisse de la luminosité nous affecte, mais on sait que s'exposer le matin à un éclairage d'intensité lumineuse suffisante (lampe d'au moins 2500 lux, idéalement de 10 000 lux) redonne de l'entrain très rapidement (en moins d'une semaine). Alors, si vous êtes une personne sensible aux saisons et si votre motivation à l'entraînement en souffre, profitez au maximum d'une exposition à la lumière naturelle de l'extérieur, augmentez l'intensité de la lumière ambiante à la maison ou au travail et faites de l'exercice dans un environnement éclairé.

Figure 6.1
Évolution du poids d'une personne qui réduit son apport calorique alimentaire de moitié

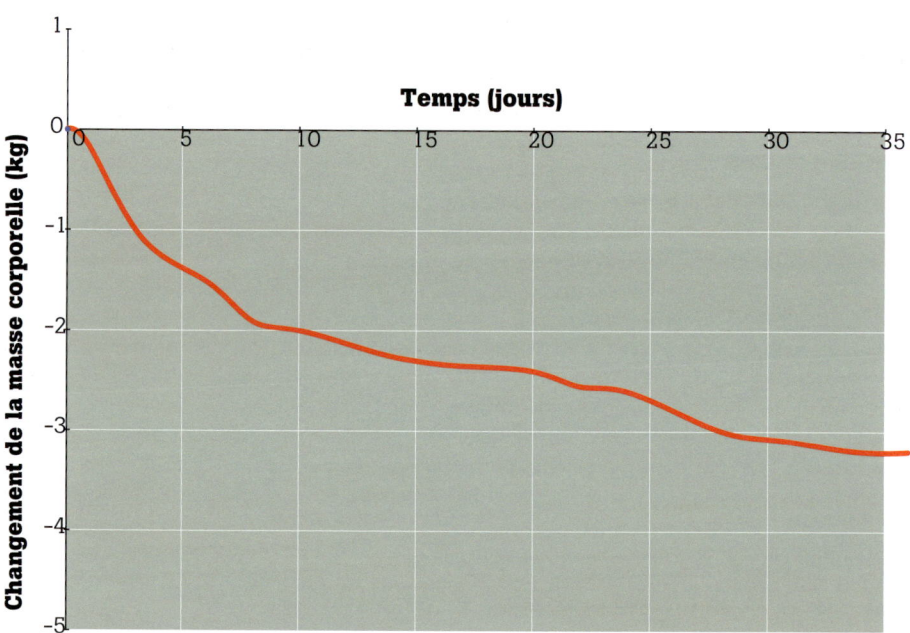

Pendant un régime sévère, en raison de la réduction du métabolisme de base, la diminution de la masse corporelle s'amenuise.

Cela dit, les personnes optant pour une diète amaigrissante sans faire plus d'activité physique n'auront pas les résultats escomptés. En effet, en réaction au manque d'énergie, leur métabolisme de base (quantité d'énergie dépensée pour assurer les fonctions vitales, soit 60 à 75 % de la dépense calorique) diminuera. Moins on mange, moins on dépense d'énergie. Tout un cercle vicieux !

Les personnes mettant plutôt l'accent sur l'augmentation de leur dépense énergétique, par exemple en suivant régulièrement un programme d'entraînement cardio, profitent de toutes sortes d'avantages. Leur condition physique s'améliore, ce qui leur permet de s'entraîner à une intensité plus élevée, plus longtemps et plus fréquemment. Après chaque séance d'entraînement, leur dépense d'énergie sera un peu plus élevée et elles auront un peu moins d'appétit, surtout si l'intensité d'entraînement était élevée. Et si elles font de la musculation en plus, leur masse maigre augmentera ou sera préservée, facilitant ainsi le maintien du métabolisme de repos.

Vive l'entraînement cardio !

L'activité cardio est le meilleur choix pour faire fondre la graisse ; elle sollicite de grosses masses musculaires et permet donc de dépenser pas mal de calories en une période de temps raisonnable. Le tableau 6.1 indique le nombre de kcal dépensées chaque minute, selon son aptitude aérobie et son intensité relative d'entraînement.

Maigrir localement ?

Les femmes aux fortes cuisses, tout comme les hommes bedonnants, sont souvent exploités sans vergogne par des charlatans qui leur promettent de maigrir localement par toutes sortes de trucs : application de pommades, crèmes et décoctions diverses, massages, etc. Les trucs les plus en vogue, ce sont les fameux « exercices pour le ventre » et les « exercices pour les cuisses ». Mais la réalité est qu'il n'est pas possible de maigrir localement, à moins d'avoir recours à la chirurgie. En effet, il n'existe pas d'échanges circulatoires directs entre la graisse sous-cutanée et les muscles voisins. Lorsqu'un muscle travaille, il ne fait pas maigrir la région voisine ; il fait maigrir l'ensemble des réserves de graisse.

Pour perdre de la graisse, il faut impérativement que la dépense énergétique soit supérieure à l'apport énergétique. Bref, il faut manger moins et, surtout, dépenser plus.

Zone optimale d'intensité d'entraînement pour perdre de la graisse ?

Dans le milieu sportif circule l'idée qu'il existe une intensité optimale d'entraînement qui maximiserait la perte de graisse. Cette croyance vient de l'observation suivante : plus l'intensité de l'exercice est élevée, plus le mélange de « carburants » est composé de sucre et

Le régime extrême (et pas recommandé du tout) de Jean Nüttli

Un beau jour de 1996, le Suisse alémanique Jean Nüttli, peintre en carrosserie pesant 125 kg, s'est résolument soumis à un programme amaigrissant extrêmement sévère : 3 à 5 h de *home trainer* tous les jours avec un apport calorique d'au plus 1000 kcal et descendant souvent sous la barre des 500 kcal. Résultat : une perte de poids considérable ; 55 kg en cinq mois seulement ! Devenu affûté comme une lame de rasoir, il se passionne pour le vélo et se met à la compétition. Passé pro en 2000, il excelle au contre-la-montre : champion de Suisse en 2001, vainqueur du Chrono des Herbiers en 2000 et 2001. L'ambition de ce coureur atypique était d'établir un nouveau record du monde de l'heure, mais ses tentatives jusqu'à sa retraite en 2005 ont été sans succès.

Plus l'aptitude aérobie est grande, moins il est difficile de dépenser une grande quantité de Calories.

Tableau 6.1
Dépense énergétique approximative, en kcal/min, selon l'aptitude aérobie et l'intensité relative d'entraînement

Intensité relative	Aptitude aérobie					
	Très faible	Faible	Moyenne	Élevée	Très élevée	Élite mondiale
Très faible	5	6	7	8	9	10
Faible	6	7	9	10	11	13
Moyenne	7	9	10	12	14	15
Élevée	9	10	12	14	16	18
Très élevée	10	12	14	16	18	20

moins il est composé de gras ; par contre, plus l'intensité est faible, moins on dépense d'énergie. Ainsi, l'intensité optimale serait assez élevée pour s'accompagner d'une dépense d'énergie appréciable, mais pas trop élevée quand même, pour que l'on puise davantage dans les réserves de gras. Selon ce raisonnement, la personne souhaitant perdre de la graisse aurait avantage à s'entraîner à une intensité qui se situerait entre 50 et 65 % de son VO_2max. En réalité, ce sont les séances d'entraînement à haute intensité (en continu) et celles comprenant des pointes d'effort à très haute intensité (en intermittent) qui suscitent l'effet amaigrissant le plus important. Comme le souligne le docteur Grediagin, de Fort Louis (Washington, États-Unis) :

« (…) la perte de graisse est proportionnelle à la quantité d'énergie dépensée et non pas tant à l'intensité de l'exercice. Par conséquent, les personnes qui désirent perdre de la graisse et qui disposent d'une période de temps limitée ont intérêt à s'entraîner de manière sécuritaire à une *intensité la plus élevée possible* pendant la période de temps dont ils disposent ».

Certaines études ont démontré que l'entraînement à intensité élevée, même s'il s'accompagnait de la combustion d'un mélange de substrats comprenant plus de sucre que de graisse, provoquait finalement une plus grande perte de graisse. Et l'équipe du professeur Angelo Tremblay, de l'Université Laval, à Québec, a montré qu'un programme de brèves séances d'entraînement par intervalles courts (EPIC) d'intensité très élevée permet une plus grande perte de graisse qu'un programme de longues séances d'entraînement continu à intensité moyenne. Exprimée au prorata du nombre de Calories dépensées, la perte de graisse des sujets qui faisaient partie du groupe d'entraînement à haute intensité était neuf fois plus élevée que celle des sujets du groupe d'entraînement à intensité moins élevée. Cet avantage que procure l'EPIC s'expliquerait par une plus grande combustion de gras et une diminution sensible de l'appétit dans les heures qui suivent les séances.

En résumé, si l'on veut perdre du poids, l'EPI offre au moins trois avantages :

1. Nous mangeons moins (la répétition d'efforts intenses coupe l'appétit au cours des deux à quatre heures qui suivent la séance) ;
2. Nous brûlons plus d'énergie ;
3. Le métabolisme de base est plus élevé pendant les quelques heures qui suivent l'activité intensive, soit une dépense supplémentaire de 150 à 250 kcal, l'équivalent d'une vingtaine de minutes d'entraînement cardio.

Conseils pratiques d'amaigrissement

Pour maigrir, il faut impérativement dépenser plus de Calories qu'on n'en consomme par l'alimentation. Or, la seule façon d'augmenter la dépense calorique, c'est de faire plus d'activité physique. Voici quelques conseils si vous avez vraiment du poids à perdre et si vous souhaitez ardemment vous alléger de quelques soucis adipeux.

1. Rappelez-vous que les personnes obèses qui augmentent leur volume d'activité physique réduisent de manière significative le risque d'être atteint de plusieurs problèmes de santé, qu'elles réussissent ou non à perdre du poids, surtout si elles parviennent à améliorer leur aptitude aérobie.
2. Pratiquez tous les jours ou presque des activités physiques aérobies que vous aimez et qui permettent de « brûler » une quantité appréciable de Calories (vélo, jogging, marche rapide, etc.), de même que des activités de renforcement musculaire (avec ou sans appareils).
3. Chaque semaine, effectuez au moins une séance prolongée d'entraînement aérobie, quitte à ce que son intensité ne soit pas très élevée, et faites une ou deux séances d'entraînement par intervalles (périodes intenses et de récupération de 10 à 30 s) : elles s'accompagneront d'une diminution de l'appétit et d'une augmentation de la combustion de graisse pendant la période de récupération.

Prévenir la diminution de la masse maigre...

Lorsqu'on réussit à perdre de la graisse, on perd également de la masse maigre. Mais une recherche menée par les Américains Ballor et Poehlman montre que l'exercice physique a un effet protecteur sur la masse maigre : après un programme amaigrissant s'accompagnant d'une perte de 10 kg, la masse maigre représentait jusqu'à 26 % du poids perdu par les femmes qui avaient suivi une diète sans s'entraîner, mais 12 % seulement du poids perdu par les personnes qui avaient fait de l'exercice en plus de modifier leur alimentation.

... et de la masse osseuse

Par ailleurs, les personnes qui suivent un régime amaigrissant perdent de la masse osseuse (même si elles réussissent à conserver un apport suffisant en calcium). Là encore, une recherche montre l'effet protecteur de l'exercice physique sur la résistance des os : des femmes qui suivaient un régime amaigrissant ont perdu 8 kg en 18 mois ; la masse osseuse dans les hanches et les vertèbres avait cependant diminué deux fois moins chez celles qui avaient perdu ce poids en faisant de l'exercice physique, comparativement à celles qui l'avaient fait en suivant un régime.

4. Entreprenez votre programme d'entraînement de façon progressive afin d'éviter les blessures et la perte de motivation.
5. Fixez-vous des objectifs d'entraînement réalistes à court, moyen et long terme, et tenez un carnet d'entraînement. Ne cherchez pas à perdre plus de 2 kg par mois afin de limiter la diminution de la masse musculaire, la réduction du métabolisme de base et les carences alimentaires.
6. Inscrivez d'avance vos séances d'entraînement dans votre agenda comme des rendez-vous avec vous-même, en précisant le type d'exercice, l'intensité, la durée, etc., de même que les éléments logistiques pertinents.
7. Prévoyez des activités appropriées aux diverses conditions climatiques.
8. Si vous atteignez un plateau de perte de poids, ne vous découragez pas : ayez confiance et ne sous-évaluez pas l'importance des kilos déjà perdus.
9. Rappelez-vous régulièrement les obstacles surmontés, les acquis et les avantages liés à l'amélioration de votre condition physique et à la perte de poids, et pensez de façon réaliste à ceux à venir.
10. Assurez-vous d'avoir une alimentation saine, variée et équilibrée qui facilite le contrôle de l'appétit.
11. Confiez à un kinésiologue et à un nutritionniste le soin de faire le suivi des progrès accomplis : habitudes alimentaires, entraînement et maintien du poids.

Rappelez-vous que quel que soit le résultat sur le pèse-personne, un bon programme d'entraînement améliorera votre aptitude aérobie et votre santé. Et évitez de tomber dans l'excès.

LE PIÈGE DE L'ANOREXIE

Aujourd'hui, de nombreuses personnes ont une obsession vis-à-vis de leur apparence corporelle, obsession renforcée par les canons de la mode et les standards modernes d'esthétique. Résultat : plus d'une personne sur 500 est atteinte d'anorexie. Décrite pour la première fois au XVIIe siècle et étudiée comme maladie psychiatrique à partir des années 1970, l'anorexie, nerveuse ou mentale, est un trouble de la conduite alimentaire caractérisé par le refus de maintenir la masse corporelle minimale compte tenu de l'âge et de la taille.

Les anorexiques se font maigrir de diverses manières : jeûne forcé, régimes alimentaires très restrictifs limités à quelques aliments (salades, légumes...), élimination systématique de certains aliments à valeur énergétique élevée, prise de substances laxatives, diurétiques ou de coupe-faim, vomissements volontaires, augmentation extrême de la dépense énergétique par des exercices physiques excessifs et exagérés (fréquentes séances d'entraînement de très longue durée).

Même avec des kilos en moins, les anorexiques, terrorisés et obsédés par l'idée de prendre du poids, dominés par l'association entre leur poids et leur valeur personnelle, continuent à se sentir gros, comme si l'image mentale de leur corps ne reflétait pas la réalité de la maigreur ou de la déformation qu'ils subissent, et maintiennent leurs privations et comportements destructeurs.

Le nombre d'athlètes d'endurance réduisant exagérément leur apport énergétique augmente depuis que certaines idoles sportives ont déclaré qu'elles s'astreignaient à des régimes sévères pour perdre de la masse grasse et même, dans certains cas, de la masse musculaire (!) dans le but de s'améliorer, notamment en montée. Le milieu sportif, où les comparaisons de l'esthétique des corps et des performances sont omniprésentes, est propice au développement de l'anorexie.

Que faire devant un athlète anorexique ?

Si vous êtes anorexique, vous devriez réfléchir un instant aux raisons profondes de votre volonté de maigrir à tout prix et trouver une voie alternative qui vous respecte dans votre intégrité, même si vous refusez encore de reconnaître que vous souffrez et si vous percevez davantage votre comportement comme une « solution ».

Tenter seulement de convaincre une personne anorexique qu'elle doit s'alimenter plus et s'entraîner moins est souvent vain. Pourquoi ? Sans doute parce que le contrôle qu'elle exerce sur son corps constitue un îlot de satisfaction quasi pervers et que toute tentative de l'en priver correspond exactement à ce contre quoi elle s'insurge : le contrôle des autres.

Diverses stratégies thérapeutiques orchestrées par un médecin expert du problème, avec l'aide d'une équipe de professionnels (psychologue, diététicien...) intégrant familles et entraîneurs au besoin, cibleront :

- la correction des habitudes alimentaires ;
- la correction des erreurs de perception corporelle et des pensées ;
- l'amélioration de l'estime de soi par le relevé des émotions, des besoins, des limites ;
- le développement de l'autonomie pour redonner le contrôle sur sa vie par l'affirmation de soi et l'expression affective.

Les professionnels proposeront au sujet anorexique de tenir un journal alimentaire et émotionnel (le cas échéant, sportif) et d'établir un contrat précisant le poids à atteindre, la diète à suivre, l'activité physique à ne pas dépasser... Leur éducation nutritionnelle visera l'acquisition d'habitudes alimentaires équilibrées : alimentation variée (fruits, légumes, céréales, protéines, produits laitiers) et espacement régulier des repas et collations (trois repas et au moins deux collations par jour) pour assurer les éléments nutritifs et l'énergie permettant de répondre aux besoins de l'organisme.

Rappelons enfin qu'il existe des situations où l'hospitalisation devient nécessaire. Un poids inférieur à 70 % du poids normal, un rythme cardiaque anormal ou bas (< 40 bpm), un taux de potassium sous la barre des 3 mmol/L, une hypothermie à 36 °C et une dépression secondaire avec un risque suicidaire sont des critères décisifs.

Prévenir l'anorexie

Dans les sports à risque d'anorexie, la prévention est essentielle, d'autant plus que cette maladie très destructrice est insidieuse, difficile à faire reconnaître et à soigner. Les moyens de prévention recommandés aux parents, entraîneurs et autres cadres sportifs sont les suivants :

1. Apprendre à reconnaître les circonstances pouvant mener à l'anorexie et à la détecter.
2. Questionner sur les habitudes alimentaires, les connaissances en diététique, les variations du poids du sportif.
3. Éviter de faire des remarques sur le corps de l'athlète qu'il pourrait interpréter négativement.
4. Dédramatiser l'importance de la masse corporelle : le poids de forme d'un athlète n'est pas nécessairement le poids de forme de tous.
5. Souligner que les longues sorties énergivores ne suffisent pas pour optimiser l'amélioration de la performance dans un sport d'endurance.
6. Rappeler qu'un bon plan d'entraînement comprend des séances d'entraînement par intervalles demandant des réserves d'énergie suffisantes.

Maux présentés par les personnes atteintes d'anorexie

- Perte prononcée de poids, jusqu'à 50 % dans les cas extrêmes.
- Dépression et risque suicidaire.
- Atteintes au fonctionnement professionnel, sportif et social : pertes de mémoire, diminution des performances, isolement et changement de caractère, diminution du désir sexuel.
- Fatigue, faiblesse musculaire, perte de conscience.
- Intolérance au froid.
- Perturbations sanguines : anémie, manque de potassium, de magnésium, de phosphates et de protéines.
- Troubles cardiovasculaires : hypotension artérielle, rythme cardiaque irrégulier (arythmie) ou trop lent (bradycardie), insuffisance cardiaque pouvant mener au décès.
- Troubles digestifs : maux d'estomac, diarrhée ou constipation.
- Peau sèche et perte des cheveux ; érosion de l'émail dentaire.
- Chez les femmes, la « triade sportive », c'est-à-dire :
  - alimentation désordonnée ;
  - aménorrhée secondaire (disparition des règles) ;
  - faible concentration en œstrogène dans le sang et ostéoporose hâtive.

7. Valoriser le plaisir de l'entraînement et de la compétition, la joie de vivre et la camaraderie davantage que la réussite sportive proprement dite.

8. Louer le talent et les progrès des athlètes et non pas leur apparence physique ; ne pas les critiquer pour avoir pris du poids, ni les féliciter pour en avoir perdu.

9. Ne pas mesurer fréquemment la masse corporelle ou la composition corporelle (pourcentage de graisse) et ne jamais le faire en public.

Profil type de l'anorexique

Ce ne sont évidemment pas toujours les mêmes circonstances qui amènent une personne à devenir anorexique, mais les recherches et les observations des entraîneurs révèlent que les facteurs suivants peuvent prédisposer à la maladie, la déclencher ou l'entretenir.

Facteurs qui prédisposent à l'anorexie

- Environnement familial contrôlant ou conflictuel : surprotection, rigidité des rôles.
- Mauvaise estime de soi, sens de l'autocritique très développé.
- Incapacité de se trouver bon ; besoin de valorisation.
- Intelligence particulièrement grande.
- Grand désir de réussir, perfectionnisme, exigences très élevées par rapport à soi et à ses performances, ambitions sportives souvent déraisonnables.
- Tendance à travailler de manière acharnée, voire compulsive, à l'atteinte d'un but.
- Attitude ascétique vis-à-vis de l'entraînement et de l'alimentation.
- Comportements sociaux changeants : parfois exemplaires, parfois rebelles.
- Peur de la maturité ou difficultés d'autonomisation.

Facteurs qui précipitent l'anorexie

- Pertes, séparations, bris de l'équilibre familial.
- Commentaires désobligeants sur son poids de la part de personnes vénérées (p. ex entraîneur).
- Demandes accrues et pressions de l'environnement (attentes excessives des parents ou des entraîneurs).
- Échecs divers.
- Conflits familiaux ou professionnels.
- Déception amoureuse ou début d'une relation amoureuse.

Facteurs qui perpétuent l'anorexie

- La perte de poids donne l'impression de contrôle et améliore l'estime de soi.
- Renforcements positifs : l'entourage valorise la perte de poids (encouragements ou remarques positives) ou la performance, en ignorant le problème anorexique.
- Gains secondaires : le sentiment de contrôle donne l'illusion d'être « spécial » d'autant plus que l'environnement manifeste de l'attention (inquiétudes).

DOULEUR ET SOUFFRANCE

En sports d'endurance, on est susceptible de ressentir des douleurs dues à des blessures accidentelles (p. ex. contusions) ou à des blessures d'usure (p. ex. tendinites). Mais ce sont les douleurs et la souffrance liées à l'effort intense et prolongé dont on parle le plus dans les milieux sportifs.

Dans leur discours, les athlètes utilisent les termes douleur et souffrance comme s'ils signifiaient à peu près la même chose. Selon Laurent Vicente, psychanalyste français et coureur de fond chevronné, le terme *souffrir* réfère aux notions d'endurer, de supporter quelque chose de désagréable, par exemple une douleur physique comme les cuisses qui brûlent. Ainsi, la souffrance qui habite l'athlète est davantage un processus qu'un état. Laurent Vicente dit que la douleur pose une question, alors que la souffrance tente d'y répondre. La souffrance est à la fois la cause et la conséquence de la propension de l'athlète à se confronter à la douleur. Alors que la souffrance aide ou permet de se faire mal, la douleur, elle, fait mal !

La douleur physique est une sensation localisée et désagréable, transmise par les nerfs sensitifs et globalement interprétée par le cerveau comme une perturbation menaçante. Elle peut donc jouer un rôle important dans la préservation de l'intégrité corporelle en suscitant un ajustement du comportement prévenant une trop grande perturbation de l'organisme. Bref, la douleur invite l'athlète à se ménager. Mais voilà une « invitation » qui rebute quand on est compétitif, car compétition rime davantage avec « se défoncer » qu'avec « se ménager » !

Se pousser au max

La capacité de se donner à fond est un atout dans plusieurs sports. En fait, tout athlète doit tôt ou tard encaisser non seulement la douleur associée à l'effort de *durée* extrême, mais aussi celle liée à l'effort d'*intensité* extrême.

> « I hurt myself today, to see if I still feel. I focus on the pain, the only thing that's real. »
>
> Je me fais mal aujourd'hui pour voir si je ressens quelque chose. Je me concentre sur la douleur, seule chose qui existe. (traduction libre)
>
> De la chanson « Hurt »,
> Trent Reznor
> (Nine Inch Nails)

« C'est aux limites de la douleur et de la souffrance qu'on distingue les hommes des garçons. »

Emil Zátopek

Votre capacité à subir une plus grande douleur peut donc faire la différence. Selon certaines études, mieux on comprend le mécanisme de la douleur, plus on est résistant à la douleur. En fait, votre cerveau interprète constamment la douleur pour bien moduler votre envie de vous pousser davantage ou votre envie de ménager votre bride. Il fait cela en tenant compte d'éléments plus ou moins subjectifs. Il s'agit notamment :

- de votre expérience : « quand je ressens une telle douleur, cela signifie quoi ? qu'est-ce qui en résulte généralement ? »
- de l'enjeu : « quel bénéfice, quelle valorisation personnelle puis-je retirer en tolérant plus longtemps cette douleur, en me faisant encore plus mal ? »
- de votre plan général : « quel est le risque ? si je me donne encore plus, serai-je en mesure de tenir jusqu'à la fin sans fléchir ? »

Stratégies face à la douleur

Face à la douleur liée à l'effort, les athlètes de haut niveau utilisent des stratégies particulières. Certains optent pour une stratégie associative : ils se concentrent sur la douleur pour mieux gérer l'intensité de leur effort. Mais la plupart emploient une stratégie *dissociative* : ils cherchent à oublier la douleur en se concentrant sur un élément particulier, p. ex. leur rythme respiratoire ou bien une phrase motivante ou encore un mantra hypnotisant qu'ils se répètent sans cesse.

La prochaine fois que vous serez dans le rouge, vous voudrez peut-être essayer la stratégie mixte suivante : comptez vos respirations à rebours à partir de 20 jusqu'à 1, puis à partir de 19, puis de 18, etc., tout en vous disant que vous aurez droit à un répit après la respiration numéro 1. À la fin de chaque compte à rebours, passez transitoirement au mode associatif pour vous assurer que vous n'avez pas franchi un seuil d'intensité d'effort qui pourrait vous laisser en panne d'énergie pour la suite. Si vous devez encore fournir un effort important après avoir fait toutes les séries de respirations à rebours, reprenez la formule à nouveau.

L'aptitude à se faire mal « quand ça compte » peut certainement différencier les athlètes aux qualités physiques égales. Mais sachez que même en faisant preuve d'une tolérance extrême à la douleur, les personnes de condition physique faible ou moyenne ne battront pas les grands champions.

LA VÉRITÉ SUR LE LACTATE

Dès qu'on pousse un peu fort sa machine, ça fait mal. Mal aux muscles, au ventre, à l'ego. Et si ça fait mal, il faut bien qu'il y ait un responsable. Dans le monde du sport, on prétend que le lactate occasionne la douleur. On le dit même responsable des crampes et des courbatures.

Tout d'abord, une certitude : à haut régime, les cellules musculaires déversent dans la circulation sanguine du lactate. Mais quand on examine en détail la façon dont l'énergie est produite dans le muscle au cours d'efforts de diverses intensités, on se rend compte que le lactate n'a pas tous les vices qu'on lui prête.

Une théorie simple, mais inexacte

Il n'existe pas *une* fatigue musculaire, mais plutôt *des* fatigues musculaires. En effet, bien que leurs manifestations soient identiques, c'est-à-dire l'impossibilité de poursuivre l'effort, la fatigue du sprinter n'est pas celle du coureur de demi-fond, ni celle du marathonien ou du participant à la cyclosportive Paris-Brest-Paris, etc. Il est naïf de penser que les diverses formes de fatigue musculaire ont toutes le lactate comme seule et unique cause.

Entre les neurones du cerveau, d'où émane la commande motrice, et les myofilaments des muscles qui l'exécutent, la chaîne de transmission de l'information qui permet le développement de la force comprend de nombreux maillons. Chacun d'eux peut faillir à sa tâche et empêcher la poursuite de la contraction musculaire et de l'exercice. Cela fait une longue liste de suspects possibles dans le développement de tel ou tel type de fatigue, parmi lesquels il y a peut-être dans certains cas la présence de lactate. Mais ce n'est certainement ni le principal, ni l'unique coupable.

On trouve plusieurs arguments expérimentaux qui tendent à montrer que le lactate n'a finalement pas grand-chose à voir avec la fatigue musculaire. Certains de ces arguments sont relativement complexes et on ne les reprendra pas ici, mais soulignons que dans une revue détaillée de cette question, des chercheurs de renom (R.A. Robergs et ses collaborateurs) concluaient :

« ...la perturbation de l'équilibre acido-basique du muscle squelettique n'est pas un facteur aussi crucial de la fatigue qu'on le suggère souvent... »

L'argument le plus convaincant, c'est qu'il peut y avoir fatigue musculaire quand la concentration de lactate n'est pas élevée, alors qu'inversement on peut observer une absence de fatigue musculaire quand la concentration de lactate est élevée.

Grosse fatigue, peu de lactate

Au terme d'épreuves particulièrement éprouvantes comme les raids de plusieurs heures en vélo de montagne, la fatigue est très grande, mais la concentration de lactate dans le sang n'est pas beaucoup plus élevée qu'au repos. Par ailleurs, les patients porteurs de la maladie de McArdle, qui sont incapables de produire, et donc d'accumuler, du lactate, sont très susceptibles de souffrir de fatigue musculaire. Il peut donc y avoir fatigue musculaire avec très peu, voire même sans lactate.

> « Il n'y a rien de moins pratique qu'une mauvaise théorie. »
>
> Leonid Brejnev,
> secrétaire général
> du Parti communiste de l'Union soviétique de 1964 à 1982

Beaucoup de lactate, peu de fatigue

Après un effort isométrique épuisant des quadriceps (par exemple « faire la chaise », le dos appuyé au mur), la force diminue de façon transitoire à cause de la fatigue, mais cette fatigue s'atténue rapidement et disparaît presque complètement en 2 min de récupération : le muscle est pratiquement capable à nouveau, après cette période, de développer la force initiale. Si l'on observe maintenant le degré d'acidité des muscles, on s'aperçoit qu'il a considérablement augmenté au cours de la contraction isométrique, ce qui pourrait appuyer l'hypothèse que l'acide lactique est responsable de la fatigue. Par contre, pendant la période de récupération, le degré d'acidité dans le muscle ne revient que très lentement à la normale. Ainsi, 2 min après la fin de l'exercice, le degré d'acidité est encore très élevé, alors que le muscle n'est plus fatigué puisqu'il peut à nouveau développer la force initiale. L'augmentation du degré d'acidité dans le muscle n'est donc pas la cause de la fatigue puisque nous observons ici un haut degré d'acidité sans fatigue.

Bref, les fatigues des athlètes peuvent avoir, selon le type d'effort, diverses causes, mais rien ne prouve que l'acide lactique ou le lactate soit la cause, ni même une des causes principales de l'une ou l'autre de ces formes de fatigue.

Vaut-il mieux produire plus ou moins de lactate?

Plusieurs pensent que plus on produit de lactate, moins on est bon. En fait, c'est le contraire ! Dans plusieurs épreuves sportives, produire plus de lactate signifie qu'on travaille à plus haute intensité et donc qu'on va plus vite.

Dans les efforts très violents (une montée en sprint d'un tronçon particulièrement raide), une grande partie de l'énergie de la contraction musculaire est dérivée de ce qu'on appelle la glycolyse anaérobie. La glycolyse anaérobie est le processus par lequel la cellule musculaire produit de l'énergie pour la contraction à partir de la dégradation (lyse) du glucose (glyco), sans utiliser l'oxygène (anaérobie : sans oxygène). Comparativement aux processus aérobies de production d'énergie, la glycolyse anaérobie, qui s'accompagne toujours de libération de lactate, a des avantages, mais elle a également des inconvénients.

Ainsi, au moment d'épreuves courtes – où la quantité d'énergie à déployer chaque seconde est très élevée –, une très grande partie de l'énergie provient de la glycolyse anaérobie. Pour les épreuves plus longues, où la quantité totale d'énergie à déployer est élevée, une très grande partie de l'énergie provient des processus aérobies.

Il ne faut donc pas s'étonner que les spécialistes des exercices courts et intenses produisent beaucoup de lactate et que, par conséquent, plus ils en produisent, meilleurs ils sont. Ainsi, la concentration de lactate dans le sang – environ 1 mmol/L au repos – augmente jusqu'à environ 18 mmol/L après une course de 400 m si l'on est un coureur de niveau moyen et jusqu'à environ 23 mmol/L si l'on est nettement meilleur. Dans les efforts courts (de 10 s à une dizaine de minutes), l'athlète qui réussit est celui qui produit beaucoup de lactate et donc qui fournit à ses muscles beaucoup d'énergie anaérobie.

Seuil anaérobie : croyants c. non-croyants

Dans certains milieux sportifs, on ne jure que par le seuil anaérobie. Si l'on en croit cette théorie, dans le vaste continuum des intensités d'exercice, environ à mi-chemin entre l'intensité d'une sortie facile et celle des sprints les plus endiablés, il existerait un point de passage du métabolisme aérobie strict au métabolisme mixte aérobie et anaérobie.

Cette théorie, pratique et séduisante, a encore aujourd'hui de nombreux partisans. Les revues sportives populaires y font couramment référence en laissant croire qu'il s'agit d'un fait bien admis. Certes, lorsqu'on fait un exercice à haut régime depuis quelques minutes, on a parfois l'impression que cela demande un courage énorme d'augmenter sa vitesse d'un iota. Toutefois, les connaissances scientifiques actuelles permettent de réfuter la théorie du seuil anaérobie. Il serait fastidieux de les présenter en détail, mais soulignons tout de même les points suivants.

- Il n'existe pas de puissance seuil au-dessous de laquelle le muscle ne produit pas de lactate et au-dessus de laquelle il en produit. Le muscle produit du lactate en per-

Figure 6.2
Variations de la concentration de lactate dans le sang au cours d'un exercice progressif

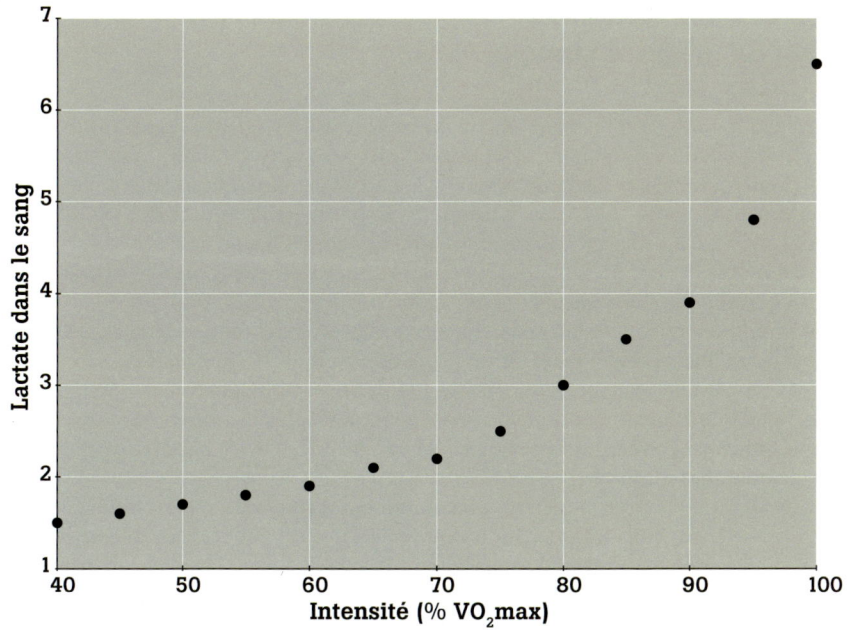

Les adeptes de la théorie y voient un seuil, ce qu'une analyse rigoureuse ne confirme pas : il s'agit plutôt d'une simple parabole.

manence, dès les puissances de travail les plus basses : le muscle produit du lactate même lorsque l'apport en oxygène est suffisant.

- Au cours d'un test progressif comme on en fait en laboratoire, la concentration de lactate dans le sang ne présente pas de seuil (figure 6.2) comme plusieurs le prétendent. La courbe qu'on obtient ne comporte pas de cassure. En fait, l'allure de cette courbe résulte probablement d'un délai d'apparition du lactate dans le sang.
- Pour une intensité d'exercice donnée (p. ex. à une fréquence cardiaque de 150 bpm), la concentration de lactate diminue après un bon programme d'entraînement, mais cela n'a rien à voir avec un seuil anaérobie : c'est sans doute parce que l'entraînement améliore la précision du contrôle métabolique.
- Si le seuil anaérobie existait et s'il avait la signification physiologique qu'on lui prête couramment dans les milieux sportifs, la relation entre l'intensité de l'exercice et le temps critique (temps pendant lequel l'athlète peut maintenir cette intensité) n'aurait pas une allure aussi lisse (figure 1.3, p. 23) et l'on y verrait une cassure.
- Si l'exercice à une intensité supérieure au seuil anaérobie était aussi pénible que les « croyants » le pensent,

« Le lactate n'a pas tous les torts qu'on lui prête. »

il ne serait pas possible de faire des compétitions à une intensité plus élevée que celle correspondant au seuil anaérobie. Or c'est ce que pratiquement tous les athlètes le moindrement motivés font dans des épreuves de durée moyenne (p. ex. course cycliste contre la montre d'une vingtaine de kilomètres).

Difficile de mesurer quelque chose qui n'existe pas !

D'autre part, la confusion règne quant aux façons d'établir ce fameux seuil anaérobie. On en a recensé plus d'une vingtaine : des complexes, des subjectives, des douteuses et des particulièrement farfelues. Le fameux test de Conconi, prisé par beaucoup d'entraîneurs, mais vertement critiqué par des scientifiques, fait partie de cette dernière catégorie. Les méthodes envisagées diffèrent tellement les unes des autres que les mesures du seuil anaérobie auxquelles elles conduisent pour un athlète donné s'étendent sur une très large fourchette, ce qui n'a rien de rassurant.

Bien entendu, on peut assez facilement corréler la vitesse établie au seuil anaérobie avec la performance, par exemple pendant une course à pied de 10 km. Mais cela s'explique : la vitesse que l'athlète tient au seuil anaérobie (qu'on l'établisse d'une manière ou d'une autre) dépend de sa consommation maximale d'oxygène plus que de toute autre chose. Et plus le VO_2max est élevé, plus la performance est grande, dans n'importe quelle épreuve de plus de quelques minutes.

Bref, le lactate – le bouc émissaire tout désigné des douleurs qui accompagnent l'effort sportif – n'a pas tous les torts qu'on lui prête : il n'est pas responsable de la fatigue (pas plus d'ailleurs que des crampes ou des courbatures). En fait, la performance dépend souvent de l'habileté de l'athlète à produire *plus* de lactate, et non pas *moins*, comme plusieurs le croient. Enfin, la théorie du seuil anaérobie n'est pas valide ; elle ne devrait pas être invoquée pour expliquer la performance sportive, ni pour justifier certains programmes d'entraînement.

COMMENT PRÉVENIR, TRAITER LES CRAMPES ET LES COURBATURES
Les crampes musculaires

Vous pensiez être bien préparé pour cette sortie qui présentait un défi particulier. Mais des crampes au mollet ou au devant de la cuisse en ont gâché la fin. Vous êtes curieux de connaître les causes des crampes et aimeriez les prévenir ou savoir les traiter ?

Une crampe musculaire associée à l'exercice physique est une contraction douloureuse, localisée, involontaire et soutenue d'un muscle. Elle survient généralement de manière soudaine pendant ou après l'exercice.

On entend souvent dire que les principales causes des crampes musculaires sont la déshydratation et la perte de sels minéraux qui accompagnent la sudation à l'effort. Il est vrai qu'à la fin des longues sorties, à cause de l'inévitable sudation, tout athlète a perdu une quantité plus ou moins grande d'eau et d'électrolytes, surtout s'il fait chaud. Mais il ne faut pas en déduire un lien de cause à effet avec les crampes. D'ailleurs, des chercheurs ont récemment observé que, parmi un très grand nombre d'athlètes participant à une très longue compétition, il n'y avait aucune corrélation entre les crampes et le degré de déshydratation ou la diminution des réserves de sels minéraux (sodium, potassium, etc.). En fait, dans cette étude, les athlètes qui avaient eu des crampes présentaient une concentration de potassium dans le sang un peu plus élevée et non pas plus basse que ceux qui n'avaient pas eu de crampes ! Contrairement à ce qu'on entend souvent, consommer des suppléments de minéraux ne réduit pas le risque de crampes.

La contraction d'un muscle est un processus si complexe qu'on peut penser que les causes des crampes diffèrent selon les personnes et les situations. Ainsi, la crampe du dactylographe ou du violoniste n'a pas nécessairement la même cause que la crampe du cycliste ou du marathonien. On peut aussi penser que les crampes sont le résultat de la conjonction de plusieurs phénomènes physiologiques, difficiles à discerner.

Traditionnellement, on a cherché les causes des crampes dans l'équilibre hydrique et minéral. Mais à la fin des années 1990, des équipes de brillants chercheurs, notamment celle du professeur M.P. Schwellnus, de Cape Town, en Afrique du Sud, se sont mises à chercher plutôt du côté de la commande motrice et des signaux nerveux provenant des muscles et des tendons. Selon leur nouvelle théorie, la fatigue engendre une « erreur » dans le contrôle des réflexes au niveau de la moelle épinière, de sorte que les nerfs moteurs deviennent soudainement hyperactifs : le muscle se contracte, mais ne se relâche plus.

Précisons que la contraction musculaire résulte d'une interaction complexe entre des influx nerveux facilitateurs et inhibiteurs provenant de récepteurs sensibles à l'étirement des muscles et des tendons. Tout cela est fort complexe, mais résumons en précisant que lorsque votre cerveau commande à l'un de vos muscles de se contracter, l'intensité de la contraction qui en résultera dépend non seulement de votre volonté, mais aussi de toutes sortes de signaux reçus par la moelle épinière et qui ont notamment trait à votre degré de fatigue et au degré de tension des muscles agonistes et antagonistes, de même que de leurs tendons (qui relient le muscle à l'os). La crampe survient lorsque le système de contrôle nerveux de la tension musculaire fait une « erreur » d'interprétation des signaux ; tout se passe soudainement comme si le système ne recevait que des influx facilitateurs, mais plus d'influx inhibiteurs.

L'idéal est de prévenir les crampes en suivant un programme de préparation physique où la charge d'entraînement suit une longue et lente progression.

Crampes et lactate

Les crampes ne sont pas dues à l'accumulation d'acide lactique. Il est possible d'observer des crampes lorsque la concentration de lactate est élevée, mais il arrive aussi fréquemment que cette concentration soit très haute sans qu'aucune crampe se manifeste. La plupart du temps, les crampes sont observées au cours d'efforts soutenus et prolongés. Dans cette situation, la concentration de lactate n'est pas beaucoup plus élevée qu'au repos.

« Pour prévenir les courbatures : ne jamais faire un exercice sans s'y être préparé par une progression lente et bien dosée. »

Conseils pratiques de prévention et de traitement des crampes musculaires

1. N'augmentez pas de manière brusque votre charge d'entraînement et ne faites jamais une séance pour laquelle vous n'êtes pas bien préparé.
2. Faites des exercices d'étirement des muscles qui ont tendance à « cramper », à chaque séance d'entraînement : après l'échauffement (avant, cela ne donne rien), à quelques reprises pendant les longues sorties et immédiatement après.
3. Assurez-vous d'avoir en tout temps une posture et une gestuelle appropriées, c'est-à-dire une position qui vous permet d'éviter que vos muscles travaillent en position trop raccourcie sans raison.
4. Évitez de consommer plus de stimulants que d'habitude ; la caféine et la pseudoéphédrine (qu'on trouve dans certains décongestionnants) semblent particulièrement « crampogènes » !
5. Par temps froid ou tempéré, portez des vêtements chauds, surtout sur les membres inférieurs, pendant l'échauffement et le retour au calme.
6. Évitez en tout temps de demeurer trop longtemps en position statique, p. ex. au volant de la voiture, surtout après une séance ardue d'entraînement.
7. En cas de crampes récidivantes aux mollets, mettez l'accent sur les exercices d'étirement des muscles soléaire et gastrocnémien.
8. Avant toute séance, et même si cela ne fait pas encore partie de la tradition de certains sports, prenez le temps de faire une pratique mentale appropriée : visualisez une gestuelle mécaniquement parfaite.
9. Avant les sorties effectuées tôt le matin, celles débutant par des montées abruptes et celles où le mercure indique moins de 15 °C, prenez le temps de faire une véritable séance de relaxation : couché sur le dos, contractez tour à tour chaque groupe musculaire des membres inférieurs pendant quelques secondes, puis relaxez-les en prenant soin de bien prendre conscience de la sensation de diminution progressive de la tension.
10. Évitez de dormir avec des draps trop « serrés » (le risque de crampe au mollet est plus élevé lorsque les pieds sont pointés).
11. Si toutefois vous êtes victime d'une crampe, étirez promptement le muscle ! En général, sauf si le muscle touché est extrêmement fatigué, l'étirement neutralise le réflexe qui est la cause de la crampe : il y aura davantage de signaux inhibiteurs et moins de signaux facilitateurs de la contraction.

Les courbatures

Les courbatures sont des douleurs musculaires qui apparaissent le lendemain ou le surlendemain d'un effort intense et inhabituel. Elles surviennent particulièrement quand l'exercice comprend des contractions de type excentrique, c'est-à-dire des contractions au cours desquelles les muscles se contractent en s'allongeant (par exemple, lorsqu'on amortit la chute d'un poids). Ces douleurs musculaires ne sont pas dues à la présence de lactate.

Les gens qui font de la randonnée pédestre le savent bien : ce ne sont ni les plats ni les montées qui provoquent des courbatures, mais bien les descentes, qui appellent un plus grand nombre de contractions musculaires de type excentrique. Celles-ci sont les plus dommageables pour la musculature, car le nombre de fibres musculaires que l'on recrute pour effectuer une contraction d'une tension donnée est de quatre à huit fois moins élevé en excentrique qu'en concentrique. La tension soutenue par chaque fibre est donc beaucoup plus élevée, d'où les microtraumatismes et la réaction inflammatoire qui s'ensuit.

Des recherches indiquent qu'aucun des trucs suivants ne permet d'éviter les courbatures : échauffement prolongé, exercices d'étirement, massages. Il semble par contre qu'en pratiquant une autre activité que celle ayant occasionné les courbatures (p. ex. nager quelques minutes le lendemain d'un marathon) atténue la douleur. Cela augmente la pression sanguine dans les muscles endommagés sans les solliciter de manière trop ardue, ce qui réduit probablement l'œdème accompagnant l'inflammation. On ressent un peu moins de courbatures si l'on prend un anti-inflammatoire non stéroïdien (AINS) ou un analgésique avant ou immédiatement après l'exercice, mais une courbature n'est pas une affection assez grave pour susciter une prescription de ce genre de médicaments.

Le moyen le plus efficace pour prévenir les courbatures est de ne jamais faire un exercice d'une longue durée ou d'une grande intensité sans s'y être préparé par une progression lente et bien dosée. Il faut que cette progression dans la charge d'entraînement soit encore plus douce et étalée sur une plus longue période si l'activité pour laquelle on se prépare comporte un fort taux de contractions musculaires excentriques.

COMMENT PRÉVENIR, TRAITER LE SURENTRAÎNEMENT

La passion qu'éprouve l'athlète pour son sport est un élément clé de sa motivation à se rendre dans des zones d'intensité et de douleur qui le plongent dans une grisante souffrance. Mais en faire trop, c'est comme...

On appelle surentraînement ou « syndrome de surentraînement » un ensemble de manifestations physiques et mentales se traduisant globalement par une augmentation de la sensation de fatigue et une diminution de la performance. Voilà un écueil qui guette tout athlète qui s'impose des charges d'entraînement trop élevées, sans s'allouer des périodes appropriées de repos.

Malgré de nombreuses recherches, aucun marqueur urinaire ou sanguin ne permet à l'heure actuelle de détecter le surentraînement. Il ne reste que l'impression subjective de l'athlète. Ainsi, les meilleurs indices de surentraînement sont plutôt anodins : sentiment

Courbatures et lactate

Il y a parfois lactate et courbatures, mais il peut tout aussi bien y avoir lactate sans courbatures et, à l'inverse, courbatures sans lactate. La preuve : une étude (menée par le professeur Schwane et ses collègues) où les sujets devaient courir à deux occasions de façon intermittente, d'abord sur le plat, puis en descente (pente de 10 %). La course à pied sur le plat, qui s'est accompagnée des plus grandes concentrations de lactate (3,1 mmol/L), n'a pas provoqué de courbatures. Inversement, la course en descente n'a pas suscité d'augmentation significative de la concentration sanguine de lactate. Malgré cela, au surlendemain de cet exercice, les sujets ont eu de sévères courbatures.

Voilà qui montre élégamment que le lactate n'a rien à voir avec l'apparition des courbatures.

« Un échauffement prolongé, des exercices d'étirement, des massages, c'est bien, mais cela n'empêche pas les courbatures. Pour les prévenir, il faut éviter de faire un exercice sans s'y être préparé par une progression lente et bien dosée. Pour atténuer sensiblement la douleur, pratiquez une autre activité à intensité modérée. »

de lassitude, manque de motivation, dépression, sautes d'humeur, irritabilité, sommeil difficile, perte d'appétit, et douleur musculaire inhabituelle ou persistante.

Les maxima d'intensité et de volume d'entraînement et la durée nécessaire de récupération varient beaucoup d'une personne à l'autre. Ils varient aussi pour un même sportif, au cours de la saison d'entraînement. Pour compliquer les choses, des facteurs extérieurs à l'entraînement peuvent se conjuguer avec le stress d'entraînement et précipiter le surentraînement. Aussi faut-il bien se connaître pour le prévenir, d'autant plus que rien ne ressemble plus au surentraînement que la fatigue normale.

Le repos fait partie de l'entraînement

Pour réduire le risque de surentraînement, vous devez vous donner des objectifs raisonnables et construire d'avance votre plan d'entraînement en veillant à faire progresser lentement les paramètres de la charge (volume, intensité…) et en prévoyant de fréquentes périodes de repos actif ou passif. Aussi est-il sage de prévoir au moins une journée de repos passif par semaine et de faire une sortie facile la veille et le lendemain de chaque séance intensive. Seuls les jeunes athlètes en excellente condition physique devraient se permettre de faire régulièrement deux séances d'entraînement difficiles d'affilée avant de prendre un repos actif ou passif.

Prévoyez aussi un bloc de quatre jours de repos aux trois semaines. Il peut s'agir de deux jours de repos passif et de deux jours de séances d'entraînement réduites de moitié.

Pour réduire le risque de surentraînement, vous devez réduire votre charge d'entraînement dès l'apparition des signes annonçant une fatigue extrême. Tenez compte d'éléments comme votre niveau de forme, votre humeur, la qualité de votre sommeil, les facteurs environnementaux (chaleur, froid, pluie, altitude, pollution et décalage horaire).

Comment se sortir du surentraînement

Malheureusement, en dépit de l'attention que vous porterez à ce problème, il arrive que le syndrome de surentraînement vous frappe. Dans ce cas, vous devrez prendre un repos passif d'au moins cinq jours en vous rappelant que les qualités physiques ne diminuent pratiquement pas lorsque l'entraînement est stoppé pendant moins de quatre semaines. D'ailleurs, comme on l'a vu (p. 96), des chercheurs du British Olympic Medical Centre (Angleterre) ont démontré qu'un repos de trois à cinq semaines améliorait significativement l'aptitude aérobie d'olympiens surentraînés.

Voici un exemple de plan de retour progressif à l'entraînement après un surentraînement.

	Prescription
0	Diagnostic de surentraînement
Jours 1 à 6	Repos passif
Semaine 1	Séance équivalant au quart de la durée moyenne des séances antérieures, un jour sur deux, et repos passif les autres jours
Semaine 2	Séance équivalant à la moitié de la durée moyenne des séances antérieures, un jour sur deux
Semaine 3	Séance équivalant aux trois quarts de la durée moyenne des séances antérieures, un jour sur deux
Semaine 4	Séance normale, un jour sur deux
Semaine 5	Retour à l'entraînement normal, en portant une attention particulière aux signes de fatigue.

Afin de réduire le risque de surentraînement, il faut bien doser la charge d'entraînement et prendre les mesures appropriées pour bien récupérer de chaque séance. C'est justement le sujet des paragraphes qui suivent.

LES MOYENS DE RÉCUPÉRATION ET DE RÉGÉNÉRATION

Pour maximiser l'amélioration de la condition physique et de la performance, il faut s'entraîner intensivement et souvent, sans toutefois se surentraîner. D'où la nécessité d'exploiter tous les moyens éprouvés qui accélèrent la récupération et la régénération. Cela est particulièrement important lorsqu'on effectue un stage d'entraînement, une randonnée cyclotouriste de plusieurs jours ou une vacance sportive.

« Pour éviter le surentraînement, en plus de se donner la chance de récupérer des séances ardues avant d'en faire de nouvelles, il faut suivre une lente progression de la charge d'entraînement, réduire cette charge en présence de sources extrinsèques de stress ou dès l'apparition des signes annonçant une fatigue extrême. »

Formules de régénération

Pendant la guerre froide, on a fait tout un tabac à propos des techniques de « régénération-récupération » qu'étaient censés utiliser les athlètes des pays de l'Est. Aujourd'hui, on sait qu'outre la réduction du stress d'entraînement, les moyens d'accélérer la récupération les plus efficaces ne sont pas permis, par exemple l'hormone de croissance et les stéroïdes anabolisants. Et les moyens de régénération permis se divisent principalement en deux catégories : les trucs « douillets » et les moyens alimentaires.

Trucs douillets

Pour la plupart des athlètes, « régénération-récupération » rime avec toute une gamme de trucs douillets : massages, relaxation, bains tourbillons, bains contrastes, etc. L'idée que les sportifs ont besoin de massages est plus vieille que la clé à mollette. Mais les recherches qui visent à démontrer que les massages sportifs améliorent la performance ne sont pas concluantes : les athlètes se sentent mieux, mais n'en sortent pas nécessairement meilleurs pour autant. Dans certaines études, on a même observé que le massage *empirait* la diminution de performance associée à un effort qui avait provoqué de vives courbatures.

Dans l'une des rares études qui ont révélé l'efficacité d'un truc douillet pour restaurer les qualités physiques après un effort épuisant, les sujets prenaient un bain tourbillon aux jets très puissants. Ses effets positifs étaient significatifs, mais très faibles et l'étude a été menée auprès de sauteurs en longueur et non pas d'athlètes de sports d'endurance.

Si vous avez envie de vous dorloter un peu entre les séances ardues, optez pour des bains contrastes : alternez de brèves périodes de bains tourbillons chauds et de douches froides. Impossible d'affirmer que vous récupérerez vraiment plus vite, mais vous vous sentirez probablement un peu mieux.

Par ailleurs, immédiatement après les sorties par temps très chaud, vous avez avantage à réduire le plus vite possible votre température corporelle soit en prenant une douche froide, soit en plongeant dans l'eau quelques minutes.

Moyens alimentaires

Voici les moyens alimentaires recommandés pour accélérer la récupération :

1. Pendant les séances, buvez l'équivalent d'un bidon cycliste de breuvage sportif (une solution d'au maximum 60 g de sucre pour 1 litre d'eau fait très bien l'affaire ; ajoutez du jus de lime pour donner du goût, si vous voulez) et mangez un aliment solide, digeste (p. ex. barre tendre) et auquel vous êtes habitué, au moins deux fois par heure.
2. Au cours des 20 min suivant chaque sortie, consommez des aliments contenant à la fois des glucides et des protéines (p. ex. yogourt).
3. Après les sorties chaudes, buvez beaucoup de liquide et salez vos aliments un peu plus que d'habitude ou choisissez des aliments salés (craquelins, pizza aux anchois, etc.), car la réhydratation ne peut être complète sans un apport suffisant en sels minéraux. Assurez-vous d'avoir un grand apport en glucides en mettant l'accent sur les sucres lents (pâtes alimentaires, riz, pommes de terre, légumes secs, etc.).

En été, pesez-vous régulièrement (avant et après chaque sortie et tous les matins au lever) pour vérifier si vous arrivez à vous réhydrater.

Bien qu'il n'existe pas de potion magique pour récupérer instantanément d'une sortie ardue, un programme d'entraînement plurihebdomadaire bien conçu, une alimentation appropriée en tout temps et une réduction de la charge d'entraînement avant qu'il ne soit trop tard vous aideront à retrouver l'énergie voulue séance après séance et à éviter le surentraînement.

L'entraînement intensif, surtout s'il comprend des séances particulièrement longues, s'accompagne d'un risque accru de maladie infectieuse. Et même si vous vous entraînez avec modération, la probabilité d'attraper un rhume ou la grippe est assez élevée. C'est le sujet des pages qui suivent.

QUOI FAIRE EN CAS DE MALADIE INFECTIEUSE

Être privé d'entraînement à cause d'une maladie infectieuse – par exemple un rhume ou une grippe –, c'est fâcheux. Le rhume ou, dans une moindre mesure la grippe, touche environ trois personnes sur quatre pendant les mois d'hiver. Ces affections bénignes dues à des virus guérissent généralement en sept à dix jours, sauf en cas de surinfection. Les virus qui en sont responsables se transmettent d'une personne à l'autre, le plus souvent par les mains ou des objets contaminés.

Une fois contaminé, on risque davantage de contracter la maladie si nos défenses immunitaires sont affaiblies, ce qui est souvent le cas chez les athlètes qui s'entraînent intensivement. Il a été démontré que le risque d'attraper une maladie infectieuse est multiplié par trois au cours du mois suivant un effort particulièrement long et intense (une cyclosportive, un marathon, un triathlon ou une loppet) pour lequel on n'était peut-être pas parfaitement préparé.

Il n'est pas nécessaire de consulter un médecin en cas de rhume, sauf s'il dure plus de dix jours et s'il est associé aux symptômes suivants : forte fièvre, oreilles douloureuses ou écoulement d'une oreille, violents maux de tête ou douleur sévère au visage et au front, problèmes respiratoires, sécrétions nasales présentant régulièrement du sang, température supérieure à 39 °C, respiration sifflante. Il n'existe aucun médicament contre les virus de la grippe. Pour atténuer les symptômes désagréables d'une maladie infectieuse, buvez de 1,5 à 2 litres d'eau par jour, humidifiez l'air environnant, dormez suffisamment, humidifiez au besoin votre muqueuse nasale avec un sérum physiologique (recette « maison » : 2,5 mL de sel de table dans une tasse d'eau) et prenez un médicament pour combattre la fièvre et les maux de tête.

Les analgésiques (Ibuprofène, Paracétamol, etc.) soulagent habituellement les malaises, les courbatures et la fièvre. Très peu de produits permettent de réduire véritablement l'écoulement nasal, les antihistaminiques n'étant vraiment utiles qu'en cas d'allergie. Les décongestionnants oraux diminuent la congestion nasale, mais ils peuvent causer de l'agitation, de la somnolence, des tremblements, des palpitations et une augmentation de la pression artérielle. Les décongestionnants en vaporisateur réduisent la congestion nasale, mais leur efficacité n'est que temporaire et ils peuvent créer une dépendance en cas d'utilisation prolongée. Par effet rebond, les symptômes apparaissent de nouveau dès que l'on cesse d'en faire usage. Mieux vaut utiliser, en guise de gouttes nasales, le sérum physiologique « maison ». Les antitussifs sont utiles pour soulager la toux sèche, mais ils sont moins indiqués lorsque la toux est grasse. Comme ils peuvent causer de la somnolence, ils doivent être utilisés de préférence le soir et être évités si l'on doit conduire. Le jour, un sirop expectorant pourra aider à dégager les sécrétions des voies aériennes.

Ne soyez pas surpris si votre médecin ne vous prescrit pas d'antibiotiques lorsque vous êtes malade : ils ne sont efficaces que contre les bactéries… pas contre les virus. Or plus de 80 % des infections des voies respiratoires supérieures sont causées par une infection virale. Des antibiotiques n'y changeront donc rien et vous exposent à toutes sortes d'effets secondaires (réactions allergiques, interaction avec d'autres médicaments, etc.). De plus, l'utilisation inappropriée d'antibiotiques exerce un effet de sélection sur les bactéries et permet leur survie, ce qui occasionne un sérieux problème de santé publique.

Prévenir l'infection

L'idéal étant de ne pas attraper de maladie infectieuse, n'hésitez pas à vous faire vacciner contre la grippe au début de l'hiver : ce vaccin est efficace dans plus de 75 % des cas. Aérez et humidifiez toutes les pièces de votre logis afin de réduire l'assèchement des muqueuses de vos voies respiratoires (propice aux infections). Lavez régulièrement vos mains, principaux vecteurs de la maladie, surtout lorsqu'elles ont été en contact avec une autre personne ou toute surface plane – méfiez-vous des mains courantes, appareils téléphoniques, claviers et souris d'ordinateur, poignées de porte… Évitez de toucher votre nez ou votre bouche afin de prévenir la contamination. À noter que les effets préventifs et curatifs des suppléments vitaminiques (vitamine C et autres) n'ont jamais été démontrés et que leur surconsommation peut engendrer des effets secondaires.

Empirer son rhume en s'entraînant ?

L'entraînement cardio à intensité moyenne n'empire pas les symptômes du rhume. C'est ce qui ressort d'une recherche où 34 jeunes adultes d'aptitude aérobie moyenne (VO_2max de 32 à 60 mL/kg/min) se sont entraînés (40 minutes à 70 % de leur VO_2max, un jour sur deux, pendant dix jours) alors que 16 autres se sont abstenus à titre de groupe témoin. Tous avaient été exposés au rhinovirus et avaient développé une infection des voies respiratoires supérieures. Il n'y avait aucune différence significative dans l'intensité des symptômes entre les deux groupes.

En revanche, il semble que les probiotiques (des micro-organismes vivants – bactéries ou levures – ajoutés à certains produits alimentaires comme les yogourts et les céréales) ont un effet préventif. Ingérés en quantité suffisante, ils stimulent le système immunitaire et réduisent le risque d'être aux prises avec une maladie infectieuse.

Stopper l'entraînement ?

En présence de symptômes bénins (nez qui coule, léger mal de gorge...), vous pouvez continuer à vous entraîner. Il est toutefois sage de réduire la durée et surtout l'intensité et le degré de difficulté de vos séances, surtout au début de l'infection, quand vous ne savez pas encore si votre condition empirera.

Si vous avez les symptômes d'une infection grave (toux grasse, poumons congestionnés, respiration amoindrie par la bronchite, courbatures et lourdeurs musculaires), stoppez sans hésitation l'entraînement intensif pendant au moins quatre jours, quitte à conserver quelques exercices d'étirement. Attendez d'être complètement rétabli avant de le reprendre. De toute manière, une interruption de quelques jours n'aura pas d'incidence sur votre forme, alors qu'à l'inverse une reprise prématurée peut retarder votre rétablissement et même provoquer des complications dont vous aurez peine à vous remettre.

Si la fatigue subsiste après que les symptômes se sont estompés, ne faites pas plus de la moitié du volume hebdomadaire habituel d'entraînement au cours de la première semaine de reprise et évitez tout effort violent qui s'accompagnerait d'un grand travail pulmonaire. Évitez de faire des séances avec des camarades qui risquent de vous lancer des défis auxquels vous ne saurez résister. Tout devrait rentrer dans l'ordre après quelques jours.

L'ANÉMIE SPORTIVE

On appelle « anémie sportive » une condition qu'on retrouve souvent chez des athlètes d'endurance. Leur hématocrite (taux de globules rouges dans le sang) est inférieur à la normale, mais tous les autres indicateurs de leurs réserves de fer affichent un niveau normal. Dans ce cas, il n'est pas question de véritable anémie. En effet, si leur hématocrite est faible, ce n'est pas parce qu'ils manquent d'hémoglobine. C'est plutôt parce qu'ils bénéficient d'un grand volume plasmatique, grâce à leur bonne condition physique. En effet, l'une des premières adaptations à l'entraînement aérobie est l'augmentation du volume de plasma, qui s'accompagne d'une amélioration de la fonction circulatoire : le cœur pompe plus facilement le sang s'il y en a un plus grand volume. Ainsi, de nombreux athlètes (qui ne consomment pas d'EPO ou de substances apparentées) peuvent avoir un hématocrite inférieur et non pas supérieur à celui des personnes sédentaires en bonne santé.

Il est clairement démontré qu'une véritable anémie ferriprive diminue la performance dans les sports d'endurance. C'est logique : un sang pauvre en hémoglobine transporte moins bien l'oxygène que les muscles utilisent pour se contracter. Par contre, on ne sait pas très bien si les formes précoces de déficience en fer diminuent la performance. Quelques recherches indiquent qu'une déficience en fer, même sans véritable anémie, réduit la consommation maximale d'oxygène (VO_2max), l'endurance et la performance aérobie. Mais d'autres recherches n'ont révélé aucun effet de la carence en fer sur ces paramètres. Ce ne serait pas tant la réduction de la quantité d'hémoglobine mais plutôt la réduction de la concentration de ferritine (donc des réserves corporelles de fer) qui est corrélée avec la diminution de la performance.

Les signes suivants peuvent être une indication de carence en fer et devraient vous inciter à consulter votre médecin : fatigue anormalement importante, irritabilité, nervosité, difficultés à s'entraîner et baisse des performances physiques. Attention, seule une mesure précise des paramètres sanguins liés au fer permet de bien apprécier les réserves de fer.

Il semble qu'à peu près un athlète sur trois aura tôt ou tard une carence en fer. Cette carence peut être due à un apport insuffisant en fer (fréquent chez les végétariens), mais surtout à une absorption insuffisante pendant la digestion, à un rejet accru dans les selles et à une excrétion accrue par la transpiration. Par ailleurs, un déficit en cuivre peut s'accompagner d'une anémie, car les métabolismes du fer et du cuivre (souvent présent dans les aliments riches en fer) sont fortement liés. À noter qu'en réaction à un manque de fer, l'organisme s'adapte en l'épargnant.

Ainsi, contrairement à la croyance populaire, l'anémie sportive n'est pas une véritable anémie. Et une carence en fer n'a pas nécessairement d'effet sur la performance aérobie. Une fatigue chronique peut être le signe d'une anémie ; dans ce cas, il faut consulter un médecin pour connaître ses taux de fer et d'hémoglobine. La prescription d'un supplément de fer exige par ailleurs un suivi médical, un excès de fer pouvant notamment nuire à l'absorption du zinc et du cuivre et augmenter le risque d'infarctus du myocarde chez les personnes à risque.

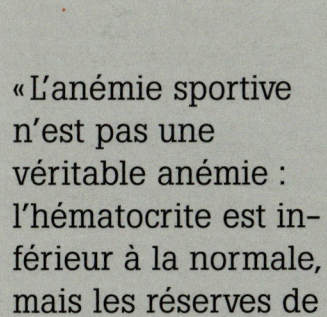

« L'anémie sportive n'est pas une véritable anémie : l'hématocrite est inférieur à la normale, mais les réserves de fer sont suffisantes. »

Véritable anémie

La déficience en fer est l'une des déficiences les plus courantes. Elle peut progresser par stades jusqu'à sa forme la plus sévère qu'on appelle « anémie ferriprive ». D'abord, le taux de ferritine – un précurseur du fer – baisse. Ensuite, le fer sérique – une forme de réserve du fer – baisse à son tour. Conséquemment, le nombre de globules rouges, le taux d'hémoglobine et donc l'hématocrite diminuent, d'où une aptitude réduite à l'effort physique. Cette cascade s'explique par le fait que la moelle osseuse a besoin de fer pour élaborer les jeunes globules rouges (réticulocytes). Lorsque les réserves sont insuffisantes, la synthèse de globules rouges est ralentie. Voilà pourquoi le taux de ferritine et l'hématocrite sont liés. L'anémie ferriprive est donc caractérisée par une faible quantité d'hémoglobine due à des réserves corporelles de fer insuffisantes. Les symptômes qui y sont associés sont notamment la pâleur, la fatigue, le manque de vitalité et la difficulté à maintenir sa température corporelle lorsqu'il fait froid. On estime que près de 5 % des femmes de 20 à 45 ans font de l'anémie ferriprive et que plus de 15 % sont confrontées à une forme de manque de fer qui ne cause pas d'anémie. Dans ce cas, le taux de ferritine dans le plasma sanguin est faible. À noter que l'exercice physique est contre-indiqué pour une femme enceinte qui souffre d'anémie.

LE FAMEUX SYNDROME DU CŒUR D'ATHLÈTE

L'expression « cœur d'athlète » a été introduite au début du siècle dernier lorsque des observations effectuées à l'autopsie ont révélé que le cœur de certains athlètes d'endurance, particulièrement des cyclistes, possédait des dimensions supérieures à la normale. Or, un certain nombre de maladies cardiaques, notamment la sténose et l'insuffisance aortique, sont associées à une hypertrophie du myocarde, c'est-à-dire une augmentation de la grosseur du muscle cardiaque. Aussi le cœur de l'athlète a-t-il longtemps été considéré comme pathologique.

Toutefois, les mesures électrocardiographiques effectuées depuis la fin des années 1970 mènent aux conclusions suivantes.

- Le cœur des athlètes d'endurance n'est pas endommagé; au contraire, il présente des caractéristiques fonctionnelles avantageuses.
- Il n'est pas nécessaire de posséder un cœur hypertrophié (un gros cœur) pour exceller en sport.
- Les cœurs apparemment hypertrophiés de certains athlètes sont dus à leurs dimensions physiques et non pas à leur entraînement : les grands et costauds ont plus de chance d'avoir un gros cœur que les petits et minces.
- Si certains athlètes de haut niveau ont un cœur plus gros que la moyenne, c'est peut-être parce que leur héritage génétique les a ainsi pourvus, ce qui leur a peut-être permis de se rendre à ce niveau. On peut faire l'analogie avec la taille des sportifs d'élite qui pratiquent le saut en hauteur : c'est notamment parce qu'ils sont grands qu'ils excellent dans ce sport, mais faire du saut en hauteur ne fait pas grandir !
- Les programmes d'entraînement mêmes intensifs, qu'ils soient en force (haltérophilie), en puissance (sprint) ou en endurance (triathlon), ne provoquent que des modifications très faibles, voire nulles, des dimensions cardiaques.
- Si l'on a parfois observé une augmentation du diamètre de la cavité interne ou de l'épaisseur des parois du ventricule après l'entraînement en endurance, ces différences sont inférieures à la marge d'erreur de l'échocardiographie et pourraient être partiellement ou totalement expliquées par la diminution de la fréquence cardiaque au repos ou l'augmentation du volume sanguin, qui sont des adaptations bien connues de l'entraînement en endurance. En effet, ces changements favorisent le remplissage du ventricule gauche. Or il a été démontré que des changements significatifs du diamètre apparent de la cavité ventriculaire surviennent lorsque la fréquence cardiaque diminue.
- Les éventuels changements des dimensions cardiaques avec l'entraînement semblent encore plus insignifiants lorsqu'on les compare avec les hypertrophies observées chez les patients souffrant de certaines pathologies du système circulatoire.

Ainsi, il faut oublier le mythe du syndrome du cœur d'athlète. L'entraînement intensif ne peut nuire au développement du cœur, à la santé ou à la performance, bien au contraire. L'important n'est donc pas tant d'avoir un gros cœur, mais bien plutôt d'avoir du cœur !

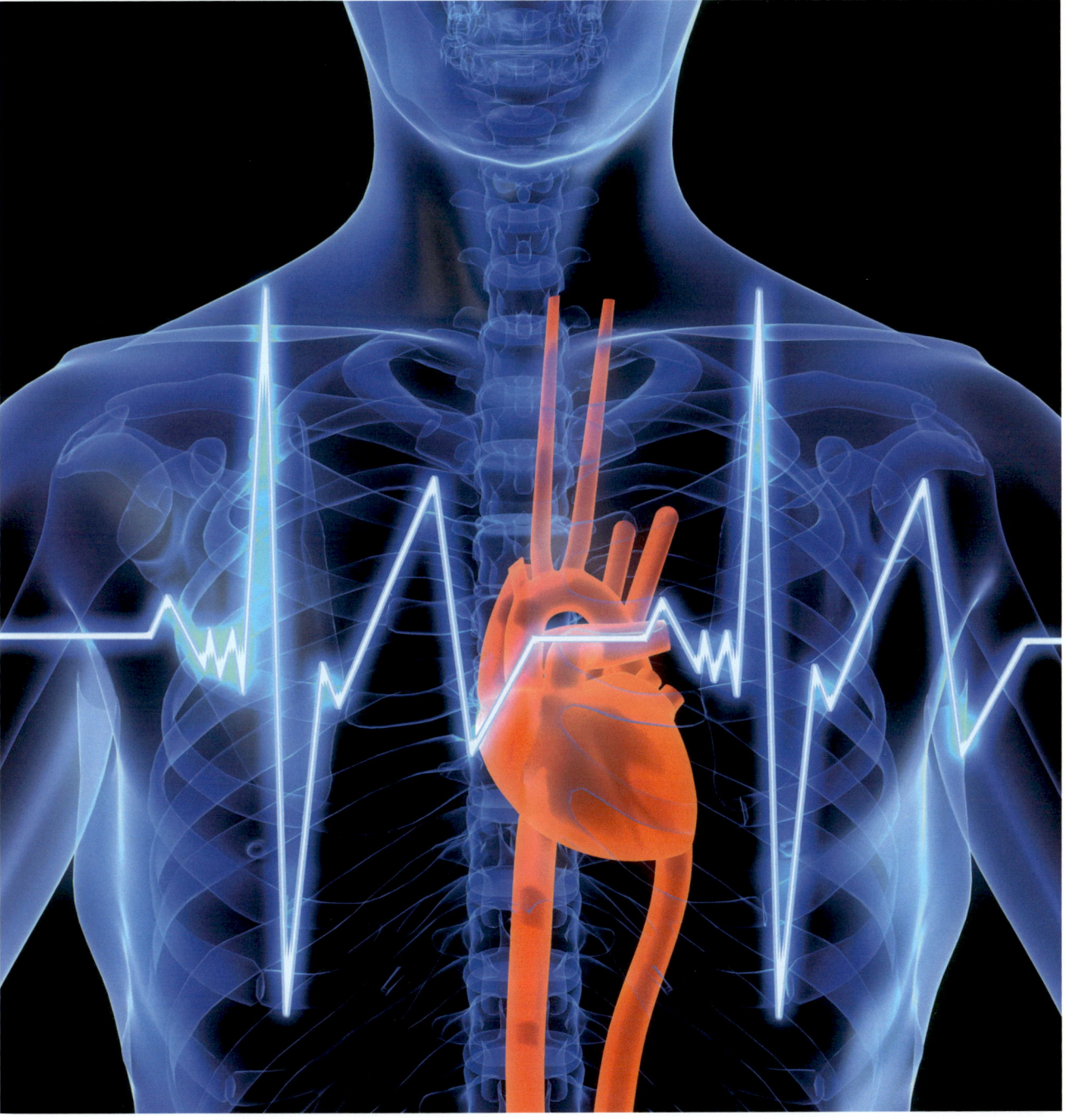

SEPTIÈME CHAPITRE
COMMENT CONTRER LES FACTEURS ENVIRONNEMENTAUX

Comment peut-on réduire la diminution de la performance et de l'aptitude à s'entraîner associée à des facteurs environnementaux comme la chaleur, le froid, le décalage horaire, l'altitude et la pollution ? Le point.

LA CHALEUR

Pour réaliser une bonne performance dans un environnement très chaud, il faut à la fois une bonne condition physique et une grande motivation. En effet, on associe à la canicule toutes sortes de phénomènes physiologiques qui se manifestent globalement par une diminution de l'envie de forcer.

Il existe heureusement des moyens pratiques de limiter les effets négatifs de la chaleur. Voici les plus importants.

1. Rappelez-vous les facteurs qui peuvent diminuer votre habileté à dissiper la chaleur et tâchez de les éviter :
   - voyage en avion (déshydratation causée par l'air sec de la cabine),
   - manque de sommeil,
   - problème de santé aigu ou chronique (diarrhée, diabète...),
   - alimentation faible en glucides (réserves de glycogène musculaires et hépatiques insuffisantes),
   - consommation d'alcool ou de caféine, déshydratation,
   - utilisation de certaines drogues (diurétiques, stimulants comme la pseudoéphédrine, bêtabloqueurs),
   - port de vêtements inappropriés (de couleur foncée, trop chauds ou mal ventilés, etc.),
   - le port d'un équipement (casque) mal ventilé, ou ayant une trop grande surface de contact avec la peau,
   - le port des cheveux longs.

2. Acclimatez-vous : la meilleure façon de vous préparer pour une compétition par temps chaud, c'est de vous entraîner à la chaleur. Après une dizaine de jours d'entraînement en milieu chaud, votre capacité à dissiper la chaleur aura augmenté et vous serez pas mal acclimaté. À noter cependant que l'acclimatation est différente selon qu'on s'entraîne dans un environnement sec ou humide. Veillez donc à choisir les conditions les plus proches de celles dans lesquelles se déroulera votre compétition. La principale adaptation physiologique à survenir après quelques jours d'entraînement à la chaleur sera l'augmentation du volume de sang circulant dans les vaisseaux. Chez l'athlète acclimaté, la perfusion de sang à la peau est plus grande, ce qui facilite l'élimination de la chaleur par conduction. La température corporelle augmentant moins, la sensation d'effort est moins grande. Au cours de cette période d'acclimatation, la plupart des adaptations physiologiques atteignent un plateau après deux semaines. Les athlètes qui s'entraînent à la chaleur pendant une plus longue période obtiendront des taux de sudation sensiblement supérieurs, ce qui est un avantage dans des conditions de chaleur sèche. Certaines études laissent entendre enfin que la probabilité de souffrir de crampes musculaires pendant un effort à la chaleur serait réduite après quelques jours d'entraînement à la chaleur.

3. Après l'acclimatation à la chaleur, évitez de revenir dans un environnement froid : vous pourriez perdre jusqu'à 50 % des gains obtenus après un séjour d'une semaine dans un environnement tempéré. Si vous deviez revenir dans un endroit frais pendant plus d'une journée, habillez-vous chaudement pour vous entraîner afin de

reproduire le stress thermique, mais sans exagérer, car votre température corporelle risquerait d'augmenter rapidement à des niveaux dangereux. En revanche, il a été démontré qu'une exposition de courte durée au froid n'est pas préjudiciable. Ainsi, vous pouvez utiliser un climatiseur pour bénéficier d'une bonne nuit de sommeil, sans craindre de perdre votre acclimatation.

4. Ajustez l'intensité de vos sorties selon la température : notez votre fréquence cardiaque au repos et à l'entraînement quelques semaines avant et pendant la période d'acclimatation. Lorsqu'il fait particulièrement chaud, entraînez-vous à une fréquence cardiaque à peine plus élevée que celle que vous auriez dans des conditions moins chaudes.

5. Une fois l'acclimation accomplie, faites vos entraînements à haute intensité dans l'air frais du matin et des sorties moins intenses pendant la période la plus chaude de la journée.

6. Pendant l'effort à la chaleur, buvez plus d'eau, car vous pourriez perdre en suant plus d'un litre d'eau à l'heure, voire plus de trois si vous êtes champion. Par contre, votre vidange gastrique sera d'environ 0,9 à 1,0 litre, quelle que soit votre forme. Ainsi, par temps chaud, même si vous buvez beaucoup, vous vous déshydraterez, à plus forte raison si vous êtes en excellente condition physique ! Or même une petite déshydratation (moins de 3 % de perte de masse corporelle) s'accompagne d'une diminution significative de la performance et une perte de 7 % est considérée comme une déshydratation sévère qui peut avoir des conséquences graves, irréversibles, voire fatales. On a cru pendant longtemps qu'on pouvait s'habituer à la déshydratation. On sait maintenant que c'est faux et qu'au contraire la déshydratation ralentit l'acclimatation à la chaleur. Pour s'acclimater rapidement, il faut donc demeurer hydraté.

7. Buvez un volume de liquide au moins aussi grand que le volume maximal d'absorption d'eau et cherchez à maximiser votre vidange gastrique. Selon les recherches, le volume d'eau qu'on peut faire passer de son tube digestif à son système circulatoire est sensiblement plus élevé dans les conditions suivantes :
   - il y a déjà de l'eau dans l'estomac (d'où l'intérêt de boire avant le départ) ;
   - la boisson est froide (5-10 °C) ;
   - la boisson est peu concentrée (en sucre, en sel) ;
   - la source de sucre est sous forme de polymère de glucose ;
   - la concentration du polymère de glucose ne dépasse pas 60 g/L, soit environ quatre cuillerées à café par litre ;
   - la boisson est bue fréquemment en petite quantité (mieux vaut boire 50 mL toutes les 5 min que 100 mL toutes les 10 min) ;
   - la solution est agréable à boire (du jus de lime y donnera du goût).

8. Alors qu'on recommande généralement de boire une boisson sportive pendant l'effort pour restaurer ses réserves d'énergie, vous devriez plutôt boire une boisson sportive diluée lorsqu'il fait chaud.

9. Il ne faut pas consommer de grandes quantités d'électrolytes pendant l'effort (pas de tablettes de sel).

10. Apprenez tôt en saison à boire beaucoup : il n'est malheureusement pas possible d'augmenter spontanément et de façon très prononcée le volume d'eau que l'on peut boire sans inconfort. Ainsi, dès le début de la saison, vous devez vous habituer à boire un volume de liquide correspondant à la limite de votre taux de vidange gastrique, soit un peu plus d'un bidon cycliste à l'heure. En effet, il a été démontré qu'en se fiant à sa soif, on ne boit qu'environ la moitié du volume d'eau perdu.

11. Entre les sorties, buvez beaucoup d'eau tout en vous assurant d'un apport suffisant en électrolytes : cela réduira l'élimination d'eau par les reins. Vous pouvez augmenter votre apport en sel en salant un peu plus vos aliments ou en choisissant de préférence des aliments salés (p. ex. jus de légumes).

12. Si vous vous préparez à une épreuve en altitude (à plus de 1800 m), vous serez désavantagé si vous ne faites pas au-

paravant un stage en altitude d'au moins une dizaine de jours (voir L'altitude, p. 222). Cependant, si vous vous préparez à une épreuve qui se déroulera à moins de 1600 m et où il risque de faire chaud, vous n'avez pas avantage à vous entraîner en altitude, car :
- l'air est généralement plus frais à haute altitude ;
- l'air est généralement plus sec à haute altitude et peut provoquer une déshydratation ;
- l'entraînement en altitude augmente l'hématocrite, si bien que la viscosité du sang peut devenir particulièrement élevée, compromettant ainsi la performance pendant une compétition où l'on risque de se déshydrater.

13. Ne prenez pas d'aspirine : surtout prise en grande quantité, elle diminue dramatiquement l'habileté de l'organisme à dissiper la chaleur.

14. Restaurez vos réserves de glycogène avant l'épreuve : au cours d'une épreuve par temps chaud, votre métabolisme s'appuiera sur vos réserves de glucides plus que sur vos réserves de lipides. Ainsi, vous avez tout intérêt à faire une diète de surcompensation glycogénique. Il s'agit de consommer, pendant les trois ou quatre derniers jours, une grande quantité d'aliments riches en glucides (ex. pomme de terre, pain, riz, céréales, pâtes). Et comme les réserves de glucides dans le foie sont assez basses après une nuit de sommeil, vous avez intérêt à prendre, le matin de la compétition, un petit déjeuner copieux, lui aussi riche en glucides.

15. Si cela ne heurte pas vos convictions, ingérez une solution de glycérol environ 2 h avant la compétition : des études en laboratoire ont démontré que cet apport causait une hyperhydratation procurant un léger avantage sur les plans cardiovasculaire et thermorégulateur pendant un effort à la chaleur. Le glycérol est une substance qui est éliminée lentement des réserves corporelles par le métabolisme et qui a un effet osmotique élevé, c'est-à-dire que les molécules de glycérol retiennent l'eau corporelle et diminuent le taux de production d'urine, ce qui retarde la déshydratation pendant l'effort. L'effet transitoire d'hyperhydratation provoqué par l'ingestion de glycérol a des effets physiologiques positifs bien définis : une augmentation du volume plasmatique, une diminution de la fréquence cardiaque, une diminution de la température rectale, etc., ce qui peut se traduire par une amélioration de la performance (petite, mais significative).

16. Avant la course, fuyez la chaleur et favorisez le refroidissement de votre corps.

17. Prenez le départ de votre compétition totalement hydraté et évitez d'accumuler bêtement de la chaleur.

18. S'il fait soleil, utilisez un écran solaire à base d'eau et non pas à base d'huile. Évitez les substances huileuses pour massage, car elles peuvent diminuer votre capacité à dissiper la chaleur par évaporation de la sueur.

19. Si, comme les cyclistes, vous avez l'habitude de vous raser les jambes, cessez de le faire quatre ou cinq jours avant l'épreuve : les petites repousses de poils limiteront

Hyperhydratation : recette

Le glycérol (ou glycérine) se trouve en pharmacie. On l'utilise généralement pour soigner les abrasions cutanées. Assurez-vous qu'il s'agit bien de glycérol pur. Pour préparer une solution de glycérol, mélangez 20 volumes d'eau avec un volume de glycérol. Pour un premier essai à l'entraînement, commencez par une solution plus diluée (30 volumes d'eau pour 1 de glycérol). Vous devez commencer à boire la solution de glycérol deux heures avant la compétition (de 1,3 à 1,6 litre selon votre gabarit). Certains athlètes souffrent des effets secondaires du glycérol. Celui-ci peut causer une petite sensation de ballonnement et des maux de tête, voire la nausée et des vomissements.

la quantité d'eau dégoulinant de votre peau et la sueur qui s'évapore à la surface de la peau contribuera au refroidissement du corps ; celle qui dégouline est une pure perte.
20. Pour augmenter votre taux de production de sueur (avantageux si le taux d'humidité n'est pas trop élevé), assurez-vous de boire de l'eau froide avant le départ.
21. Prérefroidissez votre corps juste avant l'effort afin de reculer le moment « de surchauffe » : portez une veste de refroidissement ou prenez une longue douche froide jusqu'à ce que vous ayez frissonné pendant au moins 1 min.
22. Douchez-vous et épongez-vous régulièrement pendant l'effort. Ainsi, les cyclistes et les triathloniens ont avantage à utiliser deux bidons :
    ○ l'un contenant une solution de polymère de glucose ou une boisson sportive diluée moitié-moitié avec de l'eau,
    ○ l'autre contenant de l'eau pure pour se doucher régulièrement afin de se débarrasser du sel qui a tendance à se déposer sur la peau.
23. Favorisez la circulation du sang : occasionnellement, élevez vos bras afin d'augmenter le retour du sang veineux vers votre cœur.

Bref, en appliquant quelques conseils pratiques, vous réduirez le risque de surchauffe et vous préserverez votre envie d'y aller avec énergie !

Peut-on boire trop ?

Dans les milieux sportifs, on répète jusqu'à plus soif (le jeu de mots est facile !) qu'il faut boire à l'entraînement et en compétition, qu'il faut boire beaucoup, et ce, *avant* d'avoir soif. Plusieurs spécialistes conseillent de boire la plus grande quantité de liquide que nous puissions tolérer.

Chose certaine, la déshydratation, même minime, s'accompagne irrémédiablement d'une importante diminution de la performance. Et l'on sait que si l'on ne fait pas un effort particulier, on a généralement tendance à ne boire qu'environ la moitié de l'eau perdue pendant l'effort. Ainsi, aujourd'hui, plus personne ne met en doute qu'il faille s'hydrater soigneusement, surtout lorsqu'on fait un effort dans un environnement particulièrement chaud.

Mais est-ce qu'il arrive que des athlètes boivent trop ? Est-ce qu'on a trop insisté au point d'inciter les sportifs à exagérer ? Il semble que oui.

Selon un éditorial de la prestigieuse revue scientifique *British Journal of Medicine*, il faut changer le discours : dorénavant, il faut recommander non pas de boire le plus possible de liquide pendant l'effort, mais de chercher à consommer un volume de liquide se rapprochant – mais ne dépassant pas – la quantité d'eau perdue. Boire trop de liquide est aussi dangereux que de ne pas boire assez. Ainsi, de plus en plus d'organismes officiels adoptent de nouvelles directives au sujet de l'hydratation pendant l'exercice physique.

Effet ergogène du port d'une veste de refroidissement

Recherche menée par l'américain Sigurbjörn : dix-sept coureurs entraînés dont huit femmes ont pris part à deux reprises à une course de 5 km sur tapis roulant dans une chambre à environnement contrôlé (32 °C, 50 % d'humidité relative), précédée d'un échauffement actif de 38 min, vêtus ou non d'une veste de refroidissement. La fréquence cardiaque était plus basse de 11 bpm, les températures moyennes du corps et de la peau étaient plus basses de 0,4 et 1,8 °C, et la perception d'inconfort due à la chaleur était moindre dans la condition avec veste thermique. Ces différences se sont estompées progressivement dès le début de la course de 5 km pour complètement disparaître après 3,2 km, mais les sujets avaient couru les 5 km à une vitesse 1,1 % plus élevée après le port de la veste de refroidissement.

Le docteur Tim Noakes, auteur de ce fameux éditorial, titulaire d'une chaire à la University of Cape Town et conseiller scientifique au Sport Science Institute d'Afrique du Sud, écrit que trop d'athlètes croient qu'ils doivent boire autant qu'ils le peuvent. Il est le premier chercheur à avoir observé des cas d'hyponatrémie chez des personnes en bonne condition physique qui avaient ingéré, pendant un effort prolongé, un volume de liquide supérieur au volume d'eau perdu. L'hyponatrémie est en quelque sorte une intoxication à l'eau. Après avoir trop bu de liquide, l'athlète voit la concentration de sodium dans son corps devenir trop basse, ce qui peut avoir de graves conséquences, comme le coma et, dans les cas extrêmes, la mort.

Selon le docteur Noakes, on a tellement incité les personnes physiquement actives à boire pendant l'exercice physique que l'on voit de plus en plus de marathoniens et de triathloniens qui le font au point de mettre leur santé en péril. Boire trop de liquide peut rapidement mener à une situation catastrophique.

Comment cela ? Au repos, les reins peuvent faire passer environ 1 litre d'eau par heure dans la vessie. Cependant, pendant l'exercice physique, la production d'urine diminue jusqu'à environ 300 mL par heure chez les hommes (un peu moins chez les femmes). Si la perte d'eau par sudation est de 300 mL par heure et que l'athlète consomme 900 mL d'eau, il se retrouvera avec un bilan *positif* d'environ 1,5 litre au terme d'une sortie de 5 h.

Qui est à risque ?

Est-ce que tous les athlètes risquent de souffrir d'hyponatrémie ? Pas vraiment. Les champions ne risquent pas de s'intoxiquer à l'eau, et ce, pour deux raisons. Leur taux de sudation peut facilement dépasser (il peut atteindre trois litres à l'heure) la quantité maximale d'eau qu'ils peuvent consommer (un peu moins d'un litre à l'heure). Et ils n'ont généralement pas tendance à boire beaucoup, car la sensation de soif est réduite à l'effort intense et ils cherchent à éviter d'avoir l'estomac trop plein, ce qui gêne la respiration.

Les personnes qui risquent le plus l'intoxication à l'eau sont celles qui, sans faire partie de l'élite, sont en assez bonne condition physique pour faire un exercice physique pendant plusieurs heures. Elles peuvent boire plus d'eau qu'elles n'en perdent et ainsi développer une hyponatrémie. Dans les cas extrêmes, il peut en résulter un œdème du cerveau, ce qui peut mener à la perte de conscience et même à un arrêt respiratoire.

Des bémols

Il faut se rappeler que dans les épreuves d'endurance, il y a plus de cas de déshydratation que d'hyponatrémie. Beaucoup plus ! Et les réactions biologiques de l'organisme à l'effort ne sont pas nécessairement les mêmes chez tous les athlètes. Il ne s'agit pas d'ignorer le risque d'hyponatrémie, mais il ne faut surtout pas sombrer dans l'extrême au point

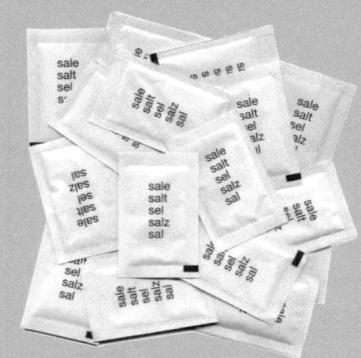

Le sodium

Le sodium (Na) est l'électrolyte le plus important de l'organisme. Il agit sur le contrôle des mouvements de l'eau dans les compartiments intracellulaires et extracellulaires corporels, la conduction nerveuse, le métabolisme cellulaire, le maintien du volume sanguin et la pression artérielle. Un athlète qui finit une séance d'entraînement dans un état de déshydratation moyen a besoin d'augmenter son apport en liquide d'environ 1,6 L et d'augmenter son apport en sodium (Na) de 1,8 g pour assurer sa réhydratation complète avant sa prochaine séance d'entraînement. Le chlorure de sodium (NaCl) joue un rôle très important dans la réhydratation en raison de ses propriétés osmotiques, c'est-à-dire qu'il retient le liquide dans l'espace extracellulaire et qu'il réduit le taux de production d'urine. Ainsi, il a été démontré que l'ingestion d'une boisson sportive contenant des glucides permet une meilleure réhydratation si elle contient également une quantité appréciable de sodium, comparativement à l'ingestion d'eau pure ou de boissons gazeuses.

de limiter l'apport en liquide pendant l'effort. Tous les athlètes n'ont pas le même taux de sudation, ni le même taux de perte de sodium dans la sueur. Et pour un degré de déshydratation donné, certains athlètes ressentiront une soif intense, d'autres pas du tout.

Il faut retenir que l'on navigue entre deux écueils : il ne faut ni se « noyer » en buvant plus de liquide qu'on n'en perd, ni se limiter dans l'apport hydrique au point de s'exposer à la déshydratation.

Voici un truc simple, mais fiable et utile. Pesez-vous avant et après vos longues sorties. Si votre poids a augmenté, c'est sans doute parce que vous avez bu plus de liquide que vous en avez perdu, d'où le risque d'hyponatrémie.

Réhydratation

Si au contraire votre masse corporelle a diminué pendant la sortie, c'est que vous êtes en déficit hydrique. Dans ce cas, vous devez vous réhydrater avant votre prochaine séance en vous rappelant que chaque kg de déficit de masse corporelle correspond à un manque à gagner d'un litre d'eau.

Et pendant votre prochain entraînement à la chaleur, vous aurez peut-être avantage à boire plus, sans toutefois dépasser votre taux de vidange gastrique qui varie de 600 à 900 mL d'eau à l'heure, selon votre masse corporelle.

Pour vous réhydrater entre deux sorties, il faut que votre apport en sodium par l'alimentation soit suffisant. En général, l'alimentation dans les pays industrialisés contient déjà plus de sodium qu'il n'en faut pour une personne sédentaire. Comme la consommation de sel prédispose à l'hypertension, on entend souvent dire qu'il faut réduire sa consommation d'aliments salés. Ce conseil de santé ne s'adresse pas aux athlètes qui perdent une grande quantité de sel à l'entraînement et qui, entre les sorties, ont besoin d'un apport accru en sel pour « retenir » l'eau qu'ils boivent.

Bref, le docteur Noakes a certes le mérite d'avoir soulevé un problème grave en démontrant que, dans certains cas, boire trop peut avoir des conséquences désastreuses. Cependant, entre l'écueil de la déshydratation et celui de l'hyponatrémie, c'est encore le premier et non pas le second que les athlètes chevronnés doivent le plus craindre. Une chose est claire, si vous êtes capable de boire plus de liquide que vous n'en perdez au cours d'une sortie, ne le faites pas !

LE FROID

En principe, s'entraîner au froid ne devrait pas poser trop de problèmes. En effet, l'exercice physique augmente la production de chaleur et, théoriquement, il est toujours possible de porter suffisamment de vêtements pour limiter la perte de chaleur. Mais entre la théorie et la pratique…

Ce sont principalement les engelures et l'hypothermie que l'on craint. Nous allons voir que les mécanismes de lutte contre l'hypothermie peuvent en quelque sorte occasionner des engelures.

L'hypothermie

À moins de porter des vêtements encombrants qui entraveraient votre plaisir, vous perdez probablement de la chaleur dès le début de votre sortie par temps froid. Et si vous en perdez trop, la température de vos régions sensibles (cœur, muscles, cerveau) risque de passer sous la limite acceptable et vous causer des problèmes sérieux. Dans les cas extrêmes, la température corporelle devient si basse que le système nerveux central n'est plus apte à assurer les fonctions vitales, y compris la thermogenèse (production de chaleur), d'où le cercle vicieux fatal.

Pour affronter le froid, votre organisme va mettre en branle des mécanismes involontaires qui vont en quelque sorte sacrifier « l'enveloppe » de votre corps pour en préserver le « noyau ». Il se produit une constriction des vaisseaux sanguins périphériques de la peau et de l'extrémité des membres. Un moins grand volume de sang réchauffé provenant des muscles actifs et de la partie centrale du corps se rendra aux extrémités. Et moins de sang refroidi des extrémités se rendra vers le centre. C'est ainsi que sont limitées les pertes de chaleur et qu'est maintenue constante la température des organes vitaux. Mais attention ! Cette vasoconstriction se produit dans tout l'organisme sauf à la tête, d'où une importante perte de chaleur si elle n'est pas suffisamment couverte.

Les engelures

Bien qu'elle soit utile pour ralentir la diminution de la température corporelle, la constriction des vaisseaux sanguins périphériques peut causer des engelures aux extrémités des membres, car la peau n'est plus réchauffée par le sang. Si les extrémités gelées ne sont pas réchauffées rapidement, il peut y avoir des dommages irréversibles de la peau et de certains autres tissus. Les parties les plus sensibles sont les orteils, les doigts, les poignets, le cou, le nez, les joues et les oreilles.

Conseils pratiques d'exercice physique au froid

1. Un entraînement au froid pendant une dizaine de jours améliorera votre habileté à maintenir constante votre température corporelle interne, et une plus grande quantité de sang perfusera vos extrémités, réduisant d'autant le risque d'engelure.
2. Trempez vos pieds, chevilles, mains et poignets dans un bassin d'eau très chaude pendant quelques minutes, puis séchez-les méticuleusement avant de commencer l'activité. Cela retardera le moment où vous commencerez à avoir froid à ces extrémités.
3. Si possible, échauffez-vous à l'intérieur afin d'augmenter votre température corporelle, sans toutefois provoquer une sudation : exercices à mains libres, montées sur banc, sauts à pieds joints ou course sur place.
4. Couvrez-vous bien la tête et le visage, particulièrement les oreilles et, au besoin, le nez, de même que les mains et les pieds (portez des chaussettes doublées d'une qualité irréprochable). Portez au moins trois couches de vêtements (pas de coton) : sous-vêtements bien ajustés pour garder la peau au sec et éliminer la sueur ; vêtement en propylène hydrofuge et dernière couche emprisonnant l'air et protégeant du vent ou de la pluie, libérant l'humidité tout en « respirant ». Appliquez un baume sur vos lèvres.
5. Rappelez-vous que si vous avez l'impression d'être suffisamment vêtu en début de sortie, c'est sans doute que vous êtes trop vêtu ! Si possible, transportez des vêtements supplémentaires dans un sac à dos au cas où le mercure replongerait.
6. Répartissez l'effort afin d'éviter une sudation abondante, en veillant à ne jamais vous exténuer. Ne faites pas de sorties extrêmement longues si vous n'y êtes pas parfaitement préparé et méfiez-vous du facteur éolien, de même que des changements de direction du vent et de la température. Intensifiez l'effort lorsque vous aurez un peu plus froid.
7. Évitez de faire des efforts brusques et extrêmement intenses : lorsqu'ils sont froids, les muscles et les autres tissus mous risquent davantage de se blesser (étirement, rupture) que lorsqu'ils sont bien échauffés.
8. Au cours d'une sortie avec un enfant (sujet aux engelures), examinez régulièrement la peau de ses extrémités, particulièrement le menton et les joues.
9. Consommez régulièrement et par petites portions une boisson sportive (eau et sucre), chaude si possible : l'équivalent d'un bidon cycliste par heure. La déshydratation s'accompagne d'une augmentation de la viscosité du sang, d'où le risque accru d'engelure. Mangez régulièrement et en petites quantités des aliments faibles en gras et riches en sucre : l'organisme métabolise davantage les glucides et moins les lipides pendant l'exercice au froid.
10. En cas d'engelure grave et dans l'impossibilité de se rendre immédiatement à l'hôpital, retirez les vêtements et immergez la peau dans de l'eau tiède aussitôt que possible, séchez la peau délicatement sans la frotter, appliquez une compresse si la peau est boursouflée.

Bref, pour se prémunir contre le froid, il faut surtout s'y adapter, se vêtir de manière appropriée et bien s'alimenter.

LE DÉCALAGE HORAIRE

Si vous franchissez des fuseaux horaires pour un stage d'entraînement, une compétition ou tout simplement des vacances, vous êtes confronté au décalage horaire (*jet lag*). À destination, vos rythmes biologiques circadiens (évolution sur 24 h de la température corporelle, de la pression artérielle, de la fréquence cardiaque de repos…) ne sont plus synchrones avec les rythmes environnementaux (rythmes sur 24 h de la lumière et des autres sources de stimulation sensorielle, des repas, des échanges sociaux, de l'exercice physique, du lever et du coucher). Cet asynchronisme découlant du décalage horaire s'accompagne de désagréments personnels bien connus : fatigue, perturbation du sommeil, diminution de la concentration, troubles mineurs de l'humeur, légers malaises gastro-intestinaux et baisse sensible des facultés cognitives (temps de réaction, attention, vigilance).

Il n'existe aucune donnée scientifique qui supporte l'idée que le décalage horaire affecte la performance dans les sports où le principal déterminant est l'aptitude aérobie. C'est ce qui se dégage de l'avis scientifique qu'a émis la Fédération Internationale de Médecine du Sport, une organisation internationale affiliée au Comité International Olympique.

Resynchronisation

Les désagréments liés au décalage horaire sont transitoires. À destination, sous l'effet des signaux environnementaux appelés *zeitgebers* (mot allemand signifiant « indices du temps »), les rythmes biologiques vont s'allonger (si le déplacement se fait vers l'ouest) ou se raccourcir (si le déplacement se fait vers l'est) à un rythme d'à peu près une heure par jour. Ainsi, un décalage horaire de 6 h est résorbé après environ six jours. La resynchronisation est sensiblement plus rapide après un déplacement vers l'ouest que vers l'est, car les rythmes biologiques s'allongent plus facilement qu'ils ne se compriment.

La lumière est le *zeitgeber* qui a l'effet le plus prononcé sur la synchronisation des rythmes biologiques journaliers. Les autres facteurs périodiques qui modifient la période des rythmes journaliers sont l'exercice physique, l'interaction avec d'autres personnes et toutes les autres formes de stimulation sensorielle.

Conseils pratiques de gestion du décalage horaire

Même en l'absence de données probantes indiquant une détérioration de la performance sous l'effet du décalage horaire, vous avez avantage à synchroniser le plus rapidement possible vos rythmes biologiques avec les rythmes environnementaux, de manière à réduire le nombre et l'intensité des désagréments possibles. Voici donc quelques conseils pratiques.

Rythmes biologiques sur 24 h

Plusieurs fonctions physiologiques et psychologiques changent suivant un cycle de 24 h, c'est-à-dire qu'elles atteignent un creux et un sommet tous les jours. Ces pics et ces creux ne surviennent pas au hasard et répondent à une structure temporelle. Par exemple, la température corporelle et la fréquence cardiaque sont basses tôt le matin (entre 5 et 6 h), puis augmentent pour atteindre une valeur de pointe en début de soirée (entre 18 et 20 h) avant de redescendre à nouveau. Par contre, la sécrétion de cortisol, une hormone qui joue un rôle important dans le métabolisme des minéraux, suit un cycle inverse en atteignant sa valeur maximale le matin et un creux en fin d'après-midi.

Avant le départ

1. Si possible, planifiez une arrivée à destination au moins trois jours avant l'événement.
2. Pour un déplacement vers l'est, choisissez un départ tôt le matin, pour arriver en fin de journée. Notez cependant que peu de vols partent d'Amérique le matin vers l'Europe.
3. Levez-vous un peu plus tôt trois ou quatre jours avant un départ vers l'est, et un peu plus tard avant un déplacement transméridionnal vers l'ouest.

Pendant le vol

4. Veillez à demeurer bien hydraté en buvant beaucoup de liquide, surtout de l'eau, et en évitant de consumer des substances diurétiques (alcool, café).
5. Ajustez votre montre à l'heure de la ville de destination dès le début du vol afin de vous préparer psychologiquement à la journée allongée (déplacement vers l'ouest) ou écourtée (déplacement vers l'est) qui vous attend.
6. Dormez dans l'avion pendant le vol s'il est de nuit.

Après l'arrivée à la ville de destination

7. Ajustez votre horaire (repas, activités et sommeil) à celui de la population locale.
8. Si vous en avez la possibilité, rencontrez des gens : les échanges sociaux constituent un *zeitgeber* et aident grandement à oublier qu'on est décalé.
9. Au petit déjeuner, pour faciliter le déclenchement du cycle d'éveil, ne vous privez pas de boire du café ou du thé ; par contre, évitez d'en consommer en après-midi et en soirée.
10. Prenez un repas du soir riche en glucides et faible en gras.
11. Avant d'aller au lit, les premiers soirs après l'arrivée à destination, évitez d'être exposé à une lumière vive (portez des lunettes de soleil) et prenez le temps de relaxer afin de maximiser les chances de trouver rapidement le sommeil.
12. Ne prenez pas d'hypnotiques à action brève (somnifères), sauf si vous en ressentez le besoin et si vous en avez fait l'expérience auparavant.
13. Dès le lever le lendemain de votre arrivée à destination, exposez-vous à la lumière du jour et faites un peu d'exercice (baignade, marche d'un bon pas ou courte séance d'entraînement).

Bref, si vous devez faire un déplacement transméridional avant un événement sportif d'importance, ne vous inquiétez pas des effets négatifs du décalage horaire, car ils s'estomperont au cours des premières 48 h et seront presque entièrement résorbés après trois ou quatre jours, notamment parce que l'exercice physique intense est un puissant *zeitgeber*. Ils demeureront somme toute minimes par rapport aux effets très prononcés et bien documentés des autres facteurs environnementaux auxquels les athlètes doivent parfois se préparer, comme la chaleur et l'altitude.

« Les légers désagréments du décalage horaire s'estompent rapidement, au fur et à mesure que les cycles biologiques de l'athlète s'adaptent aux cycles environnementaux. »

**Symptômes du mal
des montagnes**

Maux de tête
Étourdissements
Manque d'appétit
Fatigue
Nausées
Insomnie
Irritabilité
Dépression
Difficulté à se concentrer

L'ALTITUDE

Lorsque vous êtes à plus de 1500 m d'altitude, vous ressentez les effets négatifs de la diminution de la pression atmosphérique : un essoufflement plus marqué et, peut-être, si l'altitude est très élevée (plus de 2500 m), les symptômes du mal des montagnes.

En altitude, l'apport en oxygène est réduit, car la pression barométrique (PB) diminue à mesure que l'on grimpe. Et qui dit pression barométrique basse dit diffusion réduite de l'oxygène de l'air (dans les alvéoles des poumons) vers le sang, d'où la diminution de l'aptitude aérobie, comme en témoigne la réduction de la consommation maximale d'oxygène (VO_2max) d'environ 3 % par tranche de 300 m après 1200 m.

Si vous passez quelques jours en haute montagne, l'apport réduit en oxygène déclenchera toute une série de réactions physiologiques qui amélioreront, après quelques jours, votre aptitude à faire de l'exercice à cette altitude. Vos reins et votre foie sécréteront plus d'érythropoïétine (EPO), une hormone qui stimule la production de globules rouges, ce qui aura pour effet d'augmenter le volume d'oxygène que peut transporter votre sang.

S'entraîner en altitude pour mieux performer au niveau de la mer ?

Voilà pourquoi tant d'athlètes et d'entraîneurs croient qu'un stage en altitude augmente le VO_2max et améliore la performance dans les épreuves d'endurance. Il est vrai que pour une compétition en altitude, il est fortement conseillé de s'acclimater en séjournant à cette altitude quelques semaines.

Mais est-ce qu'un stage d'entraînement en altitude améliore la performance au niveau de la mer ? Il semble que non. Un examen rigoureux des recherches scientifiques mène à la conclusion qu'un stage en altitude n'augmente pas plus le VO_2max et n'améliore pas plus la performance dans une compétition tenue au niveau de la mer qu'un stage d'entraînement effectué au niveau de la mer. Des chercheurs australiens ont suivi huit cyclistes de très haut niveau qui se sont entraînés à une altitude de 2690 m pendant 31 jours. Ils n'ont trouvé aucune augmentation du VO_2max ; il avait même diminué, passant de 81,4 à 79,3 mL/kg/min. Quant à la quantité d'hémoglobine (qui permet le transport de l'oxygène) dans le sang, elle n'avait pas augmenté non plus. Si l'entraînement en altitude ne s'accompagne pas d'une amélioration de la performance aérobie au niveau de la mer, c'est principalement parce que l'apport amoindri en oxygène impose une réduction de l'intensité d'entraînement.

Tête dans les nuages, pieds sur terre

Cette observation a amené un chercheur texan, B.D. Levine, à vérifier s'il y avait moyen d'aller chercher le meilleur des deux mondes. Il a démontré qu'en vivant en altitude, mais

Le problème d'apport en oxygène en altitude tient au fait que la pression partielle de l'oxygène (PO_2) diminue avec la réduction de la pression barométrique (PB). Cela entrave le passage de l'oxygène de l'air ambiant au sang (par les poumons) comme en témoigne la diminution du VO_2max.

Tableau 7.1
Diminution du VO_2max selon l'altitude

Lieu	Altitude	PB	PO_2 (21 % de la PB)	Passage de l'O_2 au sang	Diminution du VO_2max
Everest	8850 m	250 mm Hg	52 mm Hg	Extrêmement diminuée	90 %
Mexico	2200 m	580 mm Hg	121 mm Hg	Très diminuée	5 à 13 %
Canmore	1425 m	635 mm Hg	133 mm Hg	Sensiblement diminuée	1 à 5 %
Mer	0 m	760 mm Hg	159 mm Hg	Normale	0 %

en redescendant chaque jour à basse altitude pour s'entraîner, les athlètes d'endurance améliorent leur performance davantage que ceux qui habitent au niveau de la mer.

Ainsi, au risque de nuire quelque peu à votre relation conjugale, vous aurez peut-être la tentation de passer vos nuits dans une tente hypoxique. Outre l'investissement que ce moyen représente, il vous faudra composer avec son caractère artificiel. Une tente hypoxique ressemble à une tente conventionnelle, sauf qu'elle est munie d'un appareil qui appauvrit l'air en oxygène pour simuler une altitude élevée.

Si quelques études ont révélé que le fait de vivre dans un appartement hypoxique s'accompagne d'une augmentation de la concentration sanguine en EPO, d'une plus grande production de globules rouges et d'une meilleure performance, d'autres n'ont démontré aucune amélioration. Les rapports de recherches scientifiques sur l'exposition intermittente à l'hypoxie (air appauvri en oxygène) indiquent qu'on n'obtient des changements de l'hématocrite et de la performance que si l'exposition est prolongée (pendant au moins deux semaines) et intensive (simulation d'une très haute altitude, tous les jours pendant 10 h). Et ces changements ne sont généralement pas très grands. Les tentatives pour trouver un protocole d'utilisation de la tente hypoxique à une fréquence de deux ou trois nuits seulement par semaine (plus pratique pour les groupes d'athlètes qui doivent la partager) ne sont pas concluantes.

Côme Desrochers, ex-entraîneur de l'équipe canadienne de ski de fond, a observé qu'avec une utilisation intensive de leur tente hypoxique, des athlètes qui avaient un faible taux de globules rouges dans le sang pouvaient améliorer leur profil sanguin de manière substantielle. Par exemple, une athlète a vu son hématocrite passer de 39 à 45 % et sa concentration sanguine d'hémoglobine passer de 126 à 150 g/L. Les athlètes qui ont un petit hématocrite profiteraient davantage que les autres d'une exposition à l'altitude réelle ou simulée. Il a aussi observé que l'effet bénéfique avait tendance à plafonner après environ trois semaines et que l'hypoxie nocturne avait tendance à nuire à l'entraînement.

Tableau 7.2
Normes internationales d'hématocrite

	80 % ont un hématocrite compris entre...	10 % ont un hématocrite plus grand que...
Hommes	40 et 49 %	49 %
Femmes	36 et 44 %	44 %

L'hématocrite des hommes est généralement de 4 à 5 points de pourcentage plus élevé que celui des femmes.

Nous manquons de données sur l'utilisation de la tente hypoxique pour arriver à conclure qu'elle peut s'accompagner d'une amélioration significative de la performance.

Conseils pratiques d'entraînement et de compétition en altitude

1. Avant et pendant tout séjour en altitude, assurez-vous d'un bon apport en fer par l'alimentation (au besoin, prenez des suppléments) et augmentez votre apport en gras insaturés (p. ex. huile de Canola) afin de réduire le risque d'hémolyse.
2. Si vous devez participer à une compétition en altitude mais que vous ne pouvez pas vous acclimater au préalable, faites régulièrement des séances d'entraînement intermittent où chaque fraction d'effort débute à une intensité particulièrement élevée, quitte à la terminer à intensité réduite (pour créer rapidement une dette

d'oxygène et simuler la détresse respiratoire qu'on ressent en altitude).

3. Si vous devez vous rendre à très haute altitude (à plus de 2500 m), par exemple pour un trek, accordez-vous du temps d'adaptation à des paliers intermédiaires.
4. Sachez qu'il faut deux semaines pour s'adapter à une altitude de 2000 m et une semaine de plus pour chaque tranche supplémentaire de 500 m.
5. En cas de mal des montagnes, redescendez à basse altitude, à tout le moins pour dormir.
6. Veillez à demeurer bien hydraté.
7. Si vous y êtes sujet ou dans le doute, demandez à votre médecin de vous prescrire un médicament contre le mal des montagnes (acétazolamide, dexaméthasone, etc.). Même les athlètes en excellente condition physique ne sont pas prémunis contre ce problème.
8. Augmentez votre apport en glucides.
9. Méfiez vous de l'effet anorexique subtil de l'altitude : vous risqueriez de perdre du poids, y compris de la masse musculaire, et de manquer d'énergie après quelques jours.
10. Réduisez l'intensité de vos séances d'entraînement (de toute manière, vous n'aurez probablement pas envie de vous pousser si l'altitude dépasse 2000 m).
11. Réduisez la durée de vos sorties (d'environ 10 %).
12. Allongez vos périodes de récupération (au moins du double).
13. Ne cherchez pas à développer votre capacité anaérobie pendant votre séjour en altitude et évitez tout effort extrêmement intense (sprints) au cours des premiers jours.
14. Misez sur l'entraînement intermittent à des intensités de 75 à 95 % du VO_2max davantage que sur l'entraînement de type continu.
15. Multipliez les occasions de vous rendre en altitude.
16. Le jour de votre compétition en altitude, débutez à faible intensité (laissez les autres se fatiguer), respirez un peu plus profondément qu'à la normale et buvez régulièrement de l'eau ou une boisson sportive.
17. Ne prenez pas d'aspirine (vous pourriez être tenté d'en prendre si vous ressentez les symptômes du mal des montagnes), car elle inhibe l'adaptation à l'altitude.

LA POLLUTION

Bien sûr, les athlètes qui s'entraînent régulièrement profitent généralement d'une meilleure aptitude aérobie, ce qui peut faire croire qu'ils ne sont pas sujets aux problèmes respiratoires associés à l'air pollué. Mais justement parce qu'ils sont en meilleure condition physique, les bons athlètes subissent de manière plus prononcée les effets négatifs de la pollution, et ce, principalement pour trois raisons :

- Ils peuvent faire de l'exercice physique à une intensité plus élevée que les personnes en moins bonne condition physique et respirent donc un plus grand volume d'air lorsqu'ils s'entraînent (de 10 à 15 fois plus qu'au repos).
- Cet air pénètre plus profondément dans les poumons.
- À haute intensité, ils respirent presque exclusivement par la bouche, ce qui les prive d'une première ligne de défense contre certains polluants : le nez !

Les polluants

Les polluants atmosphériques sont nombreux, invisibles, parfois incolores et souvent inodores. La liste de ceux qu'il faut redouter le plus est bien plus effrayante qu'un cours de chimie : monoxyde de carbone (CO), anhydride sulfureux (SO_2), bioxyde d'azote (NO_2), ozone (O_3), petites particules en suspension, etc.

L'ozone est particulièrement toxique pour les voies respiratoires. Résultant d'une réaction photochimique entre les gaz d'échappement des véhicules motorisés et la lumière solaire, l'ozone a un très grand pouvoir oxydant. Il peut provoquer des irritations oculaires et une inflammation temporaire des muqueuses des voies respiratoires. La respiration devient ardue parce que les bronches sont enflées, ce qui a pour effet de réduire l'aptitude physique. La diminution de la performance occasionnée par l'ozone n'est pas extrêmement grande, mais l'inconfort est marqué et persistant. Après avoir inspiré de l'air riche en ozone, les asthmatiques sont plus sensibles aux allergènes et risquent davantage de faire une crise d'asthme. À noter que les effets négatifs de l'ozone varient beaucoup d'une personne à l'autre, mais dépendent surtout du temps d'exposition et du volume d'air respiré.

Quant au monoxyde de carbone, il provient de la combustion incomplète des combustibles et du carburant (véhicules automobiles, chaudières, etc.). Contrairement aux autres polluants, il n'affecte pas directement les voies respiratoires. Il se combine avec l'hémoglobine du sang pour former la carboxyhémoglobine (HbCO) et prend ainsi la place de l'oxygène, ce qui réduit l'oxygénation.

Les athlètes qui s'entraînent à des heures où la circulation automobile est la plus dense ont un taux de HbCO trois fois plus élevé que la normale (comme les fumeurs). Cependant, même si la présence d'une très grande quantité de CO dans le sang peut être fatale, l'exposition à l'air pollué des villes ne s'accompagne pas d'une diminution importante de la performance.

S'adapter à l'air pollué ?

Il y a quelques années, on a émis l'hypothèse que le système respiratoire pouvait s'adapter à la pollution, mais on sait maintenant que c'est faux. Il est vrai que les personnes qui vivent à Los Angeles, une ville californienne particulièrement polluée, sont moins sensibles aux agents polluants. Mais on sait maintenant que ce phénomène est davantage dû à une perte de sensibilité, conséquente au stress dans les voies respiratoires, qu'à une adaptation fonctionnelle.

Les athlètes qui se préparent pour une compétition importante devant avoir lieu dans un endroit pollué n'ont pas intérêt à y faire un stage d'entraînement, ni d'y arriver plusieurs jours avant le jour J. Ils devraient toutefois y faire, au préalable, au moins une compétition, ne serait-ce que pour ne pas être trop surpris !

Dans la communauté des sciences du sport, on s'intéresse plus particulièrement à la question des effets de la pollution sur la performance sportive lorsqu'un événement sportif, comme les Jeux olympiques d'été, a lieu dans une ville réputée pour son air pollué. On en a donc beaucoup parlé lors des Jeux d'Atlanta, d'Athènes et de Pékin.

Le consensus parmi les spécialistes n'a pas vraiment changé depuis les Jeux de Los Angeles en 1984. Les études sur la pollution et la performance sportive mènent aux conclusions suivantes :

- Les effets négatifs des polluants atmosphériques sur la performance ne sont pas extrêmement prononcés ; ils le sont moins en tout cas que, par exemple, une chaleur intense ou une altitude très élevée (mais pour les athlètes de haut niveau, tout compte).
- Il n'est pas possible de s'adapter à la pollution de l'air.
- Certains athlètes risquent de se rendre compte qu'ils sont asthmatiques en arrivant dans une ville polluée, ce qui leur laissera peu de temps pour obtenir les autorisations médicales nécessaires, le traitement étant a priori défendu en vertu des règlements antidopage.
- Autant que possible, les athlètes doivent chercher à ne pas s'exposer à l'air pollué et s'entraîner en dehors des heures de pointe, idéalement loin du centre-ville.
- Quand on s'entraîne dans un environnement pollué, il faut s'assurer d'avoir un bon apport alimentaire en antioxydants (fruits, légumes, etc.).

Il n'y a pas de raison de s'abstenir de s'entraîner lorsque l'air est très pollué, à moins que vous ne soyez atteint de problèmes respiratoires ou cardiaques chroniques. L'entraînement aérobie présente plus de bienfaits que l'air pollué ne provoque de méfaits.

Cependant, si vous avez le choix, mieux vaut effectuer vos sorties dans des endroits et à des moments où vous risquez moins d'être exposé aux polluants atmosphériques. L'idéal est de vous entraîner tôt le matin, avant l'arrivée massive des véhicules, d'éviter les périodes où le taux de pollution atteint des sommets (autour de midi et en début de soirée) et, lorsque l'indice de pollution de l'air est particulièrement élevé, de vous entraîner à l'intérieur.

HUITIÈME CHAPITRE
L'ENTRAÎNEMENT CARDIO À CERTAINES ÉTAPES DE LA VIE

Comment l'entraînement doit-il être modulé pour les enfants et les adolescents ? Est-il bon de continuer à s'entraîner pendant la grossesse ? Sur quelles qualités physiques doit-on mettre l'accent au troisième âge ? Autant de questions abordées dans ce chapitre.

LES JEUNES ATHLÈTES

Parents, entraîneurs et éducateurs se demandent parfois comment maximiser les effets bénéfiques des activités cardio des jeunes. Cette question est d'actualité alors que de plus en plus d'adolescents se complaisent dans un mode de vie sédentaire où les équipements sportifs les plus courants sont la zapette, la souris et le *joy stick*. Quel cheminement doivent donc avoir les enfants pressés de suivre les pas de leurs idoles sportives ?

Fixer les objectifs selon le stade de développement de l'athlète

Pour accompagner les enfants et les adolescents qui visent l'excellence dans un sport d'endurance et s'assurer que leurs expériences sportives forgeront leur personnalité et leur seront utiles tout au long de leur vie, cela prend d'abord des parents engagés. Cela prend aussi des programmes ajustés à leur niveau de développement.

Comme l'indique le tableau 8.1, chacune des phases séparant la première galipette du podium olympique correspond à un entraînement approprié au degré de maturation physique et mentale du jeune athlète. Si les habiletés motrices de base n'ont pas été enseignées pendant l'enfance, il sera beaucoup plus difficile de le faire par la suite. L'envie de pratiquer régulièrement des sports doit aussi se développer tôt. Les premières occasions de pratique doivent donc être amusantes.

Les enfants qu'on initie aux sports d'endurance doivent avoir des expériences plaisantes et l'occasion d'apprendre et de parfaire des habiletés fondamentales. Il s'agit de leur faire vivre des expériences positives, susceptibles de développer leur estime d'eux-mêmes. L'encadrement doit être approprié et les activités doivent prendre la forme de jeux où le plaisir ne vient pas que de la victoire. Si ces expériences les amènent à vouloir faire des compétitions, les activités pourront prendre progressivement une forme plus structurée.

L'exemple des entraîneurs et l'esprit sportif

Selon le Suisse Jean Piaget, spécialiste incontesté du développement de l'enfant, les jeunes ont besoin de modèles de comportement adulte autres que celui de leurs parents pour forger leur personnalité. D'où l'importance de confier les athlètes en herbe à des animateurs faisant preuve de leadership, dont l'attitude et le comportement sont exemplaires et sachant promouvoir l'esprit sportif. Aucun adulte ne ferait soigner son animal domestique par un individu qui n'a pas son diplôme de vétérinaire, et pourtant, trop peu se demandent si leur enfant est entre les mains d'un entraîneur compétent.

L'enfant n'est pas un mini-adulte

Il est plus logique de miser sur le développement des habiletés techniques générales *avant* de se concentrer sur le développement des qualités musculaires et cardiovasculaires. Les spécialistes de la croissance et du développement de l'enfant sont en effet d'avis qu'il vaut mieux attendre la seconde partie de la puberté pour mettre l'accent sur le développement de la consommation maximale d'oxygène (VO_2max), de la capacité anaérobie et de l'endurance.

Des parents voyant un futur champion dans leur enfant peuvent avoir tendance à le pousser, très jeune, à faire des compétitions et à trimer dur à l'entraînement. Ils oublient peut-être que son bonheur est bien plus important que ses résultats sportifs.

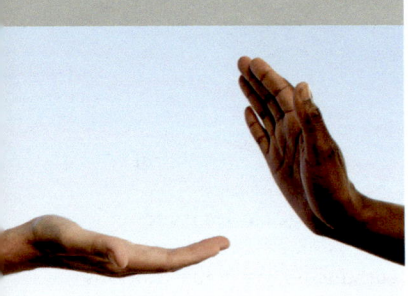

L'esprit sportif, c'est…

- Se mesurer aux adversaires dans l'équité, en comptant sur son talent, ses habiletés, son entraînement et son ardeur dans le but d'obtenir la victoire ou un bon classement pour son équipe ou soi-même.
- Ne jamais chercher à enfreindre délibérément un règlement, à gagner par des moyens illégaux, par tricherie ou en ayant recours au dopage.
- Respecter les officiels et accepter toutes leurs décisions sans jamais mettre en doute leur intégrité.
- Reconnaître dignement la supériorité des autres compétiteurs dans la défaite, accepter la victoire avec modestie et sans ridiculiser les autres, savoir reconnaître les bons coups et les bonnes performances des adversaires.
- Garder sa dignité en toute circonstance et montrer qu'on a la maîtrise de soi, refuser que la violence physique et verbale prenne le dessus.
- Savoir mettre de côté les enjeux sportifs pour porter secours à un partenaire ou à un adversaire qui en aurait besoin.

Voir : www.coach.ca

Tableau 8.1
Paramètres de la charge d'entraînement selon le degré de maturité du participant

Phase de maturation (âge*)	Éléments sur lesquels mettre l'accent
Enfance (0-10 ans)	• Plaisir lié à l'activité physique, jeu • Habiletés motrices générales et de base (courir, sauter, lancer, attraper, grimper, nager, patiner, glisser…)
Fin de l'enfance (10-12 ans)	• Goût des sports • Habiletés motrices, particulièrement celles liées à la sécurité personnelle et d'autrui • Hygiène corporelle
Début de la puberté (13-14 ans)	• Habiletés permettant de maximiser le plaisir de pratiquer ses sports préférés • Discipline de vie

Milieu de la puberté (15-16 ans)	• Goût de l'effort
	• Habiletés stratégiques de base
	• Habiletés techniques avancées
	• Qualités physiques :
	  ○ VO_2max
	  ○ Endurance aérobie
	  ○ Capacité anaérobie
	  ○ Puissance musculaire

Fin de la puberté (17-18 ans)	• Qualités physiques et mentales • Comportement en compétition et en société • Habiletés stratégiques évoluées • Spécialisation sportive
Début de l'âge adulte (19-23 ans)	• Perfectionnement intensif des qualités physiques, mentales et stratégiques et de l'aisance en compétition, même de haut niveau • Développement d'une saine attitude vis-à-vis de la pression psychologique
Phase de maturité individuelle optimale – pic de performance (23-35 ans)	• Perfectionnement ou entretien des acquis • Intégration de toutes les composantes nécessaires à la performance optimale (alimentation, état mental, équilibre personnel, etc.) • Aptitude à parfaire sa préparation en profitant d'un encadrement offert par des spécialistes de plusieurs branches
Phase de diminution des qualités physiques (35 ans et plus)	• Entretien des acquis • Simple plaisir de s'entraîner et de participer à des compétitions

* La vitesse de maturation varie d'un enfant à l'autre : certains atteindront un stade donné un an ou deux plus tôt, d'autres, un an ou deux plus tard.

Même pour les adolescents en fin de puberté, la participation à des compétitions représente une charge émotive élevée. Ainsi, bien qu'elles soient utiles au développement des qualités physiques, tactiques et techniques, les compétitions peuvent, dans certains cas, présenter des risques qu'il faut savoir réduire autant que possible. Voilà pourquoi les jeunes athlètes doivent prendre le temps, avec leur entraîneur, d'analyser les programmes de compétition s'offrant à eux afin de cerner celles qui doivent servir pour l'entraînement, celles qui comptent vraiment et... celles qu'il vaut mieux ne pas faire, histoire de ménager la monture et d'épargner quelques kilomètres à la voiture de papa ou de maman !

Des repères quant aux charges d'entraînement

Il n'existe pas de formule universelle pour délimiter la charge d'entraînement à appliquer aux jeunes sportifs. Théoriquement, plus les séances sont intenses, longues et fréquentes, plus l'amélioration de la performance sera grande. Cela dit, si la charge d'entraînement dépasse celle que peut supporter le jeune athlète, il y aura détérioration et non plus amélioration de ses qualités physiques. Pire, il peut s'exposer au surentraînement.

Les sports cyclistes sont sans doute les sports d'endurance où le risque d'en faire trop est le plus grand. Le tableau 8.2 propose quelques repères en ce qui a trait à la charge d'entraînement optimale des cyclistes, selon leur degré de maturation et leur niveau de performance. Attention : pour un niveau donné de maturation et de performance, certains sportifs ne peuvent encaisser une charge d'entraînement aussi élevée que d'autres. Par exemple, en pleine puberté (à l'âge de 15 ou 16 ans), des coureurs cyclistes peuvent s'entraîner plus de sept fois par semaine et totaliser près de 500 h d'entraînement dans l'année, alors que d'autres, tout aussi performants, montrent des signes de surentraînement s'ils font plus de quatre séances par semaine et 180 h par année. Voilà pourquoi la fourchette des possibilités indiquées au tableau 8.2 est passablement grande, surtout en ce qui a trait au volume d'entraînement.

Pour appliquer ces lignes directrices, il faut s'efforcer de jauger les réactions de l'athlète, ce qui demande un bon sens de l'observation et une excellente communication.

Si vous voulez en apprendre davantage sur les jeunes et le sport, lisez *Parlons franchement des enfants et du sport*, de l'Association canadienne des entraîneurs, paru aux Éditions de l'Homme.

S'ENTRAÎNER ENCEINTE

Est-il bon de continuer à s'entraîner pendant la grossesse ? Voilà une question importante pour les mères en devenir qui veulent ce qu'il y a de mieux pour l'enfant qui va naître... et pour elles.

Alors que jadis les femmes enceintes devaient « rester tranquilles », aujourd'hui on sait qu'au contraire c'est la sédentarité qu'elles doivent craindre ! En plus de perdre leur condition physique et de prendre plus de poids, les femmes sédentaires pendant leur grossesse risquent davantage d'être atteintes d'hypertension, de prééclampsie (convulsions nuisibles pour le bébé qui peuvent survenir durant le dernier trimestre de la grossesse) et de maux de dos.

Ainsi, les autorités scientifiques et médicales reconnues recommandent aux femmes dont la grossesse se déroule normalement de pratiquer des activités physiques d'intensité modérée. Les athlètes ont avantage à poursuivre leur entraînement pour entretenir leur aptitude aérobie, sans toutefois se pousser à l'extrême. Elles feront moins d'œdème et elles prendront moins de poids au cours du dernier trimestre, ce qui réduit le risque de diabète gestationnel – le problème médical le plus fréquent lié à la grossesse, associé à de nombreuses complications pour la mère et le bébé.

Les femmes enceintes ont avantage à effectuer aussi, au moins deux fois par semaine, de la musculation pour les muscles du plancher pelvien (dans le but de réduire le risque d'incontinence urinaire), du ventre, du dos et des fesses. Ainsi, elles améliorent leur posture alors que le poids de l'utérus et des seins augmente. Leurs muscles devenant plus forts, elles risquent moins d'avoir des douleurs lombaires, trouveront

Tableau 8.2
Charge d'entraînement optimale des cyclistes, selon leur degré de maturation et leur niveau de performance

Phase de maturation et niveau de performance*	Heures d'entraînement par semaine	Durée des sorties les plus longues (h:min)	Nombre de séances d'entraînement par semaine	Durée type des sorties de récupération active (h:min)	Nombre de courses par mois en pleine saison	Heures d'entraînement par année**
Enfance	< 4***	< 1:00	< 5	—****	< 3	< 160
Fin de l'enfance	< 6	< 1:45	< 6	—	< 4	< 240
Début de la puberté	6-9	1:45-2:45	3-7	0:20-0:40	3-5	120-400
Milieu de la puberté	8-12	2:00-3:30	4-8	0:30-1:00	4-6	180-480
Fin de la puberté	10-14	2:45-4:15	5-9	0:40-1:15	5-8	300-640
Début de l'âge adulte	11-17	3:30-5:00	6-12	0:45-1:30	6-10	420-800
Début de l'âge adulte – élite nationale	15-22	5:00-6:00	9-13	1:15-2:15	7-14	560-960
Âge adulte – niveau régional	13-19	4:30-5:30	7-13	1:00-2:00	6-12	420-800
Âge adulte – niveau national	16-25	5:00-6:30	9-13	1:30-2:45	10-15	600-1000
Âge adulte – niveau international	18-27	5:30-7:00	9-13	1:45-3:15	11-16	630-1040
Âge adulte – élite internationale	20-30	6:00-7:30	10-14	2:00-3:30	12-17	700-1200

* Normes s'appliquant à un cycliste sur route de sexe masculin demeurant dans une région où l'hiver est court et peu rigoureux.
** Pour une cycliste de plus de 12 ans, retrancher de 25 à 30 % aux valeurs indiquées. Pour des cyclistes (masculins ou féminins) en vélo de montagne ou en épreuves courtes sur piste, retrancher de 10 à 20 %.
*** Selon le désir spontané de l'enfant. Avant 13 ans, il s'agit davantage d'activités à vélo que d'entraînements proprement dits.
**** Ne s'applique pas ; aucune séance ne doit être difficile au point de nécessiter une séance de récupération active.

moins difficiles plusieurs gestes de la vie quotidienne et récupéreront plus rapidement après l'accouchement.

L'idéal, c'est d'avoir été régulièrement active et de poursuivre la pratique sportive pendant la grossesse. Cependant, les femmes sédentaires pourront se mettre à l'exercice physique. On leur recommande d'attendre le deuxième trimestre avant de s'entraîner intensivement.

Parce que le fœtus demande de l'énergie, s'entraîner à une intensité absolue donnée peut paraître un peu difficile. Le cœur bat plus vite et la pression artérielle est plus élevée. Les femmes enceintes doivent être constamment à l'écoute de leur corps afin de trouver une intensité d'exercice qui ne les fatiguera pas. Normalement, si l'exercice s'accompagne d'un essoufflement léger ou si la fréquence cardiaque demeure dans la fourchette de 110 à 150 bpm, des bénéfices pour la condition physique et la santé se feront sentir. Si la séance paraît trop difficile ou si elle s'accompagne d'une augmentation prononcée de la température corporelle, il faut l'interrompre, quel que soit le degré d'essoufflement ou la fréquence cardiaque. Il s'agit alors de reprendre l'exercice à intensité moins élevée. Pendant le troisième trimestre de la grossesse, en raison de la pression du fœtus sur le diaphragme, la respiration peut être plus ardue : il faut régler l'intensité de l'activité en conséquence.

Il est préférable de stopper l'activité physique et de consulter son médecin en cas de symptômes comme les suivants : nausée, vertige, changement soudain de la température corporelle, saignement vaginal, vision embrouillée, respiration difficile, palpitations, fréquence cardiaque anormalement élevée, évanouissement, douleurs violentes au pubis, au dos, à l'abdomen ou au thorax, et douleurs apparentées à celles liées aux contractions utérines.

Chose certaine, l'intensité et la durée des séances d'entraînement doivent avoir pour but de maintenir une bonne condition physique tout au long de la grossesse, non pas d'atteindre un très haut degré de performance sportive. Il faut éviter les activités qui comportent des risques de coups ou de chute. Les femmes qui participent à des compétitions devraient cesser de le faire pendant la grossesse et éviter de faire des séances exténuantes, particulièrement s'il fait chaud. Elles doivent éviter de s'entraîner plus intensivement qu'elles ne l'ont fait avant de devenir enceintes.

On ne sait pas si l'entraînement cardio rend l'accouchement moins difficile. Ce qu'on sait par contre, c'est que chez les femmes actives pendant leur grossesse, il y a moins d'accouchements prématurés, de complications à l'accouchement, de signes de détresse fœtale, de césariennes et de complications néonatales. Rester active améliore l'endurance à l'effort (la femme a plus de souffle et plus d'énergie pendant l'accouchement) et accélère le rétablissement. À noter qu'une perte de poids trop rapide, soit plus de 0,5 kg par semaine, peut réduire la lactation.

Dès que la femme se sent prête, elle peut reprendre l'entraînement quelques semaines après l'accouchement (en parler au médecin). Si elle allaite, elle peut s'entraîner à inten-

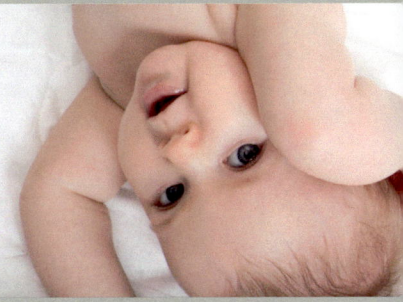

Entraînement cardio et poids du bébé à la naissance

Les effets de l'entraînement cardio sur la durée de la grossesse et le poids des bébés à la naissance ont été examinés chez 9089 femmes par les professeurs Leifermann et Evanson de Virginia Tech University. Les femmes qui ne pratiquaient pas régulièrement une activité physique aérobie avant et pendant leur grossesse se sont révélées plus sujettes à donner naissance à des bébés de très petit poids (< 1500 g), comparativement aux femmes qui demeuraient physiquement actives pendant leur grossesse. De plus, les femmes actives qui avaient cessé de pratiquer des activités physiques pendant leur grossesse risquaient davantage de donner naissance à des bébés de petit poids (de 1500 à 2499 g) ou de très petit poids que celles qui étaient restées physiquement actives pendant leur grossesse. En revanche, on n'a pas établi de relation significative entre la pratique régulière d'activités physiques et la durée de la grossesse.

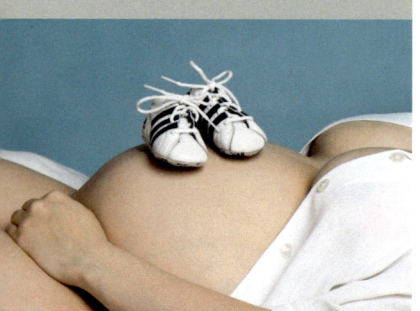

« L'entraînement cardio ne nuit pas au développement du fœtus et n'augmente pas les risques de problèmes de santé liés à la grossesse, de fausse couche, d'accouchement difficile ou de problèmes de santé pour le bébé. »

sité faible ou moyenne sans que cela modifie la quantité ou la composition du lait maternel ; il n'y aura aucun effet négatif sur la croissance du nouveau-né.

Avis aux femmes dont la grossesse se déroule normalement : non seulement vous pouvez vous entraîner (entraînement cardio et musculation), mais vous avez avantage à le faire ; le bébé et sa mère ne s'en porteront que mieux ! Dans le doute, consulter le médecin.

L'ATHLÈTE ÂGÉ

Plusieurs athlètes grisonnants se demandent comment adapter leur entraînement. D'abord une certitude : bouger régulièrement aide à entretenir ses fonctions motrices, cognitives, mentales et sensorielles. Faut-il s'entraîner différemment ? Oui, mais à peine.

En fait, tous les principes d'entraînement s'appliquent aussi bien aux personnes âgées qu'aux jeunes adultes. Vous connaissez certainement de grands athlètes qui ont plus d'un demi-siècle au compteur… et des jeunes qui s'essoufflent en jouant à des jeux vidéo !

L'athlète âgé peut faire à peu près le même entraînement que le jeune adulte de même niveau, à deux différences près.

Primo, après la trentaine, l'aptitude à récupérer des séances intensives diminue, même si l'on est en bonne condition physique. Il faut donc s'allouer un peu plus de temps pour se refaire une santé, chaque fois qu'on s'impose une charge d'entraînement plus sévère. Par exemple, le sujet âgé qui, dans la vingtaine ou la trentaine, avait l'habitude de faire deux ou trois séances d'entraînement intensif par semaine aura avantage à n'en faire qu'une ou deux, sans quoi il devra sacrifier l'intensité, ce qui n'est pas souhaitable.

Secondo, plus on vieillit, plus on a intérêt à faire de la musculation. Il faut admettre que l'entraînement cardio, même à intensité élevée, ne suscite pas assez les fibres musculaires à contraction rapide pour prévenir la sarcopénie, c'est-à-dire la fonte musculaire qui accompagne le vieillissement. Ainsi, pour préserver le plus longtemps possible leur autonomie fonctionnelle et demeurer performants dans les sports d'endurance, les athlètes âgés ont tout intérêt à faire de la musculation.

Chez les plus âgés comme chez les plus jeunes, l'assiduité et la persévérance à long terme demeurent des conditions essentielles pour retirer un maximum de bienfaits de l'entraînement cardio. L'idéal est évidemment d'être demeuré actif tout au long de sa vie, mais il n'est jamais trop tard pour s'y mettre puisque des gains pour la santé restent possibles à tout âge.

Débuter dans la cinquantaine ?

Il n'y a pas d'âge pour se mettre à l'exercice physique. À tout âge, des gains pour la santé restent possibles. Une personne qui commence à être active à 50 ans bénéficie presque autant de l'exercice physique après un an d'entraînement régulier que celle qui a fait du sport toute sa vie. À l'inverse, celle qui abandonne retombe rapidement au niveau d'une personne qui n'a jamais fait d'exercice !

Des études ont permis de démontrer que des personnes âgées jusqu'à 98 ans pouvaient, en effectuant un entraînement avec poids et haltères pendant aussi peu que douze semaines :
- doubler la force des masses musculaires entraînées ;
- augmenter leur volume musculaire dans une proportion de 10 à 15 % ;
- améliorer leur équilibre ;
- améliorer leur condition physique sur le plan cardiovasculaire ;
- améliorer leur estime de soi et la confiance dans leurs moyens.

Faut-il employer des charges élevées ? Il semble que oui. L'entraînement qui améliore les qualités musculaires de la personne âgée et qui est susceptible de retarder l'effet de vieillissement sur la masse musculaire comporte des charges correspondant à 50 à 80 % de la charge maximale. Avec de telles résistances, il est assez difficile de faire plus de huit répétitions par série.

Musculation intensive

Faut-il faire fréquemment des séances de musculation ? Au moins deux fois par semaine. Fait intéressant à souligner, on sait qu'après un programme assidu de musculation, il est facile de préserver et même de continuer à améliorer ses qualités musculaires avec aussi peu qu'une séance tous les 10 jours. Peut-être est-il avantageux, pour les athlètes d'endurance âgés, de prévoir chaque année une période intensive de musculation d'au moins deux mois, quitte à entretenir leur puissance musculaire en faisant une séance par semaine, ou toutes les deux semaines, le reste de l'année.

Bref, la programmation de l'entraînement des sportifs âgés diffère peu de celle des jeunes adultes, mais il faut miser davantage sur la récupération et la musculation, afin notamment de préserver la masse maigre, la force et l'endurance musculaires.

Sarcopénie

Entre 30 et 80 ans, la masse musculaire diminue de 30 à 60 %. L'endurance musculaire diminue et la force aussi, à un taux moyen de 4 à 5 % par décennie entre 25 et 50 ans, puis de 10 à 15 % par décennie par la suite. À mesure que la sarcopénie s'installe, elle réduit la capacité de marcher et de se maintenir en équilibre, d'où une perte progressive d'autonomie.

GLOSSAIRE

Dans le but de préciser certains concepts et, au passage, de renverser quelques mythes, voici un glossaire de l'entraînement cardio et de la physiologie de l'exercice.

ACIDE AMINÉ *Constituant de base des protéines. Certains sont produits par l'organisme (alanine, acide aspartique, cystéine...), d'autres sont de source alimentaire (lysine, méthionine, phénylalanine...).*

ACIDE GRAS LIBRE (AGL) *Forme sous laquelle les lipides sont transportés dans le sang et métabolisés par les cellules des muscles et des organes (cœur, foie...).*

ACIDE LACTIQUE *Substance dont on dit qu'elle est produite dans les cellules musculaires au cours de l'exercice et qui serait le sous-produit du processus anaérobie de production d'énergie (ou glycolyse anaérobie). Dans le milieu sportif, on attribue à l'acide lactique et au lactate tous les maux possibles : fatigue, douleurs, crampes, courbatures, etc. Cette interprétation simpliste ne résiste pas à une analyse rigoureuse. D'ailleurs, la glycolyse ne produit pas d'acide lactique, mais bien du lactate (voir Robergs, R.A., et coll., 2004). La baisse de pH (l'acidose) n'étant pas due à l'acide lactique, il ne s'agit pas d'« acidose lactique » comme on le lit souvent. Voir* **lactate**.

ACTIVITÉ PHYSIQUE AÉROBIE *Activité physique qui stimule la fonction cardiorespiratoire, au cours de laquelle la majeure partie de l'énergie est produite par l'oxydation des substrats énergétiques dans les muscles.*

ADAPTATION (PRINCIPE D') *Principe d'entraînement selon lequel, en réponse à un exercice, l'organisme s'adapte de sorte que cet exercice provoquera une moins grande perturbation lorsqu'il sera répété.*

ADÉNOSINE TRIPHOSPHATE (ATP) *Molécule dont les liaisons sont (comme celles de la créatine phosphate) riches en énergie ; elle fournit l'énergie aux réactions chimiques, notamment celles qui permettent la contraction des cellules musculaires. Voir* **créatine phosphate** *(CP).*

ADRÉNALINE *Hormone et neurotransmetteur de la famille des catécholamines, sécrétée en réponse à un état de stress ainsi que pendant l'exercice physique, entraînant une augmentation de la pression artérielle, de la fréquence cardiaque et de la force des contractions du cœur.*

AÉROBIE *Avec oxygène ; terme qualifiant le processus organique qui requiert de l'oxygène pour produire de l'énergie. On qualifie communément d'aérobie un exercice d'une intensité faible ou moyenne, qu'il est possible de tenir longtemps. L'aptitude aérobie est fortement corrélée avec la performance dans les sports d'endurance. Voir* **aptitude aérobie**, **anaérobie**.

AFFÛTAGE *Formule particulière d'entraînement utilisée les jours précédant une compétition sportive dans le but d'accomplir une performance maximale.*

AGILITÉ *Aptitude à exécuter des enchaînements de mouvements avec vitesse, coordination, flexibilité, souplesse, légèreté, précision et force.*

AGONISTE *Muscle ou groupe de muscles qui se contractent pour exécuter un mouvement donné. Voir* **antagoniste**.

AINS *Voir* **anti-inflammatoire non stéroïdien**.

ALTERNANCE (PRINCIPE D') *Principe d'entraînement selon lequel les phases d'entraînement intensif doivent être entrecoupées de périodes où la charge d'entraînement est plus légère, afin de récupérer.*

AMÉLIORATION RÉGRESSIVE (PRINCIPE D') *Principe d'entraînement selon lequel, pour un entraînement donné, l'augmentation du niveau de développement de la qualité physique, motrice ou mentale ciblée diminue au fur et à mesure qu'augmente le volume cumulatif d'entraînement qui y aura été consacré.*

ANAÉROBIE Sans oxygène ; terme qualifiant le processus organique qui produit de l'énergie sans utiliser de l'oxygène, comme la dégradation de l'adénosine triphosphate (ATP), de la créatine phosphate (CP) ou du glucose qui produit du lactate (glycolyse anaérobie). Le processus anaérobie se distingue du processus aérobie, dans lequel l'oxygène sert de comburant. On qualifie communément d'anaérobie un exercice d'une intensité très élevée qu'il est impossible de tenir longtemps. Dans les sports d'endurance, on a moins recours au processus anaérobie qu'au processus aérobie, sauf dans des moments cruciaux des compétitions, par exemple dans une épreuve cycliste pendant les attaques, les montées abruptes et les sprints. Voir **aérobie**.

ANALGÉSIQUE Médicament ou traitement qui prévient, atténue ou supprime la fièvre et la douleur (musculaire et articulaire, notamment). Exemples : aspirine, acétaminophène et anti-inflammatoires non stéroïdiens.

ANTAGONISTE Muscle ou groupe de muscles qui se contractent pour exécuter un mouvement opposé à celui fait par un muscle ou un groupe de muscles agonistes. Voir **agoniste**.

ANTI-INFLAMMATOIRE NON STÉROÏDIEN (AINS) Médicament qui soulage la douleur (musculaire, articulaire) et réduit l'inflammation, notamment par l'inhibition de la production de prostaglandines ; il peut occasionner des douleurs ou des ulcères gastriques, des nausées ou des flatulences. Exemple : ibuprofène (Advil, Motrin).

APTITUDE AÉROBIE Capacité du système cardiorespiratoire – cœur, poumons, circulation sanguine, cellules musculaires, etc. – à transporter et à utiliser de l'oxygène pour faire un travail musculaire. On évalue l'aptitude aérobie en mesurant la consommation maximale d'oxygène (VO$_2$max). Voir **consommation maximale d'oxygène** (VO$_2$max).

ATP Voir **adénosine triphosphate**.

BALLON SUISSE Gros ballon utilisé pour divers exercices de renforcement des muscles stabilisateurs ou d'amélioration de l'équilibre ou de la posture.

BLESSURE D'USURE (OU BLESSURE DE SURUTILISATION) Lésion aux tissus vivants conséquente à leur sollicitation excessive.

CAPACITÉ ANAÉROBIE Quantité totale d'énergie fournie par le processus énergétique qui n'utilise pas l'oxygène (glycolyse anaérobie), durant un effort menant à l'épuisement. Expression qui réfère communément à l'aptitude à exécuter un bref exercice extrêmement intense. On peut distinguer la capacité anaérobie *lactique* et la capacité anaérobie *alactique*, selon que l'on se réfère au processus anaérobie qui produit ou non du lactate. Dans les exercices brefs et très intenses, la majeure partie de l'énergie provient du processus anaérobie, car le processus aérobie ne parvient pas à combler tous les besoins énergétiques. Voir **glycolyse anaérobie**.

CARDIOFRÉQUENCEMÈTRE Montre-bracelet et bande thoracique émettrice donnant en temps réel une rétroaction sur la fréquence cardiaque, ce qui permet notamment de la comparer avec la fréquence cardiaque cible.

CHARGE D'ENTRAÎNEMENT Importance du stress physique et mental associé à une séance ou phase d'entraînement et qui dépend à la fois du volume, de l'intensité et de la fréquence des activités d'entraînement, de leur nature, des conditions environnementales (chaleur, humidité, froid, altitude, pollution) de même que de la condition physique et mentale de l'athlète.

CIRCUMDUCTIONS Mouvements de rotation circulaires d'un membre à partir d'un point d'attache (articulation).

CŒUR D'ATHLÈTE Expression parfois utilisée pour laisser entendre que le cœur de certains athlètes de sports d'endurance serait plus gros que la normale.

COMPOSITION CORPORELLE Proportion relative de masse grasse et de masse maigre dans le corps.

CONCENTRIQUE Se dit d'une contraction musculaire au cours de laquelle les muscles se contractent en se raccourcissant. Contraire d'excentrique.

CONDITION PHYSIQUE Degré de développement de certaines qualités physiques et motrices telles que l'aptitude aérobie, l'efficacité de la gestuelle, l'endurance, la capacité anaérobie, la puissance et l'endurance musculaires, la flexibilité et la coordination motrice.

CONFIANCE EN SOI Assurance résultant de la croyance dans ses capacités, actuelles ou à venir, et dans son aptitude à faire tout ce qu'il faut pour réaliser un objectif.

CONSOMMATION MAXIMALE D'OXYGÈNE (VO$_2$max) Quantité d'oxygène maximale, par unité de temps, que peut utiliser l'organisme pour produire de l'énergie. On mesure généralement le VO$_2$max à l'aide d'un test au cours duquel on analyse les gaz expirés, et où l'intensité augmente progressivement ; le VO$_2$ augmente, puis plafonne au VO$_2$max. Dans les compétitions d'endurance, le VO$_2$max est, de loin, le plus important déterminant de la performance.

CONTENU MINÉRAL OSSEUX Quantité de tissu osseux exprimée en grammes.

COORDINATION Aptitude à synchroniser adéquatement des différentes parties du corps au cours d'une activité physique.

CORPS D'UNE SÉANCE D'ENTRAÎNEMENT Partie la plus importante d'une séance d'entraînement ; elle débute après l'échauffement et se termine avant le retour au calme.

CORTISOL Hormone sécrétée par le cortex (partie externe) de la glande surrénale ; sa concentration fluctue par cycles de 24 h, et elle a d'importants effets métaboliques, cardiovasculaires, hématologiques, cutanés et anti-inflammatoires. La sécrétion de cortisol permet un apport en énergie suffisant pour préparer l'organisme à faire face à un stress, mais cette hormone réduit la fonction immunitaire.

COURBATURES Douleurs musculaires apparaissant quelques heures (généralement 24 à 48) après un exercice intense et inhabituel, particulièrement s'il comprend des contractions de type excentrique.

CP Voir **créatine phosphate**.

CRAMPE MUSCULAIRE Contraction involontaire, soutenue et douloureuse d'un muscle qui survient pendant ou après une séance d'activité physique pour laquelle l'athlète était mal préparé.

CRÉATINE Acide aminé constituant du muscle ; supplément alimentaire consommé par certains sportifs dans le but d'augmenter leur aptitude à effectuer des efforts brefs, très intenses et répétés.

CRÉATINE PHOSPHATE (CP) Molécule dont les liaisons sont (comme celles de l'adénosine triphosphate) riches en énergie ; elle fournit l'énergie aux réactions chimiques, notamment celles qui permettent la contraction des cellules musculaires. Voir **adénosine triphosphate** (ATP).

CROSS-TRAINING Voir **entraînement complémentaire**.

CYCLE D'ENTRAÎNEMENT Voir **phase d'entraînement**.

DÉBIT CARDIAQUE Volume de sang éjecté par le cœur en une minute. Voir **volume d'éjection systolique**.

DEGRÉ DE DIFFICULTÉ D'UNE SÉANCE D'ENTRAÎNEMENT Niveau de contrainte physique et mentale qu'associe subjectivement l'athlète à une séance ; dépend du contexte, du contenu et de la durée de la séance, ainsi que de l'état général de l'athlète.

DENSITÉ MINÉRALE OSSEUSE Contenu minéral d'un os exprimé en grammes par centimètre carré (g/cm^2). Cette mesure est utilisée comme indice de la résistance des os au stress mécanique dans le dépistage de l'ostéoporose et le suivi de son traitement.

DÉRIVE CARDIAQUE Augmentation de la fréquence cardiaque pendant un exercice physique où l'intensité ne varie pas ou varie très peu. Elle est principalement due à la diminution du volume plasmatique et du retour veineux résultant notamment de la sudation.

DÉSENTRAÎNEMENT (NÉOLOGISME) Réduction des qualités physiques, motrices et mentales, conséquence d'une diminution de la charge d'entraînement.

DÉSHYDRATATION Diminution des réserves hydriques corporelles.

DÉTERMINANT DE LA PERFORMANCE Qualité physique, motrice ou mentale corrélée avec la performance dans un sport donné. Exemples (pour les sports d'endurance) : VO_2max, efficacité de la gestuelle, puissance aérobie maximale, vitesse aérobie maximale, endurance, capacité anaérobie.

DIÈTE DE SURCOMPENSATION GLYCOGÉNIQUE Diète où l'on consomme une grande quantité d'aliments riches en glucides (pomme de terre, pain, riz, céréales, pâtes...) afin de maximiser les réserves de glycogène musculaires.

DURÉE CRITIQUE Voir **temps limite** (Tlim).

DYSLIPIDÉMIE Concentration anormale de lipoprotéines ou de lipides dans le sang, prédisposant aux maladies du système circulatoire.

ÉCHAUFFEMENT Période de préparation à un exercice physique. Aussi appelé réchauffement, il peut comprendre diverses activités : circumductions, exercices musculaires, de flexibilité et d'adresse, relaxation, visualisation et pratique de l'activité visée en augmentant graduellement l'intensité.

ÉCONOMIE DU MOUVEMENT Voir **efficacité de la gestuelle**.

ÉDUCATIF Exercice visant le développement d'une aptitude motrice particulière.

EFFICACITÉ DE LA GESTUELLE (OU ÉCONOMIE DU MOUVEMENT) Habileté à faire un exercice physique à une intensité donnée en dépensant le moins d'énergie possible. On évalue généralement l'efficacité de la gestuelle d'un athlète en mesurant sa consommation d'oxygène pendant un effort d'une intensité sous-maximale donnée : moins il consomme d'oxygène, plus la gestuelle se révèle efficace.

ÉLECTROLYTES Substances en solution permettant le passage du courant électrique par déplacement d'ions. Exemples : sodium (Na^+) et chlorure (Cl^-).

ENDURANCE (OU ENDURANCE AÉROBIE) Taux de diminution de l'intensité relative au fur et à mesure qu'augmente le logarithme naturel de la durée des épreuves. L'endurance varie entre -3,5 et -12,5 % VO_2max/ln (Tlim). Elle est plus communément définie comme l'*aptitude à maintenir une puissance relative élevée pendant une période de temps donnée*, ou comme l'*aptitude à maintenir longtemps une puissance relative donnée*.

ENDURANCE MUSCULAIRE *Aptitude à contracter à plusieurs reprises un groupe musculaire à une intensité donnée.*

ENGELURE (OU GELURE) *Lésion superficielle ou profonde de la peau causée par le froid.*

ENTRAÎNABILITÉ *Aptitude à améliorer une qualité physique, motrice ou mentale par un programme d'entraînement donné.*

ENTRAÎNEMENT *Pratique structurée d'exercices visant à améliorer la condition physique ou la performance sportive.*

ENTRAÎNEMENT COMPLÉMENTAIRE (CROSS-TRAINING) *Pratique d'une activité physique dans le but de s'améliorer dans une autre activité plus importante. Exemple : faire de la musculation ou de la course à pied pour s'améliorer en ski de fond.*

ENTRAÎNEMENT CONTINU *Méthode d'entraînement où l'intensité varie peu entre l'échauffement et la récupération. Contraire d'entraînement par intervalles.*

ENTRAÎNEMENT CONTINU LENT *Méthode d'entraînement où l'intensité est relativement faible pour qu'il soit possible de la maintenir sans grand effort et où elle varie peu entre l'échauffement et la récupération.*

ENTRAÎNEMENT CONTINU RAPIDE *Méthode d'entraînement où l'on s'efforce de maintenir l'intensité la plus élevée possible entre l'échauffement et la récupération.*

ENTRAÎNEMENT FRACTIONNÉ *Méthode d'entraînement intermittent où l'intensité des fractions d'effort est égale (ou presque) à celle à laquelle devrait se faire la prochaine compétition.*

ENTRAÎNEMENT INTENSIF *Entraînement particulièrement ardu par son volume, son intensité et la fréquence des séances, de même que les conditions dans lesquelles elles sont effectuées.*

ENTRAÎNEMENT INTERMITTENT *Méthode d'entraînement où l'on fait alterner, de façon systématique ou non, des périodes d'intensité élevée avec des périodes de récupération active ou passive. Voir* **entraînement par intervalles** *(EPI).*

ENTRAÎNEMENT PAR INTERVALLES (EPI) *Méthode d'entraînement où l'on fait alterner de façon systématique des périodes d'intensité élevée avec des périodes de récupération, permettant ainsi de cumuler un plus grand volume d'exercice à intensité élevée.*

ENTRAÎNEMENT PAR INTERVALLES CLASSIQUE *Méthode d'entraînement où le nombre de répétitions par série, de même que la durée et l'intensité des fractions d'effort et des périodes de récupération entre les répétitions et entre les séries, demeurent inchangés ou presque. Exemple : trois séries de 5 fractions d'effort de 1 min à 90 % de son VO$_2$max; les fractions d'effort sont entrecoupées de périodes de récupération de 2 min à 50 % de son VO$_2$max, et les séries sont entrecoupées de périodes de récupération passive de 5 min.*

ENTRAÎNEMENT PAR INTERVALLES COMPLEXE *Méthode d'entraînement où les paramètres (nombre de répétitions par série; nature, durée et intensité des fractions d'effort et des périodes de récupération) évoluent d'une manière plus complexe que dans une séance d'entraînement par intervalles classique. Exemple : une série de 5 fractions d'effort de 5, 4, 3, 2 et 1 min à 80, 85, 90, 95 et 100 % de la PAM (récupération de 1 min à 50 % de la PAM), suivie d'une série de 5 fractions d'effort de 60, 50, 40, 30 et 20 s à l'intensité la plus élevée possible avant une période de récupération passive de 2 min.*

ENTRAÎNEMENT PAR INTERVALLES COURTS (EPIC) *Méthode d'entraînement où la durée des fractions d'effort est inférieure ou égale à 20 s et où la durée des périodes de récupération (active ou passive) est :*
- *supérieure ou égale à celle des fractions d'effort;*
- *inférieure ou égale au double de la durée de ces dernières.*

Exemple : 30 fractions d'effort de 15 s entrecoupées de périodes de récupération active de 15, 20, 25 ou 30 s.

ENTRAÎNEMENT PAR INTERVALLES LONGS (EPIL) *Méthode d'entraînement où la durée des fractions d'effort est comprise entre 30 et 90 s et où la durée des périodes de récupération (active ou passive) est :*
- *supérieure ou égale à celle des fractions d'effort;*
- *inférieure ou égale au double de la durée de ces dernières.*

Exemple : 10 fractions d'effort de 45 s entrecoupées de périodes de récupération active de 45, 60 ou 90 s.

ENZYME *Protéine qui catalyse (déclenche et accélère) une réaction biochimique.*

EPI Voir **entraînement par intervalles**.

EPIC Voir **entraînement par intervalles courts**.

EPIL Voir **entraînement par intervalles longs**.

ÉQUILIBRE *Aptitude d'un athlète à contrôler sa posture, la position de ses membres dans l'espace lorsqu'il est immobile (équilibre statique) ou en mouvement (équilibre dynamique), tout en résistant à des forces extérieures.*

ERGOMÈTRE *Appareil d'exercice qui affiche une mesure ou un indice précis de l'intensité de l'exercice. Exemple : ergocycle de laboratoire étalonné, tapis roulant, vélo muni d'un pédalier SRM ou d'un moyeu arrière PowerTap.*

ÉRYTHROCYTE *Voir* **globule rouge.**

ÉRYTHROPOÏÉTINE (EPO) *Hormone augmentant la production des précurseurs des globules rouges dans la moelle des os ; médicament servant à stimuler la production de globules rouges.* L'EPO est à la fois une hormone naturelle produite par le rein, une solution thérapeutique et une substance dopante interdite. L'EPO est sécrétée par l'organisme en réaction à un manque d'oxygène, par exemple pendant des efforts intenses.

ÉTIREMENT *Exercice visant le développement de la flexibilité et censé augmenter la longueur des muscles ciblés et de leurs tendons.*

ÉTIREMENT DYNAMIQUE *Exercice d'étirement avec mouvement.*

ÉTIREMENT STATIQUE *Exercice d'étirement avec résistance constante.*

EXCENTRIQUE *Se dit d'une contraction musculaire au cours de laquelle les muscles se contractent en s'allongeant. Contraire de concentrique.*

FACILITATION NEUROMUSCULAIRE PROPRIOCEPTIVE *Méthode d'étirement basée sur des réflexes où il y a étirement passif du muscle, contraction isométrique, relâchement avec étirement passif, puis contraction du muscle antagoniste ; chaque étape dure de cinq à une vingtaine de secondes.*

FARTLEK *Mot suédois signifiant « jeu de vitesse ». Entraînement au cours duquel l'athlète varie l'intensité selon son bon vouloir et, parfois, en s'inspirant de l'environnement (côtes, vent, etc.) pour décider de l'effort à fournir.* Élaboré par le décathlonien et entraîneur suédois Gösta Holmér dans les années 1930 et 1940, le fartlek connaît aujourd'hui des schémas plus codifiés s'apparentant à l'EPI.

FLEXIBILITÉ *Habileté à exécuter d'amples mouvements autour d'une ou de plusieurs articulations.* La flexibilité varie, chez une même personne, d'une articulation à l'autre.

FORCE MUSCULAIRE *Aptitude d'un groupe musculaire à développer une force élevée.* Cette force dépend de la superficie et du type de fibres musculaires (les fibres à contraction rapide sont plus fortes que celles à contraction lente) ainsi que de l'habileté à activer simultanément une grande quantité d'unités motrices. Une contraction musculaire peut être statique ou isométrique, c'est-à-dire sans modification de la longueur des fibres musculaires, ou dynamique, c'est-à-dire avec raccourcissement (concentrique) ou allongement (excentrique) des fibres.

FORMULE DE KARVONEN *Formule utilisée pour évaluer l'intensité relative (en pourcentage du VO_2max ou de la PAM) d'un exercice à partir de la fréquence cardiaque d'état stable (FCétat-stable, en bpm) ; elle permet aussi de calculer la FCétat-stable correspondant à une intensité donnée à partir de la fréquence cardiaque au repos (FCrepos) et de la fréquence cardiaque maximale (FCmax).*

FRACTION D'EFFORT (OU PÉRIODE D'EFFORT) *Segment d'une séance d'entraînement intermittent au cours duquel l'intensité de l'effort est élevée.*

FRÉQUENCE CARDIAQUE CIBLE (FCcible) *Fréquence à laquelle l'athlète doit s'entraîner pour que l'intensité de l'exercice favorise le développement ou le maintien d'une qualité physique ciblée.*

FRÉQUENCE CARDIAQUE D'ÉTAT STABLE (FCétat-stable) *Fréquence des battements du cœur lorsqu'elle varie peu ou pas du tout.* La fréquence cardiaque est un reflet de l'intensité de l'exercice, à condition qu'elle soit stable et que l'intensité soit inférieure ou égale à 100 % du VO_2max.

FRÉQUENCE CARDIAQUE MAXIMALE (FCmax) *Plus haute fréquence à laquelle le cœur peut battre.* On peut l'estimer sommairement sur la base de l'âge ou la mesurer avec un test maximal et progressif. Elle permet l'utilisation de la formule de Karvonen.

GELURE *Voir* **engelure.**

GLOBULE ROUGE *Cellule sanguine qui, grâce à l'hémoglobine qu'elle contient, transporte l'oxygène des poumons aux cellules du corps et le CO_2 des cellules aux poumons. Aussi appelé hématie ou érythrocyte.*

GLUCIDE *Substrat énergétique qui peut être métabolisé par le processus énergétique anaérobie (glycolyse anaérobie) et le processus énergétique aérobie ; source d'énergie (plus de 4 kcal par gramme) provenant des aliments.* Les deux autres substrats énergétiques sont les lipides et les protides.

GLYCOGÈNE *Polymère du glucose ; forme de stockage du glucose dans le foie et les muscles.*

GLYCOLYSE ANAÉROBIE *Processus par lequel la cellule musculaire produit de l'énergie à partir de la dégradation (lyse) du glucose (glyco), sans utiliser l'oxygène (anaérobie : sans oxygène).* La glycolyse anaérobie s'accompagne toujours de libération de lactate. Plus l'intensité de l'exercice est élevée, plus l'énergie nécessaire à la contraction musculaire vient de la glycolyse anaérobie. L'entraînement à intensité très élevée développe la capacité anaérobie en augmentant la quantité d'énergie qu'on peut tirer de la glycolyse anaérobie.

HABILETÉ TECHNIQUE *Aptitude à effectuer les mouvements propres à un sport et appropriés à la situation.*

HÉMATIE *Voir* **globule rouge.**

HÉMATOCRITE *Pourcentage relatif du volume de globules rouges par rapport au volume total de sang. Un hématocrite de 45 % signifie qu'il y a 45 mL de globules rouges dans 100 mL de sang. L'hématocrite est plus élevé chez l'homme (environ 45 %) que chez la femme (environ 42 %). L'hématocrite peut être plus bas chez les personnes souffrant d'anémie, mais pas toujours. Comme l'entraînement cardio augmente à la fois le volume plasmatique et la production de globules rouges, bonne aptitude aérobie ne rime pas nécessairement avec hématocrite élevé.*

HÉMOLYSE *Destruction anormalement rapide des globules rouges.*

HOMÉOSTASIE *Équilibre interne de l'organisme. L'entraînement physique améliore l'aptitude de l'organisme à restaurer l'homéostasie pendant et après l'exercice.*

HORMONE *Substance produite et sécrétée en petites quantités par un ensemble de cellules ou par une glande à sécrétion interne (ou endocrine), voyageant dans le sang vers d'autres organes ou tissus. Elle modifie, stimule ou freine un processus physiologique (croissance, gestation, métabolisme énergétique, etc.).*

HYPONATRÉMIE *Diminution trop prononcée de la concentration de sodium dans le corps. L'hyponatrémie peut survenir chez les athlètes de niveau faible ou moyen participant à des compétitions d'endurance qui boivent une très grande quantité de liquide. Elle peut avoir de graves conséquences, comme le coma et, dans les cas extrêmes, entraîner la mort.*

HYPOTHERMIE *Abaissement de la température corporelle qui survient lorsque le corps perd sa chaleur (thermolyse) plus rapidement qu'il n'en produit (thermogenèse). Elle peut être légère (température de 32 à 35 °C), moyenne (de 28 à 32 °C) ou grave (inférieure à 28 °C).*

IMC *Voir* **indice de masse corporelle.**

INDICE DE MASSE CORPORELLE (IMC) *Indice du statut pondéral égal au rapport de la masse corporelle, exprimée en kilogrammes, sur le carré de la taille exprimée en mètres. Bien qu'il soit utile pour apprécier le statut pondéral d'une population d'adultes, l'IMC ne s'applique pas aux athlètes, aux femmes enceintes ou à celles qui allaitent, aux personnes gravement malades et aux adultes de plus de 65 ans. Dans certains cas, un IMC apparemment élevé n'est pas tant dû à un surplus de graisse qu'à une rétention d'eau ou à une forte musculature ou ossature, puisque la masse maigre est plus dense que la masse grasse. Voir* **composition corporelle.**

INTENSITÉ (D'UN EXERCICE) *Puissance, au sens physique du terme, développée au cours d'un exercice. L'intensité peut être exprimée en termes absolus : pédaler à 350 watts, courir à 10 km/h sur un terrain plat, sans vent, skier à 15 km/h ; elle peut également être exprimée en termes relatifs : rouler à 85 % du VO_2max, sprinter à 95 % de la vitesse maximale, skier à une fréquence cardiaque de 160 bpm. On fait souvent l'erreur de prêter au terme « intensité » le sens de niveau de difficulté d'une séance ou d'une période d'entraînement, alors qu'il s'agit d'un tout autre concept.*

INTENSITÉ ABSOLUE *Intensité d'exercice sans référence au degré de développement d'une qualité physique comme le VO_2max, la PAM, la VAM ou la force maximale (p. ex. pédaler à 150 watts ; courir à 12 km/h ; soulever 100 kg). Voir* **intensité relative.**

INTENSITÉ ÉLEVÉE, TRÈS ÉLEVÉE D'UN EXERCICE *Intensité d'un exercice suffisamment élevée pour s'accompagner d'un essoufflement marqué ou très marqué.*

INTENSITÉ MODÉRÉE (D'UN EXERCICE) *Intensité restreinte intentionnellement. C'est sous l'influence de l'anglais que l'on utilise communément, et à tort, l'expression intensité modérée pour désigner une intensité moyenne. Voir* **intensité moyenne.**

INTENSITÉ MOYENNE (D'UN EXERCICE) *Intensité d'un exercice s'accompagnant d'un essoufflement léger.*

INTENSITÉ RELATIVE (D'UN EXERCICE) *Intensité d'un exercice exprimée en référence au degré de développement d'une qualité physique comme le VO_2max, la PAM, la VAM ou la force maximale. Exemple : pédaler à 110 % de la PAM ; courir à 95 % de la VAM ; skier à 80 % du VO_2max. Voir* **intensité absolue.**

INTENSITÉ SUPRAMAXIMALE (D'UN EXERCICE) *Intensité plus grande que 100 % du VO_2max.*

INTERFÉRENCE (PRINCIPE D') *Principe d'entraînement selon lequel le degré d'amélioration du déterminant visé sera moins grand si l'entraînement cible aussi un autre déterminant de la performance.*

LACTATE *Sel provenant de la glycolyse anaérobie et mis en circulation dans le sang. La concentration de lactate dans le sang pendant ou juste après l'exercice est un indice de l'action du processus anaérobie de production d'énergie. Voir* **acide lactique.**

LIGAMENT *Bande résistante et flexible de tissu fibreux blanc qui relie des os et leurs cartilages.*

LIPIDE *Matière grasse, source d'énergie (plus de 9 kcal par gramme) provenant des aliments et produite par l'organisme à partir de glucides et de protéines. Les deux autres sources d'énergie sont les glucides et les protides.*

LOPPET *Mot suédois signifiant « grand rassemblement »; compétition de ski de fond de longue distance, avec départ « de masse » (départ groupé).*

LSD (DE L'ANGLAIS *LONG SLOW DISTANCE TRAINING*) *Méthode d'entraînement aérobie où la séance dure très longtemps, mais où l'intensité est relativement faible et varie peu ou de façon non structurée. Il a été démontré qu'en abusant du LSD, les athlètes ont tendance à perdre leur puissance musculaire, leur capacité anaérobie et donc leur habileté à bien sprinter.*

MAINTIEN (PRINCIPE DE) *Principe d'entraînement selon lequel il est généralement possible de maintenir le niveau de développement d'un déterminant de la performance tout en diminuant la charge d'entraînement.*

MALADIE CORONARIENNE *Toute maladie qui affecte les artères coronaires, la plus fréquente étant l'artériosclérose, un épaississement de la paroi de l'artère. La sédentarité et une mauvaise aptitude aérobie comptent parmi les principaux facteurs de risque de la maladie coronarienne, comme les dyslipidémies, le tabagisme, l'hypertension, le stress, la consommation excessive d'alcool et le diabète.*

MASSE GRASSE *Masse de gras corporel, en kilogrammes, qui comprend le tissu adipeux sous-cutané, le tissu adipeux viscéral (concentré dans la région abdominale) et les molécules de gras intracellulaire.* Voir **pourcentage de graisse**.

MASSE MAIGRE *Masse corporelle, en kilogrammes, non constituée de graisse : os, muscles, viscères et liquides. Lorsqu'on perd du poids, environ 20 % de la masse perdue est de la masse maigre, d'où la difficulté de perdre du poids sans nuire à la performance.* Voir **pourcentage de graisse**.

MET *Équivalent métabolique; unité de dépense énergétique des activités physiques et d'aptitude aérobie. La dépense énergétique de repos est de 1 MET, ce qui corrrespond à une consommation d'énergie de 3,5 mL/kg/min.*

MÉTABOLISME *Ensemble des transformations physiques et chimiques de matière et d'énergie qui se produisent dans les cellules du corps, dont le catabolisme (dégradation des nutriments) et l'anabolisme (synthèse des substances constituant ou nourrissant la cellule).* Voir **processus énergétique**.

MINÉRAUX *Éléments inorganiques naturels, essentiels à la régulation de diverses fonctions de l'organisme, notamment la contraction musculaire, mais aussi le métabolisme des nutriments et la transmission de l'influx nerveux. Parmi les minéraux indispensables au bon fonctionnement du corps humain, mentionnons le calcium, le magnésium, le potassium et le sodium.* Voir **oligoélément**.

MOTIVATION *Pulsion, énergie produite par des besoins ou la recherche du plaisir. Exemples : atteindre ou maintenir une bonne condition physique; se prouver qu'on est capable d'accomplir certaines performances; retarder les effets du vieillissement; plaisir associé à l'effort physique gratuit, à l'esthétique de la gestuelle, etc.*

MOULINER *Pédaler à cadence élevée (p. ex. à plus de 90 rpm); terme communément utilisé pour désigner aussi le pédalage à intensité modérée (p. ex. à moins de 60 % du VO_2max).*

NEUROTRANSMETTEUR *Substance libérée par les synapses (terminaisons nerveuses) d'un neurone lorsqu'il est activé. Le neurotransmetteur assure la transmission de l'influx nerveux de ce neurone à un autre neurone ou à une cellule musculaire, sensorielle ou glandulaire. Exemples : acétylcholine, noradrénaline, sérotonine.*

ŒSTROGÈNES *Groupe d'hormones produites surtout par les follicules ovariens, mais aussi par les corticosurrénales, qui provoquent l'apparition des caractères sexuels. Les œstrogènes peuvent influer sur la croissance des appareils génitaux et mammaires ainsi que sur le métabolisme du phosphore et du calcium.*

OLIGOÉLÉMENT *Élément minéral présent en très faible quantité dans l'organisme. Exemples : brome, cobalt, chrome, cuivre, fluor, iode, manganèse, molybdène, zinc.* Voir **minéraux**.

OSTÉOPÉNIE *Diminution du contenu minéral osseux. Quand l'osteopénie dépasse la norme attendue, on parle d'ostéoporose.*

PÉRIODE D'EFFORT Voir **fraction d'effort**.

PÉRIODISATION (PRINCIPE DE) *Principe d'entraînement selon lequel la performance augmente de façon plus marquée si le plan d'entraînement annuel est divisé en phases (on dit aussi « cycles »), chacune mettant l'accent sur un élément particulier.*

PHASE D'ENTRAÎNEMENT (OU CYCLE D'ENTRAÎNEMENT) *Période d'un plan d'entraînement annuel axé sur un élément particulier. Certains divisent le plan en « microcycles » (généralement d'une semaine), en « mésocycles » (d'un mois) et en « macrocycles » (de plusieurs semaines). Un programme annuel complet peut comprendre les phases suivantes : préparation physique générale, précompétition, compétitions préparatoires, entraînement intensif, affûtage, compétitions importantes et repos annuel.*

POIDS SANTÉ *Poids d'une personne auquel est associé le plus faible risque de développer des problèmes de santé et qui dépend de sa stature et de sa musculature.*

POINT MORT *Point du mouvement de pédalage où les manivelles sont verticales (position à 12 h 30) et durant lequel il est plus difficile d'appliquer une grande force à l'horizontale.*

POURCENTAGE DE GRAISSE *Proportion de masse grasse par rapport à la masse corporelle totale, le reste étant la masse maigre.* Voir **indice de masse corporelle, composition corporelle, masse maigre, masse grasse**.

PRÉPARATION MENTALE *Ensemble des stratégies employées avant une séance d'entraînement ou une compétition pour être mentalement prêt à performer.*

PRINCIPE D'ENTRAÎNEMENT *Fondement de la conception de plans d'entraînement visant à en assurer l'efficacité.* Voir **spécificité, surcharge, adaptation, progression, amélioration régressive, relation inverse entre le volume et l'intensité, récupération, alternance, périodisation, maintien, interférence**.

PROCESSUS ÉNERGÉTIQUE *Voie métabolique par laquelle l'énergie devient disponible pour le travail musculaire. On compte trois processus énergétiques : anaérobie alactique (sans production de lactate), anaérobie lactique (avec production de lactate) et aérobie.*

PROGRESSION (PRINCIPE DE) *Principe d'entraînement selon lequel il doit y avoir une augmentation progressive de la charge d'entraînement de sorte que cette dernière ne soit ni trop prononcée quand les qualités physiques, motrices et mentales ne sont pas encore très développées, ni trop faible quand elles s'améliorent.* Voir **surcharge**.

PROTÉINE (OU PROTIDE) *Macromolécule composée d'une ou de plusieurs chaînes d'acides aminés ; source d'énergie (environ 4 kcal par gramme). Les deux autres sources d'énergie sont les glucides et les lipides. Aussi appelées protides, les protéines proviennent des aliments et sont produites dans le corps. Elles sont essentielles au développement et au fonctionnement des cellules et des tissus. Les enzymes, les neurotransmetteurs et les hormones sont divers types de protéines.*

PROTIDE Voir **protéine**.

PUISSANCE AÉROBIE MAXIMALE (PAM) *Puissance de l'exercice lorsque la consommation d'oxygène est égale à la consommation maximale d'oxygène. On mesure la PAM à l'aide d'un test progressif effectué jusqu'à épuisement : c'est la puissance (en watts) développée lorsque la consommation d'oxygène (VO_2) atteint son niveau maximal (c'est-à-dire le VO_2max).*

PUISSANCE MUSCULAIRE *Aptitude d'un groupe musculaire à développer une puissance élevée ; la puissance est le produit de la force et de la vitesse.*

RÉCHAUFFEMENT Voir **échauffement**.

RÉCUPÉRATION *Processus par lequel l'organisme restaure son niveau fonctionnel après une période de stress physique : une ou plusieurs fractions d'effort, séances d'entraînement difficiles ou compétitions. L'entraînement ne s'accompagne d'une amélioration que s'il est réduit périodiquement à un niveau suffisamment bas pour que l'athlète puisse retrouver son habileté à s'entraîner avant de faire face à un autre stress physique.*

RÉCUPÉRATION (PRINCIPE DE) *Principe d'entraînement selon lequel une période de récupération appropriée après chaque phase d'entraînement intensif permet une plus grande amélioration des qualités ciblées.*

RELATION INVERSE ENTRE LE VOLUME ET L'INTENSITÉ (PRINCIPE DE) *Principe d'entraînement voulant que la période de temps pendant laquelle il est possible de maintenir un effort d'une intensité donnée avant d'atteindre un certain degré de fatigue est inversement proportionnelle à l'intensité de cet effort.*

RÉPÉTITIONS MAXIMALES (RM) *Répétitions d'un exercice de musculation effectué jusqu'à épuisement, c'est-à-dire jusqu'à ce qu'il soit impossible de continuer sans prendre le temps de récupérer. Exemples : une ou des séries de 15 à 25 RM pour développer l'endurance ; 10 à 20 RM pour développer la puissance avec un accent sur la vitesse ; 5 à 10 RM pour développer la puissance avec un accent sur la force.*

RETOUR AU CALME *Ensemble des activités réalisées pour passer de l'activité au repos.*

RETOUR VEINEUX *Remontée du sang veineux (appauvri en oxygène) vers le cœur et les poumons.*

RM Voir **répétitions maximales**.

SARCOPÉNIE *Diminution de la masse musculaire qui accompagne le vieillissement. La musculation est la meilleure façon d'atténuer la sarcopénie.*

SELS MINÉRAUX Voir **minéraux**.

SEUIL ANAÉROBIE *Intensité au-delà de laquelle le taux de production de lactate excède son taux d'élimination ; plus haute intensité d'exercice s'accompagnant d'une concentration de lactate dans le sang qui demeure constante. Il existe plusieurs définitions du seuil anaérobie, les deux précédentes étant les plus courantes. La théorie du seuil anaérobie n'est pas valide et ne devrait donc pas servir à la conception de séances et de plans d'entraînement.*

SOUPLESSE Voir **flexibilité**.

SPÉCIFICITÉ (PRINCIPE DE) *Principe d'entraînement selon lequel l'adaptation à l'entraînement est propre à la nature des éléments physiologiques, moteurs et mentaux mis en action.*

STRATÉGIE *Plan des actions à privilégier pour atteindre un objectif de compétition, élaboré selon les forces et faiblesses de l'athlète et celles de son adversaire.*

SURCHARGE (PRINCIPE DE) *Principe d'entraînement selon lequel, pour améliorer un ou plusieurs déterminants de la performance, il faut exercer les éléments physiologiques, moteurs et mentaux qui y sont liés.*

SURCOMPENSATION *Amélioration d'une qualité physique, motrice ou mentale à la suite d'une période de récupération.*

SURENTRAÎNEMENT *Ensemble de manifestations physiologiques et psychologiques reliées à un entraînement trop intensif ou mal planifié. Les signes et symptômes de surentraînement ne sont pas nécessairement les mêmes chez tous les athlètes, mais sont globalement caractérisés par une augmentation marquée de la sensation de fatigue et une diminution de la capacité à effectuer des exercices physiques intenses.* Voir **entraînement intensif**.

SYNDROME MÉTABOLIQUE *Ensemble de perturbations métaboliques qui prédispose fortement au développement et à la progression de troubles cardiovasculaires (athérosclérose, accident vasculaire cérébral) et du diabète de type 2. Ces perturbations sont les suivantes : résistance à l'insuline, obésité abdominale, hyperinsulinémie, intolérance au glucose, dyslipidémie, hypertension.*

TACTIQUE *Somme des actions individuelles et collectives menées dans le but d'avoir l'avantage sur un ou plusieurs adversaires en tirant profit des éléments clés (présents et prévus) de la compétition.*

TEMPS LIMITE (Tlim) *Plus longue période de temps pendant laquelle on peut tenir une intensité donnée. Exemples : la durée critique d'un exercice à 100 % du VO$_2$max (ou 100 % de la PAM ou 100 % de la VAM) est d'environ 5 à 7 min ; elle est d'environ 15 à 30 min à 90 % du VO$_2$max et d'environ 1 à 3 h à 80 % du VO$_2$max.*

TEST DE PISTE DE L'UNIVERSITÉ DE MONTRÉAL (TPUM OU TEST LÉGER-BOUCHER) *Test de terrain, progressif et maximal de marche et de course à pied permettant d'estimer le VO$_2$max et la VAM. C'est le meilleur test indirect (sans analyse des gaz expirés) d'appréciation de l'aptitude aérobie.*

TEST LÉGER-BOUCHER Voir **test de piste de l'Université de Montréal**.

TESTOSTÉRONE *Hormone androgène produite et sécrétée par les testicules dont l'action physiologique s'exerce à la fois sur les caractères sexuels secondaires et l'anabolisme protéique.*

THERMOGENÈSE *Ensemble des mécanismes physiologiques par lesquels le corps augmente sa température.* Contraire de **thermolyse**.

THERMOLYSE *Ensemble des mécanismes physiologiques par lesquels le corps perd sa chaleur.* Contraire de **thermogenèse**.

TPUM Voir **test de piste de l'Université de Montréal**.

UNITÉ MOTRICE *Ensemble constitué d'un nerf moteur et des fibres musculaires qu'il innerve.*

VIDANGE GASTRIQUE *Volume maximal de liquide pouvant passer en une heure du tube digestif à la circulation sanguine.*

VISUALISATION *Technique consistant à se représenter mentalement, avec le plus d'acuité possible, une situation donnée et le comportement approprié pour y faire face.*

VITESSE *Aptitude à exécuter une action ou une série de gestes le plus rapidement possible.*

VITESSE AÉROBIE MAXIMALE (VAM) *Vitesse de déplacement (à vélo, en course à pied, en patinage, en aviron, etc.) lorsque la consommation d'oxygène atteint, au cours d'un test progressif, sa valeur maximale (VO$_2$max).*

VOLUME D'ÉJECTION SYSTOLIQUE *Volume de sang éjecté par le cœur à chaque battement.* Voir **débit cardiaque**.

VOLUME PLASMATIQUE *Volume, en litres, de l'ensemble du plasma sanguin contenu dans l'organisme.*

WATT *Unité de mesure de la puissance équivalant à 1 joule par seconde.*

BIBLIOGRAPHIE ET ANNEXES

BIBLIOGRAPHIE

Åstrand, I., et coll. (1960). **Intermittent muscular work**, *Acta Physiol Scand,* 48, p. 448-453.

Ballor, D.L., et E.T. Poehlman (1994). **Exercise-training enhances fat-free mass preservation during diet-induced weight loss: A meta-analytical finding**, *Int J Obes Relat Metab Disord,* 18, p. 35-40.

Birkeland, K.I., et coll. (2000). **Effect of rhEPO administration on serum levels of sTfR and cycling performance**, *Med Sci Sports Exerc,* 32, p. 1238-1243.

Boecker, H., et coll. (2008). **The Runner's High: Opioidergic Mechanisms in the Human Brain**, *Cereb Cortex,* 18, p. 2523-2531.

Bosquet, L., et coll. (2007). **Effects of tapering on performance: A meta-analysis**, *Med Sci Sports Exerc,* 39, p. 1358-1365.

Bouchard, C. (1986). **Genetics of aerobic power and capacity**, dans R.M. Malina et C. Bouchard (sous la direction de), *Sport and Human Genetics,* 1984 Olympic Scientific Congress Proceedings, vol. 4, Human Kinetics, p. 59-88.

Carter, H., et coll. (2005). **Effect of prior exercise above and below critical power on exercise to exhaustion**, *Med Sci Sports Exerc,* 37, p. 775-781.

Comité scientifique de Kino-Québec (1999). **Quantité d'activité physique requise pour en retirer des bénéfices pour la santé**, ministère de l'Éducation, gouvernement du Québec, 27 p.

Comité scientifique de Kino-Québec (2000). **L'activité physique, déterminant de la santé des jeunes**, Secrétariat au loisir et au sport, ministère de la Santé et des Services sociaux, gouvernement du Québec, 24 p.

Comité scientifique de Kino-Québec (2002). **L'activité physique, déterminant de la qualité de vie des personnes de 65 ans et plus**, Secrétariat au loisir et au sport, gouvernement du Québec, 59 p.

Comité scientifique de Kino-Québec (2008a). **L'activité physique et le poids corporel**, ministère de l'Éducation, du Loisir et du Sport, gouvernement du Québec, 2e édition, 44 p.

Comité scientifique de Kino-Québec (2008b). **Activité physique et santé osseuse**, ministère de l'Éducation, du Loisir et du Sport, gouvernement du Québec, 40 p.

Coyle, E.F. (2005). **Improved muscular efficiency displayed as Tour de France champion matures**, *J Appl Physiol,* 98, p. 2191-2196.

Esfarjani, F., et P.B. Laursen (2007). **Manipulating high-intensity interval training: Effects on VO$_2$max, the lactate threshold and 3000 m running performance in moderately trained males**, *J Sci Med Sport,* 10, p. 27-35.

Fitz-Clarke, J.R., R.H. Morton et E.W. Banister (1991). **Optimizing athletic performance by influence curves**, *J Appl Physiol,* 71, p. 1151-1158.

Gavard, J.A., et R. Artal (2008). **Effect of exercise on pregnancy outcome**, *Clin Obstet Gynecol,* 51, p. 467-480.

Gerschler, W. (1962). **Interval training**, *Rev Edu Phys,* 2, p. 99.

Goulet, E.D., et coll. (2008). **Pre-exercise hyperhydration delays dehydration and improves endurance capacity during 2 h of cycling in a temperate climate**, *J Physiol Anthropol,* 27, p. 263-271.

Grediagin, A., et coll. (1995). **Exercise intensity does not effect body composition change in untrained, moderately overfat women,** *J Am Diet Assoc,* 95, p. 661-665.

Gremion, G. (2005). **Les exercices d'étirement dans la pratique sportive ont-ils encore leur raison d'être ? Une revue de la littérature,** *Rev Méd Suisse,* 1, p. 1830-1834.

Hautier, C.A., et coll. (1996). **Optimal velocity for maximal power production in non-isokinetic cycling is related to muscle fibre composition,** *Eur J Appl Physiol,* 74, p. 114-118.

Hinault, B., et C. Genzling (1986). **Cyclisme sur route,** Robert Laffont, 216 p.

Hoogeveen, A.R., et coll. (1998). **The ventilatory threshold, heart rate, and endurance performance: Relationships in elite cyclists,** *Int J Sports Med,* 20, p. 114-117.

Houmard, J.A. (1993). **Impact of reduced training on performance in endurance athletes,** *Sports Med,* 12, p. 380-393.

Jones, A.M., et coll. (2003). **Prior heavy exercise enhances performance during subsequent perimaximal exercise,** *Med Sci Sports Exerc,* 35, p. 2085-2092.

Kino-Québec (2007). **Active pour la vie : Activité physique et grossesse,** brochure, www.kino-quebec.qc.ca.

Koutedakis, Y., R. Budgett et L. Faulmann (1990). **Rest in underperforming elite competitors,** *Br J Sports Med,* 24, p. 248-252.

Laursen, P.B., et D.G. Jenkins (2002). **The scientific basis for high-intensity interval training: Optimising training programmes and maximising performance in highly trained endurance athletes,** *Sports Med,* 32, p. 53-73.

Leblanc, J., et L. Dickinson (1997). **Parlons franchement des enfants et du sport,** Les Éditions de l'Homme, 136 p.

Ledoux, M., N. Lacombe et G. St-Martin (2006). **Nutrition, sport et performance,** Éditions Géo Plein Air, 261 p.

Léger, L., et R. Boucher (1980). **An indirect continuous running multistage field test: The Université de Montréal Track Test,** *Can J Appl Sport Sci,* 6, p. 77-84.

Leiferman, J.A., et K.R. Evenson (2003). **The effect of regular leisure physical activity on birth outcomes,** *Matern Child Health J,* 7, p. 59-64.

Liedl, M.A., D.P. Swain et J.D. Branch (1999). **Physiological effects of constant versus variable power during endurance cycling,** *Med Sci Sports Exerc,* 31, p. 1472-1477.

Lindsay, F.H., et coll. (1996). **Improved athletic performance in highly trained cyclists after interval training,** *Med Sci Sports Exerc,* 28, p. 1427-1434.

Lucía, A., J. Hoyos et J.L. Chicharro (2001). **Preferred pedalling cadence in professional cycling,** *Med Sci Sports Exerc,* 33, p. 1361-1366.

Marsh, A.P., et P.E. Martin (1997). **Effect of cycling experience, aerobic power, and power output on preferred and most economical cycling cadences,** *Med Sci Sports Exerc,* 29, p. 1225-1232.

Mujika, I., et S. Padilla (2001). **Cardiorespiratory and metabolic characteristics of detraining in humans,** *Med Sci Sports Exerc,* 33, p. 413-421.

Mujika, I., (2009). **Tapering and Peaking for Optimal Performance,** *Human Kinetics,* 224 p.

Neary, J.P., et coll. (1992). **The effects of a reduced exercise duration taper programme on performance and muscle enzymes of endurance cyclists,** *Eur J Appl Physiol,* 65, p. 30-36.

Noakes, T.D. (2003). **Overconsumption of fluids by athletes,** *Brit Med J,* 327, p. 113-114.

O'Connor, P.J., et coll. (2004). **Air travel and performance in sports: FIMS Position Statement,** Fédération internationale de médecine du sport, 12 p. www.fims.org.

O'Toole, M.L., P.S. Douglas et W.D.B. Hiller (1998). **Use of heart rate monitors by endurance athletes: Lessons from triathletes,** *J Sports Med Phys Fitness,* 38, p. 181-187.

Padilla, S., et coll. (2000). **Scientific approach to the 1-h cycling world record: A case study,** *J Appl Physiol,* 89, p. 1522-1527.

Péronnet, F., et coll. (1991). **Le Marathon : Équilibre énergétique, alimentation et entraînement du coureur sur route**, 2ᵉ édition, Décarie Éditeur et Éditions Vigot, 438 p.

Pomerleau, G. (2001). **Anorexie et boulimie : Comprendre pour agir**, Gaëtan Morin Éditeur, 212 p.

Pyne, D.B., I. Mujika et T. Reilly (2009). **Peaking for optimal performance: Research limitations and future directions**, *J Sport Sci*, 27, p. 195-202.

Rietjens, G.J., et coll. (2001). **A reduction in training volume and intensity for 21 days does not impair performance in cyclists**, *Br J Sports Med*, 35, p. 431-434.

Robergs, R.A., et coll. (2004). **Biochemistry of exercise-induced metabolic acidosis**, *Am J Physiol Regul Integr Comp Physiol*, 287, p. R502-R516.

Scharf, S.M., et coll. (1984). **"Second wind" during inspiratory loading**, *Med Sci Sports Exerc*, 16, p. 87-91.

Schwane, J.A., et coll. (1983). **Delayed-onset muscular soreness and plasma CPK and LDH activities after downhill running**, *Med Sci Sports Exerc*, 15, p. 51-56.

Shepley, B., et coll. (1992). **Physiologic effects of tapering in highly trained athletes**, *J Appl Physiol*, 74, p. 706-711.

Shrier, I. (1999). **Stretching before exercise does not reduce the risk of local muscle injury: A critical review of the clinical and basic science literature**, *Clin J Sport Med*, 9, p. 221-227.

Sigurbjörn, Á., et coll. (2004). **Cooling vest worn during active warm-up improves 5-km run performance in the heat**, *J Appl Physiol*, 96, p. 1867-1874.

Stepto, N.K., et coll. (1999). **Effects of different interval-training programs on cycling time-trial performance**, *Med Sci Sports Exerc*, 31, p. 736-741.

Tabata, I., et coll. (1996). **Effects of moderate-intensity endurance and high-intensity intermittent training on anaerobic capacity and VO_2max**, *Med Sci Sports Exerc*, 28, p. 1327-1330.

Tanaka, H., et coll. (1996). **Seated versus standing cycling in competitive road cyclists: Uphill climbing and maximal oxygen uptake**, *Can J Appl Physiol*, 21, p. 149-154.

Thibault, G., et P. Bergeron (sous la direction de Pierre Harvey) (1998). **Guide de mise en forme : Activités physiques et sportives, santé, équipement et alimentation**, Les Éditions de l'Homme, 224 p.

Thibault, G. (2007). **À l'école des fractions**, *Sport et Vie*, 102, p. 54-57.

Thibault, G. (2007). **Découpez selon les pointillés**, *Sport et Vie*, 103, p. 48-52.

Thibault, G., et A. Marion (1996). **Affûtage et performance maximale : La perspective physiologique**, *EntraînInfo*, 2, p. 13-18.

Thibault, G., et F. Péronnet (2006). **L'heure juste sur le lactate**, *InfoKine*, bulletin de la Fédération des kinésiologues du Québec, 1, p. 11-15.

Thibault, G., et A. Roy (sous la direction de) (2007). **Bouger Santé**, Éditions Rudel Médias, 176 p.

Thibault, G., et A. Roy (sous la direction de) (2009). **Les bienfaits de l'activité physique**, Éditions Chiron, 192 p.

Tjønna, A.E., et coll. (2008). **Aerobic interval training versus continuous moderate exercise as a treatment for the metabolic syndrome: A pilot study**, *Circulation*, 118, p. 346-354.

U.S. Department of Health & Human Services (2008). **Physical Activity Guidelines for Americans**. www.health.gov/paguidelines.

Vogt, S., et coll. (2006). **Power output during stage racing in professional road cycling**, *Med Sci Sports Exerc*, 38, p. 147-151.

Volianitis, S., et coll. (2001). **Inspiratory muscle training improves rowing performance**, *Med Sci Sports Exerc*, 33, p. 803-809.

Weidner, T.G., et coll. (1998). **The effect of exercise training on the severity and duration of a viral upper respiratory illness**, *Med Sci Sports Exerc*, 30, p. 1578-1583.

Zwiebel, P. (2000). **Prévenir et guérir : Lumière sur la dépression saisonnière**, *Journal Santé*, décembre, p. 16-17.

ANNEXE I
Table des performances en course à pied selon l'endurance et la vitesse aérobie maximale (VAM) estimée à l'aide du test de piste de l'Université de Montréal

VAM	VO$_2$max	\multicolumn{9}{c}{Endurance faible}	\multicolumn{4}{c}{Endurance}
		3000	5000	10 000	15 000	20 000	21 098	30 000	42 195	3000	5000	10 000	15 000
25,7	90	0:07:01	0:12:09	0:25:43	0:39:56	0:54:36	0:57:52	1:25:01	2:03:30	0:07:01	0:12:02	0:25:04	0:38:33
25,4	89	0:07:05	0:12:18	0:26:02	0:40:27	0:55:20	0:58:39	1:26:10	2:05:16	0:07:05	0:12:10	0:25:22	0:39:02
25,2	88	0:07:10	0:12:27	0:26:22	0:40:59	0:56:05	0:59:27	1:27:23	2:07:04	0:07:10	0:12:19	0:25:41	0:39:32
24,9	87	0:07:16	0:12:36	0:26:43	0:41:32	0:56:51	1:00:16	1:28:37	2:08:55	0:07:15	0:12:28	0:26:01	0:40:04
24,6	86	0:07:21	0:12:45	0:27:04	0:42:05	0:57:38	1:01:06	1:29:53	2:10:50	0:07:20	0:12:37	0:26:21	0:40:35
24,3	85	0:07:26	0:12:55	0:27:25	0:42:40	0:58:26	1:01:58	1:31:11	2:12:46	0:07:26	0:12:46	0:26:41	0:41:07
24,1	84	0:07:32	0:13:05	0:27:47	0:43:15	0:59:16	1:02:50	1:32:32	2:14:47	0:07:31	0:12:56	0:27:02	0:41:40
23,8	83	0:07:37	0:13:15	0:28:09	0:43:51	1:00:07	1:03:44	1:33:54	2:16:51	0:07:37	0:13:05	0:27:24	0:42:14
23,5	82	0:07:43	0:13:25	0:28:32	0:44:28	1:00:59	1:04:40	1:35:19	2:18:58	0:07:42	0:13:16	0:27:46	0:42:49
23,2	81	0:07:49	0:13:36	0:28:56	0:45:07	1:01:53	1:05:38	1:36:45	2:21:08	0:07:48	0:13:26	0:28:08	0:43:25
23,0	80	0:07:55	0:13:47	0:29:21	0:45:46	1:02:48	1:06:37	1:38:14	2:23:22	0:07:54	0:13:37	0:28:31	0:44:02
22,7	79	0:08:01	0:13:58	0:29:46	0:46:26	1:03:45	1:07:37	1:39:47	2:25:40	0:08:00	0:13:47	0:28:55	0:44:40
22,4	78	0:08:08	0:14:10	0:30:11	0:47:08	1:04:43	1:08:39	1:41:22	2:28:04	0:08:07	0:13:58	0:29:20	0:45:19
22,1	77	0:08:14	0:14:22	0:30:38	0:47:50	1:05:43	1:09:43	1:42:57	2:30:29	0:08:13	0:14:10	0:29:44	0:45:58
21,9	76	0:08:21	0:14:34	0:31:05	0:48:34	1:06:45	1:10:48	1:44:38	2:32:59	0:08:19	0:14:22	0:30:11	0:46:39
21,6	75	0:08:28	0:14:46	0:31:34	0:49:20	1:07:48	1:11:56	1:46:20	2:35:34	0:08:26	0:14:34	0:30:37	0:47:22
21,3	74	0:08:35	0:14:59	0:32:02	0:50:06	1:08:53	1:13:05	1:48:07	2:38:14	0:08:33	0:14:46	0:31:05	0:48:05
21,0	73	0:08:43	0:15:13	0:32:32	0:50:54	1:10:01	1:14:17	1:49:56	2:40:57	0:08:40	0:14:59	0:31:32	0:48:50
20,8	72	0:08:50	0:15:26	0:33:02	0:51:43	1:11:10	1:15:31	1:51:49	2:43:49	0:08:48	0:15:12	0:32:01	0:49:35
20,5	71	0:08:58	0:15:40	0:33:34	0:52:34	1:12:22	1:16:47	1:53:43	2:46:44	0:08:55	0:15:26	0:32:31	0:50:22
20,2	70	0:09:06	0:15:55	0:34:07	0:53:26	1:13:35	1:18:06	1:55:43	2:49:45	0:09:03	0:15:40	0:33:02	0:51:11
20,0	69	0:09:14	0:16:10	0:34:40	0:54:20	1:14:50	1:19:26	1:57:46	2:52:49	0:09:11	0:15:54	0:33:33	0:52:01
19,7	68	0:09:23	0:16:25	0:35:15	0:55:15	1:16:09	1:20:50	1:59:53	2:56:04	0:09:20	0:16:09	0:34:06	0:52:53
19,4	67	0:09:31	0:16:41	0:35:50	0:56:13	1:17:30	1:22:16	2:02:05	2:59:22	0:09:28	0:16:24	0:34:40	0:53:46
19,1	66	0:09:40	0:16:57	0:36:27	0:57:12	1:18:52	1:23:45	2:04:22	3:02:48	0:09:37	0:16:40	0:35:14	0:54:41
18,9	65	0:09:50	0:17:14	0:37:05	0:58:13	1:20:20	1:25:17	2:06:41	3:06:18	0:09:46	0:16:56	0:35:50	0:55:38
18,6	64	0:09:59	0:17:31	0:37:44	0:59:16	1:21:48	1:26:52	2:09:05	3:10:00	0:09:56	0:17:13	0:36:26	0:56:37
18,3	63	0:10:10	0:17:49	0:38:25	1:00:22	1:23:20	1:28:30	2:11:35	3:13:47	0:10:05	0:17:30	0:37:05	0:57:37
18,0	62	0:10:20	0:18:08	0:39:05	1:01:29	1:24:56	1:30:12	2:14:11	3:17:43	0:10:16	0:17:48	0:37:44	0:58:40
17,8	61	0:10:31	0:18:27	0:39:49	1:02:40	1:26:33	1:31:56	2:16:53	3:21:44	0:10:26	0:18:06	0:38:25	0:59:44
17,5	60	0:10:41	0:18:47	0:40:34	1:03:52	1:28:16	1:33:44	2:19:39	3:26:00	0:10:37	0:18:26	0:39:07	1:00:50
17,2	59	0:10:53	0:19:08	0:41:20	1:05:06	1:30:02	1:35:37	2:22:31	3:30:22	0:10:47	0:18:46	0:39:50	1:01:59
16,9	58	0:11:05	0:19:29	0:42:08	1:06:24	1:31:51	1:37:34	2:25:31	3:34:55	0:10:59	0:19:06	0:40:34	1:03:11
16,7	57	0:11:17	0:19:51	0:42:58	1:07:45	1:33:46	1:39:36	2:28:38	3:39:35	0:11:11	0:19:27	0:41:22	1:04:26
16,4	56	0:11:29	0:20:14	0:43:50	1:09:08	1:35:42	1:41:41	2:31:50	3:44:27	0:11:23	0:19:49	0:42:09	1:05:43
16,1	55	0:11:43	0:20:37	0:44:43	1:10:35	1:37:46	1:43:51	2:35:11	3:49:32	0:11:36	0:20:11	0:42:59	1:07:02
15,9	54	0:11:56	0:21:02	0:45:39	1:12:05	1:39:53	1:46:07	2:38:40	3:54:52	0:11:49	0:20:35	0:43:52	1:08:25
15,6	53	0:12:10	0:21:28	0:46:37	1:13:39	1:42:05	1:48:29	2:42:14	4:00:19	0:12:03	0:20:59	0:44:46	1:09:51
15,3	52	0:12:25	0:21:54	0:47:37	1:15:16	1:44:21	1:50:57	2:45:59	4:06:02	0:12:17	0:21:25	0:45:41	1:11:21
15,0	51	0:12:40	0:22:22	0:48:39	1:16:58	1:46:46	1:53:29	2:49:54		0:12:32	0:21:51	0:46:40	1:12:53
14,8	50	0:12:56	0:22:50	0:49:44	1:18:43	1:49:14	1:56:08	2:54:00		0:12:47	0:22:19	0:47:41	1:14:31
14,5	49	0:13:13	0:23:20	0:50:51	1:20:32	1:51:50	1:58:52	2:58:13		0:13:04	0:22:47	0:48:44	1:16:11
14,2	48	0:13:30	0:23:52	0:52:01	1:22:28	1:54:34	2:01:47	3:02:39		0:13:20	0:23:17	0:49:49	1:17:56
13,9	47	0:13:48	0:24:25	0:53:16	1:24:26	1:57:22	2:04:47	3:07:19		0:13:38	0:23:49	0:50:58	1:19:46
13,7	46	0:14:07	0:24:58	0:54:32	1:26:30	2:00:19	2:07:56	3:12:13		0:13:56	0:24:21	0:52:10	1:21:40
13,4	45	0:14:26	0:25:34	0:55:52	1:28:40	2:03:24	2:11:15	3:17:16		0:14:15	0:24:55	0:53:25	1:23:39
13,1	44	0:14:47	0:26:11	0:57:17	1:30:58	2:06:35	2:14:40			0:14:34	0:25:29	0:54:42	1:25:43
12,8	43	0:15:08	0:26:50	0:58:44	1:33:22	2:10:01	2:18:16			0:14:55	0:26:07	0:56:03	1:27:54
12,6	42	0:15:31	0:27:30	1:00:17	1:35:51					0:15:17	0:26:45	0:57:29	1:30:11
12,3	41	0:15:55	0:28:13	1:01:53	1:38:28					0:15:40	0:27:26	0:58:58	1:32:33
12,0	40	0:16:19	0:28:58	1:03:34						0:16:03	0:28:08	1:00:33	1:35:02
11,8	39	0:16:45	0:29:44	1:05:20						0:16:28	0:28:53	1:02:11	
11,5	38	0:17:13	0:30:34							0:16:55	0:29:40		
11,2	37	0:17:41	0:31:26							0:17:22	0:30:29		
10,9	36	0:18:11	0:32:21							0:17:52	0:31:21		
10,7	35	0:18:43								0:18:22			
10,4	34	0:19:17											
10,1	33												

moyenne				Endurance élevée								VO₂max	VAM
20 000	21 098	30 000	42 195	3000	5000	10 000	15 000	20 000	21 098	30 000	42 195	VO_2max	VAM
0:52:21	0:55:24	1:20:37	1:55:59	0:07:01	0:11:55	0:24:28	0:37:19	0:50:21	0:53:14	1:16:49	1:49:36	90	25,7
0:53:01	0:56:08	1:21:40	1:57:34	0:07:05	0:12:03	0:24:46	0:37:47	0:50:59	0:53:55	1:17:49	1:51:02	89	25,4
0:53:43	0:56:52	1:22:47	1:59:12	0:07:10	0:12:11	0:25:04	0:38:15	0:51:38	0:54:35	1:18:50	1:52:33	88	25,2
0:54:26	0:57:37	1:23:55	2:00:53	0:07:15	0:12:20	0:25:23	0:38:44	0:52:18	0:55:19	1:19:52	1:54:04	87	24,9
0:55:10	0:58:23	1:25:04	2:02:35	0:07:20	0:12:29	0:25:42	0:39:14	0:52:59	0:56:02	1:20:56	1:55:38	86	24,6
0:55:55	0:59:12	1:26:16	2:04:21	0:07:25	0:12:38	0:26:01	0:39:45	0:53:41	0:56:46	1:22:02	1:57:14	85	24,3
0:56:41	1:00:01	1:27:29	2:06:09	0:07:31	0:12:47	0:26:22	0:40:16	0:54:24	0:57:32	1:23:10	1:58:52	84	24,1
0:57:28	1:00:51	1:28:44	2:08:00	0:07:36	0:12:56	0:26:42	0:40:48	0:55:08	0:58:19	1:24:19	2:00:34	83	23,8
0:58:16	1:01:43	1:30:02	2:09:54	0:07:41	0:13:07	0:27:03	0:41:21	0:55:53	0:59:06	1:25:30	2:02:17	82	23,5
0:59:06	1:02:35	1:31:20	2:11:50	0:07:47	0:13:16	0:27:25	0:41:55	0:56:40	0:59:56	1:26:43	2:04:03	81	23,2
0:59:57	1:03:29	1:32:41	2:13:51	0:07:53	0:13:27	0:27:47	0:42:29	0:57:28	1:00:47	1:27:58	2:05:54	80	23,0
1:00:50	1:04:25	1:34:04	2:15:54	0:07:59	0:13:37	0:28:09	0:43:05	0:58:16	1:01:38	1:29:13	2:07:44	79	22,7
1:01:43	1:05:22	1:35:31	2:18:01	0:08:05	0:13:48	0:28:32	0:43:41	0:59:06	1:02:31	1:30:33	2:09:40	78	22,4
1:02:39	1:06:21	1:36:59	2:20:11	0:08:11	0:13:59	0:28:56	0:44:19	0:59:58	1:03:26	1:31:53	2:11:40	77	22,1
1:03:36	1:07:22	1:38:30	2:22:26	0:08:18	0:14:11	0:29:20	0:44:57	1:00:50	1:04:23	1:33:16	2:13:40	76	21,9
1:04:34	1:08:23	1:40:02	2:24:46	0:08:25	0:14:22	0:29:46	0:45:37	1:01:45	1:05:20	1:34:43	2:15:45	75	21,6
1:05:35	1:09:28	1:41:38	2:27:07	0:08:31	0:14:34	0:30:12	0:46:17	1:02:41	1:06:20	1:36:11	2:17:54	74	21,3
1:06:36	1:10:34	1:43:18	2:29:32	0:08:38	0:14:47	0:30:38	0:46:59	1:03:39	1:07:20	1:37:40	2:20:07	73	21,0
1:07:40	1:11:41	1:44:59	2:32:04	0:08:46	0:14:59	0:31:06	0:47:42	1:04:38	1:08:23	1:39:14	2:22:24	72	20,8
1:08:45	1:12:52	1:46:44	2:34:40	0:08:53	0:15:13	0:31:34	0:48:26	1:05:39	1:09:28	1:40:49	2:24:43	71	20,5
1:09:53	1:14:03	1:48:32	2:37:21	0:09:01	0:15:26	0:32:04	0:49:12	1:06:41	1:10:35	1:42:29	2:27:09	70	20,2
1:11:03	1:15:17	1:50:24	2:40:05	0:09:08	0:15:40	0:32:33	0:49:59	1:07:47	1:11:43	1:44:10	2:29:38	69	20,0
1:12:15	1:16:34	1:52:17	2:42:55	0:09:17	0:15:54	0:33:04	0:50:47	1:08:53	1:12:54	1:45:55	2:32:12	68	19,7
1:13:29	1:17:53	1:54:15	2:45:51	0:09:25	0:16:09	0:33:35	0:51:37	1:10:02	1:14:07	1:47:43	2:34:48	67	19,4
1:14:45	1:19:14	1:56:19	2:48:54	0:09:34	0:16:24	0:34:08	0:52:28	1:11:12	1:15:23	1:49:34	2:37:33	66	19,1
1:16:04	1:20:38	1:58:26	2:52:00	0:09:43	0:16:40	0:34:43	0:53:21	1:12:26	1:16:39	1:51:29	2:40:20	65	18,9
1:17:25	1:22:04	2:00:34	2:55:16	0:09:52	0:16:56	0:35:17	0:54:16	1:13:41	1:18:00	1:53:28	2:43:14	64	18,6
1:18:49	1:23:34	2:02:50	2:58:37	0:10:01	0:17:13	0:35:53	0:55:12	1:14:59	1:19:22	1:55:30	2:46:14	63	18,3
1:20:18	1:25:06	2:05:08	3:02:01	0:10:11	0:17:29	0:36:30	0:56:11	1:16:19	1:20:47	1:57:37	2:49:21	62	18,0
1:21:47	1:26:43	2:07:32	3:05:37	0:10:21	0:17:47	0:37:08	0:57:11	1:17:42	1:22:16	1:59:49	2:52:31	61	17,8
1:23:20	1:28:22	2:10:01	3:09:17	0:10:32	0:18:05	0:37:48	0:58:13	1:19:08	1:23:47	2:02:02	2:55:53	60	17,5
1:24:58	1:30:04	2:12:36	3:13:07	0:10:43	0:18:25	0:38:29	0:59:17	1:20:37	1:25:22	2:04:24	2:59:18	59	17,2
1:26:37	1:31:50	2:15:17	3:17:06	0:10:53	0:18:44	0:39:12	1:00:25	1:22:08	1:26:59	2:06:49	3:02:52	58	16,9
1:28:20	1:33:40	2:18:02	3:21:15	0:11:05	0:19:05	0:39:56	1:01:34	1:23:45	1:28:41	2:09:19	3:06:30	57	16,7
1:30:08	1:35:35	2:20:55	3:25:30	0:11:17	0:19:26	0:40:41	1:02:44	1:25:23	1:30:25	2:11:55	3:10:22	56	16,4
1:31:59	1:37:34	2:23:53	3:29:56	0:11:29	0:19:47	0:41:28	1:03:59	1:27:05	1:32:14	2:14:35	3:14:18	55	16,1
1:33:54	1:39:36	2:26:56	3:34:34	0:11:43	0:20:10	0:42:17	1:05:16	1:28:52	1:34:07	2:17:25	3:18:25	54	15,9
1:35:53	1:41:43	2:30:11	3:39:17	0:11:56	0:20:34	0:43:07	1:06:36	1:30:43	1:36:03	2:20:18	3:22:37	53	15,6
1:37:58	1:43:56	2:33:31	3:44:21	0:12:10	0:20:58	0:44:01	1:07:59	1:32:36	1:38:05	2:23:19	3:27:06	52	15,3
1:40:08	1:46:15	2:37:00	3:49:32	0:12:24	0:21:23	0:44:55	1:09:25	1:34:34	1:40:11	2:26:25	3:31:41	51	15,0
1:42:23	1:48:37	2:40:35	3:54:52	0:12:39	0:21:50	0:45:52	1:10:54	1:36:40	1:42:23	2:29:41	3:36:29	50	14,8
1:44:46	1:51:08	2:44:19	4:00:33	0:12:55	0:22:17	0:46:52	1:12:28	1:38:49	1:44:40	2:33:04	3:41:24	49	14,5
1:47:12	1:53:44	2:48:19	0:00:00	0:13:11	0:22:46	0:47:53	1:14:05	1:41:01	1:47:01	2:36:35	3:46:40	48	14,2
1:49:44	1:56:28	2:52:20	0:00:00	0:13:28	0:23:15	0:48:56	1:15:46	1:43:22	1:49:31	2:40:17	3:52:04	47	13,9
1:52:22	1:59:16	2:56:39	0:00:00	0:13:46	0:23:47	0:50:04	1:17:31	1:45:47	1:52:05	2:44:05	3:57:43	46	13,7
1:55:10	2:02:11	3:01:05	0:00:00	0:14:04	0:24:19	0:51:14	1:19:22	1:48:19	1:54:46	2:48:04	4:03:33	45	13,4
1:58:04	2:05:20	3:05:46	0:00:00	0:14:23	0:24:52	0:52:27	1:21:16	1:50:58	1:57:35	2:52:20		44	13,1
2:01:05	2:08:31	3:10:41	0:00:00	0:14:43	0:25:28	0:53:43	1:23:16	1:53:45	2:00:30	2:56:39		43	12,8
2:04:17	2:11:56			0:15:04	0:26:05	0:55:03	1:25:21	1:56:37	2:03:37	3:01:16		42	12,6
2:07:36				0:15:26	0:26:43	0:56:27	1:27:33	1:59:39	2:06:50	3:06:03		41	12,3
				0:15:49	0:27:24	0:57:55	1:29:52	2:02:50	2:10:10	3:11:05		40	12,0
				0:16:13	0:28:07	0:59:26	1:32:16	2:06:11	2:13:45			39	11,8
				0:16:38	0:28:51	1:01:02	1:34:50					38	11,5
				0:17:05	0:29:38	1:02:44						37	11,2
				0:17:34	0:30:28							36	10,9
				0:18:03	0:31:19							35	10,7
				0:18:34								34	10,4
												33	10,1

ANNEXE II
Table des rythmes de course à pied (en min:s/km) selon le VO$_2$max (en MET ou en mL/kg/min, estimé à l'aide du test de piste de l'Université de Montréal ou d'un test maximal de 5 min) et l'intensité relative (en % de la PAM)

% de la PAM	VO$_2$max (MET)																			% de la PAM
	12,0	12,25	12,50	12,75	13,00	13,25	13,50	13,75	14,00	14,25	14,50	14,75	15,00	15,25	15,50	15,75	16,00	16,25	16,50	16,75	
	VO$_2$max (mL/kg/min)																				
	42,0	42,9	43,8	44,6	45,5	46,4	47,3	48,1	49,0	49,9	50,8	51,6	52,5	53,4	54,3	55,1	56,0	56,9	57,8	58,6	
110	4:49,2	4:41,8	4:34,6	4:28,3	4:22,1	4:16,1	4:10,6	4:05,2	4:00,2	3:55,3	3:50,7	3:46,3	3:42,1	3:38,0	3:34,2	3:30,5	3:26,9	3:23,4	3:20,2	3:17,0	110
109	4:52,6	4:45,0	4:38,0	4:31,3	4:25,0	4:19,0	4:13,3	4:07,8	4:02,8	3:57,8	3:53,2	3:48,6	3:44,4	3:40,3	3:36,3	3:32,6	3:28,9	3:25,5	3:22,1	3:18,9	109
108	4:55,9	4:48,3	4:41,1	4:34,4	4:28,0	4:21,8	4:16,0	4:10,6	4:05,3	4:00,3	3:55,6	3:51,1	3:46,7	3:42,6	3:38,6	3:34,7	3:31,0	3:27,5	3:24,1	3:20,8	108
107	4:59,5	4:51,7	4:44,5	4:37,6	4:31,0	4:24,8	4:18,9	4:13,3	4:08,0	4:02,9	3:58,1	3:53,5	3:49,1	3:44,9	3:40,8	3:36,9	3:33,2	3:29,6	3:26,2	3:22,9	107
106	5:03,2	4:55,2	4:47,8	4:40,8	4:34,1	4:27,9	4:21,8	4:16,1	4:10,8	4:05,6	4:00,7	3:56,0	3:51,5	3:47,3	3:43,1	3:39,2	3:35,4	3:31,8	3:28,3	3:25,0	106
105	5:06,8	4:58,8	4:51,3	4:44,1	4:37,3	4:30,9	4:24,8	4:19,1	4:13,6	4:08,4	4:03,4	3:58,6	3:54,1	3:49,7	3:45,5	3:41,5	3:37,7	3:34,0	3:30,5	3:27,0	105
104	5:10,6	5:02,5	4:54,8	4:47,5	4:40,6	4:34,1	4:28,0	4:22,1	4:16,5	4:11,1	4:06,1	4:01,3	3:56,6	3:52,2	3:48,0	3:43,9	3:40,0	3:36,3	3:32,6	3:29,2	104
103	5:14,7	5:06,3	4:58,4	4:51,0	4:44,0	4:37,3	4:31,1	4:25,1	4:19,5	4:14,1	4:08,9	4:04,0	3:59,3	3:54,8	3:50,5	3:46,3	3:42,4	3:38,6	3:34,9	3:31,4	103
102	5:18,7	5:10,2	5:02,1	4:54,6	4:47,5	4:40,8	4:34,4	4:28,3	4:22,5	4:17,1	4:11,7	4:06,7	4:02,0	3:57,4	3:53,0	3:48,9	3:44,9	3:41,0	3:37,3	3:33,7	102
101	5:22,9	5:14,3	5:06,0	4:58,4	4:51,1	4:44,2	4:37,7	4:31,5	4:25,7	4:20,0	4:14,7	4:09,7	4:04,7	4:00,2	3:55,7	3:51,4	3:47,3	3:43,4	3:39,6	3:36,0	101
100	**5:27,1**	**5:18,3**	**5:10,1**	**5:02,1**	**4:54,8**	**4:47,8**	**4:41,1**	**4:34,8**	**4:28,9**	**4:23,2**	**4:17,8**	**4:12,5**	**4:07,6**	**4:02,9**	**3:58,4**	**3:54,1**	**3:49,9**	**3:45,9**	**3:42,1**	**3:38,4**	**100**
99	5:31,6	5:22,6	5:14,1	5:06,1	4:58,6	4:51,5	4:44,7	4:38,3	4:32,2	4:26,4	4:20,9	4:15,6	4:10,6	4:05,7	4:01,1	3:56,8	3:52,6	3:48,5	3:44,6	3:40,9	99
98	5:36,1	5:27,0	5:18,3	5:10,2	5:02,5	4:55,2	4:48,3	4:41,8	4:35,5	4:29,7	4:24,0	4:18,7	4:13,6	4:08,7	4:04,0	3:59,5	3:55,2	3:51,1	3:47,2	3:43,4	98
97	5:40,9	5:31,5	5:22,7	5:14,4	5:06,5	4:59,1	4:52,1	4:45,4	4:39,1	4:33,0	4:27,4	4:21,9	4:16,7	4:11,7	4:06,9	4:02,4	3:58,0	3:53,8	3:49,8	3:45,9	97
96	5:45,8	5:36,1	5:27,1	5:18,7	5:10,6	5:03,2	4:55,9	4:49,2	4:42,7	4:36,6	4:30,8	4:25,2	4:19,9	4:14,8	4:10,0	4:05,3	4:00,9	3:56,6	3:52,6	3:48,6	96
95	5:50,9	5:41,1	5:31,8	5:23,2	5:15,0	5:07,3	4:59,9	4:53,0	4:46,4	4:40,2	4:34,3	4:28,6	4:23,2	4:18,0	4:13,1	4:08,4	4:03,8	3:59,5	3:55,3	3:51,4	95
94	5:56,1	5:46,0	5:36,6	5:27,7	5:19,4	5:11,6	5:04,1	4:56,9	4:50,2	4:43,9	4:37,9	4:32,1	4:26,6	4:21,3	4:16,2	4:11,3	4:06,8	4:02,4	3:58,2	3:54,1	94
93	6:01,4	5:51,2	5:41,6	5:32,4	5:23,9	5:15,9	5:08,1	5:01,0	4:54,2	4:47,8	4:41,6	4:35,7	4:30,1	4:24,7	4:19,6	4:14,7	4:10,0	4:05,5	4:01,1	3:57,0	93
92	6:07,0	5:56,4	5:46,7	5:37,4	5:28,6	5:20,4	5:12,6	5:05,2	4:58,3	4:51,8	4:45,4	4:39,4	4:33,7	4:28,2	4:23,0	4:18,0	4:13,2	4:08,6	4:04,2	4:00,0	92
91	6:12,7	6:02,0	5:51,9	5:42,4	5:33,5	5:25,1	5:17,1	5:09,7	5:02,5	4:55,7	4:49,3	4:43,1	4:37,3	4:31,8	4:26,5	4:21,3	4:16,5	4:11,8	4:07,3	4:03,1	91
90	6:18,7	6:07,7	5:57,3	5:47,7	5:38,5	5:30,0	5:21,9	5:14,1	5:06,8	4:59,9	4:53,4	4:47,1	4:41,1	4:35,4	4:30,1	4:24,8	4:19,9	4:15,1	4:10,6	4:06,2	90
89	6:24,8	6:13,6	6:02,9	5:53,1	5:43,7	5:34,9	5:26,7	5:18,7	5:11,3	5:04,3	4:57,5	4:51,1	4:45,0	4:39,3	4:33,8	4:28,5	4:23,4	4:18,5	4:13,9	4:09,4	89
88	6:31,3	6:19,7	6:08,7	5:58,7	5:49,2	5:40,1	5:31,6	5:23,6	5:15,9	5:08,7	5:01,9	4:55,3	4:49,2	4:43,2	4:37,6	4:32,2	4:27,1	4:22,1	4:17,3	4:12,8	88
87	6:37,6	6:26,1	6:15,0	6:04,6	5:54,7	5:45,5	5:36,8	5:28,6	5:20,7	5:13,3	5:06,4	4:59,8	4:53,4	4:47,3	4:41,6	4:36,1	4:30,8	4:25,7	4:20,9	4:16,2	87
86	6:44,7	6:32,6	6:21,2	6:10,6	6:00,5	5:51,0	5:42,0	5:33,6	5:25,8	5:18,2	5:11,0	5:04,2	4:57,6	4:51,5	4:45,6	4:39,9	4:34,6	4:29,5	4:24,5	4:19,7	86
85	6:51,9	6:39,3	6:27,7	6:16,8	6:06,4	5:56,7	5:47,5	5:39,0	5:30,9	5:23,3	5:15,8	5:08,9	5:02,1	4:55,9	4:49,9	4:44,1	4:38,6	4:33,3	4:28,3	4:23,4	85
84	6:59,3	6:46,5	6:34,5	6:23,3	6:12,7	6:02,7	5:53,5	5:44,5	5:36,1	5:28,3	5:20,7	5:13,6	5:06,8	5:00,4	4:54,2	4:48,3	4:42,7	4:37,3	4:32,2	4:27,3	84
83	7:07,0	6:54,0	6:41,6	6:30,0	6:19,1	6:09,0	5:59,3	5:50,4	5:41,7	5:33,6	5:25,9	5:18,6	5:11,7	5:05,1	4:58,8	4:52,7	4:47,0	4:41,5	4:36,2	4:31,2	83
82	7:15,3	7:01,5	6:48,9	6:36,9	6:25,9	6:15,4	6:05,5	5:56,3	5:47,5	5:39,1	5:31,2	5:23,7	5:16,6	5:09,8	5:03,4	4:57,1	4:51,4	4:45,7	4:40,4	4:35,2	82
81	7:23,6	7:09,6	6:56,7	6:44,3	6:32,8	6:22,2	6:11,9	6:02,4	5:53,5	5:44,8	5:36,8	5:29,1	5:21,9	5:14,8	5:08,2	5:02,0	4:55,9	4:50,2	4:44,7	4:39,4	81
80	7:32,5	7:18,0	7:04,5	6:51,9	6:40,2	6:29,0	6:18,7	6:08,9	5:59,6	5:50,9	5:42,5	5:34,6	5:27,1	5:20,0	5:13,3	5:06,8	5:00,6	4:54,8	4:49,2	4:43,8	80
79	7:41,5	7:26,7	7:13,0	6:59,8	6:47,7	6:36,3	6:25,6	6:15,6	6:06,0	5:57,0	5:48,5	5:40,4	5:32,7	5:25,5	5:18,4	5:12,0	5:05,6	4:59,5	4:53,8	4:48,2	79
78	7:51,2	7:35,7	7:21,4	7:08,1	6:55,7	6:43,8	6:32,8	6:22,6	6:12,7	6:03,5	5:54,7	5:46,5	5:38,5	5:31,0	5:23,9	5:17,2	5:10,6	5:04,4	4:58,6	4:52,9	78
77	8:01,3	7:45,4	7:30,6	7:16,9	7:03,8	6:51,7	6:40,4	6:29,8	6:19,7	6:10,2	6:01,1	5:52,6	5:44,5	5:36,9	5:29,5	5:22,6	5:15,9	5:09,7	5:03,5	4:57,8	77
76	8:11,8	7:55,2	7:40,1	7:25,8	7:12,4	7:00,1	6:48,4	6:37,4	6:26,9	6:17,2	6:07,9	5:59,1	5:50,9	5:42,9	5:35,4	5:28,3	5:21,5	5:15,0	5:08,7	5:02,8	76
75	8:22,8	8:05,8	7:50,0	7:35,1	7:21,4	7:08,6	6:56,7	6:45,2	6:34,5	6:24,4	6:15,0	6:05,9	5:57,3	5:49,2	5:41,6	5:34,1	5:27,1	5:20,6	5:14,1	5:08,1	75
74	8:34,3	8:16,9	8:00,3	7:45,1	7:30,8	7:17,7	7:05,3	6:53,6	6:42,5	6:31,9	6:22,2	6:12,9	6:04,2	5:55,7	5:47,8	5:40,3	5:33,2	5:26,2	5:19,7	5:13,5	74
73	—	8:28,5	8:11,5	7:55,6	7:40,9	7:27,2	7:14,3	7:02,0	6:50,7	6:40,0	6:29,8	6:20,3	6:11,3	6:02,7	5:54,5	5:46,7	5:39,3	5:32,3	5:25,5	5:19,1	73
72	—	—	8:22,8	8:06,5	7:51,2	7:36,9	7:23,6	7:11,1	6:59,3	6:48,4	6:37,8	6:27,9	6:18,7	6:09,8	6:01,5	5:53,5	5:45,8	5:38,5	5:31,6	5:25,1	72
71	—	—	—	8:17,9	8:02,3	7:47,5	7:33,7	7:20,6	7:08,6	6:56,9	6:46,3	6:36,0	6:26,5	6:17,4	6:08,7	6:00,4	5:52,6	5:45,0	5:37,9	5:31,2	71
70	—	—	—	8:29,9	8:13,5	7:58,4	7:43,7	7:30,6	7:18,0	7:06,0	6:55,0	6:44,5	6:34,5	6:25,0	6:16,2	6:07,7	5:59,6	5:51,9	5:44,5	5:37,6	70
69	—	—	—	—	8:25,6	8:09,8	7:54,9	7:40,9	7:28,0	7:15,6	7:04,3	6:53,6	6:42,9	6:33,2	6:24,0	6:15,1	6:07,0	5:59,1	5:51,4	5:44,2	69
68	—	—	—	—	—	8:21,7	8:06,5	7:52,1	7:38,6	7:25,8	7:13,7	7:02,5	6:51,9	6:41,8	6:32,4	6:23,2	6:14,6	6:06,4	5:58,7	5:51,2	68
67	—	—	—	—	—	—	8:18,6	8:03,5	7:49,7	7:36,3	7:23,9	7:12,4	7:01,3	6:51,0	6:40,9	6:31,7	6:22,7	6:14,2	6:06,2	5:58,6	67
66	—	—	—	—	—	—	8:31,4	8:15,9	8:01,3	7:47,5	7:34,7	7:22,5	7:11,1	7:00,3	6:50,0	6:40,4	6:31,3	6:22,6	6:14,2	6:06,2	66
65	—	—	—	—	—	—	—	8:28,8	8:13,5	7:59,4	7:46,0	7:33,4	7:21,4	7:10,4	6:59,6	6:49,6	6:40,2	6:31,1	6:22,6	6:14,2	65
64	—	—	—	—	—	—	—	—	8:26,7	8:11,8	7:57,8	7:44,8	7:32,5	7:20,9	7:09,9	6:59,3	6:49,6	6:40,2	6:31,3	6:22,8	64
63	—	—	—	—	—	—	—	—	—	8:24,9	8:10,5	7:56,8	7:43,9	7:32,0	7:20,4	7:09,6	6:59,3	6:49,6	6:40,4	6:31,7	63
62	—	—	—	—	—	—	—	—	—	—	8:23,8	8:09,5	7:56,2	7:43,6	7:31,7	7:20,4	7:09,9	6:59,6	6:50,0	6:40,9	62
61	—	—	—	—	—	—	—	—	—	—	—	8:23,1	8:09,5	7:56,8	7:43,6	7:32,0	7:20,7	7:10,0	7:00,3	6:51,0	61
60	—	—	—	—	—	—	—	—	—	—	—	—	8:22,8	8:09,1	7:56,2	7:43,9	7:32,5	7:21,4	7:11,1	7:01,3	60
59	—	—	—	—	—	—	—	—	—	—	—	—	—	8:23,1	8:09,5	7:56,8	7:44,8	7:33,4	7:22,5	7:12,4	59
58	—	—	—	—	—	—	—	—	—	—	—	—	—	—	8:23,8	8:10,5	7:57,8	7:46,0	7:34,5	7:23,9	58
57	—	—	—	—	—	—	—	—	—	—	—	—	—	—	—	8:24,9	8:11,8	7:59,4	7:47,5	7:36,3	57
56	—	—	—	—	—	—	—	—	—	—	—	—	—	—	—	—	8:26,7	8:13,5	8:01,3	7:49,7	56
55	—	—	—	—	—	—	—	—	—	—	—	—	—	—	—	—	—	8:28,8	8:15,9	8:03,5	55
54	—	—	—	—	—	—	—	—	—	—	—	—	—	—	—	—	—	—	8:31,4	8:18,6	54
53	—	—	—	—	—	—	—	—	—	—	—	—	—	—	—	—	—	—	—	—	53
52	—	—	—	—	—	—	—	—	—	—	—	—	—	—	—	—	—	—	—	—	52
51	—	—	—	—	—	—	—	—	—	—	—	—	—	—	—	—	—	—	—	—	51
50	—	—	—	—	—	—	—	—	—	—	—	—	—	—	—	—	—	—	—	—	50

% de la PAM	VO_2max (MET)																					% de la PAM
	17,00	17,25	17,50	17,75	18,00	18,25	18,50	18,75	19,00	19,25	19,50	19,75	20,00	20,25	20,50	20,75	21,00	21,25	21,50	21,75	22,00	
	VO_2max (mL/kg/min)																					
	59,5	60,4	61,3	62,1	63,0	63,9	64,8	65,6	66,5	67,4	68,3	69,1	70,0	70,9	71,8	72,6	73,5	74,4	75,3	76,1	77,0	
110	3:13,9	3:11,0	3:08,1	3:05,4	3:02,7	3:00,1	2:57,6	2:55,3	2:53,0	2:50,7	2:48,5	2:46,4	2:44,3	2:42,3	2:40,4	2:38,5	2:36,7	2:34,9	2:33,2	2:31,5	2:29,8	**110**
109	3:15,8	3:12,8	3:09,9	3:07,1	3:04,4	3:01,8	2:59,3	2:56,9	2:54,5	2:52,2	2:50,1	2:47,9	2:45,8	2:43,8	2:41,8	2:39,9	2:38,1	2:36,3	2:34,5	2:32,8	2:31,1	**109**
108	3:17,7	3:14,7	3:11,7	3:08,9	3:06,2	3:03,6	3:01,0	2:58,6	2:56,2	2:53,9	2:51,6	2:49,5	2:47,3	2:45,3	2:43,3	2:41,4	2:39,5	2:37,7	2:35,9	2:34,1	2:32,5	**108**
107	3:19,7	3:16,6	3:13,7	3:10,8	3:08,0	3:05,3	3:02,7	3:00,3	2:57,8	2:55,5	2:53,2	2:51,0	2:48,9	2:46,8	2:44,8	2:42,9	2:40,9	2:39,1	2:37,3	2:35,5	2:33,8	**107**
106	3:21,7	3:18,6	3:15,5	3:12,7	3:09,9	3:07,2	3:04,5	3:02,0	2:59,6	2:57,2	2:54,9	2:52,7	2:50,5	2:48,4	2:46,3	2:44,3	2:42,4	2:40,6	2:38,7	2:37,0	2:35,2	**106**
105	3:23,7	3:20,6	3:17,5	3:14,6	3:11,7	3:09,0	3:06,3	3:03,8	3:01,3	2:58,9	2:56,6	2:54,3	2:52,1	2:50,0	2:47,9	2:45,9	2:43,9	2:42,1	2:40,2	2:38,4	2:36,7	**105**
104	3:25,9	3:22,6	3:19,6	3:16,6	3:13,7	3:10,9	3:08,2	3:05,6	3:03,1	3:00,6	2:58,3	2:56,0	2:53,8	2:51,6	2:49,5	2:47,5	2:45,5	2:43,6	2:41,7	2:39,9	2:38,1	**104**
103	3:28,0	3:24,8	3:21,6	3:18,6	3:15,7	3:12,9	3:10,1	3:07,5	3:04,9	3:02,5	3:00,0	2:57,7	2:55,5	2:53,3	2:51,2	2:49,1	2:47,1	2:45,1	2:43,3	2:41,4	2:39,6	**103**
102	3:30,3	3:27,0	3:23,7	3:20,7	3:17,7	3:14,9	3:12,1	3:09,4	3:06,8	3:04,3	3:01,9	2:59,5	2:57,2	2:55,0	2:52,9	2:50,8	2:48,7	2:46,7	2:44,8	2:43,0	2:41,1	**102**
101	3:32,5	3:29,2	3:25,9	3:22,8	3:19,8	3:16,9	3:14,1	3:11,3	3:08,7	3:06,2	3:03,7	3:01,3	2:59,0	2:56,8	2:54,6	2:52,5	2:50,4	2:48,4	2:46,4	2:44,6	2:42,7	**101**
100	**3:34,9**	**3:31,5**	**3:28,2**	**3:25,0**	**3:21,9**	**3:19,0**	**3:16,1**	**3:13,4**	**3:10,7**	**3:08,1**	**3:05,6**	**3:03,2**	**3:00,9**	**2:58,6**	**2:56,3**	**2:54,2**	**2:52,1**	**2:50,1**	**2:48,1**	**2:46,2**	**2:44,3**	**100**
99	3:37,3	3:33,8	3:30,5	3:27,3	3:24,1	3:21,1	3:18,2	3:15,4	3:12,7	3:10,1	3:07,5	3:05,1	3:02,7	3:00,4	2:58,2	2:56,0	2:53,9	2:51,8	2:49,8	2:47,9	2:46,0	**99**
98	3:39,7	3:36,2	3:32,8	3:29,5	3:26,4	3:23,3	3:20,4	3:17,5	3:14,8	3:12,2	3:09,6	3:07,1	3:04,6	3:02,3	3:00,0	2:57,8	2:55,7	2:53,6	2:51,6	2:49,6	2:47,6	**98**
97	3:42,2	3:38,6	3:35,2	3:31,9	3:28,7	3:25,6	3:22,6	3:19,7	3:16,9	3:14,2	3:11,6	3:09,1	3:06,6	3:04,2	3:01,9	2:59,7	2:57,5	2:55,4	2:53,3	2:51,3	2:49,4	**97**
96	3:44,9	3:41,2	3:37,7	3:34,3	3:31,0	3:27,9	3:24,9	3:21,9	3:19,1	3:16,3	3:13,7	3:11,1	3:08,6	3:06,2	3:03,9	3:01,6	2:59,4	2:57,2	2:55,1	2:53,1	2:51,1	**96**
95	3:47,5	3:43,8	3:40,3	3:36,8	3:33,5	3:30,3	3:27,2	3:24,2	3:21,3	3:18,6	3:15,9	3:13,2	3:10,7	3:08,2	3:05,9	3:03,5	3:01,3	2:59,1	2:57,0	2:54,9	2:53,0	**95**
94	3:50,3	3:46,5	3:42,8	3:39,4	3:36,0	3:32,7	3:29,6	3:26,5	3:23,6	3:20,8	3:18,1	3:15,4	3:12,8	3:10,3	3:07,9	3:05,6	3:03,3	3:01,1	2:58,9	2:56,8	2:54,8	**94**
93	3:53,0	3:49,2	3:45,5	3:41,9	3:38,6	3:35,2	3:32,1	3:29,0	3:26,0	3:23,1	3:20,3	3:17,6	3:15,0	3:12,5	3:10,0	3:07,6	3:05,3	3:03,1	3:00,9	2:58,7	2:56,7	**93**
92	3:55,9	3:52,0	3:48,3	3:44,6	3:41,2	3:37,9	3:34,6	3:31,5	3:28,4	3:25,5	3:22,6	3:19,9	3:17,3	3:14,7	3:12,2	3:09,8	3:07,4	3:05,1	3:02,9	3:00,8	2:58,7	**92**
91	3:58,9	3:54,9	3:51,1	3:47,4	3:43,9	3:40,5	3:37,2	3:34,0	3:30,9	3:27,9	3:25,1	3:22,2	3:19,6	3:16,9	3:14,4	3:11,9	3:09,6	3:07,2	3:05,0	3:02,8	3:00,6	**91**
90	4:02,0	3:57,9	3:54,1	3:50,3	3:46,7	3:43,2	3:39,8	3:36,6	3:33,5	3:30,5	3:27,5	3:24,7	3:21,9	3:19,3	3:16,7	3:14,2	3:11,7	3:09,4	3:07,1	3:04,9	3:02,7	**90**
89	4:05,1	4:01,0	3:57,1	3:53,2	3:49,6	3:46,1	3:42,6	3:39,3	3:36,2	3:33,0	3:30,0	3:27,2	3:24,4	3:21,7	3:19,1	3:16,5	3:14,0	3:11,6	3:09,3	3:07,0	3:04,9	**89**
88	4:08,4	4:04,2	4:00,2	3:56,3	3:52,6	3:48,9	3:45,4	3:42,1	3:38,8	3:35,7	3:32,6	3:29,7	3:26,9	3:24,1	3:21,5	3:18,8	3:16,3	3:13,9	3:11,5	3:09,2	3:07,0	**88**
87	4:11,7	4:07,5	4:03,4	3:59,4	3:55,6	3:51,9	3:48,4	3:44,9	3:41,6	3:38,4	3:35,4	3:32,3	3:29,5	3:26,7	3:24,0	3:21,3	3:18,7	3:16,3	3:13,9	3:11,5	3:09,2	**87**
86	4:15,2	4:10,9	4:06,7	4:02,6	3:58,7	3:55,0	3:51,4	3:47,9	3:44,5	3:41,3	3:38,1	3:35,1	3:32,1	3:29,2	3:26,5	3:23,8	3:21,2	3:18,7	3:16,2	3:13,9	3:11,5	**86**
85	4:18,8	4:14,3	4:10,1	4:06,0	4:02,0	3:58,2	3:54,5	3:50,9	3:47,5	3:44,2	3:41,0	3:37,9	3:34,9	3:32,0	3:29,1	3:26,4	3:23,7	3:21,2	3:18,7	3:16,3	3:13,9	**85**
84	4:22,5	4:18,0	4:13,6	4:09,4	4:05,3	4:01,4	3:57,7	3:54,1	3:50,5	3:47,2	3:43,9	3:40,7	3:37,7	3:34,7	3:31,8	3:29,1	3:26,4	3:23,7	3:21,2	3:18,7	3:16,3	**84**
83	4:26,4	4:21,7	4:17,2	4:12,9	4:08,8	4:04,8	4:01,0	3:57,3	3:53,7	3:50,3	3:46,9	3:43,7	3:40,6	3:37,6	3:34,7	3:31,8	3:29,1	3:26,4	3:23,8	3:21,3	3:18,8	**83**
82	4:30,3	4:25,5	4:21,0	4:16,6	4:12,4	4:08,3	4:04,4	4:00,6	3:57,0	3:53,5	3:50,0	3:46,8	3:43,6	3:40,5	3:37,5	3:34,7	3:31,8	3:29,1	3:26,5	3:24,0	3:21,5	**82**
81	4:34,4	4:29,5	4:24,8	4:20,4	4:16,0	4:11,9	4:07,9	4:04,1	4:00,3	3:56,8	3:53,3	3:50,0	3:46,7	3:43,5	3:40,5	3:37,6	3:34,7	3:32,0	3:29,2	3:26,7	3:24,1	**81**
80	4:38,6	4:33,7	4:28,9	4:24,3	4:19,9	4:15,7	4:11,6	4:07,6	4:03,8	4:00,2	3:56,6	3:53,2	3:49,9	3:46,7	3:43,6	3:40,6	3:37,7	3:34,9	3:32,1	3:29,5	3:26,9	**80**
79	4:43,0	4:37,9	4:33,0	4:28,4	4:23,8	4:19,6	4:15,3	4:11,3	4:07,4	4:03,7	4:00,1	3:56,6	3:53,2	3:50,0	3:46,8	3:43,7	3:40,7	3:37,9	3:35,1	3:32,3	3:29,7	**79**
78	4:47,5	4:42,4	4:37,3	4:32,5	4:28,0	4:23,5	4:19,3	4:15,1	4:11,1	4:07,3	4:03,7	4:00,1	3:56,6	3:53,3	3:50,0	3:46,9	3:43,9	3:41,0	3:38,1	3:35,4	3:32,6	**78**
77	4:52,2	4:46,9	4:41,8	4:36,9	4:32,2	4:27,7	4:23,3	4:19,1	4:15,0	4:11,1	4:07,3	4:03,7	4:00,2	3:56,8	3:53,5	3:50,3	3:47,2	3:44,2	3:41,3	3:38,4	3:35,7	**77**
76	4:57,2	4:51,6	4:46,4	4:41,4	4:36,6	4:31,9	4:27,5	4:23,2	4:19,0	4:15,0	4:11,1	4:07,4	4:03,8	4:00,3	3:57,0	3:53,7	3:50,5	3:47,5	3:44,5	3:41,6	3:38,8	**76**
75	5:02,1	4:56,5	4:51,3	4:46,1	4:41,1	4:36,4	4:31,8	4:27,5	4:23,2	4:19,1	4:15,1	4:11,3	4:07,6	4:04,1	4:00,6	3:57,3	3:54,1	3:50,9	3:47,9	3:44,9	3:42,1	**75**
74	5:07,4	5:01,8	4:56,3	4:50,9	4:45,9	4:41,0	4:36,3	4:31,8	4:27,5	4:23,3	4:19,3	4:15,3	4:11,6	4:07,9	4:04,4	4:01,0	3:57,7	3:54,5	3:51,4	3:48,4	3:45,4	**74**
73	5:12,9	5:07,0	5:01,4	4:56,1	4:50,8	4:45,8	4:41,0	4:36,4	4:31,9	4:27,7	4:23,5	4:19,6	4:15,7	4:11,9	4:08,3	4:04,8	4:01,4	3:58,2	3:55,0	3:51,9	3:48,9	**73**
72	5:18,7	5:12,6	5:06,8	5:01,3	4:55,9	4:50,8	4:45,9	4:41,1	4:36,6	4:32,2	4:28,0	4:23,8	4:19,9	4:16,0	4:12,4	4:08,8	4:05,3	4:02,0	3:58,7	3:55,6	3:52,6	**72**
71	5:24,6	5:18,4	5:12,5	5:06,8	5:01,3	4:56,1	4:50,9	4:46,1	4:41,4	4:36,9	4:32,5	4:28,4	4:24,3	4:20,4	4:16,6	4:12,9	4:09,4	4:06,0	4:02,6	3:59,4	3:56,3	**71**
70	5:30,9	5:24,5	5:18,3	5:12,5	5:06,8	5:01,4	4:56,3	4:51,3	4:46,4	4:41,8	4:37,3	4:33,0	4:28,9	4:24,8	4:21,0	4:17,2	4:13,6	4:10,1	4:06,7	4:03,4	4:00,2	**70**
69	5:37,4	5:30,7	5:24,5	5:18,4	5:12,6	5:07,0	5:01,8	4:56,5	4:51,6	4:46,9	4:42,4	4:37,9	4:33,7	4:29,5	4:25,5	4:21,7	4:18,0	4:14,3	4:10,9	4:07,5	4:04,2	**69**
68	5:44,2	5:37,4	5:30,9	5:24,6	5:18,7	5:12,9	5:07,4	5:02,1	4:57,2	4:52,2	4:47,5	4:43,0	4:38,6	4:34,4	4:30,3	4:26,4	4:22,5	4:18,8	4:15,2	4:11,7	4:08,4	**68**
67	5:51,2	5:44,2	5:37,6	5:31,2	5:25,1	5:19,1	5:13,5	5:08,1	5:02,8	4:57,8	4:52,9	4:48,2	4:43,8	4:39,4	4:35,2	4:31,2	4:27,3	4:23,4	4:19,7	4:16,2	4:12,8	**67**
66	5:58,7	5:51,4	5:44,5	5:37,9	5:31,6	5:25,5	5:19,7	5:14,1	5:08,7	5:03,5	4:58,6	4:53,8	4:49,2	4:44,7	4:40,4	4:36,2	4:32,2	4:28,3	4:24,5	4:20,9	4:17,3	**66**
65	6:06,4	5:59,1	5:51,9	5:45,0	5:38,5	5:32,3	5:26,2	5:20,6	5:15,0	5:09,7	5:04,4	4:59,5	4:54,8	4:50,2	4:45,7	4:41,5	4:37,3	4:33,3	4:29,5	4:25,7	4:22,1	**65**
64	6:14,6	6:07,0	5:59,6	5:52,6	5:45,8	5:39,3	5:33,2	5:27,1	5:21,4	5:15,9	5:10,6	5:05,6	5:00,6	4:55,9	4:51,4	4:47,0	4:42,7	4:38,6	4:34,6	4:30,8	4:27,1	**64**
63	6:23,2	6:15,2	6:07,7	6:00,4	5:53,5	5:46,7	5:40,3	5:34,1	5:28,3	5:22,6	5:17,2	5:12,0	5:06,8	5:02,0	4:57,3	4:52,7	4:48,3	4:44,1	4:39,9	4:36,1	4:32,2	**63**
62	6:32,4	6:24,0	6:16,2	6:08,7	6:01,4	5:54,5	5:47,8	5:41,6	5:35,4	5:29,5	5:23,9	5:18,4	5:13,3	5:08,2	5:03,4	4:58,8	4:54,2	4:49,9	4:45,6	4:41,6	4:37,6	**62**
61	6:41,8	6:33,2	6:25,0	6:17,4	6:09,8	6:02,7	5:55,7	5:49,2	5:42,9	5:36,9	5:31,0	5:25,5	5:20,0	5:14,8	5:09,8	5:05,1	5:00,4	4:55,9	4:51,5	4:47,3	4:43,2	**61**
60	6:51,9	6:42,9	6:34,5	6:26,5	6:18,7	6:11,3	6:04,2	5:57,3	5:50,9	5:44,5	5:38,5	5:32,7	5:27,1	5:21,9	5:16,6	5:11,7	5:06,8	5:02,1	4:57,6	4:53,4	4:49,2	**60**
59	7:02,5	6:53,3	6:44,5	6:36,0	6:27,9	6:20,3	6:12,9	6:05,9	5:59,1	5:52,6	5:46,5	5:40,4	5:34,6	5:29,1	5:23,7	5:18,6	5:13,6	5:08,9	5:04,2	4:59,8	4:55,3	**59**
58	7:13,7	7:04,3	6:55,0	6:46,3	6:37,8	6:29,8	6:22,2	6:15,0	6:07,9	6:01,1	5:54,7	5:48,5	5:42,5	5:36,8	5:31,2	5:25,9	5:20,7	5:15,8	5:11,0	5:06,4	5:01,9	**58**
57	7:25,8	7:15,8	7:06,0	6:56,9	6:48,4	6:40,0	6:31,9	6:24,4	6:17,2	6:10,2	6:03,5	5:57,0	5:50,9	5:44,8	5:39,1	5:33,6	5:28,3	5:23,2	5:18,2	5:13,3	5:08,7	**57**
56	7:38,6	7:28,0	7:18,0	7:08,6	6:59,3	6:50,7	6:42,5	6:34,5	6:26,9	6:19,7	6:12,7	6:06,0	5:59,6	5:53,5	5:47,5	5:41,7	5:36,1	5:30,9	5:25,8	5:20,7	5:15,9	**56**
55	7:52,1	7:40,9	7:30,6	7:20,6	7:11,1	7:02,0	6:53,6	6:45,2	6:37,4	6:29,8	6:22,6	6:15,6	6:08,9	6:02,4	5:56,3	5:50,4	5:44,5	5:39,0	5:33,6	5:28,6	5:23,6	**55**
54	8:06,5	7:54,9	7:43,9	7:33,7	7:23,6	7:14,3	7:05,3	6:56,7	6:48,4	6:40,4	6:32,8	6:25,6	6:18,7	6:11,9	6:05,5	5:59,3	5:53,5	5:47,7	5:42,0	5:36,8	5:31,6	**54**
53	8:21,7	8:09,8	7:58,4	7:47,2	7:36,9	7:27,2	7:17,7	7:08,6	7:00,1	6:51,7	6:43,8	6:36,3	6:29,0	6:22,2	6:15,4	6:09,0	6:02,7	5:56,8	5:51,0	5:45,5	5:40,1	**53**
52	—	8:25,6	8:13,5	8:02,3	7:51,2	7:40,9	7:30,8	7:21,4	7:12,4	7:03,8	6:55,7	6:47,7	6:40,2	6:32,8	6:25,9	6:19,1	6:12,7	6:06,4	6:00,5	5:54,7	5:49,2	**52**
51	—	—	8:29,9	8:17,9	8:06,5	7:55,6	7:45,1	7:35,1	7:25,8	7:16,9	7:08,1	6:59,8	6:51,9	6:44,3	6:36,9	6:30,0	6:23,2	6:16,8	6:10,6	6:04,6	5:58,7	**51**
50	—	—	—	—	8:22,8	8:11,5	8:00,3	7:50,0	7:40,1	7:30,6	7:21,4	7:13,0	7:04,5	6:56,7	6:48,9	6:41,6	6:34,5	6:27,7	6:21,2	6:15,0	6:08,9	**50**

LISTE DES FIGURES ET DES TABLEAUX

FIGURES

Figure 1.1
Résultats du test d'évaluation de l'aptitude aérobie de deux cyclistes de même puissance, mais inégalement efficaces dans leur gestuelle 18

Figure 1.2
Aperçu du VO_2max de la population générale et des athlètes d'endurance de l'élite mondiale, selon l'âge 20

Figure 1.3
Relation entre l'intensité et la durée des compétitions de course à pied : coureurs de fond dont l'endurance est faible, moyenne ou élevée 23

Figure 1.4
VO_2max et endurance de coureurs de fond de divers niveaux 23

Figure 1.5
Évolution type d'un déterminant de la performance avec l'entraînement 27

Figure 2.1
Intensité spontanément adoptée, selon le contexte 34

Figure 2.2
Distribution du temps d'entraînement selon l'intensité relative de ce dernier 35

Figure 2.3
Principales composantes d'un programme d'entraînement 37

Figure 2.4
Intensité d'entraînement à viser selon la qualité physique à améliorer 40

Figure 2.5
Relation entre la vitesse de course et le coût en O_2 42

Figure 2.6
Évolution de la FC pendant le pédalage à une intensité passant de 50 % de la PAM à 70, 85, 100 et 110 % de la PAM 44

Figure 2.7
Relation théorique et mesurée entre l'intensité relative d'exercice et la fréquence cardiaque d'état stable, chez une personne dont les FCrepos et FC max sont respectivement de 50 et 190 bpm, au cours d'un test progressif et maximal 46

Figure 2.8
Correspondance entre l'intensité relative d'une séance d'entraînement et la fréquence cardiaque, comparativement à la relation établie à partir de la formule de Karvonen 50

Figure 2.9
Dérive cardiaque   51

Figure 2.10
Évolution de la vitesse de course pendant une séance d'entraînement continu et une séance d'EPI pour une même intensité cible   53

Figure 2.11
Évolution des réserves d'énergie pendant une séance d'entraînement continu et une séance d'EPI de même intensité cible   54

Figure 2.12
Évolution de l'intensité pendant une séance type d'EPI   58

Figure 2.13
Schéma graphique de l'entraînement par intervalles (EPI)   60

Figure 2.14
Progression de l'intensité des fractions d'effort recommandée et à éviter pendant une séance type d'EPI   62

Figure 6.1
Évolution du poids d'une personne qui réduit son apport calorique alimentaire de moitié   188

Figure 6.2
Variations de la concentration de lactate dans le sang au cours d'un exercice progressif   199

TABLEAUX

Tableau 1.1
Évaluation de l'endurance de deux coureurs de fond selon deux méthodes classiques   21

Tableau 1.2
Importance relative du VO_2max et de l'endurance comme déterminants de la performance dans des épreuves d'endurance de diverses durées   24

Tableau 1.3
Effet du VO_2max et de l'endurance sur la performance d'un coureur au 10 km et au marathon, selon les données normatives obtenues auprès de 2464 coureurs de fond   25

Tableau 1.4
Potentiel d'amélioration (échelle arbitraire de 0 à 100) des déterminants de la performance aérobie selon la qualité de l'entraînement cardio antérieur et futur et l'entraînabilité   28

Tableau 2.1
Analyse critique des principales méthodes d'entraînement cardio   32

Tableau 2.2
Potentiel d'amélioration de déterminants de la performance, selon l'intensité d'entraînement   39

Tableau 2.3
VO_2max estimé selon le résultat à un test maximal de course à pied de 5 min   43

Tableau 2.4
Fourchettes de FC pour cinq «zones» d'entraînement cardio selon diverses hypothèses de FCrepos et FCmax ... 47

Tableau 2.5
Progrès d'un groupe de huit cyclistes après quatre semaines d'entraînement où une partie du volume hebdomadaire a été remplacée par un EPI (selon l'équipe du professeur Lindsay) ... 55

Tableau 2.6
Nombre de séries et durée de récupération recommandés, selon le nombre total de répétitions de la séance ... 64

Tableau 2.7
Intérêt d'augmenter ou de réduire un élément particulier entre le début et la fin de la séance d'EPI ... 65

Tableau 2.8
Exemple d'évolution des paramètres des séances d'EPI au cours d'une saison ... 66

Tableau 2.9
Avantages et inconvénients des différents éléments d'un échauffement ... 68

Tableau 3.1
Application des principes de spécificité, de surcharge et d'adaptation ... 76

Tableau 3.2
Qualités physiques qu'on peut développer, selon qu'on est reposé ou fatigué ... 78

Tableau 3.3
Phases du plan de musculation annuel ... 85

Tableau 3.4
Effet de l'entraînement en force des muscles inspiratoires sur la performance de rameuses de haut niveau ... 87

Tableau 3.5
Plan pluri-hebdomadaire recommandé pour tirer profit d'un stage d'entraînement ... 93

Tableau 3.6
Liste à cocher pour évaluer un plan d'entraînement ... 99

Tableau 5.1
Plan de la séance n° 100 (EPI ultime) ... 129

Tableau 6.1
Dépense énergétique approximative, en kcal/min, selon l'aptitude aérobie et l'intensité relative d'entraînement ... 190

Tableau 7.1
Diminution du VO_2max selon l'altitude ... 223

Tableau 7.2
Normes internationales d'hématocrite ... 224

Tableau 8.1
Paramètres de la charge d'entraînement selon le degré de maturité du participant ... 230

Tableau 8.2
Charge d'entraînement optimale des cyclistes, selon leur degré de maturation et leur niveau de performance ... 232

TABLE DES MATIÈRES

REMERCIEMENTS 7
PRÉFACE 11
AVANT-PROPOS
UN SUJET QUI NE MANQUE PAS D'AIR 12
    S'entraîner, c'est s'améliorer 14
    Toute personne peut s'améliorer 14

PREMIER CHAPITRE
LES DÉTERMINANTS DE LA PERFORMANCE 16
    La PAM et la VAM 17
    L'endurance 19
    La capacité anaérobie 26
    Votre potentiel d'amélioration 27

DEUXIÈME CHAPITRE
COMMENT PLANIFIER
UNE SÉANCE D'ENTRAÎNEMENT 30
    Les principales méthodes d'entraînement cardio 31
    L'intensité d'entraînement 38
    Les méthodes de suivi de l'intensité 41
    L'entraînement par intervalles 53
    Représentation graphique de l'EPI 59
    Conseils pratiques d'EPI 63
    L'échauffement 67
    Le second souffle 70

TROISIÈME CHAPITRE
COMMENT CONCEVOIR
UN PLAN D'ENTRAÎNEMENT 74
    À défaut de règles, des principes 75
    Les principes d'entraînement cardio actuels 75
    Une méthode de programmation
    de l'entraînement 80
    L'entraînement complémentaire 82
    L'entraînement complémentaire en musculation 83
    L'entraînement complémentaire de la flexibilité 88
    Comment préparer et effectuer
    un stage d'entraînement 92
    L'affûtage, pour finir en beauté 92
    Le repos annuel 96
    Le carnet d'entraînement 98

QUATRIÈME CHAPITRE
LES PARTICULARITÉS DE L'ENTRAÎNEMENT
DANS CERTAINS SPORTS 100
    Le vélo 101
    La course à pied 107
    Le ski de fond 109
    La natation 110
    Le triathlon 111

CINQUIÈME CHAPITRE
SÉANCES ET PLANS D'ENTRAÎNEMENT — 112
- Exemples de séances et de plans d'entraînement — 113
- Mode d'emploi — 113
- Conseils d'usage — 114
- Comment interpréter les plans d'entraînement — 115
- Exemples de séances d'entraînement — 116
- Exemples de plans d'entraînement — 132

SIXIÈME CHAPITRE
ENTRAÎNEMENT CARDIO, BIEN-ÊTRE ET SANTÉ — 182
- Entraînement cardio et santé physique — 183
- Entraînement cardio et bien-être psychologique — 186
- Comment perdre du poids et le maintenir après amaigrissement — 187
- Le piège de l'anorexie — 192
- Douleur et souffrance — 195
- La vérité sur le lactate — 196
- Comment prévenir, traiter les crampes et les courbatures — 200
- Comment prévenir, traiter le surentraînement — 203
- Les moyens de récupération et de régénération — 205
- Quoi faire en cas de maladie infectieuse — 207
- L'anémie sportive — 208
- Le fameux syndrome du cœur d'athlète — 210

SEPTIÈME CHAPITRE
COMMENT CONTRER LES FACTEURS ENVIRONNEMENTAUX — 212
- La chaleur — 213
- Le froid — 218
- Le décalage horaire — 220
- L'altitude — 222
- La pollution — 225

HUITIÈME CHAPITRE
L'ENTRAÎNEMENT CARDIO À CERTAINES ÉTAPES DE LA VIE — 228
- Les jeunes athlètes — 229
- S'entraîner enceinte — 231
- L'athlète âgé — 234

GLOSSAIRE — 236

BIBLIOGRAPHIE ET ANNEXES — 246

LISTE DES FIGURES ET DES TABLEAUX — 254

ABRÉVIATIONS — 261

Abréviations

1-2 1 ou 2

2- au moins 2

3-5 de 3 à 5

3/10 très faible degré de difficulté, associé aux séances de récupération active

3-4/10 degré de difficulté situé entre 3 et 4 ; correspond à une séance de récupération active

4/10 et **5/10** faibles degrés de difficulté, associés à des séances que l'on peut effectuer plusieurs jours d'affilée sans accumuler de fatigue

6/10, 7/10 et **8/10** degrés de difficulté élevés, associés à des séances que l'on peut difficilement faire deux jours d'affilée

9/10 degré de difficulté élevé, associé aux séances d'entraînement où l'on termine en se sentant dans l'impossibilité de poursuivre l'entraînement sans y mettre un effort aussi important que pour une compétition exténuante

10/10 degré maximal de difficulté, comme celui généralement associé aux compétitions où l'on se donne à fond

AGL acides gras libres

AINS anti-inflammatoire non stéroïdien

bpm battements par minute

C continu ; séance d'entraînement continu, ni particulièrement lent, ni particulièrement rapide

C ou F continu ou fartlek ; séance d'entraînement continu ou de fartlek

CA capacité anaérobie ; séance de développement de la capacité anaérobie

CL continu et lent ; séance d'entraînement continu et lent

CR continu et rapide ; séance d'entraînement continu et rapide

EA endurance aérobie ; séance de développement de l'endurance aérobie

EB endurance de base ; séance de développement de l'endurance de base

EPI class. entraînement par intervalles classique ; séance d'entraînement par intervalles classique

EPI fract. entraînement fractionné ; séance d'entraînement fractionné, où l'intensité des fractions d'effort est égale (ou presque) à celle à laquelle devrait se faire la prochaine compétition

EPI ult. entraînement par intervalles ultime ; séance d'entraînement par intervalles « ultime » (séance n° 100 de la p. 129)

EPI entraînement par intervalles

EPI ench. entraînement par intervalles avec enchaînements ; séance d'entraînement par intervalles d'enchaînements natation-vélo ou vélo-course à pied

EPIC entraînement par intervalles courts ; séance d'entraînement par intervalles courts pour le développement de la puissance aérobie maximale (PAM : modes 10-10, 15-15 ou 20-20) ou de la PAM et de la capacité anaérobie (PAM et CA : modes 10-20, 15-30 ou 20-40)

F fartlek ; séance de fartlek

FC fréquence cardiaque

FCcible fréquence cardiaque cible

FCclm fréquence cardiaque moyenne pendant une course contre la montre

FCétat-stable fréquence cardiaque d'état stable

FCmax fréquence cardiaque maximale

FCrepos fréquence cardiaque de repos

G grand

h:min:s heures, minutes et secondes dans les tableaux (p. ex. 2:29:27 = 2 h 29 min 27 s)

IMC indice de masse corporelle

kcal kilocalories (communément appelées « Calories »)

kJ kilojoule

LSD *long slow distance training* ; séance d'entraînement continu particulièrement longue

LSD triath. *long slow distance training* de triathlon ; séance d'entraînement continu particulièrement longue enchaînant natation, vélo et course à pied

M moyen

MET équivalent métabolique (unité de mesure de la dépense énergétique, de l'aptitude aérobie)

min:s minutes et secondes dans les tableaux (p. ex. 32:40,3 = 32 min 40,3 s)

mL/kg/min millilitres (d'oxygène) par kilogramme de masse corporelle, par minute

mmol/L millimoles par litre

Musc. musculation ; séance de musculation

P petit

PAM puissance aérobie maximale (synonyme de puissance maximale aérobie ou PMA) ; séance de développement de la puissance aérobie maximale

PB pression barométrique

R répétitions

RM répétitions maximales

rpm révolutions par minute

TG très grand

Tlim temps limite ; durée critique

TP très petit

TPUM test de piste de l'Université de Montréal

TTG très, très grand

VAM vitesse aérobie maximale (synonyme de vitesse maximale aérobie ou VMA et de vVO_2max)

VO_2max consommation maximale d'oxygène ; volume maximal d'oxygène consommé

vVO_2max vitesse au VO_2max (synonyme de VAM)

DU MÊME AUTEUR

Lagarde, F., et coll. (1988). *EXPRESS : Le programme d'exercices pour les gens actifs*, Trécarré, 160 p.

Péronnet, F., et coll. (1991). *Le marathon : Équilibre énergétique, alimentation et entraînement du coureur sur route*, 2e édition, Décarie Éditeur et Éditions Vigot, 438 p.

Thibault, G., et P. Bergeron (sous la direction de Pierre Harvey) (1998). *Guide de mise en forme ; Activités physiques et sportives, santé, équipement et alimentation*, Les Éditions de l'Homme, 224 p.

Thibault, G., et P. Ohl (2000). *Encyclopédie illustrée des sports*, Québec Amérique International, 372 p.

Simard, C., et coll. (2001). *Le Sport pour Tous et les politiques gouvernementales – Sport for All and Governmental Policies : Actes du VIIIe Congrès Mondial du Sport pour Tous*, Québec 2000, Sports internationaux de Québec et Éditions MultiMondes, 658 p.

Thibault, G., et A. Roy (sous la direction de) (2007). *Bouger Santé*, Éditions Rudel Médias, 176 p.

Thibault, G., et A. Roy (sous la direction de) (2009). *Les bienfaits de l'activité physique*, Éditions Chiron, 192 p.

Achevé d'imprimer en septembre 2010
sur les presses de LithoChic, Québec